管理学

◎ 吴景泰 安玉新 主编

清华大学出版社
北京

内容简介

本书是在编者多年的教学实践与探索，并汲取了当今社会管理活动的理论和经验的基础上编写的，力图使读者了解管理学的全貌，掌握管理理论基本知识和技能。本书既参考了国内外经典的管理论著内容，也参考了近年来管理学者的研究成果和前沿管理理论。本书以管理的职能为主线，内容主要包括管理学概述、管理理论的产生与发展、现代管理理论基础与发展、决策理论与方法、计划工作、战略、组织结构的设计、人员配置、领导、激励、沟通、控制活动和过程、控制方法、创新职能、企业创新与变革等内容。

本书适合作为普通工科院校经济与管理类专业的教学用书，也适合作为工科学生和管理工作者学习管理理论的参考用书。

图书在版编目(CIP)数据

管理学/吴景泰，安玉新主编．—北京：清华大学出版社，2018(2021.8重印)
ISBN 978-7-302-51772-6

Ⅰ．①管…　Ⅱ．①吴…　②安…　Ⅲ．①管理学　Ⅳ．①C93

中国版本图书馆CIP数据核字(2018)第274390号

责任编辑：郑寅堃
封面设计：刘　键
责任校对：李建庄
责任印制：刘海龙

出版发行：清华大学出版社
　网　　址：http://www.tup.com.cn，http://www.wqbook.com
　地　　址：北京清华大学学研大厦A座　　**邮　　编**：100084
　社 总 机：010-62770175　　**邮　　购**：010-83470235
　投稿与读者服务：010-62776969，c-service@tup.tsinghua.edu.cn
　质量反馈：010-62772015，zhiliang@tup.tsinghua.edu.cn
　课件下载：http://www.tup.com.cn，010-83470236
印 装 者：北京九州迅驰传媒文化有限公司
经　　销：全国新华书店
开　　本：185mm×260mm　　**印　　张**：23.25　　**字　　数**：563千字
版　　次：2018年11月第1版　　**印　　次**：2021年8月第3次印刷
印　　数：1501～1650
定　　价：69.00元

产品编号：079417-01

前言

系统的管理理论产生虽然只有一百多年的历史，但其发展极为迅速。随着技术、社会经济和生产力的发展，尤其是现代信息技术的发展、云时代的到来，管理学成为应用性极强的学科，并被赋予了新的内涵。管理学作为一门课程已成为经济类、管理类各专业学生的核心课程之一，是该类专业学生学习其他专业课的基础，也是学生掌握管理知识和技能，进而为学生未来工作提升管理能力和决策能力的重要课程。社会的发展使知识的拓展呈现了综合化的趋势，经济的发展使得团队越来越重要，人的发展使得情商显得更为重要，为此，学生不但要掌握专业知识，更要懂得管理学知识、方法，掌握管理思想。

近年来，管理学课程的教材非常多，出版量增长极快，但真正适合普通高等学校学生的教材并不多，尤其是对于工科院校，管理学课程涉及专业多，先修和后续课程又大不相同，既涵盖管理知识体系又能满足实际应用需要的教材更为缺乏。编写本书的目的，正是为了满足工科院校经管类专业的课堂教学及一些工科专业学生系统学习、掌握管理理论知识的需要。本书也适合作为其他有兴趣的读者学习管理知识、掌握前沿管理成果的参考。

本书编写中坚持管理学体系的完整性、科学性、理论性、实用性和易读性，博采众家之长，广纳先进管理成果，形成自己特色。

本书由沈阳航空航天大学的吴景泰、安玉新担任主编，负责总体设计、总纂审定。参加编写的人员有：吴景泰(第 1 章～第 3 章)，刘海宁(第 4 章和第 5 章)，安玉新(第 6 章～第 8 章)、张颖(第 9 章～第 11 章)、王永东(第 12 章和第 13 章)、赵榕(第 14 章和第 15 章)。本书对参考文献的各位作者表示感谢，向对本书编写大纲提出建议的专家、帮助本书出版的有关人员表示感谢！

管理学是一门内涵丰富并发展迅速的学科，管理理论知识既具经典性又具时代性，但编者的知识、经验有限，本书的不足在所难免，敬请使用本书的教师和学生、其他读者及同行专家提出意见和建议。

编著者

2018 年 10 月

目录

第1章 管理学概述

【本章要点】

- 管理的概念；
- 管理的职能；
- 管理者的层次与职能；
- 管理者的角色；
- 管理学研究的内容；
- 管理学的特点。

自从有人类历史以来就有了管理。随着生产力的发展，人类生产日趋社会化和专业化，社会化大生产提出了分工合作的要求。劳动者之间只有合理分工和协作才能提高效率，取得最佳的效果，这就需要管理。为了解决资源的有限性和人类欲望的无限性及目标多样性之间存在的矛盾，需要对人类要达到的目标和资源的利用进行控制和协调，以实现资源最有效的配置和目标的优化，这就更需要管理，需要更多优秀的管理者能够在他们各自的领域有所成就和贡献。从这些意义上来说，社会的各个层次、各个领域，甚至每个人都存在管理问题。管理既是一项社会实践活动，又是一门科学，它对任何企业、事业单位乃至政府机构都有着极其重要的指导意义。

1.1 管理的性质和职能

管理起源于人类的共同劳动，自古以来就存在。人们开始组成集体去达到共同目标时就必须有管理以协调集体中各个成员的活动。正如马克思在《资本论》中所指出的："一切规模较大的直接社会或共同劳动，都或多或少地需要指挥，以协调个人的活动，并执行生产总体的运动——不同于这一总体的独立子系统的运动——所产生的各种一般职能。一个单独的提琴手是自己指挥自己，一个乐队就需要一个乐队指挥。"任何组织集体，如工厂、企业、学校、医院、军队、政府、商业、银行等都需要管理。埃及金字塔、巴比伦古城、我国的万里长城等，都是古代人民勤劳智慧的结晶，也是历史上伟大的管理实践。古罗马帝国的兴盛，很大程度上归功于其有效的组织。管理作为一种人类的实践活动古已有之，人们对管理活动的经验加以总结，形成了一些朴素、零散的管理思想，但形成管理理论却是在工业革命之后。

1.1.1 管理的含义

管理——人类有史以来,对这个词并不陌生。有人类社会,有社会组织,就自然伴随着管理和管理问题。但管理真正作为一门学问、一门科学的兴起,却是最近一百多年来的事情。泰勒《科学管理原理》的诞生以及与此同时在美国掀起的管理革命的旋风,标志着管理作为一门科学正式登堂入室,但管理一词还没有一个统一的、为大多数人所接受的定义。不同的学者由于研究的出发点不同或角度不同,对管理所下的定义也不同。

在中国古代,管者,古乐器名,泛指细长圆形中空之物,引申为枢要、管制、包容、包管;理者,治玉也,引申为治理、治疗、温习、义理、道理、法则、名分等。管与理结成管理一词,其义精深明确。

西方的学者们更是给管理下了诸多定义。"科学管理之父"弗雷德里克·W.泰勒(Frederick W. Taylor)就说过:管理就是确切地知道要别人去干什么,并使他们用最好的方法去做。"管理过程理论之父"亨利·法约尔(Henri Fayol)认为,管理就是计划、组织、指挥、协调、控制。诺贝尔经济学奖获得者,赫伯特·A.西蒙(Herbent A. Simom)认为,管理就是决策。玛丽·帕克·福莱特(Mary Parker Follett)认为,管理是通过其他人来完成工作的艺术。哈罗德·孔茨(Harold Koontz)认为,管理是设计和保持一种环境,使集体工作的人们能够有效地完成预定目标的过程。现代管理学大师彼得·德鲁克(Peter Drucker)认为,管理就是界定企业的使命,并激励和组织人力资源去实现这个使命。斯蒂芬·P.罗宾斯(Stephen P. Robbins)认为,管理是指同别人一起,或通过别人使活动完成得更有效的过程。我国一些学者也对管理学做了很多定义。周三多认为,管理是组织为了达到个人无法实现的目标,通过各项管理职能,合理地分配、协调这些资源的过程。胡祖光提出,管理就是组织人力与物力以实现正式组织的目标的过程。

在对管理进行广泛的研究,并综合了各种对管理的理解之后,本书对管理作了如下的定义:管理是通过计划、组织、领导、控制等职能,有效地分配和使用人力、物力、财力等各种资源,以期达到组织目标的过程。

上述管理的概念,包括以下几个方面的含义:

(1) 管理是任何组织(包括工商企业、学校、医院、政府机构等)集体劳动所必需的活动。

(2) 管理的对象是组织的各种活动及活动所需要的人力、物力、财力、信息等资源要素,通过合理利用、分配组织的资源,使活动能够有效地完成。

(3) 管理的主体是管理者。组织是由管理者来管理的,包括高层、中层和基层的管理者,凡是参与管理的人都是管理者。当然,对于一般组织来说,组织的总体控制是以高层管理者为中心的。

(4) 管理是有目标的。管理是一种有意识、有组织的活动。要使主观行为变成客观活动并取得客观效果,就必须使管理的行为符合客观规律,所以管理的依据是组织的特性及由此表现出来的经营规律。

(5) 管理的目的是为了实现既定的目标,这就需要组织内的成员各尽其责,共同努力协作。

1.1.2 管理的职能

19 世纪初，法国工业家亨利·法约尔在《工业管理与一般管理》一书中，将管理的职能划分为计划、组织、指挥、协调、控制五个基本职能。管理学家罗宾斯在其撰写的《管理学》中将管理职能划分为计划、组织、领导、控制四个职能。我国理论界习惯上将管理职能分为决策、计划、组织、协调、激励、控制和创新七个职能。

1. 决策职能

决策就是对市场环境进行分析，确定生产发展目标，在多种方案中选出最佳方案。正确的决策能够指导人们开展有效的活动，从而获得良好的结果；错误的决策，则会产生错误的行为，导致经营活动的失败，甚至产生巨大的损失和严重的后果。在市场经济中，由于市场的瞬息万变，竞争的加剧，使决策成为管理的核心和最基本的职能。

2. 计划职能

计划是决策的展开和具体化，即根据决策的目标而作出的具体安排。在企业管理过程中，计划是各项工作的龙头。只有充分发挥计划职能的作用，才能把各项工作有效地组织起来，建立起正常的生产秩序和工作秩序。企业的经营规模越大，生产经营越复杂，计划职能作用就显得越重要。所以，计划职能是现代企业管理不可缺少的重要职能。

3. 组织职能

组织就是将企业生产经营活动的各要素以及各部门、各环节在空间和时间的联系上、在劳动分工与协作上、在对外交往上合理地组织起来，形成一个有机整体，使企业的人、财、物得到最合理的运用。组织职能是保证实现预定计划的一项重要职能。组织职能的执行要从企业生产经营的具体情况出发，服从于企业的经营战略和决策。组织职能水平的高低，在一定程度上决定了企业的工作效率和生产经营活动的成果。

4. 协调职能

为了有效地实现企业的目标，使企业各生产部门、各职能部门之间以及对外的工作保持良好的协作关系，就需要进行组织协调。协调可以分为纵向协调和横向协调，对内协调和对外协调。纵向协调就是对组织内部各个层级之间的协调，横向协调则是不同部门之间的协调；对内协调就是指组织内部协调，对外协调则是对企业与其他单位之间的协调。协调是一项综合性的职能，要做好协调工作，关键在于使企业全体员工明确企业的生产经营目标和决策计划内容，树立全局观念，克服本位思想，加强互相协作，消除扯皮现象。

5. 激励职能

企业等组织的各项工作，主要依靠人的劳动来完成，工作结果的优劣很大程度上取决于人的积极性。人的积极性具有极大的内在潜力。激励就是以各种措施、方法和形式充分调动人的内在潜力，从而提高工作效率，保证完成和超额完成各项计划指标。激励的方式有积极和消极两种，前者如奖励、晋升等，后者如批评、惩罚等。在一般情况下应该以积极的激励为主，辅以必要的消极激励。

6. 控制职能

控制又称监督，它是同计划紧密联系在一起的。没有计划，控制也失去了依据。有了计划，没有控制，计划的实现也可能落空。控制主要是对企业生产经营活动过程进行考察，把实际执行情况与原定的计划、目标进行对比，找出差异，分析原因，采取对策，解决问题。实现控制的职能要求企业建立和健全一系列的规章制度，特别是确定明确的责任制、完整的定额管理制和严格的经济核算制等。

7. 创新职能

创新是组织生命力的源泉。对于一个系统的企业或其他社会组织来说，计划、组织、领导和控制等职能是在现有环境状态和系统目标下，维持系统平衡的重要管理职能；而创新则是适应组织内外部环境条件的变化，打破系统原有平衡，创造系统新的目标、结构和功能状态，以实现新的系统平衡的管理职能。没有创新就没有发展，只有借助管理的创新职能，才能将计划、组织、领导、控制等职能推进到一个新的组织管理的均衡状态，从而使组织在更高层次上实现目标、结构与功能的有机整合，创造性地适应环境变化，赢得竞争优势。

1.1.3 管理的性质

管理活动是很复杂的社会活动，受到若干不确定因素的影响与制约。但是，管理又有自身的规律与特征，认识和掌握这些特征，是做好管理工作的基本条件。

1. 管理的自然属性和社会属性

管理具有二重性，即管理的自然属性和社会属性。管理的二重性是马克思主义关于管理问题的基本观点。马克思在《资本论》中指出："凡是直接生产过程具有社会结合过程的形态，而不是表现为独立生产者的孤立劳动的地方，都必然会产生监督劳动和指挥劳动"。从以上马克思所论述的管理二重性的理论中，我们可以认识到，管理的二重性是通过两种管理性质来表现的，即通过"指挥劳动"和"监督劳动"来分别表现管理的自然属性和社会属性。"指挥劳动"是进行社会化生产所必需的，是执行者组织和协调企业生产、技术、经营等整体活动的一般要求。它是适应社会化大生产要求的自然属性，也是在任何生产方式或社会制度下都具有的共性。"监督劳动"则是指在一定的生产资料占有方式下，社会劳动过程的一种特殊性质，它具有社会属性。资本主义管理的社会属性的特点主要表现在维护资本家利益、剥削雇佣劳动的实质上，具有阶级对抗性。社会主义管理的社会属性的特点，则主要表现在维护和改善集体劳动条件，正确处理国家、集体和个人三者的关系，为实现社会主义生产目的服务。

具体说来，管理的二重性表现在以下两个方面：

1）自然属性

管理的自然属性是由生产力与社会化大生产所决定的。社会化的共同劳动需要管理，要按照大生产的要求合理地进行计划、组织、协调和控制。没有这种管理，不仅由协作而发展的社会生产力发挥不出来，就是生产中人的要素和物的要素也会由于缺乏管理而无法充分发挥，无法达到提高劳动生产率和经济效益的目的。因此，管理是进行社会化生产所必需的、共有的，这是一种自然属性。管理的这种自然属性主要取决于生产力发展水平和劳动社会化程度,而不取决于生产关系的性质。

2) 社会属性

管理总是在一定的社会制度和生产关系下进行的,不同的社会制度和不同的历史阶段,以及不同的社会文化都会使管理呈现出一定的差别,使其具有特殊性,这就是管理的社会属性。可见,管理的社会属性是由社会制度和生产关系决定的。

管理的二重性是相互联系、相互制约的。如图 1-1 所示,一方面,管理的自然属性不可能脱离一定的生产关系或者社会基本制度,另一方面管理的社会属性也不可能孤立于生产力或社会基本制度,管理的自然属性要求有一定社会属性的生产关系和组织形式与其相适应。同时,管理的社会属性也必然对相应的自然属性产生影响并发挥作用。了解了管理的自然属性,为学习、借鉴经济发达国家先进的管理方法和经验提供了理论依据;了解了管理的社会属性,就是要根据我国的国情,逐步建立起符合社会主义市场经济体制要求的管理体系,有效地开展各项管理工作。

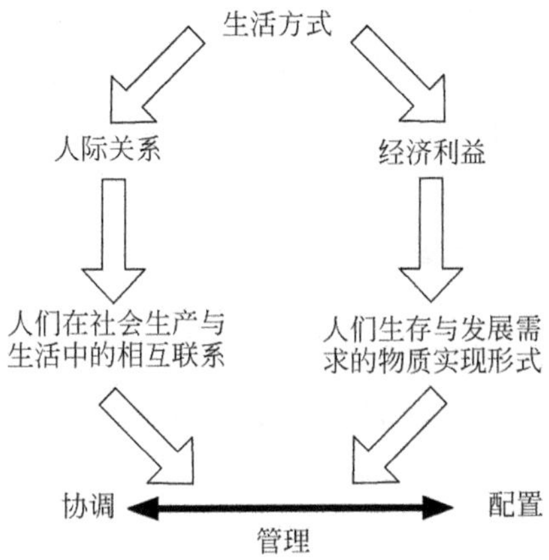

图 1-1 管理二重性间的关系图

2. 管理的科学性和艺术性

我们常常说,管理既是科学,又是艺术。管理是一门科学与艺术相结合的学科,管理具有科学性,可以为决策提供依据,同时,管理要落实到实践中去,在实践中发挥作用,要达到一定的效果。

1) 管理是一门科学

管理是一门科学,是因为任何管理都有其内在的逻辑性。在管理丰富实践的推动下,管理形成了自己系统的原理、原则和方法论,构成了管理科学的基本框架。近几十年来,在管理实践和管理理论工作者的推动下,管理科学正在蓬勃发展。管理学作为一门独立的科学存在和在实践中所起的不可替代的作用,已经成为人们的共识。人们已经认识到,管理必须依靠科学的理论指导,经验管理的时代已经过去。管理工作者只有努力地学习管理的基本原理和原则,掌握管理的基本规律,理论联系实际,灵活地运用管理的方式方法,才能提高自己的管理水平,成为一个合格的管理者。

2) 管理是一门艺术

所谓艺术在这里是指创造性的方式、方法,管理的艺术性指一切管理活动都应具有创造性，管理没有一成不变的模式，没有放之四海而皆准的经验。管理具有艺术性是由于作为管理主体的人具有主观能动性。人的主观能动性的基础是人能够积极地思维，能够自主地作出行为决定。管理工作者只有充分利用这种主观能动性，才能把人们的积极性和创造性调动起来，使他们自觉地为实现组织的目标去努力工作。不同的人的性格、特质、管理经验的不同，对风险的偏好不同，对同一种管理方式会作出截然不同的反应，会有完全不同的行为。在不同的环境中，管理者处理同一问题可能就要采取不同的方法。管理的基本原则在实际中应灵活地运用，管理者只有根据具体的管理对象和管理环境，创造性去解决实际存在的问题，灵感活地运用管理的基本原则，管理才可能成功。

管理的艺术性表明，学习书本上的管理学理论是必要的，但又是不够的。成功的管理者必须学会总结经验，学会因势利导，学会理论联系实际。

管理的科学性与艺术性之间并不矛盾，管理需要科学的理论指导，没有理论指导的实践是盲目的实践。每一项具体的管理活动者又是在特定的条件下开展的，它要求管理者结合实际进行创造性的管理，这样才能把理论变为现实。管理的科学性与艺术性的统一还表现为，一个不懂管理理论的管理者很难理解管理的艺术性。因为管理的艺术性是对管理科学原理的合理发挥，只有真正精通了管理原理，把握了管理精髓的人才可能在管理实践中实现创造性的管理。

小资料

卓越的管理者的六个特征

德鲁克认为卓越的管理者一般具有以下六个特征：

(1) 重视目标和绩效，只做正确的事。

(2) 一次只做一件事情，并只做重要的事情。他极为审慎地设定自己的优先顺序，随时进行必要的检讨，毅然决然地抛弃那些过时的任务，或者推迟做那些次要的任务；他知道时间是他最为珍贵的资源，必须极为仔细地使用它。

(3) 作为一名知识工作者，他知道自己所能作出的贡献在于：创造新思想、远景和理念；他的原则是：我能做哪些贡献？为了达成整体目标，我如何激励他人作出自己的贡献？他的目标在于提高整体的绩效。

(4) 在选用高层管理者时，他注重的是出色的绩效和正直的品格。他能敏锐地察觉选用人才的重要性，这种用人的决策至关重要，必须经过长久的深思熟虑。作为卓越的管理者，他与自己的下属保持一定距离，为的是使自己能够不偏不倚、合理地衡量他们的绩效。他知道人无完人，即使是最有能力的人也有弱点，他关心的是一个人能做什么，而不是他不能做什么。

(5) 他知道增进沟通的重要性；他有选择地收集所需要的信息。他知道有些事情不能被量化，而过多的信息会导致混淆和混乱。

(6) 他只做有效的决策。

1.1.4 管理的重要性及管理的任务

1. 管理的重要性

管理的实践虽然自有人类集体活动就开始，但直到20世纪初才由泰勒提出了科学管理的概念。与此同时法国的法约尔提出了管理的组织理论，接着出现了大量的管理研究的追随者。在实践中也有一些杰出的企业家，如美国通用汽车公司的总裁艾尔弗雷德·P.斯隆，在1920年为庞大的通用公司机构提出组织分权的原则以及企业目标、战略、系统方法等，但当时管理还未引起普遍重视。从忽视管理转变为重视管理，是第二次世界大战以后才开始的。首先是由于美国制造业在战争期间取得的成就，引起人们对管理的兴趣。当时英国的工业技术很先进，但生产率却很低，一位财政大臣认为管理可以使英国经济恢复并促进其发展，因而组织了由实业家和管理人员组成的生产率考察团访美，去学习管理的秘密，由此更使人关注起管理来。第二次世界大战后，美国提出了救济与帮助欧洲经济复兴的马歇尔计划，管理在其中占有中心地位，它的成功使管理成为热门话题，于是掀起一股人人谈管理的热潮。不久，日本也认识到管理对复兴经济的重要性，邀请美国管理专家从提高产品质量着手，以管理作为中心动力和关键因素，结合自己的国情，发展了有日本特色的管理科学。以后，发展中国家，如印度、巴西及东南亚各国纷纷成立各种管理协会。从20世纪60年代到70年代，新加坡、韩国等国家，以及中国香港、中国台湾等地区的经济迅速发展，人们日益认识到管理的重要性。我国自党的十一届三中全会以来，党和国家的工作重心转移到以经济建设为中心的轨道，确定了改革与开放的战略方针，确认了管理的重要性，在全国各地成立了企业管理协会，以及其他各种管理学会，在高等学校内普遍设立了管理学院或管理系科，经济管理研究机构、培训中心也纷纷成立。

管理的重要性可以进一步从以下三方面来阐明。

1）管理是促进生产力发展的关键因素

劳动力、劳动工具、劳动对象这些生产力要素如果没有管理就形成不了生产力。科学技术是第一生产力，它体现在劳动力、劳动工具和劳动对象之中。但是，管理是生产力中的结合性要素，如果没有管理来组织、创造条件，科学技术是难以转化为生产力的。美国人自称“三分靠技术，七分靠管理”，而二次大战后经济腾飞的日本则认为他们是靠技术和管理两个车轮使经济起飞的。这不是贬低科学技术的重要性，而是说明管理可以促使科技与劳动力、劳动工具、劳动对象更好地结合起来，尽快投入生产，使生产力总体能力得以扩大和发展。

2）管理是提高一个组织和社会经济效益的重要手段

有效管理的作用就在于以尽可能少的人力、物力、资金的消耗和占用来正确地完成组织的目标。从工商企业来看，管理得好，企业能提供尽可能多的利润和税收，不仅提高了自己的经济效益，而且为社会也作出贡献，对整个社会和国家的经济建设和发展有着十分重要的意义；反之，如果一个企业不能提供社会所需要的产品，且浪费严重，不仅自己亏损，而且严重地损害社会和国家的利益。这也正是我国经济发展中需要解决的重要问题。

3）管理对促进社会的发展、提高社会管理水平有着重要的意义

现代社会已从工商业社会走向多元社会。除工商企业之外的各种服务机构，诸如学校、医院、公共事业、政府机构等，在社会中已占越来越大的比重。这些机构的存在都是为了给

社会乃至个人提供服务，管理可以为这些机构高效运转起到促进作用，从而提高社会管理水平。各种机构要发挥应有的作用，必须要有有效的管理。事实上，非工商企业的公共服务机构对管理的需要，并不比工商企业少，甚至更多，今后必将受到人们高度的重视。经济与社会的发展、人民生活质量的提高，也是管理发展的结果。

2. 管理的任务

联系到管理对社会发展的重要意义，有必要进一步明确管理的任务。管理通过组织机构对社会作出的贡献，主要可概括为以下三个方面。

1）实现本机构的特殊目的和使命

一个机构是为了某种特殊目的和使命而存在的。就工商企业而言，其特殊使命就是经济成就，即为社会提供合乎需要的产品和服务，为企业取得利润，为社会提供税收和积累。至于非工商企业或其他公共服务机构，如大学就是培养出合乎社会需要的毕业生，医院就是为病人治疗，使其康复而出院。管理当局的每一项行动、决策都必须将这一任务放在首位。

2）使工作富有活力并使员工有成就感

工商企业及其他服务机构所拥有的资源中，最重要的是人。机构中所有的各种物资、资金、信息资源都是靠人来运用的，管理者的任务就是要充分调动人的积极性，使工作富有活力，而且要使员工能有所成就。员工看到自己的成就，会进一步发挥积极性和工作活力。这就要研究人的能力、优缺点、生理和心理的特点，使其适合工作，最好地发挥其才能。管理就是要设计和维护一种环境，使人们能在组织内合力工作，以求有效地完成集体目标，作出成就。

3）关心对社会的影响，承担社会责任

任何组织机构都是社会的一个子系统，对社会有着直接的影响。一个企业如果出售劣质甚至有害的产品，或是排出污气废料，造成环境污染，都会危害社会。即使在企业内，如果劳动条件及安全防护差，会危害员工身体，也会造成社会危害。管理必须对社会负责。一个好的管理者主动承担起社会责任，不仅是受社会道德观念的影响，而且是为了树立企业信誉，遵守国家的法律、政策，正确处理短期利益与长远利益的关系。

以上三项任务是相互联系，在同一时间和同一管理行为中执行的。当然，业务方面的成就是企业的目标和存在理由，因而是第一位的，但如果忽视第二项任务，员工积极性不能发挥，则第一项任务就难以完成；而如果对社会不负责任，则必然也会损害自己的声誉，最终导致失败。

1.2 管理者

管理的主体是管理者或管理人员。管理人员行使其计划、组织、领导与控制等管理职能。

1.2.1 管理者的定义与分类

管理者按传统概念，可称之为“负责其他人工作的主管人员”。但在某些专业管理工作中，例如财务经理，是高级管理人员之一，既有下属财务人员受他管辖，又负责资金的运用。

因此,较完整的定义应为管理人员就是负责对人力、资金、物资和信息情报进行计划、组织、领导、控制的人员。一个组织的管理人员按其主要作用,可从两个方面来分类。

1. 从管理组织层次、上下组织关系来分类

1) 高层管理者

高层管理者是指一个组织或公司的最高领导层,如学校的校长、副校长等,企业的董事长、总裁、副总裁、总经理、副总经理及其他高层管理人员。高层管理者对外代表着企业,对内则与其他高级管理人员一起制定企业组织目标和发展战略,作出计划和决策,审核整个组织的业绩等。

2) 中层管理者

中层管理者是贯彻高级管理人员的命令、指示及计划,并对基层管理人员布置工作任务的管理人员,包括分部经理、厂长、业务经理、部门经理等。他们负责向高级管理层直接报告工作,同时负责监督和协调基层一线管理人员的工作。经济组织或企业的大量日常管理更多是由中层管理者来负责。

3) 基层管理者

基层管理者主要包括工长、基层单位主管、办公室负责人等。他们的职责是给下属工人或办事员分派具体工作任务,监督、协调下属人员工作,以保证完成既定工作任务目标。基层管理人员向中级管理人员直接报告工作,他们的工作对实现经济组织或企业的目标和业绩起着决定性的作用。

如图 1-2 所示,这三层管理者是一个有机整体,可保证整个组织的管理工作正常地进行。从整个组织的发展看,高级管理人员起着关键的开拓发展、计划决策和组织协调的作用,需要具备筹划创新、调查研究、战略管理的才能;而基层管理人员则需要坚决执行命令、提高效率、保证质量,往往体现为体力性劳动或技术性工作,负责处理现场管理、指导操作、保证设备处于良好的运转状态;至于中层管理人员则起着承上启下的重要作用,负担着大量的管理性工作,需要精通专业管理才能,组织好本部门工作,协调好与其他有关部门的关系。

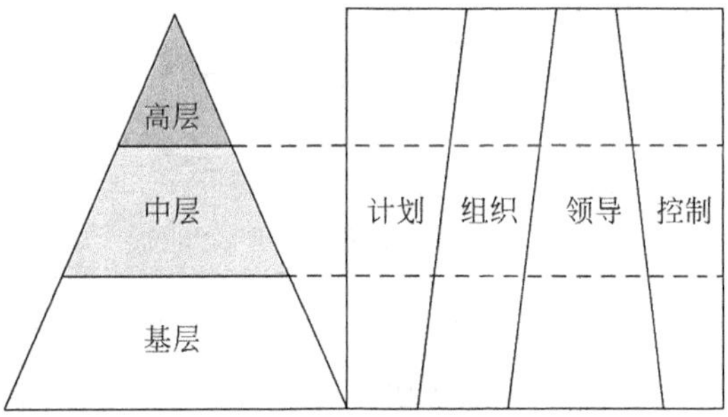

图 1-2 管理职能与管理层次

2. 从管理专业业务领域来分类

1) 市场营销管理人员

市场营销管理人员的工作可包括市场调查、广告宣传、产品销售、顾客需求心理研究等方面。

2）财务管理人员

财务管理人员的主要职责包括资金筹集、投资预算、核算与出纳工作等。

3）业务管理人员

业务管理人员主要指从事一个经济组织或企业的产品制造，以及提供服务等业务方面工作人员。

4）人事管理人员

人事管理人员的主要职责是从事对人力资源的管理，包括人力资源的计划、招聘和选择组织所需的人才，并负责培训、使用、考核、晋升、奖励以及工资的制定等。

5）其他专业管理人员

这类管理人员包括行政管理、公共关系等方面的管理人员等。有的经济组织或企业还聘请各方面专家作为内部顾问或国际性业务方面的顾问。随着现代企、事业组织规模的扩大和环境的复杂化，这方面专业管理人员的作用也日益显得重要。

1.2.2 管理者的角色

亨利·明茨伯格（Henry Mintzberg）是经理角色学派的创始人。明茨伯格认为，对于管理者而言，从经理的角色出发，才能够找出管理学的基本原理并将其应用于经理的具体实践中去。20 世纪 60 年代末期，明茨伯格对 5 位总经理的工作进行了一项仔细的研究，他的研究结果对长期以来对管理者工作所持的看法提出了挑战。明茨伯格研究发现，他所观察的经理们陷入大量变化的、无一定模式的和短期的活动中，他们几乎没有时间静下心来思考，因为他们的工作经常被打断。有半数的管理者的管理活动持续时间少于 9 分钟。在大量观察的基础上，明茨伯格提出了一个管理者究竟在做什么的探索。

明茨伯格的结论是，管理者扮演着 10 种不同的、但又是高度相关的角色。管理者角色（Management Roles）这个术语是指特定的管理行为范畴，正如图 1-3 所示，这 10 种角色可以进一步组合成三个方面的角色，即：人际关系、信息传递和决策制定。

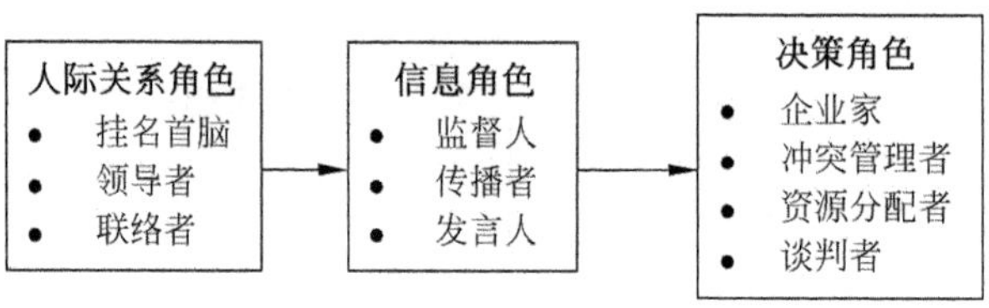

图 1-3 明茨伯格的管理者角色

1. 人际关系角色

人际关系角色是指所有的管理者都要履行礼仪性和象征性的义务。人际关系方面的角色又包括挂名首脑、领导者以及联络者这三种角色。

1）挂名首脑

这是经理所担任的最基本的角色，他们必须履行许多法律性的或社会性的例行义务。由于经理是正式的权威，是一个组织的象征，因此要履行这方面的职责。作为组织的首脑，每位管理者有责任主持一些仪式，例如接待重要的访客、参加某些庆典、签署法律文件、与重要客户共进午餐等。很多职责有时可能是日常事务，然而，它们对组织能否顺利运转非常重要，不能被忽视。

2）领导者

由于管理者是一个企业的正式领导，要对该组织成员的工作负责，在这一点上就构成了领导者的角色。这些行动有一些直接涉及领导关系，管理者通常负责雇佣和培训职员，负责对员工进行激励或者引导，以某种方式使他们的个人需求与组织目的达到和谐。在领导者的角色里，我们能最清楚地看到管理者的影响。

3）联络者

同组织外部接触、联络外部关系，从事有外部人员参加的活动；向组织内部员工提供恩惠和信息，如发感谢信。通过研究发现，管理者花在同事和单位之外的其他人身上的时间与花在自己下属身上的时间一样多。

2. 信息传递方面的角色

信息传递方面的角色指所有的管理者在某种程度上，都从外部的组织或机构接受和收集信息。例如，通过与他人谈话或者根据媒体的一些报道来了解竞争对手可能正打算干什么等等；管理者还起着向组织成员传递信息的通道的作用，即扮演着传播者的角色；当他们代表组织向外界表态时，管理者是在扮演发言人的角色。

1）监督者

寻求和获取各种特定的信息，以便透彻地了解组织与环境；他们询问联系人和下属，通过各种内部事务、外部事情和分析报告等主动收集信息。

2）传播者

组织内部可能会需要这些通过管理者的外部个人联系收集到的信息。管理者必须分享并分配信息，要把外部信息传递到企业内部，把内部信息传给更多的人知道。

3）发言人

向组织外界发布有关组织的计划、政策、行动、结果等信息，如举行董事会，向媒体发布信息等。这个角色是面向组织的外部的，管理者把一些信息发送给组织之外的人。

3. 决策制定方面的角色

明茨伯格围绕决策制定又确定了4种角色：企业家、冲突管理者、资源分配者、谈判者。

1）企业家

寻求组织和环境中的机会，制定“改进方案”以发起变革，监督某些方案的策划，制定战略，检查会议决议执行情况，开发新项目。

2）冲突管理者

当组织面临重大的、意外的动乱时，负责采取补救行动。制定战略，审视陷入混乱和危机的时期，对突发事件制定应急预案。

3）资源分配者

负责分配组织的各种资源——事实上是批准组织所有的重要决策，调度、询问、授权从事涉及预算的各种活动和安排下级的工作。作为管理者负有分配人力、物质和金融资源的责任。

4）谈判者

在主要的谈判中作为组织的代表，与竞争对手进行谈判。当管理者为了自己组织的利益与其他团体议价和商定成交条件时，他们是在扮演谈判者的角色。

研究证据一般都支持这样一种观点，即不论何种类型的组织和在组织的哪个层次上，管理者都扮演着相似的角色。只是，管理者角色的侧重点是随着组织的等级层次变化的。

1.2.3 管理者的技能

美国学者罗伯特·L. 卡茨(Robert L. Katz)认为，无论是什么组织的管理者，也不论是哪个层次的管理者，都必须具备三个方面的技能：即概念技能、人际技能和技术技能，如图 1-4 所示。

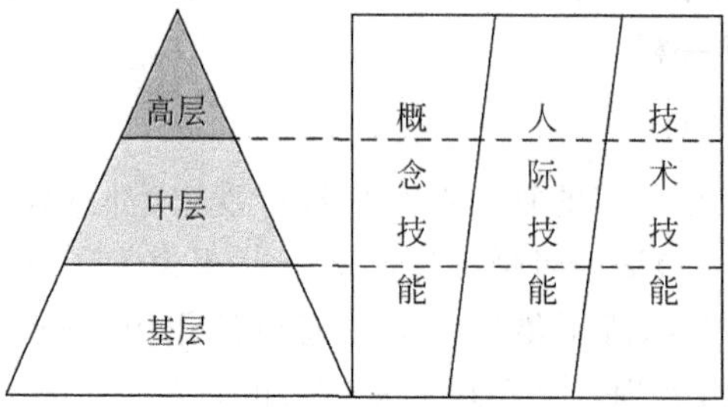

图 1-4 管理者技能与管理层次

1. 概念技能

概念技能是综观全局、认清为什么要做某事的能力，即洞察企业与环境相互影响之复杂性的能力。概念技能对于高层管理者最重要，对于中层管理者比较重要，对于基层管理者较不重要。

2. 人际技能

人际技能是与人事关系处理有关的技能，即理解、激励他人并与他人共事的能力。管理者人际技能对于各层次管理的重要性大体相同。

3. 技术技能

指从事自己管理范围内的工作所需的技术和方法。具备技术技能，才能更好地指导下属工作，更好地培养下属，才能赢得下级的尊重。技术技能对于基层管理者最重要，对于中层管理者较重要，对于高层管理者较不重要。

关于管理者技能的研究虽然最早是罗伯特·L. 卡茨提出来的，对于当今的管理者来说仍然具有重要意义。例如人际技能，对于各个层次的管理都很重要，作为管理者，需要协调方方面面的关系，既包括同上级、下级、同行等的关系，也包括和客户、社区、政府、竞争伙伴等方方面面的关系。而概念技能，在现代市场竞争中对于高层管理者来说是特别重要的素质。技术技能，是基层管理者能够胜任管理岗位的一个重要基础。一技之长，对于基层管理者来说非常重要，能够更加方便地领导下属，受到下属的尊重和信赖。

当然，在社会不断发展、竞争日益激烈的今天，管理者还应该具备更多的技能，如创新技能、信息获取技能等。

1.3　管理学

管理学是系统研究并阐述管理活动的行为、过程、特征及其规律的科学。要了解管理学首先要掌握该学科的研究对象、任务与方法。

1.3.1　管理学的研究内容与基本任务

1. 管理学研究内容

管理学，简单地说就是研究管理活动的基本规律和方法的科学。虽然管理学的起源比管理实践要晚得多，直到近代才逐渐发展起来，但它作为一门独立的科学却是不容置疑的，因为它有自己独特的研究对象，这就是管理的基本规律。

前面已经指出，管理活动千差万别，如一个政府领导要处理的问题与一个公司的经理要处理的问题可能有本质差别，但他们的管理工作却有共同的基础，即他们都需要通过一定的决策、计划、组织、指挥、协调、控制、激励等管理职能来实现组织的目标。在实施这些管理职能时，其内容会有差别，但要遵循的基本原理及原则却是一样的，这就是管理的共性，这也就是管理学要研究的内容。

管理学发展到现在，已经形成了一个较庞大的体系，几乎每一个专门领域都已形成了专门的管理学，如企业管理学、公共管理学、行政管理学，军队管理学、监狱管理学、科技管理学、文化管理学等。管理学与这些专门的管理学之间是一般与特殊，普遍与专门的关系。管理学要阐释的是在各专门管理学中都适用、都存在的一般性原理和原则，是管理科学中的基础学科。各专门管理学则是在管理学原理的基础上，结合本专门领域的特殊情况，阐述适用于本领域的管理原理，它们都是特殊的管理学。管理学与各专门管理学在发展过程中是相互促进、共同发展的。管理学要及时总结各专门管理学中出现的新理论、新观点，将特殊性上升为一般性，各专门管理学又要努力运用管理学的发展成果，推动本学科的发展。

2. 管理学的基本任务

管理学的基本任务是阐述管理理论的一般性，并指明管理实践的特殊性。管理学研究的对象是人类社会的管理活动与管理过程，重点是管理过程中的各种关系、矛盾、特征、行为、方法以及内在的逻辑性。

1）管理活动的主体和客体

管理活动的主体和客体都是管理活动的承担者，是一个过程的两个方面，既互相区别又相互联系。既然管理学要研究管理活动与过程中的一般性与特殊性规律，也就不能脱离管理活动的主体与客体。管理活动的主体是管理者，即在组织中担负计划、组织、领导、控制等工作进而实现组织目标的人。而管理的对象，也就是管理的客体是管理者实施管理活动的对象。在一个组织中，管理对象是指人、财务、技术、信息等一切资源，当然，最重要的是对人的管理。虽然管理活动的客体在管理过程中有被动性的特点，但管理客体中的人力资源却具有主观能动性。总体而言，管理学首先要研究并阐述管理学主体即管理者的理念与行为的内容、特征及其科学性。

2）管理活动的基本关系

管理活动的基本关系包括管理的主体与客体的关系，管理的幅度、层次、传导及隶属关系，管理的配置、协作、沟通与协调关系，管理中人与人，人与物的关系以及管理过程中的领导及权力关系等。

3）管理活动与过程的规律性

管理活动与过程的规律性既包括一般管理活动与过程中具有系统性与整体性的规律，如管理的人本规律、权变规律、例外规律、激励规律等；也包括特定管理活动与过程中的特殊性规律，如计划规律、组织规律、领导规律、控制规律、决策规律等。管理学在研究管理的规律时不能不考虑管理活动与过程的属性和特征，包括要涉及的环境、过程以及相关的条件，在管理活动与过程中要掌握这些规律，并善于运用到管理实践中去，提高管理绩效。

4）管理模式、方式与方法

管理的模式、程序、原则、路径、措施，这些是管理活动的基本内容，也是管理行为的具体体现，同时又是管理活动与过程规律的实现形式，因而也就成为管理学研究的重要内容。

总之，管理学研究的主要内容包括生产力与生产关系两个方面。在生产力方面，管理学研究合理组织、使用和配置生产力诸要素；合理使用与配置组织中的人、财、物等诸多要素，使各要素充分发挥作用；根据组织目标要求和社会需要，合理使用与配置各种资源，以求得最佳经济效益和社会效益。在生产关系方面，管理学研究正确处理组织中人与人之间的相互关系；建立和完善组织机构以及各种管理体制；激励组织成员，调动各方面的积极性和创造性，为实现组织目标服务；使得管理文化、管理理念与组织的内、外部环境相适应等。

1.3.2 管理学的特点

管理学以一般组织为研究对象，研究管理的基本概念、原理、方法和程序。管理学作为一门独立的科学，其主要特点如下。

1. 一般性

与企业管理、行政管理等某一专业领域的管理相比较，管理学具有一般性。管理学是研究管理活动共性的基础理论学科。无论是企业管理还是政府管理，无论是宏观管理还是微观管理都需要以管理学的理论作为基础来加以学习和研究。与其他理论科学相比较，由于管理学在管理科学体系中居于基础地位，因而也被称之为管理的原理科学。

2. 客观性

管理学研究的对象是人类社会各种组织的管理活动。其从客观实际出发，揭示管理活动的各种方式、特征以及规律，这些方式、特征以及规律既是现实生活的概括，也是管理活动的抽象，是客观存在，这是科学的本质特征。

3. 实践性

管理学表现出很强的实践性。管理学是为各种管理者提供从事管理工作的基本原理、原则和方法的，这些共同的原理、原则和方法，都是实践经验的总结和提炼，这表明管理学的基础是管理实践。管理学的实践性还表现为检验标准的实践性。管理学所阐述的原理、原则、方法、手段是否科学，是否可行，检验的唯一尺度是判断能否应用，能否指导管理实践活动。管理学也只有服务于实践，才具有生命力，才能不断发展，这是科学的意义所在。

4. 综合性

从管理学和其他学科的关系来看，管理学是一门交叉学科，但从它要综合利用多种学科的成果才能发挥自己的作用来看，它又是一门综合学科。管理学涉及经济学、政治学、社会学、心理学、逻辑学、统计学、会计学以及数学等在内的多个学科。要运用多种管理方式，那么就要掌握诸如经济学、社会学、心理学、政治学等多学科的知识。这也要求管理学必须吸收各相关学科的发展成果，运用最新的科学技术成果，综合运用现代社会科学、自然科学和技术科学的成果来研究管理活动中普遍存在的基本规律和一般方法，发挥自己的作用，所以管理学具有很强的综合性。

5. “软科学”性

管理学之所以说成是一种“软科学”，指相对于自然科学这样的“硬科学”而言的。软科学是综合运用现代自然科学、社会科学、技术科学的理论和方法，去解决由于现代科学、技术发展以及生产发展而带来的各种复杂的社会现象和问题，研究经济、科学、技术、管理、教育等社会各方面之间的内在联系及发展规律，从而为它们的发展提供最优的方案。管理在现实过程中很多东西不能完全量化，影响管理效果的因素太多，而且很多因素又是无法预知的。

6. 社会性

管理学研究的是管理活动中的各种关系及其一般规律。在管理活动中，人是最主要的管理主体和客体，这就决定了管理以及管理学的社会性。此外，管理学的社会性还意味着它总是带有一定的生产关系特征。

1.3.3 学习管理学的重要性

在现代社会中，每一个人都具有管理者和被管理者的双重身份，要么管理别人要么被别人管理。对于管理的重要性，人们往往认识不足。人们的观念中有这么一种误区：谁都可能承认自己不懂科技，不懂经营，却绝少有人承认自己不懂管理。实际上，管理工作看似简单，实则繁杂；看似轻松，实则艰辛。掌握一定的管理学知识，是现代人知识构成必不可少的部分，是适应现代社会的前提条件之一，掌握管理知识和管理技能关系到每个人的切身利益。对于一定社会组织中的管理者来说，掌握管理学的理论，更是特别重要。

管理学理论是对前人管理实践的总结，是对具体实践的抽象，科学的理论可以指导人们正确的实践。在生产力高度发达，社会化大生产已达到较高水平的现代社会中，凭经验管理一个组织是难以成功的，单靠管理者的实践，从头摸索经验、积累思考，时间上也是不允许的和不可能的。历史表明，只有汲取前人留下的经验教训，我们才可能少走弯路，才取得更大的成就。作为一个管理者，只有自觉地努力学习科学的管理理论、融会贯通，举一反三，才能增长管理知识和才干，以最少的投入取得最好的效果。

任何组织都需要管理，管理能够提高组织的效率，管理可以被看作现代生产力的要素之一。从我国现实来看，学习管理学理论更有其重大的现实意义。与经济发达国家相比较，我国政府的宏观管理水平和企业管理水平都需要提高。因此，目前更要强调学习管理学的重要性，努力提高各级组织的管理水平，制定目标与方针，实施既定的战略与决策，从而更好地达到组织的目标。

1.3.4 学习管理学的原则

1. 坚持以人为本的原则

管理要以人为本，是强调各项管理活动都要以人为中心，使人性得到充分发挥的管理理念与方式。在管理活动中，人是各种要素中最重要的因素。因此，充分发挥人的积极性、能动性和创造性，是有效管理的前提和基础，也是组织绩效的前提和基础。以人为本的管理，就是要在管理过程中以人为出发点和中心，围绕着激发和调动人的主动性、积极性、创造性展开的，以实现人与组织共同发展的一系列管理活动。以人为本的管理，就是强调人是管理中最基本的要素。人是能动的，与环境有一种交互作用。创造良好的环境可以促进人的发展和组织的发展；个人目标与组织目标是可以协调的，将组织变成一个学习型组织，可以使得员工实现自己目标。也就是说，人的发展是一切组织发展和社会发展的前提。

2. 应用性的原则

管理学最突出的特点之一就是它的应用性。离开了实践，管理学就会成为无源之水，无本之木。管理实践既是管理学理论应用的场所，又是丰富、发展管理学的基本动力。研究管理学，必须坚持应用性原则，注意管理实践对管理理论提出的新要求，学会总结管理实际中的经验、方法；另一方面，要努力将学到的管理理论应用于实践，使得管理理论具有指导作用，使知识转变为能力，实现学习、研究管理学的最终目的。

3. 坚持继承发展的原则

管理自古有之，管理思想也是源远流长。在我国丰富的文化遗产中，管理思想是这座文化宝库中的瑰宝之一。我国古代的许多管理思想不仅展示了中华文明史的久远，而且在今天仍有指导意义，并有一些管理思想在世界管理界和管理理论界产生了广泛的影响。学习研究管理学，必须注重对传统管理理论和思想的挖掘，继承中国以及西方的管理思想。特别是 20 世纪以来，管理学在发达的资本主义国家中发展极快，至今已是理论学派林立，这些内容中很多是反映社会化大生产对管理要求普遍适用的原理和原则，对我国的管理学和管理实践都有借鉴的作用。但是管理理论不是一成不变的，而是随着社会不断发展在不断发展的。因此，应该对管理理论本着继承和发展的原则，不同的具体条件下寻求不同的、适合的模式和方法。

1.3.5 学习管理学的基本方法

1. 观察、总结的方法

按照理论联系实际的要求，学习研究管理学，必须掌握观察管理实践，总结管理经验，抽象地提炼概括，使其上升为理论的方法。人们的管理实践，特别是众多优秀管理者的管理经验，蕴含着深刻的管理思想、原理和方法。学习、研究管理学，应该能够以敏感意识来观察管理实践，并善于总结实践经验，这样来学习管理学，会收到很好的效果。

2. 比较研究的方法

当代世界各国都十分重视管理和对管理的研究，都形成了有各自特色的管理科学。借鉴、应用西方的管理理论与方法，不能简单地照搬。这就要求我们学会比较研究的方法，对他国的管理实践与管理理论，通过比较分析，分辨出一般性的东西和特殊性的东西，可为我们借鉴的东西和不可为我们借鉴的东西，真正做到兼收并蓄，丰富我国管理学的内容。

3. 历史研究的方法

历史研究方法就是运用管理理论与实践的历史文献，考察管理的起源、历史演变、重要管理思想家的理论以及重要的管理案例，从中找出规律性的东西，寻求对现在仍有意义的管理原则、方式和方法。无论是中国的历史，还是外国的历史，都有大量的关于管理的文化典籍，有许多仍值得研究和发展。只要我们坚持正确的指导思想，细致的工作方法，深入地研究前人留下的管理精华，必将是大有收获的。

4. 理论联系实际的方法

理论联系实际的方法，即在学习、研究管理学的过程中，通过对典型的管理案例进行分析、讨论，从中总结出管理的经验、方法和原则，加强对所学管理理论的理解与方法的运用。通过理论联系实际来提高学习者运用管理学基本理论和方法去发现问题、分析问题和解决问题的能力。通过理论和实践的深入结合，使得管理理论在实践中不断地加以检验，从而深化认识，发展理论。

复习思考题

1. 什么是管理？
2. 管理通常包括哪些职能活动？它们之间的关系如何？
3. 如何理解管理者角色？
4. 管理者应具备哪些技能？
5. 如何理解管理的二重性？
6. 说说你打算如何学习管理学？

【案例分析】

郭宁的担忧

郭宁最近被一家生产机电产品的公司聘为总裁。他浮想联翩，回忆起他在该公司工作二十多年的情况。他大学时学的是工业管理，大学毕业后就到该公司工作，最初担任液压装配单位的助理监督。因为他对液压装配所知甚少，在管理工作上也没有实际经验，他感到每天都手忙脚乱。可是，他非常认真好学，一方面仔细研读该单位所定的工作手册，努力学习有关的技术知识；另一方面监督长也主动指点他，使他渐渐胜任了工作，他已有能力独自承担液压装配的监督长工作。当时公司没有提升他为监督长，而是直接提升他为装配部经理，负责包括液压装配在内的四个装配单位的领导工作。在他当助理监督时，主要关心的是每日的作业管理，技术性很强。而当他担任装配部经理时，他发现自己不能只关心当天的装配工作状况，还得作出此后数周乃至数月的规划，还要完成许多报告和参加许多会议。当上装配部经理不久，他就发现原有的装配工作手册已基本过时，这令他花了整整一年时间去修订工作手册，使之切合实际。在修订过程中，他发现要让装配工作与整个公司的生产作业协调起来还有很多需要进一步研究的工作。他还主动到几个工厂去访问，学到了许多新的工作方法，他也把这些写入到修订工作中去。郭宁对此都完成得很出色。他工作了几年后，还学会如何把这些工作交给助手去做，教他们如何做好，他可以腾出更多时间用于规划工作和帮助他的下属工作得更好，用更多的时间去参加会议、批阅报告和完成自己向上级的工作汇报。他担任装配部经理6年，在5名竞争者中脱颖而出，被正式提升为规划工作副总裁。他自信拥有担任此新职务的能力，但由于此高级职务工作的复杂性，仍使他在刚接任时碰到了不少麻烦。他还是渐渐适应了，作出了成绩，以后又被提升为负责生产工作的副总裁。到了现在，郭宁又被提升为总裁。他知道一个人任职公司最高主管职位之时，应该自信自己有处理可能出现的任何情况的才能，但他也明白自己尚未达到这样的水平。他不禁想到自己明天就要上任了，今后数月的情况会怎么样？他不免为此而担忧！

思考与讨论

1. 你认为郭宁担任液压装配单位的助理监督时，他的任务有什么特点？
2. 从管理者职能的角度，对郭宁二十多年的管理工作进行分析。
3. 请你对郭宁的任职提一些建议。

第2章 管理理论的产生与发展

【本章要点】

- 理解早期管理思想；
- 管理理论产生的基础；
- 科学管理理论；
- 法约尔的一般管理理论；
- 人际关系理论；
- 管理理论发展中“人的假设”；
- 管理丛林理论。

管理活动源远流长，古代管理思想也是丰富多彩，对管理实践和管理活动起到了非常大的促进作用。正如中国的儒家思想，不仅对中国的管理有着深远的影响，对世界其他国家也有着一定的影响。管理实践及管理思想的萌芽虽然较早，但形成比较完整的管理理论则是经过了一段漫长的发展过程。

2.1 管理理论产生

2.1.1 人类早期的管理思想

中国和其他文明古国孕育了各自灿烂的思想文化，当然也包含着丰富的管理思想。在很早以前，管理思想在西方国家和古老的中国同时萌发。

1. 外国早期管理思想

很难准确地回答管理思想究竟萌发于什么时期。从世界文明古国已有的文字记载来看，人类很早就开始了对管理理论的思考，开始了对管理实践的总结和对管理原理与原则的探索。其中一些思想，今天仍然具有现实意义，闪烁着文明的光芒。

在西方国家，伴随着管理实践，出现了很多灿烂的管理思想，在这些思想中，比较有代表性的是古埃及人的管理思想、古罗马人的管理思想、古希腊人的管理思想等。四千多年前，古巴比伦国就颁布了以国王名字命名的“汉穆拉比法典”。这部法典共 282 条，是古巴比伦国当时处理贸易、人的行为、人际关系和经济往来、工资等问题的准则。这部法典是古巴比伦人、亚叙人、加勒底人和希伯莱人等族人的法律基础。这部法典是对当时社会的各种职业、各个层面上的人员的责、权、利关系给予了明确的规定，可以说是一种早期的管理思想。

中世纪也出现了十分丰富的工厂管理实践。威尼斯工厂在存储、安装、会计控制、库存控制、成本控制等方面积累了很多管理经验，威尼斯工厂的管理也代表了这一时期的管理水平。

文艺复兴运动更是为管理思想的发展开拓了空间，人文主义思想的弘扬，使人类的思想和社会生产力得到了解放，以人为本的思想渗透到管理之中。

工业革命不仅引起了生产技术的变革，形成了机器大工业，也引起了生产组织的变革，建立了工厂制度，使工厂代替了手工业作坊，促进了生产力的迅速发展。但是工厂制的出现也给管理带来了许多新的问题：随着生产规模的扩大，雇佣工人的日益增加，管理工作变得更加复杂。在这一背景下，管理者逐步从资本家和工人当中分离出来，出现了特殊的雇佣人员，如经理、厂长、监工和领班等，这些特殊的雇佣人员承担起经营企业和管理企业的责任，使企业的管理工作逐渐成为一种专门的职能。一些经济学家和工厂的管理者开始在实践的基础上提出了一些管理的思想。

英国经济学家亚当·斯密(Adam Smith)于1776年发表了《国富论》一书。在这本著作中他以制针业为例详细分析了劳动分工带来的好处。亚当·斯密认为，工人只重复简单的操作，可以提高劳动的熟练程度，节省了工序转换所需的时间；能够使工具专门化，有利于设计和改进工具设备，使劳动进一步地简化和减少。亚当·斯密劳动分工的思想至今仍然被人们广泛采用。

英国剑桥大学的教授查尔斯·巴贝奇(Charles Babbage)在1832年发表的著作《关于机械和制造的经济效益》中继续了劳动分工的研究。他认为，分工不仅可以提高劳动效率，还可以为资本家减少工资支出，因为分工不同，劳动强度和技术要求不同，工资标准不同，这样可以使工资总额减少。此外，查尔斯·巴贝奇也强调重视人的因素，认为企业与工人之间有一种共同的利益，主张实行分红制度，使提高劳动效率的工人们能分享一份利润，并对提出合理化建议者给予奖励。

英国著名的工业家和改革家罗伯特·欧文(Robert Owen)也是19世纪最有成就的实业家之一。他最早注意到了企业内人力资源的重要性。他提倡人道主义，认为工人是人而不是机器，并在自己的工厂里试行一系列的改革措施，如改善工作条件、缩短工作时间等。他提出，把钱花在提高劳动者的素质上是最佳投资之一，关心员工会得到更多的利益回报。罗伯特·欧文的这些思想后来发展为人际关系论，而他本人也被称为现代人事管理的先驱者和创始人。

2. 中国早期管理思想

中国作为世界四大文明古国之一，在丰富的文化宝库中，管理思想是其中光芒闪射的一块瑰宝。中国古代管理思想在许多著作中都有体现，如《孙子兵法》《周礼》《墨子》《老子》《管子》《齐民要术》等。

在百家争鸣的春秋时期，我国的早期管理思想更是蓬勃发展。孙武在其世界闻名的军事著作《孙子兵法》中，提出了要做好计划工作的主张，指出了计划的重要性："多算胜，少算不胜"。《孙子兵法》一书，共13篇，篇篇闪烁着管理智慧的光芒。"知己知彼，百战不殆"已成千古名言。孙武的策略思想不仅在军事上，而且在管理上也具有相当的指导意义和参考价值。日本和美国的一些大公司甚至把《孙子兵法》作为培训的必备书籍。战国时代的另一本书《周礼》对封建国家的管理体制进行了理想化的设计，内容涉及政治、经济、财政、教育、军事、司法和工程等方面。该书对封建国家的经济管理的论述和设计都达到了相当高的水平。

春秋末期的老子提出了“无为而治理”的治国理论。老子认为“圣人处无为之事，行不言之教”，无为而治是道家基本的政治主张。无为，即“不为物先，不为物后”，顺乎自然以为治。无为是实现无不为、无不治的前提和条件，“以无事取天下”。庄子更主张君主应该无欲、无为、渊静，“无欲而天下足，无为而万物化，渊静而百姓定”。无为而治的思想在中国古代有很大的影响，汉初的黄老之学吸取了道家无为而治的思想，适应秦末政治动乱之后民心思定的形势，强调清静无为，主张轻徭薄赋、与民休息，对人民的政治生活和经济生活采取不干涉主义或少干涉主义，借以安定民心，发展社会生产。

而商鞅、韩非子、吴起等人则提出了“崇法”的法家思想，提出“抱法出势则治”的核心思想。主张以功利、效果论检验善恶，通过刑赏之法劝禁臣民，才能达到“救群生之乱，去天下之祸”的目的。法家主张“以法治国”的“法治”，而且提出了一整套的理论和方法，这为后来建立中央集权的秦朝提供了有效的理论依据，对后来封建社会社会强调法律制度起到了促进作用。

人类早期管理虽很丰富，但无论是从总体上看，还是从某个思想家所形成的个体管理思想来看，都不成系统，虽然富有哲理，但没有构成完整的理论体系。另外，这一时期的管理思想还具有依附性，即人类早期的管理思想不是对管理活动进行专门独立的思考而形成的。

2.1.2 西方管理理论产生的背景

随着社会的发展和科学技术的进步，人们对管理思想加以提炼、概括和归纳，形成较成熟的、系统化程度高的管理思想，但并非所有管理思想都是管理理论，管理理论对管理活动有指导意义又要受管理活动的检验。直到18世纪60年代开始的工业革命，不仅在工业技术上而且在社会关系上都引起了巨大的变化，加速了资本主义生产的发展，大机器生产代替了小手工业生产。在这样的背景下许多对管理有重大意义的思想应运产生。从19世纪末到20世纪20年代，被视为管理理论体系正式形成的时期，出现了各管理流派。

1. 产业革命背景

18世纪后半叶英国发生的产业革命产生了工厂工业，这对创造有助于满足人们需要的经济财富和提供服务的方法来说，带来了一场革命。在产业革命之前，手工业及家庭工业占据着统治地位。随着工厂工业的建立，生产方法也发生了变化。

第一阶段——作业场所的集中和作业分工。早期工业是手工业和家庭工业，生产都是在各个生产者的家庭里进行的，以家庭成员进行劳动的形式，每个生产业主自由地利用时间和方法从事生产活动。后来这种自由的生产转变为工厂生产，作业场所都集中于同一个厂房之中，人数众多的作业者要服从一个工厂主的统一指挥。这是形成经营管理这种职能的最原始起源。作业场所的集中又出现了分工，生产效率也相应地提高了。但是，初期的工厂生产即使部分地使用了机器，生产方法并没有发生根本性的变化，生产主要依靠手工作业，工人的作业效率依然取决于各个工人掌握技术的熟练程度。

第二阶段——机械化和作业的专业化。随着分工的发展和作业的专业化，利用机器的范围扩大了，并且为了进一步利用高度专业化的机器，作业程序要进一步细化，生产方法也要发生根本性的变化。它标志着由熟练的作业者生产向机器生产过渡。这已经不是个人从事个体生产的形式了，他们有的成了机械工，有的成了维修工，有的成了开机器的工人，各自的作业高度特殊化和专业化。由于生产的机械化和作业的特殊化，生产不再像手工业那样通过个人来进行，而是通过有组织的集体来进行。

在手工业生产阶段，一个制鞋工人可以自己生产一双鞋，并自己去出售。但鞋子生产如果机械化，作业就被分成几个工序。分工精细，即使是一双鞋也要经过多人的协作劳动系统——组织，才能生产出来。我们从这种分工协作的生产组织过程中，发现了管理职能的起源。

管理理论最初形成是在 20 世纪初叶。这个时期，由于美国的泰勒提出了科学管理法和法国的法约尔提出了组织理论，才使管理理论系统化。也就是说，从 19 世纪后半叶到 20 世纪初，在发达的资本主义国家，随着重化学工业的发展，经营规模更加扩大，管理组织更加复杂，于是开始着手对管理进行系统的研究。由于工厂工业的形成，产生了各种各样的管理问题和劳动纠纷问题。在 19 世纪，查尔斯·巴贝奇等人作为先驱已经在这方面作出了成就。查尔斯·巴贝奇是世界上最早的电子计算机的发明者，也是时间研究的创始人。他在《关于机械和制造的经济效益》一书里，他把管理问题分为制造的经济原理和制造的机械原理进行了科学的研究。关于经济原理，他和亚当·斯密一样，强调了分工原理的有效性。他认为分工的优点是：①节省训练时间；②减少训练所需材料的浪费；③节省从一种工作转向另一种工作而要的时间；④不必改变工具；⑤通过反复进行同一种类的作业而使技术熟练；⑥作业的特殊化将导致机械和工具的发明创造。关于机械的原理，他主张要有效地利用动力和材料，测定作业时间等。为了调和劳资之间的矛盾，他主张采用利润分配制。这种制度由两部分构成：一是要使工资的一部分同工厂的利益挂钩，二是对有助于降低生产成本的建议要支付奖金。此外，为了改善由于产业革命而造成的苛刻的劳动条件，罗伯特·欧文提出了限制劳动时间、禁止招收童工、设置工人教育设施和住宅、建立消费合作社和生产者合作社等社会改良政策，并亲自付诸实行。

由此可见，对由于产业革命而产生的管理问题和劳动纠纷问题，早在 19 世纪就有了研究的萌芽，但还没有达到产生一种有连续性的、系统性的管理理论的程度。

2. 管理理论形成的基础

系统的管理理论的形成，有以下几个方面的环境因素。

1）技术环境

19 世纪后半叶，英国、德国、美国等发达的资本主义国家大力发展重化学工业。在美国，从 19 世纪末到 20 世纪初，除了钢铁、机械、化学工业外，橡胶工业、农业机械等也得到了大力的发展，能源由石油和电力取代了过去一直使用的煤炭。1910 年，福特一世研制成功 T 型汽车，确立了汽车批量生产的方式。汽车产业的兴隆又带动了石油、钢铁、橡胶、玻璃等各种工业的发展，加速了重化学工业化的进程。同轻工业相比，重化学工业由于企业规模大这一有利因素而发挥着强大的作用，企业之间的竞争推动了企业的合并，经营规模迅速扩大，这些使管理问题更加复杂化。

2）经济环境

形成管理理论的经济环境包括经营的大规模化、所有权同经营权分离这两个相互关联的因素。

（1）经营的大规模化。重化学工业化必然要通过经营的大规模化来追求规模所具有的有利因素。在美国，从19世纪末到20世纪初，所有的产业部门都推行了企业的合并。1901年，由于钢铁工业的大合并而建立起来的美国钢铁公司这个庞大的企业，成了这个时期的象征。在德国，1904年电机产业部门建立了西门子和德国通用电气公司这两个巨大的康采恩，化学工业部门也形成了赫希斯特等康采恩。由于经营的大规模化，就要实行资源的大规模聚集，这又增加了管理的复杂性。如何有效地利用聚集的资源，又必然成了下一步要解决的课题。经营史学家艾尔弗雷德·D.钱德勒（A. D. Chandler）把经营发展史分为资源集积阶段、资源合理化利用阶段和资源多样化利用阶段。以美国为例，从19世纪末到20世纪初，是资源聚集阶段，这个阶段到第一次世界大战爆发时结束。在这一时期，美国通过企业合并实行了经营大规模化。从20世纪初到20世纪20年代，是资源利用合理化阶段。这个时期美国的企业经营存在两个基本问题：一是需要通过生产技术的合理化来降低单价，二是需要使管理机构和管理程序公式化，以便更有利于制订计划、实行调整和评价业务成果。前一个问题是通过生产技术的提高和技术革新来实现的。而为了解决后一个问题，就需要建立有效的管理体制。由于企业经营经过资源聚集阶段后将向资源利用合理化阶段发展，于是就需要形成有效的管理体制。为了满足这种普遍的要求，系统的经营管理理论通过泰勒和法约尔之手而问世了。

（2）所有权和经营的分离。经营的大规模化必将导致所有权和经营的分离，如果没有这种分离，经营的大规模化也就要受到制约。到19世纪前半叶，资本主义一直是个人企业家的时代，个人企业家既是生产手段的所有者，又同时从事生产经营，他们也是发明和改良技术、开拓市场等企业家职能的行使者。但是，随着重化学工业化的进展和经营的大规模化，所有权和经营就逐渐分离。由于生产技术的进一步提高，而企业家又没有技术改良和工程管理所必需的技术知识，所以他们不得不依靠专门的技术人员。同样，在履行销售、采购、经理及劳务等职能方面，也要分别依赖具有各个领域专门知识的专家集团。另一方面，因为经营大规模化需要资本集中，股份公司形态也被广泛采用。同管理职能专业化和股份公司形态发展相呼应，所有权和经营也发生了分离，也就需要管理职能的专门化。这是系统的管理理论形成的重要原因。

3）社会环境

从19世纪后半时到20世纪初，先进的资本主义国家已经发展到垄断资本主义或帝国主义阶段。一方面，资本家通过延长劳动时间、降低工资、加大劳动强度等手段对工人进行剥削，另一方面，又通过垄断市场和限制竞争、限制产量以哄抬物价，肆无忌惮地剥削消费者。为了反对这样的剥削，工会组织加强了活动并得到了发展。在美国，1867年掀起了席卷芝加哥的要求实行八小时工作制的罢工斗争，剥削工人的经营方式使得参加工会的人数迅速增加，从1897年到1904年，美国参加工会的人数从40万迅速扩大到207万。在20世纪初，建立了世界工业劳动者协会。这一左翼工会从马克思主义立场出发，开展阶级斗争，使劳资对立更加激化。经营者把工会看成效率的敌人。1909年，美国钢铁公司提出要从工厂的每个角落把工会赶走,并取得了成功。他们把秘密侦探社作为压制工人的手段,把工人领导人列入黑名单,或解雇他们,或雇用工贼、采取各种毒辣的手段对抗工人罢工。劳资之间的对立越发陷入不可调和的境地。泰勒的科学管理法被采用,不仅是为了通过提高劳动生产率来谋求资源利用的合理化,而且还有改变劳资对立、确立劳资协调关系的目的,后来又出现了人际关系理论。从某种意义上说,他们在展示人进行协作劳动理论的过程中,都表现出了管理理论的基本特征。在榨取工人的经营方式泛滥、劳资利害冲突最激烈的社会环境下,管理理论肩负着解决这些有关经营的社会问题的使命而产生了。同以资本主义社会的个人之间或劳资之间的利害冲突为基本前提的经济学相比,管理学则在展示人进行协作劳动的理论方面,表现出了不同于经济学的独有的特征。

2.2 古典管理理论

2.2.1 泰勒的科学管理理论

1841 年 10 月 5 日,在美国马萨诸塞至纽约的西部铁路上,两列火车迎头相撞,造成近二十人伤亡。事件发生后,舆论哗然,对铁路公司老板低劣的管理工作进行了猛烈的抨击。为了平息公众的怒气,在马萨诸塞州议会的推动下,这个铁路公司不得不进行管理改革。老板交出了企业管理权,只拿红利,另聘具有管理才能的人员担任企业领导。这是历史上第一次在企业管理中实行所有权和管理权的分离。这样做不仅提高了工作效率而且直接为科学管理理论的产生创造了很好的条件,为管理理论的形成作出了很大的贡献。

1. 泰勒的相关研究

泰勒,1856 年 3 月 20 日出生于美国宾夕法尼亚州费城的一个律师家庭,是“科学管理”理论的创始人,被人称为“科学管理之父”。他在法国和德国的学校念过书,后来考上哈佛大学法律系,却因眼疾没能去哈佛大学读书,先在费城恩特普赖斯水压工厂的金工车间当学徒,1878 年进入费城米德维尔钢铁厂当一名普通工人。由于工作努力,泰勒升为职员,后又被提拔为机工班长、车间工长、厂总技师。工作中,他参加了新泽西州的斯蒂文斯技术学院业余学习班学习,于 1883 年获得新泽西州斯蒂文斯理工学院的机械工程学学士学位,1884 年升任米德维尔钢铁厂的总工程师。1890 年担任一家机械制造投资公司的总经理。1893 年,他辞去这家公司的工作,开始独立创业,并亲自从事管理咨询顾问的工作。1898—1901 年期间,他受雇于宾夕法尼亚的贝瑟利恩钢铁公司从事管理咨询方面的工作。

在米德维尔工厂时,泰勒就开始观察有关管理方面的问题。他发现许多工人在干活时有“磨洋工”、工作效率低下的现象,这种现象引起了他的强烈关注。为了改进管理,他在米德维尔钢铁厂进行各种试验,对工人“磨洋工”造成产量不高的原因进行了研究和分析。他又进行了工时研究的工作,希望为建立工作标准提供可靠的科学依据。同时,泰勒提出了“差别计件工资制”。

泰勒对他的搬运铁块实验进行了总结,把这项试验的成功归结为四个核心点:精心挑选工人;让工人了解这样做的好处,让他们接受新方法;对他们进行训练和帮助,使他们获得足够的技能;按科学的方法工作会节省体力。

泰勒相信，即使是搬运铁块这样的工作也是一门科学，可以用科学的方法来管理。后来，泰勒又在工作中作了铁砂和煤炭的挖掘实验以及金属切削实验。可以说泰勒的这三个试验都取得了很大的成功，正是这些科学试验为他的科学管理思想奠定了坚实的基础，在大量试验的基础上，逐渐形成了他的科学管理的思想。泰勒通过撰写文章和发表演讲来宣传他的科学管理制度。1911 年问世的《科学管理的原理和方法》和 1903 年的《工场管理》是其代表作，在书中他系统地提出了科学管理思想。泰勒认为，谋求提高生产率、生产出较多的产品是完全可能实现的，关键在于要确定一个工作日的合理工作量。

小资料

泰勒及搬运铁块的实验

1898 年，泰勒从伯利恒钢铁厂开始他的实验。这个工厂的原材料是由一组记日工搬运的。工人每天挣 1.15 美元，这在当时是标准工资，每天搬运的铁块重量有 12.5 吨，对工人的奖励和惩罚的方法就是找工人谈话或者开除，有时也可以选拔一些较好的工人到车间里作等级工，并且可得到略高的工资。后来泰勒观察研究了 75 名工人，从中挑出了四个，又对这四个人进行了研究，调查了他们的背景习惯和抱负，最后挑了一个叫施密特的人，这个人非常爱财并且很小气。泰勒要求这个人按照新的要求工作，让其转换各种工作因素，仔细观察这些要素对生产效率的影响；泰勒把劳动时间和休息时间很好地搭配起来，工人每天的工作量可以提高到 47 吨，同时并不会感到太疲劳。他也采用了计件工资制，工人每天搬运量达到 47 吨后，工资也升到 1.85 美元。这样施密特开始工作后，第一天很早就搬完了 47.5 吨，拿到了 1.85 美元的工资。后来，其他工人也渐渐按照这种方法来搬运了，劳动生产率提高了很多。

2. 科学管理理论的主要内容

1）工作定额研究

为了确定合理的日工作量，泰勒把每一个工作都分成尽可能多的简单的基本动作，把其中没用的动作去掉，同时，选择最适用的工具、机器，然后通过对最熟练工人每一个操作动作的观察，选择出每一个基本动作的最快和最好的方法，把时间记录下来，再加上必要的休息时间和其他延误的时间，得到完成这些操作的标准时间。这就是“合理的日工作量”，它构成了每个工作日标准定额的基础。标准定额是对工作进行管理的依据。

2）实施差别计件工资制

泰勒认为，工人磨洋工的一个重要原因是报酬制度不合理。计时工资不能体现劳动的数量，计件工资虽能体现劳动的数量，但工人担心劳动效率提高后雇主会降低工资率，从而等同于劳动强度的加大。针对这种情况，泰勒提出了一种新的报酬制度——差别计件工资制。其内容包括：①通过时间和动作研究来制定有科学依据的工作定额。②实行差别计件工资制来鼓励工人完成或超额完成工作定额。所谓“差别计件工资制”，是指计件工资率随完成定额的程度而上下浮动。如果工人完成或超额完成定额，则定额内的部分连同超额部分都按比正常单价高 25%计酬；如果工人完不成定额，则按比正常单价低 20%计酬。③工资支付的对象是工人而不是职位，即根据工人的实际工作表现而不是根据工作类别来支付工资。它意味着同一岗位甚至同一级别的工人，都将得到不同的工资。泰勒认为，实行差别计件工资制会大大提高工人的积极性，从而大大提高劳动生产率。

3）标准化工作

要使工人掌握标准化的操作方法，使用标准化的工具、机器和材料，并使作业环境标准化，这就是所谓的标准化原理。按工作标准化培训工人。

4）计划职能与执行职能相分离

泰勒认为，为了提高劳动生产率，每一个职位都要安排第一流的工人。其标准是在不损害健康的情况下，他完全胜任该职务的工作；他有工作积极性并愿意从事该项工作；他具有坚强的意志力。管理部门的任务就是要为每个雇员寻找最合适的工作，使之成为第一流的工人。所以，工人工作效率的高低取决于他们的操作方法和使用的工具是否合理，以及个人的熟练程度和努力程度。所谓科学工作方法，就是指根据试验和研究来决定每个工人采用什么操作方法、使用什么工具等。他认为应把计划职能和执行职能分开，提出管理部门要按科学的规律来制订计划。从事计划职能的人称为管理者，负责执行计划职能的人称为劳动者。

5）例外原则

所谓例外原则，就是指高级管理人员为了减轻处理纷乱烦琐事务的负担，把处理各项文书、报告等一般日常事务的权力下放给下级管理人员，高级管理人员只保留对例外事项的决策权和监督权。

3. 泰勒科学管理理论的贡献及局限性

1）泰勒制的贡献

泰勒在历史上第一次使管理从经验上升为科学，讲求效率的优化思想和调查研究的科学方法，率先提出由科学管理法代替经验管理法，开拓了管理的新视野。劳动定额制定、动作标准化研究、计划职能与操作职能分离等对提高工作效率、促进生产力的发展起到很大的推动作用，从而使其理论具有科学性的一面。

2）泰勒制的局限性

泰勒对工人的看法是片面的，他把工人看成是“机器人”，认为工人最关心的是提高自己的金钱收入，即“经济人”假设。泰勒的科学管理仅重视技术因素，不重视人群社会的因素。泰勒制仅解决了个别具体工作的作业效率问题，而没有解决企业作为一个整体如何经营和管理的问题。泰勒的“差别工资制”看似为工人提高工资待遇，其实质是为资本家获得更多的剩余价值。

2.2.2 法约尔的一般管理理论

亨利·法约尔，法国人，圣艾帝安国立矿业学院毕业，被后人称为“管理过程理论之父”。1860年，他毕业后进入康门塔里—福尔香堡采矿冶金公司任采矿工程师，不久被提升为该公司的一个矿井经理，1888年出任该公司总经理。1916年，他在法国矿业协会的年报公开发表了他的著作《工业管理与一般管理》。这本著作是他一生管理经验和管理思想的总结。法约尔认为经营和管理是两个不同的概念，经营并不等于管理。经营是引导一个组织趋向某一既定目标，它的内涵中包括了管理。法约尔对管理理论的贡献，可以从以下几个方面来表述。

1. 管理的职能和过程

法约尔在《工业管理与一般管理》一书中，提出了企业生产过程的六种基本活动和管理的五项基本职能。

他提出，企业经营活动的六种活动如下：

技术活动——指生产、制造、加工等活动；

商业活动——指购买、销售、交换等活动；

财务活动——指资金的筹集、运用和控制等活动；

会计活动——指盘点、制作财务报表、成本核算、统计等活动；

安全活动——指维护设备和保护职工的安全等活动；

管理活动——指计划、组织、指挥、协调和控制活动。

企业内无论是高层领导，还是普通工人，每个人或多或少都要从事这六项活动，只不过是随着职务的高低和企业的大小不同而各有侧重。高层人员工作中管理活动所占比重较大，而在直接的生产工作和事务性活动中管理活动较少。

法约尔首次把管理活动划分为计划、组织、指挥、协调与控制五项基本职能，揭示了管理的本质，并对这五大职能进行了详细的分析。计划就是预测未来并制定行动方案；组织就是建立组织的物质结构和社会结构；指挥就是使组织成员履行职责，发挥作用；协调就是连接、联合、调和所有的活动及力量；控制就是保证组织中进行的一切活动符合计划和下达的命令。

2. 管理十四项原则

1）分工

分工可以提高劳动效率。它不仅适用于技术工作，也适用于管理工作。但要有一定的限度，不能分得过粗或过细，否则效果不好。

2）权力与责任

权力和责任是互为因果的，有权力必定有责任，权利和责任应相一致。不能出现有权无责或有责无权的现象。

3）纪律

纪律的实质是遵守公司各方达成的协议。没有纪律，企业就难以发展。而建立和维持纪律的最好方法，一是要有好领导，二是企业与职工之间的协议要尽可能明确和公正，三是实行制裁要公正。

4）统一指挥

组织内的每一个成员都只应接受一个上级的命令。违背这个原则，就会使权力和纪律受到严重的破坏。

5）统一领导

凡是具有同一目标的活动，只应有一个领导人和一套计划。不要把统一指挥与统一领导相混淆。人们通过建立完善的组织来实现一个社会团体的统一领导，而统一指挥取决于人员如何发挥作用。

6）个人利益服从集体利益

集体利益大于个人利益的总和。集体目标中应包含员工个人的目标，使企业目标实现的同时满足个人的合理需求。当个人利益与集体利益发生冲突时，优先考虑集体利益。

7）公平报酬

报酬必须公平合理。尽可能使员工和公司双方满意。对贡献大、活动方向正确的员工要给予奖励，但奖励应以能激起员工的工作热情为限，否则将会起副作用。

8）集权与分权

集权就是降低下级的作用。企业集权的程度应视管理人员的个性、道德品质、下级人员的可靠性以及企业的规模、条件等情况而定。

9）等级链与跳板

这是由企业的最高领导到最基层之间各级领导人所组成的等级系列，它是一条权力线，用以贯彻执行统一的命令和保证信息传递的秩序。但是为了克服由于统一指挥原则而产生的信息传递的延误，法约尔设计了一种跳板，利用这种跳板可以进行横向的信息交流，但只有在各方面都同意而上级又始终知情的情况下才能这样做。

10）秩序

秩序即人和物必须各尽所能。管理人员首先要了解每一工作岗位的性质和内容，使每个工作岗位都有称职的职工，每个职工都有合适的岗位，同时还要有条不紊地精心安排物资、设备的合适位置。

11）平等

即以亲切、友好、公正的态度严格执行规章制度。员工们受到平等的对待后，会以忠诚和献身的精神去完成他们的任务。

12）保持人员稳定

把一个人培养成熟练、有效的员工往往需要很长的时间，因此人员的频繁调动将使工作不能很好地进行。任何组织都要保持稳定的员工队伍，鼓励员工长期为组织服务。

13）首创精神

发挥个人的聪明才智，提出具有创造性的想法，既会给员工带来极大的快乐，也会刺激员工努力地工作。企业的领导者不仅自己要有首创精神，而且还要鼓励全体成员发挥首创精神。

14）集体精神

职工的融洽、团结可以使企业产生巨大的力量。实现集体精神最有效的手段是统一命令。在安排工作、实行奖励时不要引起嫉妒，以避免破坏融洽的关系。

法约尔是概括和阐述一般管理理论的先驱者，他认为管理是一门科学，适用于所有具有组织性质的机构。他在管理过程和管理组织方面的开创性研究成果，特别是关于管理职能的划分和管理原则的论述，对管理理论的发展产生了深远的影响，至今仍被人们奉为信条。

小资料

手表定律

手表定律是指一个人只有一块表时,可以知道现在是几点钟,而当他同时拥有两块表时却无法确定。两块表并不能告诉一个人更准确的时间,反而会使看表的人失去对准确时间的信心。

手表定律在企业管理方面给我们一个非常直观的启示,就是对同一个人或同一个组织不能同时采取两种不同的方法,不能同时设置两个不同的目标,甚至一个人不能由两个人来同时指挥,否则将使这个企业或这个人无所适从。

2.2.3　韦伯的官僚模式组织理论

韦伯(Max Weber),德国社会学家,官僚模式组织理论的创始人,是德国的古典管理理论代表人物之一,与泰勒、法约尔是同一时代人。他在《社会组织与经济组织理论》一书中提出了理想的行政组织体系理论,由此被人们称为“行政组织理论之父”。

1. 三种合法的权威

韦伯认为,人类社会存在着三种权威模式:传统权威模式、个人魅力权威模式和法理权威模式。传统权威是由传统惯例或世袭得来,个人魅力权威来源于别人的崇拜与追随,法定权威来源于理性——法律规定的权力。

他提出,只有法定权威才能作为行政组织体系的基础。原因在于:①管理活动必须有秩序地进行;②择人方式应以“能”为本;③领导者的权力应受到约束。

他认为行政组织是“对人群进行控制的最理性的、众所周知的手段”,只有高度结构的、正式的、理性化的理想行政组织体系,才是对员工进行强制性管理的最合理手段,才是达到目标、提高劳动效率最有效的形式,并且在精确性、稳定性、纪律性和可靠性方面优于其他组织形式。

2. 理想的组织体系内容

1) 明确分工

对每个职位上的组织成员的权力和责任都有明确的规定,并作为正式职责使之合法化。

2) 权力体系

官员们按职务等级系列和权力等级进行安排,形成一个自上而下的等级严密的指挥体系,每一职务均有明确的职权范围。

3) 规范录用

人员的任用完全根据职务的要求,通过正式的考评和教育、训练来实现。每个职位上的人员必须称职,同时不能随意免职。

4) 管理职业化

管理人员有固定的薪金和明文规定的晋升制度是职业管理人员,而不是组织的所有者。

5）公私有别

管理人员在组织中的职务活动应当与私人事务区别开来，公私事务之间应有明确的界限。管理人员没有组织财产的所有权，并且不能滥用职权。

6）遵守规则和纪律

组织中包括管理人员在内所有成员必须严格遵守组织的规则和纪律，以确保统一性。理想的行政组织体系最符合理性原则，效率最高，能适用于各种管理工作和各种大型组织，如教会、国家机构、军队和各种团体。

2.3 人际关系理论

20世纪初，资本主义经济进入了一个新的时期，生产规模扩大，社会化大生产程度提高，新兴工业不断出现，同时社会经济中劳资矛盾进一步加剧。在这种情况下，一些管理学者从进一步提高劳动生产率的角度，把人类学、社会学、心理学等运用到企业管理中去，从20世纪20年代开始逐渐形成了人际关系理论，发展成为后来的行为科学理论。人际关系理论的创始人是美国哈佛大学的梅奥教授。

2.3.1 霍桑实验

梅奥(E. Mayo)，原籍澳大利亚，后移居美国，哈佛大学教授。1924—1932年，他在芝加哥西方电气公司的霍桑工厂进行了著名的霍桑实验。实验主要是通过改变工人的工作环境、工作气氛、休息时间、工资支付方法等，来观察研究影响工人工作积极性的原因。霍桑工厂是一个制造电话交换机的工厂，为了提高工作效率，美国国家研究委员会组织研究小组开展实验研究。霍桑实验是心理学史上最出名的事件之一。

霍桑实验共分四阶段。

1. 照明实验(1924.11—1927.7)

当时关于生产效率的理论占统治地位的是劳动医学的观点，认为影响工人生产效率的也许是疲劳和单调感等，于是当时的实验假设便是“提高照明度有助于减少疲劳、提高生产效率”。可是经过实验发现，当实验组照明度增大时，实验组和控制组都增产；当实验组照明度减弱时，两组依然都增产，甚至实验组的照明度减至0.06烛光时，其产量亦无明显下降；直至照明减至如月光一般、实在看不清时，产量才急剧降下来。研究结果发现，照明度和作业效率没有简单而直接的关系。然而，这个实验表明，存在着某种与生产效率有关的未知的因素，这是非常富有启发性的。

2. 继电器装配室实验(1927.8—1928.4)

继电器装配室实验又称福利实验，实验者同时也是监督者。这次实验的目的同上次的照明实验基本相同，企图弄清休息时间、作业时间、工资形态等各种作业条件的变化同作业效率的变化之间具有什么样的关系。实验分十三期进行，依次改变上述的作业条件，结果产量一直持续上升。在实验过程中还发现，由于车间情况发生了变化，过去采取高压手段进行监督，单方面地下达命令，现在是职工自由地参与监督和决策，使职工的情绪受到影响。由于这个缘故，尽管作业条件发生了变化，产量仍然继续上升。研究表明，生产效率的决定因素不是作业条件，而是职工的情绪。情绪是由车间的环境，即车间的人际关系决定的。

3. 面谈计划实验(1928.9—1930.5)

从上述的实验发现，监督的方式方法、情绪和生产效率之间有着重要的关系。如果作业情况发生了变化，就同职工商谈，倾听他们的意见，这种监督方式会给情绪和生产效率带来良好的影响。根据这一事实，为了获取有关重新训练监督人员的资料，又实行了面谈计划。最初采用的是指示型的面谈方法，即先准备一定的问题，然后以问答形式进行面谈，但这种方法未必能听到职工隐藏在内心的意见。于是，后来又采取非指示型的面谈方法，让职工自由地说出心里的意见和不满。在这一期间，共与二万余名职工进行了面谈，结果得出如下的结论：①离开感情就不能理解职工的意见和不满；②感情容易伪装；③只有比对职工的个人情况和车间的环境才能理解职工的感情。职工的意见和不满可分为有事实内容的和不满心理状态而反映出来的，前者是符合事实的意见，后者不是事实，而是个人面临的问题和车间环境造成的苦恼的反映。监督人员通过和职工面谈，倾听职工意见，理解他反映的个人问题和车间环境，并通过对这些问题的处理可以达到提高职工情绪和生产效率的目的。因此，确立旨在解决人际关系的领导方式是人际关系论的一个重要支柱。

4. 对车床布线室观察实验(1931.11—1932.5)

车床布线室有九名布线工、三名插座安装工、两名检修工计十四名男职工。经过周密的观察和分析发现，在车间里存在着某种与按照公司的编制建立的正式组织不同的非正式组织。这次观察证实，下列的非正式组织感情逻辑支配着团体的行动：①对工作不得太用力气，否则，你就是“工资率破坏者”；②不得过分降低工作效率，否则，你就是“诈骗犯”；③任何对同事不利的事都不得向监督者报告，否则，你就是“告密者”；④不得疏远同事，如果你是检修工，你就不应该摆出一副“我是检修工”的架势而盛气凌人。这次观察调查还表明，尽管经营者专心于效率逻辑，但如果他对上述的不合理的感情逻辑在车间的社会结构中的作用以及对职工行动的限制之类的事实根本不理解，那么，效率逻辑必将以失败而告终。

梅奥通过对霍桑实验进行总结，完成了代表作《工业文明的社会问题》(1945年)，总结了他亲身参与和指导的霍桑试验及其他几个试验的研究成果，提出了人际关系理论。

2.3.2 人际关系理论

人际关系理论根据霍桑实验的结果，提出了“社会人”这种有关人的新假设，并采用了情绪和非正式组织等新的概念，从而确立了有关管理的新理论。

1. “社会人”假设

泰勒的科学管理法是建立在“经济人”假设基础之上的。企业家作为“经济人”而追求最大限度的利润，工人作为“经济人”则要得到最大限度的工资收入。把经济动机作为激励因素的有关人的假设称为“经济人”假设。如果只从“经济人”来看，追求最大利润的企业家的要求和谋求增加工资收入的工人的要求就发生了矛盾。解决这种矛盾，实现劳资利害调和的唯一途径在于提高每个人单位时间的生产量。于是，泰勒等人创造了以时间和动作研究及奖励工资制等为中心的科学管理法。为了让工人按照时间和动作研究结果所制定的作业标准来工作，就需要满足工人的工资动机。为此，各式各样的奖励工资制就由泰勒及其继承人设计出来了。而人际关系研究发现，工资、作业条件、生产效率之间没有直接的关系。于是，人际关系研究者提出了“社会人”假设，取代了“经济人”假设。按照“社会人”假设，在社会上活动的职工不是社会孤立存在的，而是作为某一集团的一员有所归属的“社会人”。“社会人”不仅要求人在社会上要得到收入，而且作为人，他还需要得到友谊、安定和归属感。所谓“社会人”，是指作为集团的一员而行动，以这种人类的社会需要为动机的有关人的假设。继电器装备室的实验表明，尽管工资和休息时间等作业条件发生了变化，但生产效率仍然继续提高。这种现象只有根据把组织中的人不是作为“经济人”而是作为“社会人”这种新的假设才能得到解释。

2. 情绪的概念

按照科学管理原理，生产效率、作业方法和作业条件这三者之间存在着简单的因果关系，这种关系如图 2-1 Ⅰ所示。科学管理法认为，由于有直接关系的工资、休息时间、疲劳、劳动时间等条件的改善，促进了生产效率的提高。但是，正如霍桑工厂继电器装配室的实验所证明的那样，生产效率对作业条件的变化是无直接关系地持续上升。这种生产效率的持续上升是由于各作业人员随着作业条件的变化，他们的态度也发生了变化，这种关系如图 2-1 Ⅱ所示。这里说的态度是指情绪而言的。情绪就是职工作为人所得到的满足程度的函数。于是就产生了职工满足程度越高，情绪就越高；情绪越高，生产效率就越高这样一种人际关系论的重要假设。这种情况的满足程度是指安全感和归属感等社会需要的满足程度，如图 2-1 Ⅲ所示，它取决于两种因素：①职工的个人情况，②车间情况。个人情况是指职工从出生到现在，他的态度受到家庭生活和社会交往等社会条件的影响；职工的态度也受车间情况——个人通过与自己所属的车间的同伴和工长的接触而形成的在车间的人际关系的影响。在继电器装配室进行实验时，由于监督方式的改变和职工参与改变有关作业条件的决定等车间管理情况的变化，人际关系也就发生了变化，职工的满足度，即情绪提高了。实验说明，情绪的提高是生产效率提高的原因所在。如果这个结论是正确的话，那么，为了实现提高生产效率这一经营目的，就需要提高职工的情绪。为此，就需要改变车间的人际关系。所以，情绪的概念无论从人际关系论的理论结构上看，还是从富有实践性的各种措施上看，都是一个起核心作用的概念。

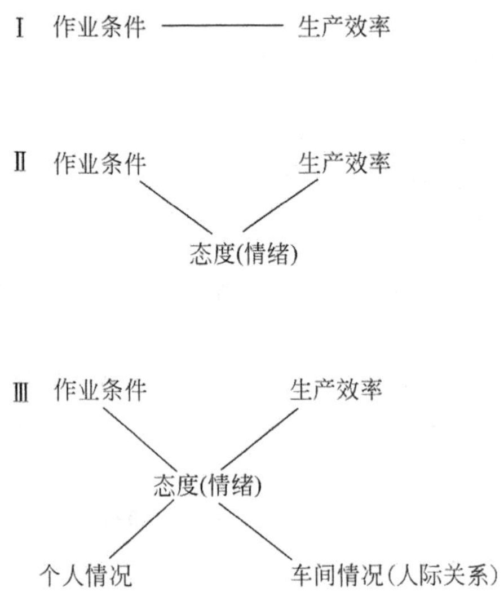

图 2-1 情绪与生产效率

3. 非正式组织

经营机构大致可分为技术组织和人的组织(如图 2-2 所示),前者是指为了实现生产目的而使用的工具、机械设备等物质手段系统化的物质组织,后者是指由多数人构成的社会系统。

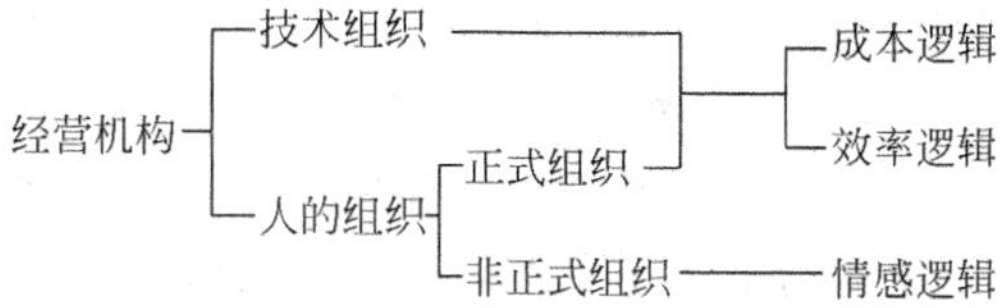

图 2-2　经营机构

经营者、技术人员、监督人员、工厂工人、事务人员等各种成员的关系都是相互作用的关系,并形成了一定的相互关系的模式。人的组织还可以进一步分成正式组织和非正式组织。这里所说的正式组织,是指为了实现组织目标而由相互联系的各种成员构成的组织。在公司或工厂里,由于人们要在一起劳动,这就自发地形成了相互接触的人际关系,形成非正式的团体。在非正式团体中,每个人都有一定的社会地位和社会作用,有一定的团体准则。由于每个人都遵守这个准则,于是大家也都成了这个团体的一个成员,从而能够保持团体的稳定性。例如,有个作业团体有这么一个非正式的准则——不允许工作效率超过一定的标准,如有某个成员不遵守这个准则而提高了工作效率,他就会受到这个团体成员的歧视,于是,他就失去了安全感。由这些非正式团体组成的体系就是非正式组织。

职工通过正式组织而建立了相互作用的关系,这种相互作用的关系又形成了非正式集团。在这种社会团体中,人们都有共同的感情和态度。团体的共同情感就是一种价值标准。由于大家都是这个团体的一个成员,所以必须遵守。非正式组织的共同价值标准对每个成员的态度和行为产生规律性的影响。在前述的继电器装配室的实验中,形成了一个非正式组织。这个非正式组织有个规定,必须对实现经营目标采取协作的态度。这是这个继电器装配室的产量之所以能够提高的原因所在。而在车床布线室的实验中,形成了另一种类型的非正式组织。这个非正式组织规定,不得对实现经营目标采取协作的态度,也不得过分地出力干活。这就限制了产量的提高。这两个例子说明,非正式组织这样一种组织的内在关系对生产效率有着重大的影响。这一结果的发现是人际关系论的重大贡献。其次,非正式组织同正式组织及技术组织有着不同的价值体系,从这里又发现了现代经营管理的一个根本性的问题。如图 2-2 所示,经营机构的技术组织和正式组织的价值标准是成本逻辑和效率逻辑。对于技术组织来说,成本逻辑是起主导作用的,对于正式组织来说,效率逻辑起主要作用。所谓成本逻辑就是最低限度地支出费用的原则,所谓效率逻辑就是指确保每个人都能有效地进行协作的逻辑。由于每个人都有想增加工资收入的经济动机,所以,如果采取效率工资制,生产效率就会提高,这是科学管理法的效率逻辑。而人际关系论认为,在非正式组织里,情感逻辑是支配团体行动的价值标准。这里说的情感逻辑是指人的非合理的行为准则。一般来讲经营管理者的逻辑更多的是成本逻辑和效率逻辑,而职工的逻辑更多的是情感逻辑,于是经营管理者的逻辑就会与职工的逻辑发生冲突。因此,经营目的的合理实现就会受到妨碍,效率逻辑本身也将受到挫折。解决这二者之间的冲突是管理的一个重要的课题。

2.3.3 人际关系理论的局限性

1. 偏重于非正式组织

传统的管理理论只注重管理和组织的结构，而人际关系论注重组织中的非正式组织，并且还利用“临床实验”这种科学实验的方法剖析非正式组织。在剖析人与人关系的结构时，应用了社会学和心理学等行为科学的概念。对组织中个人行为的研究是促进后来的行为科学发展的一个起因。但是，初期人际关系论是把非正式组织作为主要研究对象的。初期人际关系论认为，组织中的个人行为主要受非正式组织的影响。后来的验证研究表明，非正式组织未必经常对每个人的行为产生有规律的影响。阿吉里斯说，在精神上成长起来的个人所要求的是独立性，并有自我开发的强烈愿望。正是那些自我开发的愿望得不到满足的职工，才形成了非正式组织，他们起的作用是限制产量的增加。此外，后来的现代管理理论研究表明，构成社会的基本单位不是非正式组织，而是正式组织。现代管理理论基于这一观点而对正式组织进行了行为科学的考察。

2. 旨在实现非合理主义

自实行科学管理法以来，传统的管理理论一直只追求效率逻辑和成本逻辑，而人际关系论强调，职工作为人而具有的非合理的情感逻辑是通过人与人关系起作用的。这就是说，按照人际关系论，在企业的技术组织和正式的管理组织中，效率逻辑或成本逻辑的合理主义起着主导作用。但在企业的非正式组织，即人与人的关系方面，非合理的情感逻辑起着主导作用。效率逻辑和成本逻辑是经营者的逻辑，而情感逻辑是职工的逻辑。因此，经营者如果不理解在人与人的关系方面起作用的非合理的情感逻辑，那么经营者的逻辑同职工的逻辑就会发生矛盾和冲突，职工的情绪就要低落，从而导致经营效率下降。但是，这种理论漏洞很多。职工的行为真的只受情感逻辑支配吗？人际关系论忘了，职工也是合理的决策者和解决问题的行动者。实际上，由于人际关系论强调在企业的人与人关系方面起作用的非合理的情感逻辑，所以在经营实践中开展以人与人关系为中心的经营活动时，个人决策的合理性就被企业中非合理的人与人关系所歪曲，结果造成了利润率的显著下降。以巴纳德—西蒙为中心的现代管理理论，为了超越这种人际关系的假设，就把合理决策的概念作为组织的统一概念，为经营理论的发展开辟了新的途径。

3. 对“经济人”假设的过分否定

人际关系论否定了科学管理法赖以存在的、认为企业中的人只追求最大限度经济报酬的“经济人”假设，确立了认为职工是具有对团体的归属感和心理上的安定感等社会需要的“社会人”假设。但是，只要企业是具有经济机能的经济组织，那么，轻视企业组织成员的经济需要就是走极端，是不现实的。自从人际关系论问世以来，重视从经济上刺激职工积极性的人大大减少了。不恰当地轻视在企业工作的职工对于经济的需要这种普遍存在的倾向，在实践和理论两个方面都给企业组织成员的心理留下了很大的阴影。对人际关系论展开了最激烈批判的凯里认为，梅奥等人关于工资不是决定生产效率的变量的主张是完全错误的。现代管理理论的代表人物马奇和西蒙也说，“不把经济刺激放在重要位置上的人的模式，对于大多数人来说，是不完全的人的模式。”轻视经济需要的人的模式对于企业组织成员来说就更加不完善。

4. “依赖性的人”的假设

人际关系论认为，企业中非正式的人际关系对职工的心理和态度产生有规律的影响。尽管人际关系的准则是非合理、非协作的，但职工还是根据这个准则行动。职工为什么要那样行动呢？因为企业中的人作为某个团体的一员具有满足归属感和安定感的需要。这样的解释是否就尽善尽美呢？回答是否定的。首先，并不是任何人在任何场合都是根据团队的准则行动的，按照团队的非合理、非协作的准则行动只是那些产生了不满情绪的职工。其次，最根本的原因是，人际关系论对于人在企业中追求什么这种个人需要的假设是不完善的。人际关系论对其研究的对象——人际关系并没有进行充分的考察，这是人际关系论在研究方法上的一大缺陷。人际关系论认为，在企业中，人是追求安定感和归属感的“依赖性的人”。但是，对不是现代的或是发育不健全的个人来说，安定感和归属感是最强烈的需要。然而对现代的或健康成长的人来说，以自主性、积极性、独立性和创造性的形式来追求自我开发的要求则更为强烈。以阿吉里斯和麦格雷戈为代表的新人际关系论就是建立在具有这种自我开发需要的人的模式基础之上的，从而促进了动机理论的发展。

5. “满足—生产效率”的假设

人际关系论认为，生产效率是由职工的情绪决定的，职工情绪是高还是低是职工满足度的函数。因此，职工满足度越高的车间，生产效率就越高。这种说法果真准确吗？后来的多次验证表明，职工的满足度和生产效率之间未必有那样的关系。马奇和西蒙针对人际关系论的“满足—生产效率”假设提出了“不满足—生产效率”假设。他们认为，人，当他感到不满足时，就采取意在消除这种不满足的行动，而感到满足的职工就激发不出为了提高生产效率而采取行动的动机。

6. 经营者意识形态的产物

有人指出人际关系论是经营者意识形态的产物，认为人际关系论是站在经营者的立场上进行的验证研究，根本没有谈及工会组织。因此，他们把人际关系论说成是“偏袒经营者”的，是对工会抱有偏见的。的确，只要人际关系论不适当地轻视企业组织成员的经济要求，有关人事管理的各项措施就会被指责为对企业家来说是不需要成本的、有利于经营者实现其目的的手段。此外，人际关系论还强调人与人在企业里的协作和调和，抹杀了劳资之间的利害冲突和纠纷，同时也抹杀了企业里的工会组织对职工行动的影响。由于这个缘故，一些经济学家和工会负责人指责说，人际关系论是无视工会的价值标准而按照经营者的价值标准确立的概念。因此，它是经营者意识形态的产物。但是，人际关系论绝不是意识形态的产物。在生产效率的主要决定因素——动机这一领域，人际关系论是第一次以长期的科学实验所取得的成果为基础而形成的科学理论，它提出了动机这一新学说，为经营管理理论的发展打开了一个新局面。

复习思考题

1. 如何理解管理理论产生的基础？
2. 说说泰勒的“科学管理”理论的主要内容。
3. 法约尔提出了哪些管理职能和哪些管理法则？

4. 人际关系学说的主要观点有哪些?
5. 梅奥的霍桑实验对当今管理有什么意义?
6. 如何理解非正式组织?

【案例分析】

福特汽车公司重振雄风

20世纪70年代到90年代,日本汽车大举打入美国市场,势如破竹。1978—1982年,福特汽车销量每年下降47%。1980年出现了34年来第一次亏损,这也是当年美国企业史上最大的亏损。1980—1983年,三年亏损总额达33亿美元。与此同时工会也是福特公司面临的一大难题。十多年前,工会工人举行了一次罢工,使当时的生产完全陷入瘫痪状态。面对这两大压力,福特公司却在5年内扭转了局势。福特汽车重振雄风的原因是什么呢?

鉴于福特员工一向与管理层处于对立状态,对管理层极为不信任,因而公司管理层把努力团结工会作为主要目标,经过数年努力,将工会由对立面转为联手人,化敌为友,终于使福特有了大转机。

1. 尊重每一位职工

这个宗旨就像一条看不见的线,贯穿福特公司管理企业的活动,同时也贯穿企业领导的思想,这个基本信念对于其他任何企业领导来说都是不能忘记的,不但不能忘记,而且还应该扎扎实实地将它付诸实施。如果口是心非,受到惩罚的不是别人,只能是企业本身。

“生产率的提高,不在于有什么奥秘,而纯粹是在于人们的忠诚,他们经过成效卓著的训练而产生的献身精神,他们个人对公司成就的认同感,用最简单的话说,就在于职工及其领导人之间的那种充满人情味的关系。”这段话揭示了这样一点:“人是最宝贵的资源,对人尊重使工作成为一种新型的、具有人性味的活动——爱你的职工,他会加倍地爱你的企业”。

那么,怎样才算是尊重人呢?我们从福特公司所获得的巨大成功中,大致可以发现一些适合于所有企业的一般性原则。

(1) 要使职工真正地感到自己是重要的。在人类社会中,每一个人都是重要的,在企业中也并不例外。因此,企业领导无论是在制订计划还是在日常的交往中,都必须发自内心地记住这一定义。并且要把这一定义处处体现在自己的行动上。贝克经理在谈到自己对于职工的态度时说:“当我每次看到某个人的时候,我都要一丝不苟地对待他们,使他们认识到自己的重要性。心不在焉只会给他们带来伤害。”所以他在与工人相处时,都以友好、平等的态度来倾听他们的谈话,帮助他们解决各种困难。这样一来,职工们会以更加高昂的士气去进行工作。

(2) 要认真倾听职工意见。工作在装配线上的工人们由于天天与生产线接触,因而,往往比领导更熟悉生产情况,他们完全可能想到经理们所想不到的办法来提高劳动生产率。此时,领导是否能够倾听工人意见便至关重要。如果当职工找你来谈关于公司生产经营等方面的建议或其他有关企业事宜,而被你拒绝的话,则会使他的自尊心受到伤害,而对工作感到心灰意冷,最终影响企业劳动生产率。特别是青年人,往往会因为受到上级的责难怀恨在心而怠工,或生产次品来进行报复。

(3) 对每一位职工都要真诚相待,信而不疑。这与上面谈及的对高层领导人员用人不疑、大胆放权同出一辙。人与人之间最宝贵的是真诚。只有建立在彼此尊重、真心相待、信而不疑基础上的友谊,才能经得起考验。管理人员要是真正尊重职工,就必须和职工建立起这种经得起考验的友谊。但要想做到这一点,并不是一件很容易的事,这要求管理者无论身居何职都要坚持不耻下问,与部属间兄弟般相处。福特公司曾经向职工公开账目,这一做法使职工大为感动。实际上这种做法对职工来说无疑产生了一种强大的凝聚力,它使职工从内心感到公司的盈亏与自身利益息息相关,公司繁荣昌盛就是自己的荣誉,分享成功使他们士气更旺盛,而且也会激起他们奋起直追的干劲。这就是坦诚关系的妙用。

2. 全员参与生产与决策

全员参与生产与决策是福特公司在职工管理方法中最突出的一点。公司赋予了职工参与决策的权力,缩小了职工与管理者的距离,职工的独立性和自主性得到了尊重和发挥,积极性也随之高涨。“全员参与制度”的实施激发了职工潜力,为企业带来巨大效益。“全员参与制度”不仅在福特公司,而且在美国许多企业,以至世界各地都在使用和发展着,实践证明一旦劳动者参与管理,生产效率将成倍提高,企业的发展将会获得强大的原动力。

工人们有了发言权,不但解决了他们生活方面的问题,更重要的是对工厂的整个生产工作起到了积极的推动作用。兰吉尔载重汽车和布朗Ⅱ型轿车的空前成功就是其中突出的例子。投产前,公司大胆打破了那种“工人只能按图施工”的常规,而是把设计方案摆出来,请工人们“评头论足”,提出意见。工人们提出的各种合理化建议共达749项,经研究,采纳了其中542项,其中有两项意见的效果非常显著。

“全员参与制度”的最主要特征是将所有能够下放到基层的管理权限全部下放。对职工报以信任的态度并不断征求他们的意见,这使管理者无论遇到什么困难,都可以得到职工的广泛支持。那种命令式的家长作风被完全排除。同时,这种职工参与式管理制度,在某种程度上缓和了劳资间势不两立的矛盾冲突,改变了管理阶层与工人阶层泾渭分明的局面,大大减轻了企业的内耗。

思考与讨论

1. 福特公司扭亏为盈的秘诀是什么?它运用了哪些管理理论?
2. 你认为福特公司这样的管理方式会不会造成大家各执己见,思想不统一的局面?

第3章

现代管理理论基础及发展

【本章要点】

- 现代管理理论的特征；
- 巴纳德的组织理论；
- 权限接受理论；
- 丛林理论主要观点；
- 管理的原理与方法；
- 管理理论的发展趋势。

3.1 巴纳德的经营管理理论

3.1.1 现代管理理论概述

1. 巴纳德

切斯特·巴纳德(Chester Irving Barnard)，美国著名管理学家，现代管理理论之父，生于美国马萨诸塞州莫尔登。父亲是机械工，母亲的娘家经营铁匠铺子，尽管家境贫寒，但和睦而淳朴。巴纳德是在外祖父家长大的，自幼聪明，酷爱音乐，勤于读书。在哈佛大学时他专攻经济学，享受奖学金待遇。课余时间，他勤工俭学，帮人修理钢琴，赚取部分学习费用。他在没有获得正式硕士学位的情况下，于 1909 年进入美国电报电话公司在统计部任职，1927 年就任佐治亚·贝尔电话公司的总经理。第二次世界大战后，历任洛克菲勒财团理事长、原子能委员会委员等职。他既有最高经营者的经验，又喜爱读书，善于思考。他把帕累托和韦伯的社会学应用于管理理论。此外，他一方面接受了人际关系论的影响，另一方面又为后人留下了《经理人员的职能》(1938)等有名的著作，从而取得了现代管理之父的地位。巴纳德以最高经营者的经验为基础，反复地对组织及管理问题进行思索，通过引进社会学和系统论，创立了综合性的现代管理理论。

2. 现代管理理论的特征

巴纳德所从事的研究，本来是以阐明经营者的职能为目的的。但是，巴纳德认为，经营者的职能及其管理过程是组织的一个专门职能。在组织中担任谋求组织的形成和维持这种专门职能的人就是经营者。因此，为了阐明经营者的职能，必须阐明组织的特性和本质。现代管理理论区别于传统管理理论的特征如下。

1）经营者或管理者的职能是组织中的一个专门职能

巴纳德说："组织的性质和过程决定经营者职能的内容以及必须如何实行这些职能"。在变化着的环境下，为了使组织能够存续，必须保持组织的内外平衡。担任为适应环境的变化而保持组织平衡这种专门职能的人就是经营者。因此，经营者有什么样的职能，他应当如何行使这种职能，这是由组织的本质、特性和过程决定的。巴纳德认为，组织论在管理理论中处于中心位置。

2）现代管理理论不是单纯的技术论，而是对组织的本质进行描述论

技术论是一种为了有效地或经济地实现管理目的而阐明有实际用途的各项原理和各种技术的理论。如前所述，传统管理理论都有明显的技术论的特点。现代管理理论不满足于传统管理理论的技术特征，它要就组织的本质是什么，人在组织中是如何行动的等问题进行描述分析。

3）现代管理理论不是把组织的表面结构作为分析对象，而是把组织行为，即组织中人的行为作为分析对象的

为了分析组织行为，就要采用行为科学的研究方法，但它不是非正式组织，而是把正式组织看作社会系统和社会行为的过程，据此对正式组织进行行为科学的分析。巴纳德认为，正式组织是社会行为的具体过程，非正式组织只不过是正式组织的一部分。此外，现代管理理论采用的是决策论的研究方法。

4）现代管理理论不是把作业作为主要认识对象，而是把决策作为主要认识对象

在分析组织中人的行为时，可以把人的行为看成是由两部分组成的，其一是作业，其二是决策。传统管理理论研究的是作业部分，阐明对最大限度提高作业效率有作用的各种原理和技术。但是，人在行动之前，需要作出决策，找到达到目标的方案。

3. "决策人"假设

巴纳德认为，构成组织的个人并不像科学管理法所说的那样，是"机器的附属物"，也不是单纯接受命令的"被动的生产工具"，个人是自由意志的决定者。有自由意志，就有个人的人格，就有决策能力，就有选择的自由，就有通过选择而适应环境的能力。现代管理理论认为，无论是经营者还是职工，作为组织成员都是决策者。这种既有决策自由又有选择自由的"决策人"假设表明，现代管理理论首先是从个人主义价值观出发的。现代管理理论认为，个人是能动的决策主体，这个主体具有为实现一定的目的而作用于环境的能力。另一方面，作为决策者的个人，不是无所不知，无所不能的。旨在实现一定目标的人的行为的主题逻辑是受环境的各种因素制约的。这意味着，在一定的时间、空间条件下，选择是极其有限的。"决策人"假设就是根据这种人的能动性和创造性提出来的。人进行决策常常是为了实现一定的目的，但总有各种制约因素限制这种目的实现。如果没有制约，也就不需要决策，克服这种制约就是实现目的的手段。按照现代管理理论，个人的行动和合理的决策受什么样因素制约和影响呢？怎样克服制约因素实现合理的决策呢？这是管理理论要回答的主要问题。西蒙说："组织理论的中心任务就是发现和研究对实现目的予以制约的因素。"传统管理理论是建立在组织的各个成员为实现一定的目的而完全合理地行动这种假设之上。西蒙指出这不过是"沙滩楼阁"式的理论。他说，"由于各个个人在知识、预测能力、技术熟练程度以及

时间方面等受到制约,所以组织对人来说是实现目的的有用工具。”现代管理理论归根到底是以目的一致的个人为前提的,而这种目的的实现又受到制约因素的限制。正因为如此,才形成了组织。当组织要合理地实现协作的目的时,又因为有各种制约因素的存在,所以组织才能得到发展。为此,就需要确立有关组织的理论。西蒙说:“这些制约因素消除得越多,管理组织就越接近实现高效率的目的。”由此看来,对组织中个人行动和合理决策的限制与反限制是现代管理理论的基本内容。西蒙认为管理理论必须解决的制约因素有以下几种:①生理上的制约:个人在身体能力和技术熟练程度等生理上受到的制约,为了克服个人的作业能力受身体能力和技术熟练程度等生理条件的制约,泰勒进行了时间和动作研究,考察了为此而建立的组织,马奇和西蒙把科学管理法称为生理学组织论;②动机的制约:个人在对决策有影响的目的和动机方面受到的制约,因为组织成员的个人动机和个人目的同组织的目的通常是不一致的,所以,个人要为实现组织的目的而进行协作劳动的动机就要受到限制;③认识的制约:个人在与他的职务有关的知识和情报方面受到的制约,为了实现合理的决策,需要掌握有关代替手段和对这种手段将会产生的结果进行预测的全部知识和情报,但实际上,必要的知识和情报也是有一定的限度的,这就使人的认识受到制约,马奇和西蒙把这种限制称为“认识的制约”。现代管理理论就是通过对这些问题的研究而发展了决策论的。决策论包括了科学管理法和人际关系论。因此,它具有综合管理理论的性质。

3.1.2 组织的基本概念

1. 组织的定义

传统的组织论不研究组织的本质,而是探讨职务的分化和由此而产生的部门化原则。巴纳德不满足于传统组织论的方法论,而要尝试阐明组织的本质。“物质组织”这个用语一直被广泛地使用,巴纳德首先把物质手段系统从组织的概念中摒弃掉。但法约尔认为,组织是由物质和人组成的。一说起经营组织,人们往往就联想起工厂的场地、机械设备、生产流程。人际关系论认为,组织是由物质手段系统——技术组织和人的组织构成的,并把组织分成技术组织和人的组织这两类,而且只以后者为研究对象。巴纳德也是从行为科学的观点出发,把物质手段系统作为“物理环境”从组织概念中摒弃了。其次,还有一种传统的看法,认为组织就是人的集团。例如,一说到组织就认为是经营者和职工的集团。巴纳德认为,把组织看成是人的集团的观点,造成了组织概念的暧昧、混乱和矛盾。其理由是:第一,如果从组织是人的集团的观点出发,股东和消费者就不能认为是组织的参加者。但是,股东通过提供资本这种行为为组织做出了贡献,消费者通过购买商品也对组织做出了贡献,这些行为是组织的一部分。因此,现代管理理论把股东和消费者也看作组织的参加者。然而,股东和消费者在不断地变化,所以,没有把股东和消费者看成是组织成员。第二,具体的个人不仅参加一个特定的组织,而且也参加其他的组织,在参加经营组织的同时,往往还参加俱乐部及其他经营组织。个人是站在多数组织的连接点上的。因此,如果把组织规定为人的集团,就不能明确组织的本质。巴纳德指出:“组织不是集团,而是相互协作的关系,是人相互作用的系统”。他给出了组织的定义:所谓组织,是有意识调整了的两个或更多人的行为或各种力量的系统。巴纳德是根据行为科学给正式组织下定义的。

据此定义,组织包括如下的基本含义。首先,组织是由人的行为构成的系统。传统的组织论研究的是组织的形式部分，这部分可以用组织系统表或部门化原理表现出来。巴纳德认为，组织的实体是人的行为。所以，巴纳德的组织概念不是探索组织的形式部分，而是探索组织的实体，即人的行为这一部分。其次，组织是一个系统。巴纳德指出："无论是简单的还是复杂的，组织常常是得到调整的人的行为的客观系统。"把人的行为作为一个系统，是说不同人的行为，在方法、时间、质和量方面都得到调整了，按一定的方法进行调整的各种活动的相互关系可以叫作系统。组织既然是系统，那么，系统的特性当然也是组织的特性了。系统是由各个部分按照一定的方式相互连接起来的一个整体。各部分之间的相互关系是在一定的目的下按照一定的方式规定的。因此，当一个部分同其他部分的关系发生变化时，作为整体的系统也要发生变化，这就是说要产生新的系统。组织的这种动态概念也是巴纳德组织论的特色。再次，组织虽然是个整体，但它又是"协作系统"的一部分，如图 3-1 所示。所谓"协作系统"，具体地讲，就相当于企业。"协作系统"是由组织系统、物质系统、人的系统及社会系统构成的一个具体的整体，组织是"协作系统"中的一个系统，但是一个起核心作用的系统。

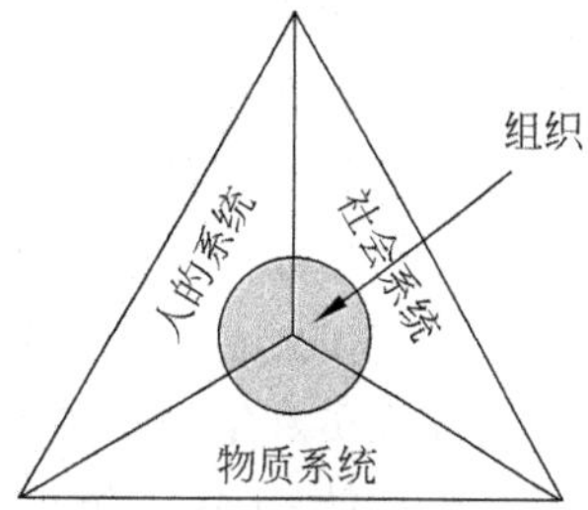

图 3-1 协作系统图

由于组织是合乎目的的人的行为系统，所以它在协作系统中是起核心作用的。物质系统是机械设备、材料、资金等物质手段的系统，从某种意义上讲是生产系统。虽然它已经从组织概念中被剔除，但由于组织的活动，物质手段被组织起来并得到管理，因此，它就有了价值，从而作为生产系统而成为协作系统的一部分。组织通过对生产系统的管理而能够使经济效用发生转变和进行创造。如果没有某种物质系统的协助，组织就不能具体地创造任何经济效用。人的系统是指由经营者和职工组成的人的集团，它虽然也从组织中剔除，但人的集团同样是通过组织的活动而组织起来并受管理的。所以，它作为人的系统也成为协作组织的一部分。如果没有人的系统，为实现组织目的而做贡献的行为就无从谈起。组成人的系统的各个个人是为实现组织目的而做贡献的。作为这种贡献的代价而得到报酬，各个人是和组织联系在一起的。社会系统是指一个组织同其他组织交换效用的系统，也可以说是交换系统，它相当于企业的采购系统和市场系统。

协作系统相当于具体企业，它以组织为核心，通过物质系统、社会系统、人的系统构成一个复合的整体。组织是整体的一部分，它从协作的目的出发，给其他各个系统以价值，并通过组织的活动，对它们进行管理。但是，如图 3-1 所示，组织同其他系统以及组织同协作系统之间是没有明确的界限的。物质系统、人的系统和社会系统等是通过组织的活动而被组织起来并受到管理的。所以，其他各种系统的内部也都有组织或管理系统，这些系统分别形成生产管理系统、人事管理系统和社会管理系统。由于组织渗透到其他系统之中，因此，由这些系统构成的协作系统和组织的界限也就不明确。巴纳德还认为，协作系统本身归根到底是指组织本身。协作系统除了适用于企业之外，也适用于行政机构、大学、医院等非营利组织。但是，今天人们普遍认为，组织是构成社会的基本单位——系统。组织和协作系统（企业）当然不是一个概念，但两者糅合在一起，界限不分明。从协作系统贯穿了组织的概念这一意义上讲，本章将根据需要有时也使用企业组织这一用语。

现代管理理论认为，组织成员不仅包括经营者和职工，也包括股东和顾客。所谓顾客，是指组织生产效用的利用者。如果是企业的顾客，也包括家庭或产业的消费者。介于消费者和企业之间的销售商,对企业来说,也是重要的顾客。此外,从事向企业提供材料,替企业进行部件加工或其他服务工作的协作工厂和供货商也是企业组织的成员。因为企业组织是为了实现企业组织的目的而进行协作的人的行为的系统。例如,股东向企业提供资金的行为就被看成是组织的一员,如果没有股东的投资行为,企业就不能继续生存下去。而传统管理理论把消费者、销售商、供货商看成是独立地存在于组织之外的。为选择要购买的产品而不知所措的消费者的确存在于组织之外,但消费者选择企业的产品和付出代价的行为,就是在为那个企业组织的目的做贡献。在他采取这一行动的那个时刻,他就是那个企业组织的成员。如果没有为促进企业产品的销售而进行协作的销售商的行动和采购优良部件、材料等供货商的行动,企业组织也不能继续存在。职工对企业组织来说情况是一样的。置身于特定企业的职工当然是那个企业组织的成员。如果特定的职工对实现企业组织的目的根本不采取协作的态度,那么他实际置身于行动系统——组织之外。在那个时刻,就不能把他看作组织的成员。但是,经营者和职工是能动地参加组织决策过程的集团。从这一意义上讲,可以把他们说成是组织的内部成员。股东和消费者不是能动地参加组织决策过程的,因此,可以把他们说成是组织的外部成员。由于两者参加组织的方式不同,所以要把两者区别开来。内部成员和组织的关系通常是持续的,属于组织的权限关系范围,而外部成员和组织的关系是流动的,不属于组织的权限范围。

2. 组织的基本要素

巴纳德有关组织的理论是由组织要素论构成的。巴纳德认为组织由如下充分又必要的三个要素构成:共同的目的、协作的愿望和信息。组织的产生和生存只有通过这三个要素的结合才能实现。

1) 共同的目的——组织目的

传统管理理论把职务看作组织要素,通过对职务进行分类和分配来设计组织结构。而巴纳德的组织论首先把共同的目的,即组织目的作为组织的基本要素。组织目的的确定、分解和变更等目的形成要素对组织结构及其形成过程来说是重要的基本要素。

没有目的就没有协作;没有明确的目的,也就无法了解和预测组织要求个人采取什么行动和做出什么样的决定;没有协作的目的,就没有协作的愿望。如前所述,组织是其成员为实现共同的目的而进行决策的系统。因此,目的概念作为组织的基本要素是必不可少的。组织中的各个个人采取什么行动,做出什么决策,是由组织目的决定的,而且各个个人的行动和决策是通过组织目的而统一起来的。

企业组织的目的不是单一的,而是多样的,它包括收益目的、发展目的和保持稳定的目的等,而且,企业组织的这些目的有时是相矛盾的。那么,为了实现企业的目的,需要选择什么样的事业决策呢?这种经营战略也包括在组织的目的概念中。把企业组织的总目的分解为生产部门、经营部门、人事部门等各个部门的目的,实行专门化,进而再细分到各个科室。各个部门和各个科室也是组织,都有各自的目的。组织目的是一个阶梯形的。为了适应环境的变化,需要不断重新确立组织目的,这就是说,需要改变原来的组织目的,或者更改组织目的的专门化方式,这就是经营者最主要的职能。巴纳德提出:①组织目的不仅要得到各组织成员的理解,而且必须为各个成员所接受。如果各组织成员不接受组织目的,那么各个成员的行动和决策者就不能作为组织的一部分而被统一。组织目的被接受的程度取决于各个成员进行协作的愿望。②各个成员在理解组织目的时,协作性的理解和主观性的理解会发生矛盾，要从组织的整体利益出发，客观地理解组织目的。主观性的理解是指以个人的主观想法来理解组织目的。当组织目的是单一的、有形的时候，这两种理解很少发生矛盾，但当组织目的是无形的、一般化的时候，这两种理解往往会产生矛盾。巴纳德说，"让组织的参加者把作为协作系统的基础而起作用的客观目的认定为组织的目的""让职工相信一个共同的目的确实存在是经营者不可缺少的职能。"③必须区分组织目的和参加组织的各个成员的个人目的。组织参加者具有组织人格和个人人格的两个方面。前者是指个人为了实现组织的共同目的而采取合理的行动；后者指为了满足个人目的或个人动机而采取合理的行动。组织的共同目的是外部的、非个人的、客观的，个人目的是内在的、个人的、主观的。因此，组织目的同旨在实现个人目的的个人人格没有直接关系。当然，由于组织目的的实现，个人动机也就间接地得到实现。然而，组织的目的和个人的动机并没有直接的关系。当组织和个人的关系是暂时的时候，或者当组织成员对协作失去信心的时候，组织人格有时也可能几乎不存在。组织的目的和个人的目的本来是不一致的，两者有时是背道而驰的。④组织是把组织目的作为一个要素而形成的。组织为了适应环境变化，还必须经常修正目的。为适应具体的环境和情况，又如何使组织目的的具体化，如何修正组织目的，这是经营者职能的一个重要方面。

2）协作愿望

协作愿望是指个人要为组织目的贡献力量的愿望。巴纳德解释愿望为：愿望"是依赖他人对个人行为的支配，是个人行为的非个人化。"这种愿望产生的效果是各个个人努力的凝聚。没有协作的愿望，为协作做贡献的个人努力就不能持久。组织中的协作愿望涉及以下几点：①一个显著事实是，协作愿望的强度随着个人的不同而有很大的差别。现代社会中的个人对于特定组织的协作愿望大都是消极的。协作愿望的强度有很大的个人差别，有的非常强烈，有的非常微弱，有的是消极的，甚至是反抗、憎恶的态度。正式组织的规模越大，越是综合性的，其成员的协作愿望越小；组织单位越小，协作愿望消极的人也越少。由此可见，组织成员协作愿望的强弱是同组织单位的规模成反比例的。复杂的大规模组织是小单位组织的复合体，组织的发展是通过小单位组织的细胞分裂进行的。这是组织发展的一个依据。②个人协作愿望的强弱不是固定的，而是变化的。组织成员协作愿望是间歇的、变动的。协作愿望强的人数和协作愿望消极的人数也在变化。结果，组织参加者的协作愿望的整体也是不稳定的。因此，在考察企业组织的参加者时，应当既要考虑到经营者和职工等企业组织的内部成员，也应考虑到销售商和消费者等组织外部成员。尤其是外部成员，他们的协作愿望是间歇的、不稳定的。如何使外部成员的协作愿望能持续地保持是经营者的重要职能。

总之，在巴纳德看来，组织的前提是作为决策者的个人，组织的实体是由个人做贡献的行为构成的。由此可见，把个人行为社会化为组织行为一部分的心理因素——组织成员的协作愿望，对组织来说是不可缺少的要素。

3）信息

组织的第三个要素是信息。所谓信息就是向个人传递情报或想法。巴纳德认为，在组织的两端是组织目的实现的可能性和对组织有协作愿望的个人，把这两者联系起来，使之成为有机体的是信息的传递过程（见图 3-2）。

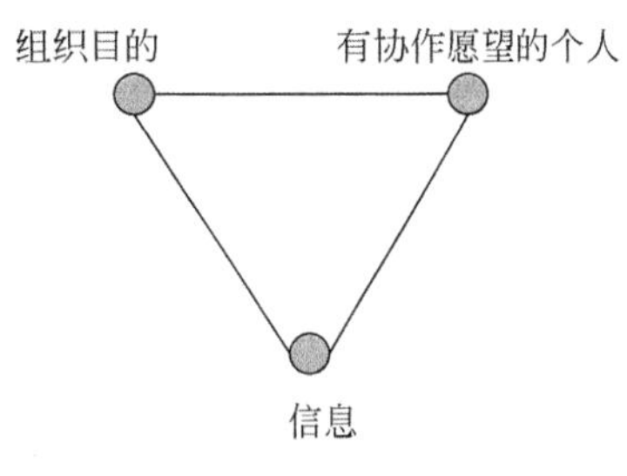

图 3-2　组织各要素的关系图

即使有组织目的，但它如果不为组织成员所知，那就毫无意义。为让组织成员了解共同的目的，必须把这个目的传达给每个成员。另一方面，如果不传递必需的情报，不仅不能确保组织成员合理的行动，而且也不能确保组织成员有协作的愿望。

一个领导者要把自己的想法直接传达给几百万人是很困难的，有效地向组织成员传递信息也是有限度的。因此，单位组织的规模也有个限度。为此，需要把复杂的大规模组织看成是小单位组织的复合体。为了统一信息系统，以便不使领导的想法和情报的传递陷入混乱，单位组织需要设一名领导，即管理人员。管理职位的设置就是设置信息系统。可以认为，管理职位就是信息中心。组织结构、规模和范围几乎都是由信息技术决定的。设置和维持信息系统是正式组织的首要问题。建立和维护组织的信息系统是经营者的主要职能。

3. 组织结构的发展规律

从上述的三种基本的组织要素可以引申出组织结构的发展规律。在组织结构的发展过程中，信息是起支配作用的。

为了实现组织目的，需要把这种目的化为具体的行动，并要通过信息系统把何时何地应该做什么的信息传递到每个人。如果多数人对特定的行为都随心所欲地进行联系，组织就将陷入混乱。因此，无论多么小的组织，为了统一信息系统，都需要有一个领导。单位组织的领导——管理人员是那个单位组织信息系统的中心通道。但是，一个领导不可能向几百万人同时而有效地传达他自己的想法，在现实中，单位组织的限额人数通常十五人左右，也有的规定五、六人。单位组织领导人的信息界限就是他领导能力的有效界限。单位组织的规模是由领导者的领导能力的有效界限决定的。

如果组织规模超过领导者的领导能力的有效界限，并且需要有更多的人从事服务时，就需增设新的单位组织，组织结构通过增加新的单位而得到了发展。如果建立了两个以上的单位组织，就必须把这些组织统一成一个复杂的组织，并在各单位组织的领导之上设立一个共同的领导。上层组织是以这些组织为单位组织而累积起来的。图 3-3 中，Ⅰ是最初的单位组织，领导能力的有效界限为五人。为了实现组织目的，如果出现需要增加四个人的情况时，一共就有九个人，显然超过了领导能力的有效界限，于是设立Ⅱ的单位组织。为了把Ⅰ和Ⅱ的单位组织的信息统一起来，也就是说，为了把Ⅰ单位组织的领导 a 和Ⅱ单位组织的领导 b 的信息统一起来，于是就设立了 c 这个上级领导。组织就是通过这样的过程，在结构上无限地扩大，自下而上地发展成规模庞大的组织。

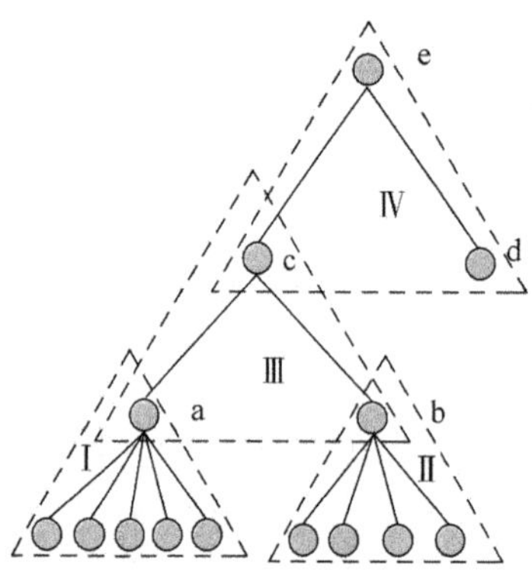

图 3-3 金字塔式单位组织结构

在这种场合，a、b 以及 c 三人就形成了他们所在的单位组织的上层组织。Ⅰ和Ⅱ单位组织是从事作业的作业组织，是复杂组织的基层组织。a 和 b 作为作业组织的领导具有管理职能。具有管理职能的 a 和 b 与他们共同的领导 c 又形成Ⅲ这个管理组织。Ⅲ管理组织本身也是一个单位组织。同作业组织的情况一样，c 领导能力的有效性也是有限的。因此说，作业组织单位如果增加，管理单位的数目也增加，进而累积成上层管理组织。管理组织就是通过形成这种金字塔式的阶层而形成复杂的大型组织的。

是什么力量把这么多的组织细胞统一成一个有机的整体呢？巴纳德说，把各个单位组织成一个有机整体的力量是“管理者行为的同时贡献性。”从图 3-3 看出，a 既是Ⅰ作业单位组织的领导，同时也是Ⅲ管理组织的成员。因此，a 的行为和决策对Ⅰ和Ⅲ这两个单位组织来说具有同时贡献性。在复杂的组织结构中管理人员的行为和决策对两个单位组织来说具有同时贡献性。因此，管理职位就成了把各单位组织的信息有机统一起来的联结点。因此说，组织中管理人员的职位是信息中心。管理职位既是把自己所在的单位组织的信息统一起来的中心，同时又是通过同时贡献性把两个单位组织的信息有机统一起来的信息中心。管理职位是作为信息中心有效地发挥作用的。正因为如此，许多单位组织才被统一成一个有机的整体。

3.1.3 权限接受论

1. 正式权限论和权限接受论

传统管理理论认为，权限对于各人履行职务和调整各人的活动是不可缺少的一个因素。法约尔说，所谓权限，是指发布命令的权力和引导(职工)服从命令的能力。权限传统地被解释成是管理人员对部下发布命令和下达指示的权力。因此，人们一直认为它是管理人员固有的权力。

现代管理理论在解释权限时，采用了权限接受论。关于权限的源泉，有正式权限论和权限接受论这两种对立的理论。

1）正式权限论

科长命令部下的权限是处长委让的，处长的权限又是经理委让的，经理的权限是董事会委让的，董事会的权限是股东大会委让的。归根结底，管理人员的权限来自财产所有制。财产所有制作为更广泛的社会制度的一部分，是由广泛的社会集团支撑的。也就是说，一个管理人员命令部下的权限，其源泉是财产所有制这种得到社会公认的制度。这只提到权限的正式侧面，所以称为正式权限论。而管理人员的权限实际上是由上级管理人员委让的，因此也可称之为权限委让论。按此理论，管理人员权限的最终源泉是被广泛的社会集团支撑的社会制度。因此，权限不能依赖于部下根据个人动机和利害关系而做出的反应。

2）权限接受论

按照权限接受论，管理人员的权限取决于支配部下行动的命令是否为部下所接受。权限接受论是巴纳德提出的并被西蒙等现代管理者继承传授。巴纳德在给权限下定义时说，“权限是正式组织传达思想(命令)以支配组织成员行动的。它具有被组织成员接受的特点。”当命令被部下接受时，经营者的权限得到肯定，或者说有了权限；如果命令不被服从，管理人员的权限也就不存在。按照巴纳德的定义，命令是否有权限，不取决于下命令的管理人员，而取决于被命令的部下。总之，权限取决于命令是否被部下接受，或者说是否得到部下的赞同。

巴纳德是采取描述论的方法来研究组织的，他根据其所经历过的事实提出了权限接受论。他的权限接受论具有行为科学的特色：不拘泥于现成的公式化的见解，对一切管理问题都通过分析人的行为来进行研究。如前所述，组织的前提是具有决策自由的个人。有决策自由，就有个人人格，倒是个性强的人才更有创造性，责任心也很强，是适于进行协作的人。"一道命令是否具有权限取决于被命令的人，而不是下命令的人"。巴纳德的这一论断看起来是同有关权限问题的既成常识和传统观念尖锐对立的。我们只有通过联想组织的前提是具有决策自由的个人才能正确理解巴纳德的权限接受论。如前所述，组织成员的协作愿望是组织不可缺少的基本要素。所以，权限是否被接受实际上是由组织成员的协作愿望来保证的。

总之，由于巴纳德摆脱了正式权限论的见解，提出了权限接受论，因而我们对组织和经营者的职能就有了本质的认识。

2. "无差别圈"的概念

巴纳德认为，如果按照命令被接受的难易程度来分类，那么，命令可分为三类：①不可能接受的；②模棱两可、中立的；③可以接受的。第③类就属于此处说的"无差别圈"。

管理人员的命令不受部下个人立场影响而被接受的范围称为"无差别圈"。巴纳德指出，"无差别圈是大还是小，取决于给个人的诱因超过个人的负担或牺牲的程度。个人对组织的一体感决定于这种程度。"这里的"负担或牺牲"是指组织成员对组织做出贡献，这里的诱因是指对组织成员的贡献支付的代价，如提供工资，进行奖赏，给予晋级等。对成员个人来说，当诱因等于或超过贡献时，就产生对组织进行协作的愿望，产生同组织的一体感；当诱因大于贡献时，部下可得到的诱因越多，"无差别圈"就越大，经营者的权限就毫无问题地能被部下接受，并立即付诸实行，组织的效率就越高。相反，当诱因小于贡献时，"无差别圈"就小，组织的效率就下降。为了使组织高效率化，就要扩大"无差别圈"。因此说，如何使诱因和贡献保持平衡是管理人员的任务。

"无差别圈"的大小，除取决于诱因与贡献是否平衡之外，集团的态度也是一个决定因素。巴纳德说："组织的效率受个人对命令的赞同程度的影响。所以，组织命令被拒绝，对通过参加组织以获取更多好处的个人来说是个威胁。"因此，大部分组织成员对于维护属于"无差别圈"的一切命令的权限都表示强烈的关心。集团的共同利益影响个人的态度。因此，个人都不把在"无差别圈"内或"无差别圈"附近的权限作为个人问题来对待。巴纳德又说："这样一来，当考虑只下达一般可以接受的命令时，由于这些命令大部分在'无差别圈'范围内，并且在多数情况下，集团的态度又对个人的态度有影响，因此，组织成员就有要维护（管理人员）命令权限的意思。"

总之，"无差别圈"的概念虽然主张权限接受论，但它是用行为科学来说明权限为什么在某种范围内才能得到保证的。因此，它是一个很重要的概念。

3. 主观权限客观化

上述权限的主观侧面是权限的基本内容。当然，经营者不能只重视权限的主观侧面，经营者的职能是确立和管理好组织，使主观权限客观化，从而保证权限被接受。

经营者通过满足下列条件，可以促进权限被接受，或者能使"无差别圈"的概念变成现实，实现主观权限客观化。

1）职位权限

管理职位是组织情报的源泉，是信息的中心。所以，从管理职位发出的命令容易被部下接受。管理职位是组织情报流通的中心。如果根据组织情报下达命令，权限就归属于来自管理职位的命令。这同占据管理职位的管理人员的个人能力无关，只是由于他们占据了这些职位，处于有利的地位，所以管理人员的设想才有权限，这种权限称为"职位权限"。

2）领导权限

领导权限与某人占据的职位无关，只是由于他具有出众的解决问题的能力和丰富的知识，他的设想才有权限。这种权限称为"领导权限"。

职位权限和领导权限都是"推断的权限"。当一个人具有这两者时，这个人的命令权限就会远远地超出通常的"无差别圈"而能被组织成员所接受。因此，按照能力主义的方针对干部进行提拔、晋级和降职时，都要把职位权限和领导权限结合起来考虑。这样可以提高权限被接受的效果。

3）组织人格

处于管理职位的人对组织的行为和决策如果不以组织人格采取行动，他的设想就没有客观的权限。当组织进行决策时，如果管理人员以个人人格行动，为达到个人的目的而牺牲组织的利益（公私不分就是最明显的例子），那么，组织的客观权限就不能归属于那个管理人员。管理人员的决策是受组织人格支配的，只有在为实现组织的目的而合理地进行决策的条件下，客观的权限才归属于那个管理人员。"没有责任就没有权限"指的就是这种组织法则。

4）信息系统

一个人，无论他的能力多么强，知识多么丰富，如果得不到必要的情报，他的能力和知识就不能发挥作用。向各管理职位提供适当的情报、提供传递命令的渠道，是信息系统的任务。

按照权限接受论，权限决定于使受命令的部下，发布命令的上级职位本来就没有权限。但如上所述，通过把职位权限和领导权限结合起来，通过以组织人格承担责任，进而建立和维持有效的信息系统，就可以使客观权限归属于管理人员。这种归属于管理人员的客观权限还具有使"无差别圈"的概念变成现实的作用。客观权限的保持主要依赖于组织对信息系统的管理。可以说，信息系统就是客观权限系统。

巴纳德说："权限一方面依赖于个人的协作态度，另一方面又依赖于组织的信息系统。"没有情报的传递，或者命令有矛盾，归属于管理人员的客观权限就要受到影响，甚至导致组织成员对此采取不协作的态度。因此，信息系统对正式组织来说是最为重要的问题。组织的效率问题，也就是组织能否继续生存问题，取决于信息系统能否维持。巴纳德认为，为了维护客观权限，需要妥善地维持信息系统。从这一观点出发，他提出了以下几个有关信息系统的原则。①必须准确地掌理信息传递的渠道：为了达到这个目的，需要制定组织系统表，详细规定各种职务的职责范围，明确权限和责任等。②客观权限需要为组织的各个成员确定明确的正式信息渠道：简单地说，各个职位如果不是明确地处于一定的信息传递的线路上，在这个职位的管理人员就不能作为组织的成员而具有客观权限。情报的传递对客观权限的行使是不可缺少的。这相当于传统管理理论的命令统一原则。③信息传递路线应尽可能地直接和尽可能地短：从最高领导到最下层的职工，信息经过的管理阶层不得太多。因为每经过一个阶层，就造成一次时间的损失和产生一次误解。为了减少管理阶层，可采取分权管理、利用参谋部门、在委让权限的同时通过设立委员会进行调整等方法。④必须经常利用全部信息路线。因为情报和命令的传递如果绕过一个管理组织，被绕过的管理职位就会脱离信息系统：不仅如此，有时还会使命令产生矛盾。为了避免这一事态，信息必须通过权限线的各个阶段。⑤作为信息中心而发挥机能的管理人员和监督人员等必须具有充分的能力：组织越庞大，信息中心越是处于中央位置。对处于这个位置的管理人员来说，综合的管理能力比技术能力更为重要。例如，他必须具有环境分析能力、计划能力、掌握非正式组织和了解人的能力等。

3.2 现代管理理论的主要学派

纵观经营管理理论在20世纪初问世之后到今天，已经经历了近一个世纪。在这期间，以发达的资本主义国家为中心，工业化有了进一步的发展。为了适应各个领域在技术上、经营上和社会上的需要，产生了各种各样的经营管理理论，它们盘根错节地纠缠在一起。所以，正如一部分学者所指出的那样，像在打“丛林战争”，或者可以说呈现出百花齐放的局面。哈罗德·孔茨在美国的《管理学杂志》上发表了《管理理论的丛林》(1961)，文中指出，在西方，只是到了20世纪40年代，才对管理进行了系统的研究。最早的一批著作都是由一些富有实际经验的管理人员写出来的，如泰勒、法约尔、厄威克等人。到了60年代初期管理成了一片各种管理理论流派盘根错节的丛林。西方管理理论分成八大学派，即管理过程学派、管理科学学派、行为科学学派、决策理论学派、系统理论学派、经验主义学派、经理角色学派和权变理论学派。

1. 管理过程学派

管理过程学派又称为管理职能学派，是美国加利福尼亚大学的教授哈罗德·孔茨和西里尔·奥唐奈里奇提出的。这一理论是在法约尔的一般管理理论的基础上发展而来的。法约尔在将管理活动分为计划、组织、指挥、协调和控制五大管理职能的基础上，将管理职能分为计划、组织、人事、领导和控制五项，而把协调作为管理的本质。孔茨利用这些管理职能对管理理论进行分析、研究和阐述，最终建立起管理过程学派。管理过程学派有如下的观点：①管理过程学派认为，无论是经济组织、政府组织、公共事业组织还是军事组织，无论组织所处的环境有多么不同，管理人员所从事的管理职能都是相同的。管理活动的过程就是管理的职能逐步展开和实践的过程。因此，管理过程学派把管理的职能作为研究的对象，对这些职能进行研究，阐明每项职能的性质、特点和重要性，归纳出若干原则作为指导，以便提高组织效力，达到组织目标。②管理过程学派确定的管理职能和管理原则，为训练管理人员提供了基础。把管理的任务和非管理的任务(如财务、生产以及市场交易)加以明显区分，能使精力集中于经理人员的基本工作上。管理的原则如同灯塔一样，能使人们在管理活动中辨明方向。③管理过程学派提供了一个分析研究管理的思维框架，内容广泛又易于理解，一些新的管理概念和管理技术可容纳在计划、组织、人事、领导和控制等职能中。

管理过程学派一方面被人们普遍接受，一方面也常常受到批评。管理过程学派所归纳出的管理职能通用性有限，对静态的、稳定的生产环境较为合适，而对动态的、多变的生产环境难以应用。只在工会力量不大，或失业率很高、生产稳定的情况下适用，管理程序的通用性值得怀疑。在管理者日常管理中，一定是先有了目标和组织，然后进行管理，而不是先有一套典型的职能，能够到处运用到不同的组织中去。管理职能并不是普遍一致的，不仅因为职位的高低和下属的情况而异，也因组织的性质和结构而发生变化。

2. 管理科学学派

管理科学学派又称作数量学派，它是泰勒科学管理的继续与发展。其代表人物为美国的瑛尔伍德·斯潘赛·伯法(Eluood Spancer Buffa)。管理科学学派有如下几个观点：①管理科学学派力图抛弃凭经验、凭主观判断来进行管理，而依据科学的方法和客观的事实来解决管理问题，要求按照最优化的标准为管理者提供决策方案，设法把科学的原理方法和工具应用于管理过程，侧重于追求经济和技术上的合理性。②管理科学的研究突破了操作方法、作业研究的范围，面向整个组织的所有活动方面扩展，要求进行整体性的管理。由于现代科学技术的发展，一系列的科学理论和方法被引进到管理领域。因此，管理科学可以说是现代的科学管理。③解决复杂系统的管理决策问题，可以用计算机作为工具，寻求最佳计划方案，以达到企业的目标。管理科学其实就是管理中的一种数量分析方法。它主要用于解决能以数量表示的管理问题。其作用在于通过科学的管理方法，减少决策中的风险，提高决策的质量，保证投入的资源发挥最大的经济效益。

但是，管理科学方法的应用也有它的局限性。首先，并不是所有管理问题都是能够定量的，这就使得管理科学方法的适用范围有限。而且采用此种方法大都需要相当数量的费用和时间，因而它只适用于那些大规模的复杂项目。其次，在实际解决问题的过程中，管理人员与管理科学专家之间容易产生隔阂。实际的管理人员可能对复杂、精密的数学方法很少理解，无法作出正确评价；而管理科学专家一般又不了解企业经营的实际工作情况，因而提供的方案不能切中要害，不解决问题。这样，双方就难以进行合作。因此，管理科学不是万能的。我们要充分认识到它是一种重要的管理技术和方法，而起决定作用的还是人。所以，在管理中管理人员要尽快地掌握管理科学，使之与各种管理技术、管理方法相符合，以便发挥更大的作用。

3. 行为科学学派

行为科学开始于20世纪20年代末30年代初的霍桑实验，创始人是美国哈佛大学教授、管理学家梅奥。梅奥等人创建了人际关系学说。经过三十年的大量研究工作，许多社会学家、人类学家、心理学家、管理学家都从事行为科学的研究，先后发表了大量优秀著作，提出了许多很有见地的新理论，逐步完善了人际关系理论。如马斯洛(A. H. Maslow)的“需求层次理论”，指出主管人员都必须因地制宜地对待人们的各种需求，著有《人类动机的理论》；弗雷德里克·赫茨伯格(F. Herzberg)的“双因素理论”，强调主管人员必须抓住能促使职工满意的因素，著有《工作的激励因素》；道格拉斯·麦格雷戈(D. M. McGregor)的“X-Y理论”等。

行为科学学派是从人的需要、欲望、动机、目的等心理因素的角度研究人的行为规律，特别是研究人与人之间的关系、个人与集体之间的关系，并借助于这种规律性的认识来预测和控制人的行为，以实现提高工作效率，达成组织的目标。行为科学学派有如下几方面的观点：①行为科学学派将管理对象的中心由对事和物的管理转变为对人及行为的管理。他们认为，一切事情都要靠人去做，一切产品的生产都要靠人去实现，一切的组织目标也都需要人实现。管理者可以通过对人的行为的预测、激励和引导，来实现对人的有效控制，并通过对人的行为的有效控制，达到对事和物的有效控制，从而实现管理的预期目标。②行为科学引起了管理方法的转变。随着对人性的认识和管理对象重点的变化，管理方法由原来的监督管理，转变到人性化的管理。它认为传统的组织结构和关系容易造成工人心理上的压力而产生对立情绪。主张在管理中考虑人的社会关系和感情因素的作用以及人的主动性和创造性。管理者要了解人的欲望、感情、动机的作用，满足人的需要和尊重人的个性，采用激励和诱导的方式来调动人的主动性和创造性，进行人力资源开发。根据这个理论，企业界提出了“以职工为中心”的、“弹性”的管理方法，出现了“参与管理”“目标管理”和“工作内容的丰富化”等各种新的管理方式。③强调个人目标和组织目标的一致性。调动积极性必须从个人因素和组织因素两方面着手，使组织目标包含多个个人目标，不仅改进工作的外部条件，更主要的是要改进工作设计，从工作本身满足人的需要。

但是管理学者们认为行为科学学派还有缺陷。行为科学研究的对象是人，但在管理中被管理者的对象不仅仅是人，只对人进行研究的管理显然是不完善的，除了人的行为以外，还应有某些技术方面的知识。如果没有这些因素，管理人员即使有了行为科学知识，也将无法应用。

4. 决策理论学派

决策理论学派是在第二次世界大战之后发展起来的一门新兴的管理学派。决策理论学派的主要代表人物是获得 1978 年诺贝尔经济学奖的赫伯特 · A. 西蒙。西蒙继承了巴纳德的社会系统学派，并提出了决策理论，着重研究为了达到既定目标所应采取的组织活动过程和方法，并建立了决策理论学派，形成了一门有关决策过程、准则、类型及方法的较为完整的理论体系，主要著作有《管理行为》《组织》《管理决策的新科学》等。其理论要点有如下几个方面：①决策贯穿管理的全过程，决策是管理的核心。西蒙指出，组织中经理人员的重要职能就是作出决策。他认为，任何作业开始之前都要先做决策，制订计划就是决策，组织、领导和控制也都离不开决策。②系统阐述了决策原理。西蒙对决策的程序、准则、程序化决策和非程序化决策的异同及其决策技术等作了分析。西蒙提出决策过程包括四个阶段：提出制定决策的理由；尽可能找出所有可能的行动方案；在诸行动方案中进行选择，选出最满意的方案；对该方案进行评价。这四个阶段中的每一个阶段本身就是一个复杂的决策过程。③在决策标准上，用“令人满意”准则代替“最优化”准则。西蒙认为由于组织处于不断变化的外界环境影响之下，搜集到决策所需要的全部资料是困难的，而要列举所有可能的行动方案更加困难。况且人的知识和能力也是有限的，所以在制定决策时，很难求得最佳决策。在实践中，应该用“管理人”假设代替“理性人”假设，“管理人”不考虑一切可能的复杂情况，只考虑与问题有关的情况，采取“令人满意”的决策准则，从而可以作出令人满意的决策。④一个组织的决策根据其活动是否反复出现可分为程序化决策和非程序化决策。经常性的活动决策应程序化以降低决策过程的成本，只有非经常性的活动，才需要进行非程序化的决策。程序化决策与非程序化决策的划分并不是严格的，因为随着人们认识的深化，许多非程序化决策将转变为程序化决策。

决策理论尽管具有了有许多其他理论所不具备的优点，但仍存在一些缺陷。管理是一种复杂的社会现象,仅靠决策也无法给管理者有效的指导,实用性不大。另外决策并非只存在管理行为中,人们的日常活动中也普遍存在决策。决策学派没有把管理决策和人们的其他决策行为区别开来。

5. 系统理论学派

第二次世界大战之后,企业组织规模日益扩大,企业内部的组织结构也更加复杂,如何从企业整体的要求出发,处理好企业组织内部各个单位或部门之间的相互关系,保证组织整体的有效运转是重要的研究课题,系统理论学派应运而生。系统理论学派是指将企业作为一个有机整体,把各项管理业务看成相互联系的网络的一种管理学派。

这一理论的代表人物是弗理蒙特·卡斯特(Fremont E. Kast)、罗森茨威克(J. E. Rosenzing)等人。弗理蒙特·卡斯特是美国管理学家、华盛顿大学的教授,他的代表作是《系统理论和管理》。该学派重视对组织结构和模式的分析,应用系统理论的范畴、原理,全面分析和研究企业和其他组织的管理活动和管理过程,并建立起系统模型。从系统的观点来考察和管理企业,有助于提高企业的整体效率。企业领导人有了系统观点,就更易于在企业各部门的需要和企业整体的需要之间保持适当的平衡。该理论的主要观点有如下几个方面:①组织是由许多子系统组成的,组织作为一个开放的社会技术系统,是由五个不同的分系统构成的整体。这五个分系统包括:目标价值子系统、技术子系统、社会心理子系统、组织结构子系统和管理子系统。这五个分系统之间既相互独立,又相互作用,不可分割,从而构成一个整体。这些系统还可以继续分为更小的子系统。②企业是由人、物资、机器和其他资源在一定的目标下组成的一体化系统。它的成长和发展同时受到这些组成要素的影响。在这些要素的相互关系中,人是主动的,其他要素则是被动的。管理人员须力求保持各部分之间的动态平衡、相对稳定和一定的连续性,以便适应情况的变化,达到预期目标。同时,企业还是社会这个大系统中的一个子系统,企业预定目标的实现,不仅取决于内部条件,还取决于企业外部条件,如资源、市场、社会技术水平和法律制度等,它只有在与外部条件的相互影响中才能达到动态平衡。③如果运用系统观点来考察管理的基本职能,可以把企业看成是一个"投入—产出"系统,投入的是物资、劳动力和各种信息,产出的是各种产品(或服务)。但是,也有不少学者认为现代组织和管理面临着十分复杂的条件,系统管理理论企图用系统的一般原理和模式来解决如此复杂的现实问题是难以奏效的,系统方法过于抽象,实用价值不大。这个学派在20世纪60年代达到鼎盛时期,以后逐渐衰退,但是这个学派的一些思想还是有助于管理研究的。

6. 经验主义学派

经验主义学派的主要代表人物是彼得·德鲁克,主要作品有《管理实践》《管理——任务、责任、实践》;欧内斯特·戴尔(Ernest Dale),代表作是《伟大的组织者》。经验主义学派认为管理学就是研究管理经验,认为通过对管理人员在个别情况下成功和失败的经验教训的研究,会使人们懂得在将来相应的情况下如何运用有效的方法去解决管理问题。因此,这个学派的学者把对管理理论的研究放在对实际管理工作者的管理经验教训的研究上,强调从企业管理的实际经验而不是从一般原理出发来进行研究,强调用比较的方法来研究和概括管理经验。

经验主义学派理论认为管理应侧重于实际应用,而不是纯粹的理论研究,管理的实用性是以知识和责任为依据的。管理者的任务是制定目标和措施并传达给有关的人员，进行组织工作，进行鼓励和联系工作，对工作和成果进行评价，使员工得到成长和发展。经验主义学派代表人物德鲁克提出人物(或目标)决定管理，并据此提出目标管理法。目标管理结合以工作为中心和以人为中心的管理方法，使职工发现工作的兴趣和价值，从工作中满足其自我实现的需要，同时，企业的目标也因职工的自我实现而实现，这样就把工作和人性二者统一起来了。目标管理在当今仍是运用最多的管理方法。

经验主义学派的方法可以说是在管理理论丛林中较具特色的，但他们受到了许多管理学家的批评。经验主义学派由于强调经验而无法形成有效的原理和原则，无法形成统一完整的管理理论，管理者可以依靠自己的经验，而无经验的初学者则无所适从。而且，由于组织环境一直处于变化之中，过去所依赖的经验未必能运用到将来的管理中。

7. 经理角色学派

经理角色学派是20世纪70年代才出现的一个管理学派，代表人物是亨利·明茨伯格。该学派以对经理所担任角色的分析为中心来考虑经理的职务和工作，以求提高管理效率。该学派所指的“经理”是指一个正式组织或组织单位的主要负责人，拥有正式的权力和职位，而“角色”是指属于一定职责或地位的一套有条理的行为。

该学派对经理工作的特点、所承担的角色、工作目标及经理职务类型的划分、影响经理工作的因素以及提高经理工作效率等重点问题进行了考察和研究。明茨伯格采用日记的方法对企业中高级和中级经理的工作活动进行系统的观察和记载，认为经理有以下特点：大量的工作，始终不懈的步调；工作活动具有简短性、多样性和琐碎性；把现实的活动放在优先地位；爱用口头交谈方式；处在他的组织和联络网之间。他将经理所担任的角色分为人际关系方面(挂名首脑、领导者和联络者)、信息方面(信息收受者、传播者和发言人)、决策方面(企业家、故障排除者、资源分配者和谈判者)三大类十种角色。明茨伯格从以上十个角色中提炼出经理工作的六项目标，即经理的主要目标是保证他的组织实现基本目标——有效率地生产出某些产品或服务；经理必须设计和维持他的组织业务的稳定性；经理必须负责他的组织的战略决策系统，并使他的组织以一种可控制的方式适应于其变动的环境；经理必须保证组织为控制它的那些人的目的服务；经理必须在他的组织同其环境之间建立起关键的信息联系；作为正式的权威，经理负责他的组织的等级制度的运行。

但是，经理角色学派得出的管理十种角色靠归纳得出，对管理者的调查由于数量较少，受到学者们的怀疑。另外，明茨伯格所得出的管理行为是否包含了所有的管理行为也很值得怀疑。

8. 权变理论学派

20世纪70年代以来，权变理论在美国兴起，并受到广泛的重视，其代表人物有弗雷德·卢桑斯(Fred Luthans)、菲德勒(F. E. Fielder)、豪斯(R. J. Howse)等人。权变理论认为，组织和组织成员的行为是复杂的，不断变化的，而环境又给有效的管理带来困难，所以在管理中要根据企业所处的内外条件随机应变，针对不同的具体条件寻求不同的、最合适的管理模式。方案或方法，没有什么一成不变普遍适用的“最好的”管理理论和方法。为了使问题得到很好的解决，要进行大量的调查和研究，然后把组织的情况进行分类，建立模式，据此选择适当的管理方法。建立模式应考虑如下的因素：①组织的规模。组织中成员的数量是影响管理的最重要的因素，随着人数的增加，需要协调的工作量就加大。当一个组织规模发展了之后，就应发展更加正规和高级的协调技术。②工艺技术的模糊性和复杂性。为了达到组织目标，要采取技术把资源输入转换为输出——顾客满意的产品和服务。不同的组织性质，工艺技术的性质也是不同的，管理方法也不相同，管理者要考虑技术的模糊性和复杂性。③管理者位置的高低和权力。管理者位置的高低直接影响其采取的管理方式。例如，组织中高层管理者、中层管理者和基层管理者都要制订计划，但是他们所制订的计划的种类是不同的，而且不同管理位置所需要的权力是不同的。④下级个人之间的差别。每个人所接受的教育、家庭环境、个人态度与性格都是不同的，造成了人与人之间的差别，管理者实施管理时要考虑这种差异性。⑤环境的不确定性。政治、技术、经济、文化等方面的变化会引起组织的不确定性，对管理者的管理方式产生影响，管理者要根据变化的外部环境调整自己的管理方式。

权变理论为人们分析和处理各种管理问题提供一种十分有用的方法。它要求管理者根据具体条件及其所处的外部环境，灵活地处理各项具体管理业务，使管理活动更加符合实际情况，更加有效。所以，管理理论中权变的或因地制宜的观点无疑是应当肯定的。同时，人们开始意识到管理的职能并不是一成不变的，以往人们对管理的行为的认识大多从静态的角度来认识，而权变理论学派使人们对管理的动态性有了新的认识。

但权变理论学派存在一个根本性的缺陷，即没有统一的概念和标准。权变理论强调变化，否定管理的一般原理、原则对管理实践的指导作用。该理论通过对大量案例的分析，从中概括出若干基本类型，试图为各种类型确认一种理想的管理模式，但是始终无法提出统一的概念和标准，未能形成普遍的管理职能。每个管理学者都根据自己的标准来确定自己的理想模式，这使得实际从事管理的人员感到缺乏解决管理问题的能力，初学者也无法适从。

小资料

南风法则

北风和南风比威力，看谁能把行人身上的大衣脱掉。北风首先来一股凛冽刺骨的大风，结果行人把大衣裹得紧紧的；南风则徐徐吹动，顿时风和日丽，行人因为觉得春意上身，始而解开纽扣，继而脱掉大衣，南风获得了胜利。

1. 南风法则蕴含着哪种理论？
2. 试区分科学管理理论与行为科学理论实质。

3.3 当代管理思想的前沿与发展

经济全球化背景下的管理面临着新的挑战，必然带来管理理论的大发展。管理理论的发展经过了科学管理理论、行为科学理论及丛林管理理论三个重要阶段，并不意味着管理学的发展就已经停止了。事实上，丛林管理理论一般是指“二战”之后到 20 世纪 80 年代这段时期内管理理论众多学派林立的管理理论发展的一个统称。20 世纪 80 年代之后，随着国际上购并浪潮的到来，以及90年代以来日益加深的经济全球化趋势，为了适应实践领域的需要，管理理论发展进入了一个新的时期，一些学者称20世纪80年代后的众多管理理论林立的现象称为“新丛林管理理论时期”。

3.3.1 当代管理思想及管理理论的新发展

20世纪80年代以后西方管理理论思想的发展，是以收购、兼并的浪潮及激烈的竞争为主要背景的。

1. T.彼得斯的管理学说

T.彼得斯的管理学说的管理哲学是：①人们需要有意义的生活；②人们需要受一定的控制；③人们需要受鼓励和表扬；④人们的行动和行为在一定程度上形成态度和信念。基于此，彼得斯提出8条管理原则：看准了就干，行动果断，以求发展；接近顾客；自主创业；以人促产；深入基层；专心搞本行；精兵简政；张弛互济。彼得斯应用了大量的心理学研究成果以寻求如何调动人的潜能。

2. 波特的竞争战略理论

迈克尔·波特针对20世纪80年代后的竞争特性，深入研究了企业生存和发展的战略规划问题。波特基于行业的“五力”分析，提出了企业的三种基本竞争战略，并从价值链的角度探究企业盈利能力的关键所在，为企业制定战略、更好的参与竞争提供了理论框架。

3. 彼得·圣吉的学习型组织理论

彼得·圣吉基于系统动力学理论创建了学习型组织理论。该理论认为，在新的经济背景下，企业要持续发展，必须增强企业整体能力，提高整体素质，而这就需要构建组织自身的学习能力。圣吉提出构建学习型组织的五项修炼：自我超越，建立共同愿景，团队学习，改善心智模式，系统思考。其中，系统思考是五项修炼的核心。圣吉探讨了学习型组织应具备的八个特征：①组织成员拥有一个共同的愿景；②组织由多个创造性个体组成；③善于不断学习；④“地方为主”的扁平式结构；⑤自主管理；⑥组织的边界将被重新界定；⑦员工家庭与事业平衡发展，⑧领导者被赋予新的角色。学习型组织是一种理念，而不是解决一切问题的灵丹妙药。

4. 戴明与朱兰的质量管理理论

戴明与朱兰都是质量管理理论的先驱者。戴明提出质量管理的“14要点”成为20世纪全面质量管理的重要理论依据，并提出了“PDCA循环”(简称戴明环)。朱兰博士提出“朱兰质量进展螺旋、质量权重责任比例”(即80/20原则)等理论，对全面质量管理理论的发展与实践具有指导意义。

5. 企业文化管理

企业文化管理的代表人物有威廉·大卫和埃德加·沙因。大卫经过调查比较美、日两国的管理经验，提出称为“Z理论”的一种组织发展理论。沙因在组织文化领域中率先提出文化本质的概念，对文化的因素进行了分析，对文化的形成、文化演变过程提出了独到见解。企业文化强调文化的功能，并通过文化功能的实现来管理组织进而实现组织目标。

当代管理理论还有许多新观点，如JIT、知识管理理论、MRP、CIMS、流程再造理论、6

西格玛管理、平衡记分卡、MAS等。

3.3.2 管理思想与管理理论发展的脉络与趋势

1. 管理思想与管理理论发展的脉络

管理理论从泰勒的科学管理原理开始，经由人际关系理论发展到行为科学理论，逐步跨入了百花齐放的繁荣发展阶段。从管理实践角度总结，这个脉络是指从经验管理、科学管理、文化管理、制度管理到信息管理的发展历程。从管理对人性假设的角度总结，经由“机械人”和“经济人”假设、“社会人”假设、“决策人”假设到“复杂人”假设的发展历程。

管理是以组织或人为对象的。所以，可以按照怎样对待人这种关于人的假设(人的模式)的不同来对管理理论进行分类。J. G. 马奇和赫伯特·A. 西蒙就是基于这一立场对组织论或管理理论作如下分类的。

1) “机械人”模式

“机械人”模式把组织的成员——职工，看作像是进行一定作业的生产工具——机械，认为职工是被动的生产工具，虽然具有进行作业、接受命令的能力，但当他们解决问题时，对他人不产生重要的影响。一般认为，泰勒的科学管理法就是基于“机械人”模式的管理理论。

2) “动机人”模式

“动机人”模式认为，组织的成员——员工，不是机械而是人。他们是作为人为满足个人的要求、动机和目的而劳动的。职工为实现组织目的而进行合作的动机是劳动生产率的最重要的决定因素。在科学管理法之后建立的人际关系论以及在这之后确立的新人际关系论就是基于这种“动机人”模式的管理理论。

3) “决策人”模式

“决策人”模式认为，组织成员，无论是经营者或是员工，都是为实现一定的目的而合理地选择手段的决策者。“决策人”模式把追求组织决策的合理性作为主要的课题。巴纳德—西蒙的现代管理理论可以说是基于这种“决策人”模式的管理理论。如果把上述的分类看作管理理论的发展阶段，那么，基于机械人模式的科学管理法就属于传统的管理理论阶段。除此之外，法约尔提出的管理过程论、韦伯的官僚制组织论或组织设计论等，也都可以认为是传统的管理理论。如果基于动机人模式的人际关系论是新古典管理理论，那么基于决策人模式的现代管理理论当然就是现代管理理论了。但是，按照关于人的假设对管理理论进行分类决非十分完善。首先，科学管理法虽然被说成是基于机械人模式的，但是泰勒绝不是把工人看作机械的、毫无情感的人。正像为了提高机械的效率而把机械作为研究对象那样，泰勒是通过时间和动作的研究而把工人作业作为科学研究的对象的，其目的是为了寻求让工人能够轻松而高效率地从事劳动的方式。泰勒主张在劳资之间实行职能分工，经营者承担计划职能，工人承担作业职能，由此实行计划和作业分离，从而取代了当时流行的放任管理方式，促进了管理的科学化和系统化。此外，泰勒认为，企业家总希望得到最大限度的利润，而工人则希望得到最多的工资收入，他从人的经济性需要的动机的假设出发，为了刺激工人努力提高效率，提出采取奖励工资制。其次，人际关系论把职工的动机看作管理理论的中心课题，从这个意义上讲，人际关系论的确可以说是基于动机人假设的理论。但是，初期的人际关系论是以社会人假设为前提的,社会人假设对于人进行劳动的动机最重视安全感和对集体的归属感这种人的社会需要。应该看到,初期的人际关系论和新人际关系论是以"自我实现人"假设为前提的。自我实现人假设在职工的劳动要求和动机方面,尤其重视人的自主性和自我实现的需要。再者,基于"决策人"模式的现代管理理论是把决策在组织上的合理化作为主要研究对象的。但是,组织成员的决策可分为个人决策和组织决策。后者是为了组织的目的而进行的合理决策;前者则是组织成员为了满足个人的目的和动机而进行的个人决策,是动机问题。现代管理理论既重视组织决策的合理化,同时又特别重视成员的动机。就这个意义讲,它仍然包括"动机人"假设。

由此看来,按照下述不同的需要来划分管理理论的发展阶段也许更合适。

1)"经济人"假设

追求最大限度利润的企业家和为争取最大限度的工资收入而劳动的工人都是"经济人"。从经济角度来寻求人进行劳动的最主要动机这样一种关于人的假设称为"经济人"假设。科学管理法可以说是基于"经济人"假设的管理理论。采用科学管理法,可以通过提高单位劳动时间的产量使工人的工资收入增加,通过节约单位劳务费给企业家带来最大的利润。由于劳资双方的经济动机都能满足,所以劳资之间的利害冲突就能变成利害调和。这就是贯穿于科学管理法整个系统的泰勒的经营哲学。泰勒提倡要形成能使劳资双方经济动机都得到满足的有效的管理体制。时间和动作研究只不过是科学管理法的部分要素,它们本身并没有什么意义,"经济人"假设是科学管理法的一个论题。

2)"社会人"假设

组织成员——经营者和职工,只要是人,就不是孤立的存在,他们为集体的一员,是具有归属感和安全感需要的"社会人"。这样看待组织成员的关于人的假设称为"社会人"假设。人际关系论可以说是基于这种"社会人"假设的管理理论。人际关系论以著名的霍桑实验为基础,认为职工的动机是提高劳动生产率的决定因素。并指出,职工的动机是受车间的人际关系影响的。因为组织成员与其说受经济动机的影响,毋宁说更受对群体的归属等社会动机的影响。如果从这种"社会人"假设出发,管理的重点就要转移到人际关系的管理上去。"社会人"假设对科学管理法赖以存在的"经济人"假设显然是个否定。

3)"决策人"假设

任何事物都在辩证地发展,对于经营管理理论的发展也是如此。基于把组织成员——经营者和职工,看作决策者、问题解决者的"决策人"假设的现代管理理论是各种管理理论的统一。它把科学管理法、人际关系论等既成的理论统一成一种理论体系,且具有综合理论的性质。由于现代管理理论把职工也看成是决策者,这就扬弃了把职工的职能仅仅限制在接受命令、从事作业范围内的科学管理法对于人的假设。与此同时,现代管理理论还把旨在建立有效的管理体制,即形成管理组织的科学管理法也囊括起来,并加以发展了。另外,现代管理理论还扬弃了人际关系论赖以存在的以"社会人"假设,坚持把组织成员看作具有自主性和个性的"决策人"这种关于人的假设。现代管理理论同人际关系论一样,对于促进组织成员行动的动机,认为非经济的、社会的动机比经济动机更重要。此外,从现代管理理论把组织成员的动机看作组织存续的根本问题这一点来看,它包括了人际关系论。

以上是根据关于人的假设和需要的不同来分类的。但管理的发展阶段也可以按照价值观的不同来划分。代表传统管理理论的泰勒科学管理法所赖以存在的"经济人"假设把企业家和工人的个人主义营利心当作管理体制的基础。因此说,科学管理法是以个人主义的价值观为基础、目标实现个人主义的管理理论。从20世纪初到世界性经济危机爆发的1929年为止的这段时间,个人主义价值观支配着经济。在自由放任的经济体制下,个人主义营利心也在经济活动中大大膨胀起来。与科学管理法相对的人际关系论,又扬弃了"经济人"假设而立足于"社会人"假设,它把集体主义作为提高管理效率的基础,是基于集体主义价值观的、旨在实现集体主义的管理理论。个人主义认为,价值在于个人的自由、尊严和利己心。而集体主义是指认为价值在于集体利益的价值观。作为一种综合理论出现的现代管理理论,以"决策人"假设为前提,包括管理中的集体主义和个人主义这两个方面,谋求两者的统一。因为现代管理理论是一门综合性的理论,所以,为了正确地理解它,对在它之前发展阶段的传统管理理论和人际关系论也必须充分加以斟酌和考虑。管理理论的发展阶段如果按时间来区分,由于国别的不同差别较大。以美国为例,从20世纪初到20年代,是科学管理法时期;从40年代到50年代,是人际关系论支配经营实践的时期;60年代以后,是现代管理理论的时期。巴纳德1938年就公开发表了他的管理理论,但到60年代才在经管理理论和实践方面发挥了很大的作用。

以上列举的关于管理理论的三种分类,形成了管理理论发展的主流。在现代管理理论之后,随着生产力的发展、社会发展、人的发展,尤其是近年来IT业的发展,又产生了一些新的理论,对此需要进一步的研究。但是,同管理理论的主流相比,这些理论都是作为支流而发展和起作用的。

2. 管理理论及实践发展趋势预测

依据管理思想和管理理论的发展脉络,结合社会、技术的发展,可以对管理理论及实践的发展趋势做粗略预测。

1)人性假设多元化

正如前边脉络总结,人性假设的一次次突破始终是管理学说不断向前发展的内在主线。所以,随着对人性认知程度的不断加深,人性的复杂性将进一步被认知。人既是社会发展的创造者,也是被管理的要素之一,是管理的目标。而复杂的人性本身必然带来管理理论多元化、纵深化,并不断向前发展。

2)管理技术创新化

管理有其符合自身特点的技术和方法,随着科学技术的不断发展和创新,这些技术的成果将被更广泛地应用到管理学科中,为管理的发展提供手段。

3)学科发展融合化

管理学是综合性极强的学科,其他基础学科的发展将为管理学科的发展、促进多学科向管理学科的融合提供学科基础。

4)管理客体微观化

许多管理理论将"人"作为研究的最基本单元,随着技术手段的不断发展和提升,以及分子技术、细胞技术的发展,研究对象已经可以深入到个体更微观的层面,从而为管理效率的提高提供基础理论依据。

5)管理范畴扩大化

组织理论在根本上是研究组织的效率和效益的,随着组织的发展、竞争的不断加剧,最初纳入管理范畴的生产要素本身的内涵也在丰富和拓展。如,组织中的信息就成了关键要素，信息管理被纳入到管理范畴中。随着组织日益发展，其他的要素也将被纳入到管理范畴，成为新的管理对象。

3.4 管理的基本原理和方法

3.4.1 管理的基本原理

1. 管理的系统原理

任何社会组织都是由人、物、信息组成的系统，任何管理都是对系统的管理，没有系统就没有管理。

1）系统的概念

系统是由两个以上相互联系、相互作用的部分（或要素）所组成的具有特定结构和功能的整体。因此，构成一个系统必须有以下三个条件：①要有两个以上要素；②这些要素之间存在着有机的联系；③要素之间的联系过程能为一个统一的目标产生特定的功能。

2）系统的特征

系统具有的主要特征包括集合性、层次性、相关性、功能性、环境适应性。

管理的系统原理，既充分体现了系统论的系统整体性思想、动态相关性思想、层次等级性思想和系统有序性思想，又表现了管理活动的特点与要求。要正确运用管理的系统原理，应努力掌握以下几个主要观点：①目的性观点；②全局性观点；③层次性观点；④开放性观点。

2. 管理的人本原理

1）人本原理内涵

人本管理原理，就是以人为本的管理。人本管理原理可以表述为：管理的本质是激励、引导人们去实现预定的目标。人本管理原理主要包括人本管理的思想、人本管理的方针和人本管理的战略。人本管理思想：①管理活动坚持以人为本，强调尊重人，充分信任员工，紧紧依靠员工实现组织发展；②做好人的工作，要抓好人思想，这是调运员工积极性的根本途径；③组织为人的需要而存在，为人的需要而产生，主张人和组织的共同发展。

2）人本原理主要内容及观点

人本原理就是以人为中心的管理思想，这是管理理论发展到20世纪末的主要特点。人本原理的主要内容与观点有：①职工是企业的主体。对职工的认识过程经过三个阶段：一是要素研究阶段，这个阶段把劳动者视为一种重要的生产要素；二是行为研究阶段，这个阶段开始从劳动者的需要方面来激发他们的热情，可还是把劳动者看作客体；三是主体研究阶段，这个阶段认识到职工是企业的主体而非客体。企业管理既是对人的管理，也是为人的管理。②有效管理的关键是职工参与。实现有效管理的两种途径：一是高度集权、从严治理；二是适度分权，民主治理。影响企业发展的因素固然很多，但归纳起来无非是天时、地利、人和。其中“人和”最为宝贵。“人和”的物质基础是经济利益的一致。职工参与企业管理的具体形式有三种：一是通过职工代表大会选举代表参加企业的最高决策机构——董事会；二是由职工代表大会选举代表参加企业的最高监督机构——监事会；三是广泛参加日常的生产管理活动。③现代管理的核心是使人性得到最完美的体现。任何管理者都会在管理过程中影响下属人性的发展。同时,管理者的行为本身又是管理者人性的反映。只有管理者的人性达到比较完美的境界,才能使企业职工的人性得到完美的发展。④管理是为人服务的。我们说管理是以人为中心的,是为人服务的,是为了实现人的发展,这个“人”当然不仅包括企业内部、参与企业生产经营活动的人(虽然在大多情况下,这类人是管理学研究的主要对象),而且包括存在于企业外部的、企业通过提供产品为之服务的用户。综上所述,尊重人、依靠人、发展人、为了人是人本管理的基本内容和特点。

3. 责任原理

1) 明确职责

在组织中发挥人的潜能的最佳方法就是明确每个人的职责。首先,分工明确;其次,界定职责。分工是生产力发展的必然要求。在合理分工的基础上确定每个人的职位,明确规定每个职位的工作任务。所以,职责就是整体赋予每个人的任务,也是维护整体正常工作秩序的一种约束力。它是以制度性规定来体现的客观规律的要求,绝不是随心所欲的产物。职责不是抽象的概念,而是在数量、质量、时间、效益等方面有严格规定的行为规范。通常情况下,分工明确,职责也会明确。而实际上两者的对应关系并不这样简单。主要因为分工一般只是对工作范围作了形式上的划分,对于工作的数量、质量、时间、效益等方面有严格规定的行为规范。因此,必须在分工的基础上,通过适当方式对每个人的职责作出明确的规定。①界定清楚工作中的职责。在实际工作当中,首先,工作职位离实体工作越近,职责就越容易明确;工作职位离实体工作越远,职责越难以明确。应按照与实体工作联系的密切程度,划分出直接责任与间接责任,实时责任与事后责任。其次,职责内容要具体,要作出相应的明文规定。只有这样,才便于工作的执行、检查及考核。②职责内容要注重内在联系。在完成某个工作任务时,必须规定其他单位及个人全力协同配合,只有如此,才能提高组织的整体战斗力。③职责一定要量化。在组织运行过程中,只有职责落实到个人,才能作到人人有事做,人人有责任。如果没有分工的共同负责,实际上就是职责不清、权责不明确,最后导致组织管理的混乱和效率低下。

2) 合理设计职权

在组织中,管理者要做到对所管的工作完全负责,就必须要合理设计职位和分权,其中最关键的三个基本要素是:权限、利益、能力。①权限。一旦明确了职责,就要授予相应的权力。组织中的管理工作离不开人、财、物的使用。如果没有一定的人权、财权、物权,管理者不可能对任何工作实行真正的管理。所以,明智的管理者必须克制自己的权力欲望,要把下属完成目标所需要的权限全部委授他们,由下属独立去决策,管理者只有在必要的时候给予其适当的帮助与支持。②利益。权限的合理下放,只是对工作完全负责所需的必要条件之一。完全负责就是要管理者承担全部的风险。而管理者在面对风险时,首先要考虑的是风险与收益是否对等,只有风险与利益对等时,管理者才会愿意承担这个风险,并作出放权的决定。这里所说的利益,主要包括物质利益与精神享受。③能力。能力是完全负责的关键因素。管理是一门科学,也是一门艺术。管理者既要掌握多方面的科学知识,又需要具备一定的组织才能及实践经验,这三个方面就构成了管理者才能。在实际的组织管理工作中,要根据每个人的实际能力来分担职责,否则就会物极必反,管理效率低下,最终使得组织目标的完成受挫或者失败。

3）奖惩要公平、公正、公开

金无足赤，人无完人，并不是每个人在工作当中都想积极向上，因此，对于组织中的每个人的工作表现及绩效给予公平、公正的奖惩是非常有必要的。一方面，能提高人的工作积极性；另一方面，又能不断挖掘人的潜能，提高管理效率，最终为实现组织的目标创造有利条件。为了规范组织的奖惩，要求以准确的考核为前提，而准确的考核必须通过健全的组织奖惩制度来实现。使组织奖惩工作尽可能地规范化、制度化，并定期公布考核工作的结果，这是实现奖惩公平、公正、公开的可靠保证。

4. 效益原理

在管理中，重视效益，追求效益，以最小的消耗和代价获取最佳的经济和社会效益，这就是管理的效益原理的基本要求。这是说，在考察效益时，必须把经济效益与社会效益统一起来。经济效益是指既能节约消耗、降低成本、提高产量和增加收益，又能符合市场交换的需要和人民生活消费需要的效益，它一般表现为可以用货币数量表示的盈利额，如利润、上缴税金、收入等。社会效益是指从长远和全局看，是否符合人民生活、国家建设和社会发展的根本利益。社会效益往往是无形的、长期的，难以用货币来计量的，如生态环境、社会文化、精神文明、后代幸福等。总的来说，追求效益是管理的根本目的。

管理主要目的是创造出最大的效益，追求应有效益是组织生存和发展的前提条件。因此，学习和研究效益管理，一方面可以使管理者在管理的各个方面、各个环节中都能自觉地运用效益原理来指导管理，检验管理成果，推动管理发展；另一方面可以使管理者全面理解效益的内涵，自觉做到经济效益和社会效益、长期效益和眼前效益的协调统一，以及组织效益和个人利益的协调一致。

3.4.2 管理的主要方法

按管理中信息沟通的内容与特点管理的主要方法可以分为：①行政方法；②法律方法；③经济方法；④教育方法。

1. 管理的行政方法

1）管理的行政方法的内涵及特点

管理的行政方法是指依靠行政组织和领导者的权力，通过强制的行政指令等手段，直接对被管理者施加影响，按照行政系统进行管理的方法。它通常采用命令、指示、规定、指令性计划和条例等行政手段对下属进行控制。在任何组织中，由于管理活动的需要，必然要建立行政机构，规定相应的职责和权力范围。上级通过行政手段领导下级，下级则要服从上级，上下级之间的关系非常明确。在行政方法的运用上，一方面要求上级领导者具有较高的领导素质，有一定的政策水平和组织管理能力，对下级下达的命令、指示或指令性计划等，一定要符合本部门的实际和管理活动的规律；另一方面也要求下级积极地配合领导的工作，坚决服从命令并发挥主动性和创造性。否则，就会影响管理目标的实现，降低管理的效应。

行政方法具有权威性、强制性、垂直性、具体性。运用行政方法进行管理，起主要作用的是权威。因为在行政方法中，指令的接受率，上下级之间的沟通，以至于整个行政方法的有效性，在很大程度上取决于管理者的权威。管理者的权威越高，被管理者对管理者所发出的指令的接受率越高，上下级的沟通就越通畅。因此，提高领导者的权威就是提高行政方法有效性的前提和主要措施。

行政方法是通过行政命令、指示、规定等对被管理者进行指挥和控制，因而就必然具有强制性。但是这种强制性与法律方法的强制性不同，从强制性程度看，法律方法的强制性程度最高，它通过国家机器执行，而行政方法的强制性程度则相对低一些，它主要要求人们在思想上和行动上服从统一意志，强调原则上的统一，并不排斥人们在方法上的灵活多样性。从制约范围看，法律方法对任何组织、任何人都具有强制作用，而行政方法的强制性只对特定的组织或特定的个人才有效。

行政方法是通过行政系统、分层次来对子系统进行管理的。因此，它属于"条条管理"，行政命令通常是通过纵向直线逐层传达执行的，而且下级只服从上一层次的指挥，强调纵向的自上而下的领导和控制，反对横向传达命令。与法律方法和教育方法相比较，行政方法的适用范围更为具体。它的具体性，一方面表现为从行政命令发布的对象到命令的内容都是具体的；另一方面表现为行政方法在实施的具体方式上是因对象、目的和时间的变化而变化的。因此，它往往只对某一特定对象在特定时间内有效，不具有普遍的作用。在运用行政方法进行管理活动时，要考虑对象、目的和时间的具体情况。

2）行政方法的作用与局限性

行政方法是管理活动中最古老，也是最基本的方法，它具有较强的适应性和广泛的应用性。无论是社会管理、经济管理、军事管理、科技管理还是文化、教育、卫生、体育的管理等，几乎所有领域都离不开行政管理方法。但是在运用行政方法时，也特别要注意到它的局限性，要从辩证的角度出发，恰到好处地运用行政管理方法。行政方法有以下作用：①有利于集中统一使用人、财、物等资源，实现共同的目标。在复杂的管理系统中要保持系统整体的稳定和子系统的协调，必须使各子系统统一目标、意志和行为。而行政方法具有的权威性和强制性的特点，有利于实现集中统一管理，从而完成整体的目标。特别是在社会系统的宏观管理中，更需要统一的计划，集中使用有限的人力、财力、物力资源，以便更好地发挥宏观的整体效益。即使在各子系统的微观经济活动和其他管理活动中，也需要行政方法作保证。②有利于各项管理职能的发挥。在管理活动中，计划、组织、领导、激励、控制等各项职能的有效发挥，都必须依靠行政机构的权威来进行组织和指挥；必须通过行政组织的行政手段来调整各方面的相互关系，并妥善解决其中的矛盾。采用行政方法协调关系，解决问题，通常比其他方法更及时、更有效。③有利于灵活处理特殊问题。由于行政方法具有具体性的特点，因此它对管理活动中出现的新情况、遇到的新问题或紧迫问题，能通过发出行政命令、制定规章制度、采取行政措施等，使问题得到及时的解决。由于行政方法能因人、因事、因时、因地而采取灵活多样的管理方式和措施，使它成为解决特殊问题时的主要方法。④有利于其他管理方法的实施并取得良好的效果。行政方法与法律、经济等方法之间是相互补充、相互促进的关系。碰到涉及法律的问题，在实施过程中，要采取相应的法律手段，以利于问题合理合法地解决；在解决经济问题时，也必须把经济方法与行政方法结合起来，才能收到良好的管理效果。

行政方法也有其局限性。在管理活动中，既不能没有行政方法，也不能任意扩大行政方法的管理范围，更不能滥用行政方法。行政方法如果运用不当，就会违背客观规律，变成主观主义、个人主义的产物，不适当地扩大行政方法的应用范围，甚至单纯依靠行政方法进行管理，可能造成更大的危害。从行政方法本身的特点看，它具有以下四点弊端：①管理效果直接受领导者水平的影响。由于行政方法强调领导者的权威性，易于导致“人治”。因此，行政命令和管理的效果，在很大程度上取决于领导者的素质和水平。如果领导者素质好、水平高，管理效果相对就有保证一些；如果领导者素质差、水平低，则肯定导致不良的管理效果，甚至给组织带来极大的危害。②不利于管理分权和调动下级的积极性。由于行政方法强调集中统一，容易导致权力经济管理体制，由国家直接管理企业，形成了政企不分，以政代企的混乱现象，把企业变成了行政机构的附属物，限制了企业主动性和创造性的发挥以致使整个国民经济管理体制成为一种过于集中、缺乏活力的僵化模式。③不利于横向信息沟通。由于行政方法的命令和指示等是垂直传达并执行的，这就使得各子系统之间缺乏必要的横向沟通。而在现代管理中，这种系统统、部门、组织之间的横向联系和协作，是十分必要的。④不利于实行经济核算。在管理经济方面，由于行政机构的特点，它既不承担经济责任，又不实行经济核算，容易助长那种无偿调拨、无偿供应的“供给制”的管理办法，造成经济核算的混乱。

为了正确运用行政方法，在现代管理中应遵循以下两个原则：①行政方法与其他管理方法相结合。行政方法在现代管理中是不可缺少的，在我国长期的社会主义建设中积累下来的行政管理方法的具体经验仍然具有重要作用。但是在我国经济体制改革的实践中，特别要注意把行政方法与其他管理方法相结合，一方面应根据不同时期、不同情况，把行政方法限定在一定的范围之内，并不断加以完善，使其更加符合客观规律的要求；另一方面要转变传统的单纯依靠行政机构和行政手段进行管理的做法，发挥其他管理方法在管理实践活动中的重要作用。②统一领导与分级管理相结合。统一领导是指采用行政方法时，必须服从集中统一的指挥和控制，要把关系到全局的重要权力集中在最高层。分级管理则是指在采用行政方时，为了发挥下级管理的主动性、创造性，使管理工作更符合实际，必须适当分权，合理划分各级管理机构的权力。统一领导和分级管理是一个原则的两个方面，只有把这两个面结合好，才能各负其责，同时发挥上级和下级两个方面的积极性。

2. 管理的法律方法

1）管理的法律方法的内涵及特点

管理的法律方法是指国家根据人民的根本利益，制定各种法律，通过司法、仲裁工作，调节社会经济活动中发生的各种关系，以保证和促进社会主义事业的管理方法。法律方法运用的法律规范包括法律、法令、条例、决议、合同等，还包括各级管理机构和各个管理系统制定的具有法律效力的各种社会行为规范。

法律规范通常由条件、规则和制裁三部分组成。其中，条件是指运用法律规范的限制情况，只有符合它的限制才运用规定的法律规范；规则是法律的允许、禁止的条款中的最基本内容，是行为规则本身；制裁则是在违反法律规范时，将要承担的后果。法律方法的实施，主要通过立法和司法两个手段来实现。立法即建立和健全各种法规，司法即按照法规解决纠纷，审理案件的活动。运用法律方法进行管理具有以下主要特点：①利益性。在阶级社会里，法律是由统治阶级控制和实施的，是统治阶级意志和利益的集中表现。在社会主义制度下，法律是为广大人民的利益服务的，是建设社会主义的工具。在各个管理系统中，充分发挥法律方法的作用，是为了整个系统的协调运转，提高管理的效率，维护整体的正当利益。②权威性。法律是国家权力机关或行政管理机关颁布和确定的，国家各级行政机关、社会各级组织和每个公民，在法律面前人人平等，不遵纪守法，就会受到法律的制裁。因此，法律方法具有至高无上的权威性。③规范性。法律规范是社会组织与个人的行为准则，法律和法规都是用严谨的语言阐明一定的含义，并且只对它作出一种意义的解释。各种法规必须以法律为依据，而其他法律必须以宪法为依据。法律的规范化，有利于保证良好的社会经济秩序。④强制性。各项法律和法规的实施，都得到国家强制力量的保证，任何违反法律法规的行为都会受到相应的制裁。任何组织和个人都不允许对法律和法规的执行进行阻挠和抵抗。⑤稳定性。各项法律和法规的制定都必须严格按照法律规定的程序来进行，法律和法规不许随便修改，也不许因人因事而改变。如果要进行修改，必须由立法机构按照法律程序修改。法律程序是指运用法律这种由国家制定或认可，并以国家强制力保证实施的行为规范以及相应的社会规范来进行管理的方法。

2）法律方法的作用和局限性

法律是人们进行社会活动的规范，是管理的重要工具。随着人类社会的不断进步和发展，人们的社会活动也越趋广泛和复杂，这就要求制定出各种不同的法律法规，并使其在社会活动中起到相应的作用。但是，在管理活动中，法律方法也有其局限性，必须与其他管理方法相结合，才能充分发挥法律这种方法的功效。法律方法的有以下作用：①保证正常的管理秩序。运用法律方法进行管理，便于使管理系统中的每个子系统依照法律规定，明确自己的职责、权利、义务和利益，以减少相互之间的摩擦和内耗，使信息沟通渠道畅通，保证管理系统有效运转。②加强管理系统的稳定。运用法律方法进行管理，有助于把符合客观规律、确实行之有效的管理制度和管理方法用法律的形式规范化、条文化，明确固定下来，严格执行。这就大大加强了管理系统的稳定性，这种稳定性使管理不受外来的、临时的因素干扰，保证了管理系统内部关系的正常化，有利于提高工作效率和增强管理效益。③协调管理系统内部和外部关系。法律方法能充分运用自己的约束力，根据管理对象的特点和任务的性质，规定管理系统内部的子系统和外部的各种组织在整个管理活动中各自的义务和作用，并通过使用不同的约束方法，调节其适用程度和范围，协调相互的关系，保证整体目标的实现。④促进管理系统的发展。法律方法能够抑制管理系统内的不合理的沟通，促进和保护合理的沟通，从而建立一种稳定、正常的管理秩序，并在出现矛盾时进行有效调节。因此，正确运用法律方法，不仅能够提高管理活动的效率，而且能增加管理系统的功能，推动和促进管理系统的自身发展。

法律方法也有其局限性。运用法律方法进行管理，实质上是通过上层建筑的反作用来影响经济基础，这就要求法律和法规的制定一定要符合客观事物的规律，反映社会发展的要求。如果制定的法律、法规符合社会发展规律的要求，就能够提高管理效率，促进社会的进步和管理系统的发展。反之，如果制定的法律、法规违背社会发展规律，一旦实施，就会造成混乱，阻碍社会的进步和管理系统的发展。此外，法律方法缺乏灵活性和弹性，不利于解决具体问题。由于法律方法具有稳定性和规范性特征，而管理对象往往是复杂的、易变的系统，这就不可能把所有的管理活动及其内容都以法律的形式全面而具体地规定下来，因而单靠法律方法不可能解决管理中一切具体问题。

3）运用法律方法应具备的基本条件

要正确运用并积极发挥法律方法在管理中的重要作用，必须具备以下三个基本条件：①立法必须与社会的道德水准相适应。立法机构在制定法律、法规时，必须考虑当时的道德水平，而不能脱离社会道德的实际状况。只有根据社会的实际道德水平制定出的法律法规，才能真正起到法律的制约作用，也才能在管理中发挥应有的作用。②树立和维护法律的权威。要使法律方法成为现代管理的有效手段，就必须大力加强法制的宣传教育，使人们树立起法制的观念，自觉地维护法律的权威。③重视培养法律专业人才，积极地推行并运用法律方法进行管理。关键是要大力培养法律专业人才，没有足够数量和称职的立法和司法人才，就无法加强社会主义法制，更谈不上广泛、积极推行并运用法律方法进行管理。

3. 管理的经济方法

1）经济方法的内容

管理的经济方法是根据客观经济规律，运用各种经济手段，调节各种不同经济利益之间的关系，以获取较高的经济效益与社会效益的管理方法。这里所说的各种经济手段，主要包括价格、税收、信贷、工资、利润、奖金、罚款以及经济合同等。不同的经济手段在不同的领域中，可发挥各自不同的作用。①价格。在存在着商品货币关系的社会里，价格是计量和评价劳动的社会标准。价格的高、低、涨、落，会直接影响生产企业和消费者的经济利益，从而影响他们的生产和消费行为。价格是否合理，是社会经济活动得以良性循环的一个十分重要的条件。国家运用价格这一杠杆来调节生产与供求，调整一部分国民收入的分配，促进企业加强经济核算，从而提高经营管理水平。就企业和外部的关系而言，企业要在价格政策规定的范围内，根据市场供需情况正确地制定本企业产品的价格，运用好浮动价格和季节差价、批零差价、地区差价、购销差价、质量差价等经济杠杆，增强企业竞争能力，改善企业经营地位，争取获得最大的经济效益。②税收。税收是国家取得经济收入的重要来源，也是国家管理社会经济生活的重要手段之一。国家根据宏观控制的需要，合理制定不同的税种和税率，来调节生产和流通，调节一部分企业的利润水平，控制消费基金的过快增长，使社会经济的内部结构、发展趋势、活动规模等趋于合理。③信贷。信贷是银行等金融机构存款、贷款等信用活动的总称。信贷是最为灵活有效的经济杠杆。银行信用活动以吸收存款和储蓄的形式，集中社会闲散资金；同时，按照社会经济发展的需要，以贷款形式发放给生产经营单位，满足其生产周转和扩大流通的需要，达到管理、协调社会经济活动的目的。其具体手段主要有：贷与不贷、多贷与少贷以及差别利率。④利润。在商品经济条件下，利润是反映经济组织、经济效益的综合指标。利用利润杠杆来进行管理，从宏观上来说，国家通过一定的经济责任制形式，使企业的经济责任、经济权限和经济利益紧密结合，企业完成承包的经济任务，就可以得到相应的留利用于发展生产和改善职工的生活福利，反之，如果完不成经济承包任务，则要相应地减少留利；从企业内部来说，在实行事业部制的企业里，要给作为利润中心的各事业部下达利润计划，在不实行事业部制的企业里，为了加强对下属单位生产经济效益的控制，也有模拟事业部制的办法，给各生产单位下达利润指标的。在这两种情况下，都要根据利润指标的完成情况决定各个单位的奖金和生产发展基金总额。所以，利润也是企业经济效益同职工的经济利益挂钩的一个重要指标，利用这种挂钩，可以促进企业劳动者从关心个人利益的角度更多地关心企业的经营及其成果。⑤工资。在社会主义制度下，工资是实现按劳分配原则的一种劳动报酬形式，这一经济手段直接涉及企业和劳动者个人的物质利益，正确使用它，对于调动企业的经营积极性和职工个人的劳动积极性，有着直接的促进作用。职工工资应该与企业经济效益挂钩，应该与职工个人贡献挂钩。根据按劳分配原则，应当按照职工每个时期实际劳动的数量和质量，联系企业的经济效益来支付职工的工资。由于各个劳动者的劳动能力和劳动态度差别很大，而且同一个人在不同时期也会有很大的变化，因此，绝不应使大家都在同一水平上吃“大锅饭”。由于不同企业的生产技术特点和劳动组织特点不同，反映职工劳动贡献的方法不同，所以各个企业应采用适合本企业特点和各类人员劳动特点的工资形式，如计时工资、计件工资、浮动工资、结构工资等。⑥奖金与罚款。奖金是根据职工对企业所作额外贡献的大小，用货币形式支付给职工的奖赏。奖金的项目和条件应能表达企业领导者对职工行为的期望，应能对职工的行动方向和努力目标具有引导作用。所以，奖金的名目不宜过多，以免分散目标；奖金的数额不宜过小，以提高奖励的效用；奖金取得的条件不宜过严或过宽，以保证必要的期望值；奖金发放还要密切联系企业或部门的经济效益，同样的超额劳动，在不同效益的企业里奖金数量可能不同。这样，奖金才能起到调动职工积极性的作用。奖金如果平均分配，成为一种变相的福利，就会完全失去其奖励作用。罚款是对职工违反规章制度，给企业群体造成危害的行为所进行的经济惩罚，它可以制约或收敛某些人的不轨行为，迫使人们努力完成劳动或工作定额。但是，罚款的名目和数额要适当，不能滥用。要防止用罚款代替管理工作、代替思想工作的倾向，以免招致职工的不满和反对。鼓励与惩罚最重要的是严明，该奖即奖，当罚则罚，鼓励正气，祛除邪气，只有这样，才能使奖金与罚款真正成为有效的管理手段。

2）经济方法的特点

管理的经济方法的实质是围绕着物质利益，运用各种经济手段正确处理好国家、集体与劳动者个人三者之间的经济关系，最大限度地调动各方面的积极性、主动性、创造性和责任感，促进经济的发展与社会的进步。与其他方法相比较，经济方法具有下面一些特点。①利益性。经济方法是通过利益机制引导被管理者去追求某种利益，间接影响被管理者行为的一种管理方法。②关联性。经济方法的使用范围很广，不但各种经济手段之间的关联错综复杂，影响面宽，而且每一种经济手段的变化都会引起社会多方面经济关系的连锁反应。有时，它不仅会影响当前，而且会波及长远，产生一些难以预料的后果。③灵活性。一方面，经济方法针对不同的管理对象（如企业、职工个人），可以采用不同的手段；另一方面，对于同一管理对象，在不同情况下，可以采用不同方式来进行管理，以适应形势的发展。例如，税收的增减可分别鼓励与限制某一产业的发展，增减的幅度越大，作用越明显。④平等性。经济方法承认被管理的组织或个人在获取自己的经济利益上是平等的。社会按照统一的价值尺度来计算和分配经济成果；各种经济手段的运用对于相同情况的被管理者具有同样的效力，不允许有特殊。

3）经济方法的正确应用

经济方法与其他方法一样，必须正确运用才能充分发挥其价值。①要注意将经济方法和教育等方法有机结合起来。人们除了物质需要以外，还有更多的精神和社会方面的需要。在现代生产力迅速发展的条件下，物质利益的刺激作用将逐步缩小，人们更需要接受教育，以提高知识水平和思想修养。再者，如果单纯运用经济方法，易导致讨价还价、“一切向钱看”的不良倾向，易助长本位主义、个人主义思想。所以必须结合教育方法，搞好精神文明建设。②要注意经济方法的综合运用和不断完善。既要发挥各种经济杠杆各自的作用，更要重视整体上的协调配合。如果忽视综合运用，孤立地运用单一手段，往往不能取得预期的效果。例如，价格杠杆对生产和消费同时有方向相反的调节作用。提高价格可以促进生产，却抑制消费。国家既要鼓励生产，又要鼓励消费，以促进农业生产和技术进步。此外，要不断完善各种经济手段，使之趋于合理，以适应经济发展的需要。

4. 管理的教育方法

1）教育方法的实质和任务

管理的教育方法是运用马克思主义的立场、观点和方法，吸收现代心理学、教育学、社会学以及系统科学的研究成果，来研究和探索人们的思想和行为发展变化的规律，逐步形成具有严格的科学性和广泛的群众性的思想政治教育体系。教育方法是按照一定的目的与要求对受教育者从德、智、体诸方面施加影响的一种有计划的活动。管理最重要的任务是提高人的素质，充分调动人的积极性、创造性。而人的素质是在社会实践和教育中逐步发展、成熟起来的。通过教育，不断提高人的政治思想素质、文化知识素质、专业水平素质，是管理工作的主要任务之一。

2）教育的主要内容

教育的目的是提高组织成员的素质，教育的内容也就涉及与人的素质完善有关的各方面。①人生观及道德教育。要教育组织成员具有为社会进步而奋斗的远大理想，大公无私、先人后己、全心全意为人民服务的精神，自觉抵制损公肥私、损人利己、金钱至上、以权谋私、欺诈勒索、贪图享乐等剥削腐朽思想的侵蚀；要教育职工遵守社会公德及职业道德，钻研业务、忠于职守。这种教育单凭教条式的空洞说教，收效甚微。应当结合具体生动的实例、案例、典型，通过讨论的方式进行。②爱国主义和集体主义教育。进行爱国主义教育，要引导人们正确认识我们国家的历史和现状，特别是近百年来中国人民为谋求民族解放而英勇斗争的历史，了解中华民族近百年来的苦难史和革命斗争史，从而更加热爱和珍惜社会主义的今天，更加发奋为祖国繁荣昌盛而献身。集体主义是共产主义道德的基本原则，它要求人们置集体利益于个人利益之上。进行集体主义教育，要着重引导干部群众正确处理国家、集体、个人之间的利益关系，在集体生活中发扬团结、友爱、互助精神，热爱集体、关心集体。③民主、法制、纪律教育。企业领导层在进行企业管理决策时，要充分考虑到本企业职工的利益，而且应当通过各种方式吸收职工参与企业管理。同时还要对职工进行正确行使民主权利的教育。民主体现在职工有权对企业的经营活动进行监督，有权维护自己的合法权益，有权对企业管理工作提出批评建议，也有权参与企业管理。但由于信息和能力的限制，参与的程度和方式是有限度的。企业在扩大民主的同时，还应大力加强社会主义法制，加强劳动纪律和工作纪律，规范和约束人们的行动，制裁和打击各种不法行为和违纪行为，并同种种压制和破坏民主的行为做斗争，才能保证企业经营活动的正常进行，才能使职工的根本利益得到保障。④科学文化教育。科学技术是第一生产力，普及和提高科学文化知识是提高组织成员思想道德觉悟水平的重要条件，也是企业进行生产经营活动的重要条件。在当今的新技术革命浪潮中，科学技术越来越成为推动企业生产发展，提高企业竞争能力的重要力量。⑤组织文化建设。组织文化的主体是组织员工，组织员工是物质财富和精神财富的创造者，应坚持把人作为第一要素，把尊重人、关心人、理解人、培养人、合理使用人、全方位地提高组织员工的素质，作为组织文化建设的主要内容。应采用教育、启发、诱导、吸引、熏陶和激励等多种方式来培养员工的命运共同感、工作责任感、事业开拓感和集体荣誉感，在员工中形成正确的价值观念、道德规范和行为准则，促使每个人都能把其内在潜力和创造力最大限度地发挥出来。一个具有独特而优秀组织文化的组织，必然充满生机和活力。

3）教育的原则与方法

思想教育工作必须贯彻以下三个原则：①思想教育与物质鼓励相结合；②科学的原

则，思想教育必须以马列主义的观点方法为指导，同时借鉴行为科学的研究成果，研究被管理者的需要、动机和行为，把握思想状况和变化规律，提高思想教育工作的针对性、预见性和科学性；③言传与身教相结合。欲正人，先正己。各级领导要不断提高自身的思想水平，言行一致，以身作则，刻苦自律。

教育方法常用的主要有以下五种方法：①正面教育法。即向管理对象传播马列主义，用系统的科学理论和党的路线、方针、政策武装人们的头脑。②示范教育法，即以先进典型为榜样，运用典型人物的先进思想、先进事迹教育群众，从而提高人们思想认识和觉悟的一种方法。③比较鉴别法，即对不同事物的属性、特点进行对照，通过比较得出正确的判断，从而提高人们思想认识和觉悟的方法。④个别谈心的方法，即针对管理对象的不同特点采取不同的教育方法，坚持"一把钥匙开一把锁"的原则，使上下级之间在平等、无心理压力的气氛中交换意见，可以及时有效地解决思想问题。⑤自我教育法，即受教育者自己教育自己，自己做思想工作的方法。它是在群众有较高自觉性、力求上进的心理基础上和较好的社会环境中进行的思想教育，它能发挥受教育者自身的教育力量，融教育者与受教育者于一体，主动积极、易见成效。

复习思考题

1. 如何理解巴纳德的组织理论？
2. 解释"无差别圈"概念。
3. 如何理解主观权限客观化？
4. 如何理解"决策人"假设？
5. 什么是系统原理，其对实践有何指导意义？
6. 如何理解"管理丛林"理论，试分析管理的未来发展趋势。
7. 分析比较四种管理基本方法各自的优势和劣势。
8. 举例说明在管理实践中如何科学、合理运用四种管理的基本方法。

【案例分析】

时间管理专家的"小测验"

一天，时间管理专家为一群商学院学生讲课。他现场做了个演示，这个演示给学生们留下一生难以磨灭的印象。站在那些高智商、高学历的学生前面，他说："我们来做个小实验"，说着他拿出一个一加仑的广口玻璃瓶放在他面前的桌上。随后，他取出一堆拳头大小的石块，仔细地一块块放进玻璃瓶里。直到石块高出瓶口，再也放不下了，他问道："瓶子满了吗?"所有学生应道："满了"。时间管理专家反问："真的?"他伸手从桌下拿出一桶砾石，倒了一些进去，并敲击玻璃瓶壁使砾石填满石块的间隙。"现在瓶子满了吗?"他第二次问。但这一次学生有些明白了，"可能还没有"，一位学生应道。"很好!"专家说。他伸手从桌下拿出一桶沙子，开始慢慢倒进玻璃瓶。沙子填满了石块和砾石的所有间隙。他又一次问学生："瓶子满了吗?""没满!"学生们大声说。他再一次说："很好。"然后他拿过一个水壶把水倒进玻璃瓶，直到水面与瓶口齐平。他抬头看着学生，问道："这个例子说明什么?"一个心急的学生举手发言："它告诉我们：无论你的时间表多么紧凑，如果你确实努力，你可以做更多的事！"。"不！"，时间管理专家说，"那不是它真正的意思。"这个例子告诉我们：如果你不是先放大石块，那你就再也不能把它放进瓶子里。那么，什么是你生命中的大石块呢？与你爱人共度时光？你的信仰、教育、梦想？或是像我一样，教育指导其他人？

切切记得先去处理这些"大石块"，先做大事情，否则，一辈子你什么大事都做不成。

思考与讨论

1. 你今生的"大石块"是什么？
2. 你知道时间管理吗？它有什么作用？

第4章 决策理论与方法

【本章要点】

- 掌握决策的概念与特点；
- 了解决策的分类；
- 掌握决策的过程与原则；
- 理解定性决策方法，掌握定量决策方法；
- 了解决策支持系统的主要功能。

4.1 决策概述

4.1.1 决策的概念

决策概念的相关界定不下上百种，但始终未能形成统一的看法。总结起来，基本上对于决策有以下三种理解：一是把决策看作一个包括提出问题、确立目标、设计和选择方案的过程。这是广义的理解。二是把决策看作从几种备选的行动方案中作出最终抉择，是决策者的拍板定案。这是狭义的理解。三是认为决策是对不确定条件下发生的偶发事件所做的处理决定。也就是说，只有冒一定的风险的选择才是决策。这是对决策概念最狭义的理解。

以西蒙为代表的决策理论学派甚至认为：管理就是决策。因此，我们认为，所谓决策，是指按组织目标的要求，在组织内外部条件的约束下，对多个可行的行动方案进行选择并执行选择结果的管理活动。

决策活动形形色色，但不论是哪一种决策，都有如下几项共同的构成要素：

- 决策者：即决策主体，它可以是组织、也可以是个人。
- 决策目标：一项决策所期望实现的成果和价值。
- 自然状态：不依决策者的主观意志为转移的环境或条件，是决策者采取各种可行方案后可能遇到或发生的情况。
- 备选方案：可供选择的各种可行方案。
- 决策后果：通过决策所达到的结果。

4.1.2 决策的特点

根据决策的定义，决策有如下的一些特点。

1. 目标性

决策是为实现组织的某一目标而开展的管理活动，没有目标，或者目标不明确，就不可能作出正确的决策。没有了目标，决策就会失去方向。

2. 选择性

决策最显著的特点之一就是它是在多个可行方案中选择最优方案。如果只有一个方案，决策者没有选择也就无所谓决策了。由于决策是在多个方案中择优，涉及方案的判定、选择标准的确定等，这对决策者的判断力提出了更高的要求。

小资料

霍布森选择

1631 年，英国剑桥商人霍布森贩马时，把马匹放出来供顾客挑选，但附加上一个条件，即只许挑最靠近门边的那匹马。显然，这实际上就是不让挑选。据此，对唯一方案进行民主决策，可以称为“霍布森民主”；只有一个策略选择的情况，被戏称为“霍布森选择”。

3. 风险性

决策是一种带有风险的管理活动，因为任何备选方案都是在预测未来的基础上制定的。客观事物的变化受多种因素的影响，加之人们的认识总有一定的局限性，作为决策对象的备选方案不可避免地会带有某种不确定性，决策者对所作出的决策能否达到预期的目标，不可能有百分之百的把握，都要冒不同程度的风险，所以说决策具有风险性。

4. 科学性

决策选择方案的过程是一个分析判断的过程，而分析判断是通过科学方法来进行的。决策的科学性是提高效能的前提和基础，只有决策科学，且符合客观实际，效能才可以最大限度地提高。相反，决策失误了，不仅不会提高绩效，还会付出惨重代价。

小资料

西蒙与决策理论

西蒙是西方决策理论最重要的代表人物，他在管理学上的第一个贡献是提出了管理的决策职能。西蒙提出了管理就是决策的论点，把决策视为管理的首要职能，这样决策才为管理学家们所重视。西蒙对管理学的第二个贡献是建立了系统的决策理论，并提出了人有限度理性行为的命题和“令人满意的决策”的准则。

西蒙认为，完全理性的经济人假设有两个缺点，其一，人不可能是完全理性的，人们很难对每个措施将要产生的结果具有完全的了解和正确的预测，相反，人们常常要在缺乏完全了解的情况下，一定程度地根据主观判断进行决策。其二，决策过程中不可能将每一个方案都列出来，一是人们的能力有限，二是决策过程的成本限制，人们所做的决策不是寻找一切方案中最好的，而是寻找已知方案中可满足要求的。

西蒙还认为，决策过程本身同决策结果一样具有重要的意义，不同的活动的决策要求不同的决策过程。西蒙认为，一个组织的活动可分为经常性和非经常性两大类，经常性的活动的决策应程序化，可以降低决策过程的成本，只有非经常性的活动，才需要进行非程序化的决策。西蒙的决策理论丰富了管理学理论，创立了决策理论学派，这个学派今天仍有较大的影响。西蒙的决策理论是以企业组织为对象，但阐述的原理和原则是适用于一切组织活动的决策的。

4.1.3 决策的类型

决策可从不同角度进行分类，这里仅介绍几种主要的类型。

1. 程序性决策和非程序性决策

按决策的性质，可将决策划分为程序性决策和非程序性决策。

程序性决策又称为常规决策，是指可按既定的程序、模式和标准进行的决策。在实际生活中，无论是个人活动还是组织活动，有相当一部分属于程序性活动。这些活动通常多次反复出现，人们通过反复的实践积累起经验，形成了一套解决这些活动中所遇到的一般性问题的方法、程序和标准。再遇到类似问题时，就按这些既定的原则和步骤行动，人们称这种决策为程序性决策。

非程序性决策又称为非常规决策或临时决策，是指不能按既定的模式和程序所作出的决策，它一般用于解决组织所遇到的重大的、不经常出现的问题。临机决策是对经验与知识的重建，是及时规划出适应所面临环境需要的创新过程，带有一定的创造性。所以，非程序化决策权一般为组织的高层管理人员所掌握。需要强调的是程序化决策和非程序化决策并非真正截然不同的两类决策，而是像一个连续、渐进的统一体。

2. 个人决策和群体决策

按照参加决策的人数，可将决策划分为个人决策和群体决策。

个人决策是指决策机构的主要领导成员通过个人决定的方式，按照个人的判断力、知识、经验和意志所作出的决策。个人决策一般用于日常工作中程序化的决策和管理者职责范围内事务的决策，它具有合理性和局限性。个人决策效率高、责任明确，但决策要受到个人的经验、知识和能力的限制。

群体决策又称集体决策，是指由多个人组成一个决策小组，且这个决策小组对该决策后果负责的决策。这类决策的最大特点是具有广泛的群众性，通过发挥集体的智慧，弥补个人决策的不足，主要适用于某些带有全局性、战略性、长远性问题的决策。群体决策是多个人参与的决策，这样使得多个人的知识与智慧集中在一个问题上，对问题的认识和分析必然比某一个人的分析和认识要深刻、全面得多。国外的一些相关研究也表明，群体判断问题的正确率一般要比单个个体高出5～6倍。中国有句古语"三个臭皮匠，顶个诸葛亮"，这也是对群体决策经验的形象总结。但是，群体决策如果运用不当，则可能出现议而不决、互相推诿、坐失良机的后果。表4-1示出了群体与个人决策的比较。

表4-1 群体与个人决策的比较

方　式	个人决策	群体决策
速度	快	慢
准确性	较差	较好
创造性	较高，适于工作结构不明确，需要创新的工作	较低，适于工作结构明确，有固定程序的工作
效率	由任务复杂程度决定。通常费时少，但代价高	从长远看，费时多，但代价低。效率高于个人决策
风险性	视个人气质、经历而定	视群体性格（尤其是领导）而定

3. 高层决策、中层决策和基层决策

按决策者所处的管理层次，可以分为高层决策、中层决策和基层决策。

高层决策又称为战略性决策，是指由组织的最高管理层所作出的决策。高层决策的内容一般是战略性的，事关组织全局，其形式多是非程序化的，其正确与否对组织有着重大的影响。

中层决策指由组织中间管理层，或各职能部门的管理者作出的决策。中层决策在组织的决策链中起着承上启下的作用。

基层决策一般指由组织的基层管理者作出的决策。基层决策一般来说是执行性决策，具有程序化的特征。

上述三种决策具有交叉效应，但因决策的层次不同，具有不同的职能、作用和比重，其复杂程度、定量化程度及程序化程度都有一定区别。高层决策、中层决策、基层决策从纵向层次上形成组织的决策链，共同构成组织的决策体系。

4. 确定性决策、风险性决策和不确定性决策

按决策的环境约束条件，可分为确定性决策、风险性决策和不确定性决策。

确定型决策是指主观上决策者对要解决的问题清楚，并且能精确估算出决策实施的结果，未来的客观条件是确定的，备选方案实施后不会有大的偏移。

风险性决策指主观上决策者对面临的问题是清楚的，可以识别备选方案实施后出现的几种可能结果以及各可能结果出现的概率，但客观上，决策者不能确定备选方案实施后会发生哪种结果，不管执行哪种方案都将承担一定风险。

不确定型决策指主观上决策者掌握的信息不完全，可供选择的备选方案可靠程度较低，客观上备选方案执行时可能发生哪几种状态，以及各状态出现的概率是不明确的。

5. 初始决策和追踪决策

按需要解决的问题分为初始决策和追踪决策。初始决策是指组织对从事某种活动或从

事该种活动的方案所进行的初次选择。追踪决策是在初始决策的基础上对组织活动方向、内容或方式的重新调整。与初始决策相比，追踪决策具有如下特征：回溯分析、非零起点、双重优化。

4.1.4　决策在管理中的地位与作用

关于决策的名言有很多，如决策是管理的心脏，管理就是决策等。决策是计划工作的核心，无论是企业还是其他组织，决策在管理中起着至关重要的作用。

1. 决策是最重要的管理职能

管理的职能中最为重要的是决策。因为决策是组织行动前必不可少的管理活动，决策正确与否，决定着组织行动的成败。决策的实质是对未来行动方向、路线、措施等的选择。正确的决策，能指导组织沿着正确的方向前进，遇到问题，可以采取有效的措施予以解决。而错误的决策，就会使组织走上错误的道路，发展下去可能导致组织的失败、消亡。因此可以说，决策正确，行动就成功了一半。

2. 决策贯穿于管理的全过程

管理实际上是一个不断地作出决策和实施决策的过程。没有决策，就没有管理。也正因为如此，西蒙才提出管理即决策。一切管理职能中都渗透着决策职能，无论是计划、控制、组织，还是沟通、激励，都不可能离开决策职能，每一个职能管理者都必须掌握决策职能和运用决策职能。决策贯穿着管理的始终。在一次管理循环中，计划是开端，实施决策过程中的控制是终点，在这个循环中，离不开决策。在组织中，一切管理人员都是决策者，都必须在自己的职责范围内作出决策，实施决策。

3. 决策能力是一个管理者必须具备的重要能力

管理离不开决策，管理人员首先必须具备的就是决策能力。一个人的决策能力是其各方面能力的集中体现。一个管理者所处的层次越高，所具备的决策能力就应越强。如果一个管理者的决策水平高，能力强，可以推断他在组织管理所要求的各个方面的水平都较高。反过来就不一定了。如在工业企业中，一个人可以是一个优秀的工程师、发明家、计划工作者，但可能并不是一个优秀的管理人员，因为他可能缺乏管理决策能力。一个优秀的工厂厂长或经理，虽然不必成为技术上的专家，但至少也必须是内行，很熟悉本行业科学技术发展水平和变化趋势，否则，他不可能就企业的技改、新产品开发等作出正确的决策并贯彻实施这些决策，所以说决策能力是一个管理者必须具备的基本能力。

4.1.5　决策标准和基本原则

什么是有效的决策？如何来判定有效的决策？对于决策者来说，都想达到最优，想采用最优的方法，给出最佳的答案。然而，这又是不可能做到的事。所谓“最优”的提法只能是在最理想情况下的一种状态，实际上，最优只能是在一定条件下达到的。以西蒙为代表的一些管理学家认为，最优的决策是不存在的，应该用“满意”标准来进行决策，一般情况下，管理者作出相对满意的决策就是好的决策。不同的人，有不同的满意标准，因此会导致不同的决策行为，但无论是群体决策还是个人决策，一般来说都要遵循一些基本的原则。

1. 科学性原则

决策的科学性原则是指决策必须尊重客观规律，尊重科学，从实际出发，实事求是。决策者应尽可能地避免错误，减少决策中的失误。要做到这一点，只有按科学的原则办事，将决策建立在科学的基础上，要求决策者能够尊重客观规律，按科学的决策程序办事，并且决策应尽可能掌握和运用科学的分析方法和手段，特别是现代科学技术手段，如运用现代科学决策理论、计算机等现代决策工具辅助决策。

2. 经济性原则

经济性原则通俗地讲就是节约的原则，应使决策过程本身所花的费用最少。决策同其他管理活动一样，需要费用和成本，决策者必须考虑决策过程中的费用和成本。决策过程本身的费用和成本与采用的决策程序、决策方式、决策标准等方面直接相关。在保证决策的科学性、合理性的前提下，应该选择费用最省，成本最低的决策程序、决策方式和决策标准。所有决策应选择花费最少、效果最佳的方案。

3. 时效性原则

决策的正确和错误总是与一定的时间概念联系着的，"事后诸葛亮"是没有任何意义的。决策者必须具有较强的时间观念。在瞬息万变的现代社会经济中，机会往往是稍纵即逝的。特别是一些非常规决策，往往具有突然性、非常规性、无序性等特点，人们对突发性事件性质、特点、规律等方面的认识都是不完整的，目标是模糊的，非定量的，而且时刻在变化着的，能否抓住恰当的时机作出决策，实施决策，决定了最终的成败。时效原则要求决策必须果断，不能犹豫不决，贻误战机。

4.1.6 决策的过程

决策是个过程，一般要经过如下几道程序。

1. 提出问题

决策过程的第一阶段，首先要求找出关键性问题和认准问题的要害。决策必须围绕一定的问题来展开。当然，一个组织中总是有许许多多的问题。例如在一个企业中，就有企业如何在市场竞争中发展自己，企业目前资金不足如何筹措等问题需要解决。仅将问题提出来是不够的，还必须在提出问题的基础上对众多的问题进行分析，以明确各个问题的性质，确定这些问题是涉及组织全局的战略性问题，还是只涉及局部的程序性问题，清楚地认识到潜在的有可能发生的问题。

2. 明确目标

在决策中，除了要找出关键问题以外，还需要明确决策的目标。实践证明，失败的决策，往往是由于决策目标不正确或不明确。决策目标既是制定决策方案的依据，又是执行决策，评价决策执行效果的标准。因而，决策目标必须定得合理。一项决策目标定得合理的标准应该是使该目标既能够达到，但又必须要经过努力才能够达到。目标定得太高，根本不切合实际，会使人望而却步，失去为之奋斗的信心与勇气；目标定得太低，不经过任何努力即可实现，人们就可能认为唾手可得而感到无所作为，就失去了目标的激励作用。

3. 制定备选方案

实现同一个决策目标的方式或途径可能是多种多样的，不同的途径和方式实现目标的效率也就不一样。决策要求以费用最低，效率最高，收益最大的方式实现目标。这就要求对多种途径和方式进行比较和选择，所以决策的第三步就是在允许的条件下，将所有可能的备选方案都制定出来。制定备选方案既是组织的一项基本管理活动，同时又是一项技术性很强的管理活动。无论哪一种备选方案，都必须建立在科学的基础上。方案中能够进行数量化和定量分析的，一定要将指标数量化，并运用科学、合理的方法进行定量分析，使各个方案尽可能建立在客观科学的基础上，减少主观假设。

4. 评选、确定满意方案

对决策的备选方案进行比较评价，确定满意方案，是决策的关键环节。每个实现决策目标的方案，都会对目标的实现发挥某种积极作用和影响，也会产生消极作用和影响，因此，必须对每个可行方案进行综合的分析和评价。经济组织决策中评选方案的标准一般是以经济效益为最基本的指标。如企业评价方案多以利润、成本、投资回收期等指标作为最基本的指标。然而，经济活动不仅仅是纯经济性的，它会涉及许多方面。因此，除了经济效果之外，还必须有一定的环境效益、社会效益指标；评选方案工作一定要深入、认真、细致；评价方案不只是依据评价指标从中选择最高的，还必须详细审查方案的可行性。

5. 组织决策实施

用现代决策理论观点来看，决策不只是一个简单的方案选择问题，它还包括决策的执行。因为决策正确与否，质量如何，不经过实践的检验，是得不到真正的证明的，实践才是检验真理的唯一标准。更为重要的是，决策的目的就是为了实施决策，以解决最初提出的问题。如果说选择出一个满意的方案是决策成功的一半，那么，另一半就是组织决策的实施了。不能付诸实施的决策只能是水中之月，镜中之花。因此，决策者必须将组织决策实施的工作当作一个重要的环节来抓。决策的实施首先要有广大组织成员的积极参与。为了有效地组织决策实施，决策者应通过各种渠道将决策方案向组织成员通报，争取成员的认同。最好是设计出一种决策模式，争取更多的成员参与决策，以便更好地实施决策。

6. 信息反馈和决策的修订

实施是检验决策正确与否的唯一方法。在决策时，无论考虑得怎样周密，也只是一种事前的设想，难免存在失误或不当之处。而且，实施决策的条件不可能与设想的条件完全吻合，在一些不可控因素的作用下，实施条件和环境与决策方案所依据的条件之间可能会有较大的出入。所以，在决策实施过程中，决策人应及时了解、掌握决策实施的各种信息，及时发现各种新问题，并对原来的决策进行必要的修订、补充或完善，使之不断地适应变化了的新形势和条件。

4.1.7 决策的影响因素

1. 影响决策者的主要因素

对决策而言，决策者感知问题的方式，处理情报资料从中获取信息的能力，发掘各种备选方案的意愿和对决策风险的态度等方面都会影响决策选择。决策者个人之间的差异决定了最后选择的方案的特征，并将影响实施决策时的魄力和果断性。影响决策过程的行为特性很多，其中，个人对问题的感知方式和个人的价值倾向是影响最大的，起决定性作用。

1）个人对问题的感知方式

所谓感知，即通过感觉而形成的知觉，它是对事物的各种不同属性、各个不同部分及其相互关系的综合反映，即对事物整体的反映。感知在确定决策问题、处理决策的情报资料、拟定决策的可行方案等方面起着重要作用。

心理学研究表明，影响人们对问题的感知的主要因素是经验。感知不是感觉的简单总和，感知中包含的某些成分并非都来自当时的感觉，而是在过去经验的基础上产生的。知识经验会对感知产生巨大影响。这方面，西蒙对人工智能的研究结果充分说明了这一点。

在对人工智能的研究中，西蒙发现了一个引人入胜的结果。他和同事们研究了为计算机下象棋编制程序的问题。最初的假设是：为计算机编制一套像一颗有多个枝杈的、被称作决策树那样的程序，每走一步前，计算机都先搜索自己和对方所有可能的步子，然后作出选择。从理论上说，这是可以做到的，但事实上却是做不到的。因为可能性几乎有 10 的 120 次方之多，而当时最快的计算机在一百年里不过只能进行约 10 的 20 次方运算。显然，为计算机编制弈棋程序必须寻求更简捷的途径。

西蒙继续研究了一些优秀棋手的做法。他要求世界上一些最优秀的象棋大师对一付棋盘上还有二十来个棋子的残局瞥一眼（10 秒钟）。他发现，这些象棋大师随后就能说出所有棋子在棋盘上的确切位置。而进一步对一些一级棋师进行相同的试验，这些人就相形见绌了。也许，那些象棋大师具有更好的短期记忆能力。但此说有一点不能解释，如果棋子的位置不是按棋局的进行，而是随意乱放的话，那么无论象棋大师或是一级棋师都不能记住。看来必定有别的因素在起作用。

西蒙认为，这是因为那些象棋大师在象棋方面具有高度发达的长期记忆能力，这种记忆表现为下意识地记住的定式。西蒙称这是象棋“词汇”。一级棋师掌握的词汇量约莫为 2000 种定式，而象棋大师则在 50000 种上下。如此看来，棋师们在对弈时大都是从各种定式出发：以前见过这一定式吗？是在什么棋路上见到这种定式的？从前是怎么克敌制胜的？事实上，不仅象棋大师，其他如医生、修理工、网球运动员、工程设计人员等，都掌握有丰富的定式词汇。

西蒙的这一研究成果，进一步说明了经验对管理决策的重要作用。这也是为什么经验丰富的主管人员一般都具有良好的直觉的原因。这一研究成果提醒我们，在进行关键的非程序化决策时，应重视我们的经验和直觉。

2）个人价值系统

个人价值系统是个人的思想、价值观、道德标准、行为准则等所构成的相对稳定的思维体系。具体讲，包括个人对成就、财富、权力、责任、竞争、冒险、创新等的欲望，以及对正确与错误、好与坏、真与伪、善与恶、美与丑、得与失或其他类似的对立事物所持的观点。个人价值系统对决策过程，特别是最后的方案抉择起着重要的影响和决定作用。

概括而言，个人价值系统对决策的影响作用主要表现在两个方面：

(1) 它影响决策者以某种特殊的心理准备状态来反映刺激物。例如一个人往往以他正在感知的某种准备状态或他的情绪的某种状态甚至某种先入为主的准备状态来反映感知对象，把听到的内容变成了他想要听的东西，把看到的对象变成了他想要看的对象。心理学称这种心理状态为定势或心向。

（2）个人价值系统影响决策者的判断，包括对问题的判断、对情报信息的判断和对方案的抉择。例如在某企业的上层主管人员中，对国家通过紧缩信贷、压缩基建规模等措施来控制经济过热，有人认为会给企业发展造成困难，但有人却会认为这反而会给企业的发展带来机会。

个人价值系统对决策的影响因决策者而异，有积极的作用，也有消极的作用。其积极作用表现在：

- 它能使人们对事物感知得更迅速、更有效；
- 有助于使人们透过事物的表面现象抓住事物的本质；
- 有助于人们从不完全的情报中获取重要的变化信息；
- 有助于人们形成决心，作出果断而大胆的选择。

其消极作用是，容易使人们在情况发生变化时固守过时的观点，因循守旧，错失成功的良机，以及固执先入为主的成见等。由此可见，一个成功的管理者，必须具有合理的、健康的、积极的、符合社会发展要求的良好的个人价值系统。

2. 影响组织决策的一般因素

1）环境

环境对组织决策的影响是不言而喻的，而且这种影响是双重的。其一，环境的特点影响着组织的活动选择。例如，就企业而言，需对经营方向和内容经常进行调整。位于垄断市场上的企业，通常将经营重点致力于内部生产条件的改善、生产规模的扩大以及生产成本的降低；而处在竞争市场上的企业，则需密切注视竞争对手的动向，不断推出新产品，努力改善营销服务，建立健全销售网络。其二，对环境的习惯反应模式也影响着组织的活动选择。即使在相同的环境背景下，不同的组织也可能作出不同的反应。而这种调整组织与环境之间关系的模式一旦形成，就会趋向固定，影响人们对行动方案的选择。

2）过去的决策

今天是昨天的继续，明天是今天的延伸。历史总是要以这种或那种方式影响着未来。在大多数情况下，组织决策不是在一张白纸上进行初始决策，而是对初始决策的完善、调整或改革。组织过去的决策是目前决策过程的起点。过去选择的方案的实施，不仅伴随着人力、物力、财力等资源的消耗，而且伴随着内部状况的改变，带来了对外部环境的影响。“非零起点”的目前决策不能不受到过去决策的影响。过去的决策对目前决策的制约程度要受到它们与现任决策者的关系的影响。如果过去的决策是由现在的决策者制定的，而决策者通常要对自己的选择及其后果负管理上的责任，因此会不愿对组织活动进行重大调整，而倾向于仍把大部分资源投入到过去方案的执行中，以证明自己的一贯正确。相反，如果现在的主要决策者与组织过去的重要决策没有很深的渊源关系，则会易于接受重大改变。

3）决策者对风险的态度

风险是指失败的可能性。由于决策是人们确定未来活动的方向、内容和目标的行动，而人们对未来的认识能力有限，目前预测的未来状况与未来的实际状况不可能完全相符，因此在决策指导下进行的活动，既有成功的可能，也有失败的危险。任何决策都必须冒一定程度的风险。组织及其决策者对待风险的不同态度会影响决策方案的选择。愿意承担风险的组织，通常会在被迫对环境作出反应以前就采取进攻性的行动，而不愿承担风险的组织，通常只能对环境作出被动的反应；愿冒风险的组织经常进行新的探索，而不愿承担风险的组织，其活动很大程度上要受过去决策的限制。

4）组织文化

组织方化制约着组织及其成员的行为以及行为方式。在决策层次上，组织文化通过影响人们对改变的态度而发生作用。任何决策的制定，都是对过去在某种程度上的否定；任何决策的实施，都会给组织带来某种程度的变化。组织成员对这种可能产生的变化会怀有抵触或欢迎两种截然不同的态度。在偏向保守、怀旧、维持的组织中，人们总是根据过去的标准来判断现在的决策，总是担心在变化中会失去什么，从而对将要发生的变化产生怀疑、害怕和抗御的心理与行为；相反，在具有开拓、创新气氛的组织中，人们总是以发展的眼光来分析决策的合理性，总是希望在可能产生的变化中得到什么，因此渴望变化，欢迎变化，支持变化。显然，欢迎变化的组织文化有利于新决策的实施，而抵御变化的组织文化则可能给任何新决策的实施带来灾难性的影响。在后一种情况下，为了有效实施新的决策，必须首先通过大量工作改变组织成员的态度，建立一种有利于变化的组织文化。因此，决策方案的选择不能不考虑改变现有组织文化而必须付出的时间和费用的代价。

5）时间

美国学者威廉·R. 金和大卫·I. 克里兰把决策类型划分为时间敏感决策和知识敏感决策。时间敏感决策是指那些必须迅速而尽量准确的决策。战争中军事指挥官的决策多属于此类，这种决策对速度的要求远甚于质量。例如，当一个人站在马路当中，一辆疾驶的汽车向他冲来时，关键是要迅速跑开，至于跑向马路的左边近些、还是右边近些，相对于及时行动来说则显得比较次要。

相反，知识敏感决策，对时间的要求不是非常严格。这类决策的执行效果主要取决于其质量，而非速度。制定这类决策时，要求人们充分利用知识，作出尽可能正确的选择。组织关于活动方向与内容的决策，即前面提到的战略决策，基本属于知识敏感决策。这类决策着重于运用机会，而不是避开威胁，着重于未来，而不是现在。所以，选择方案时，在时间上相对宽裕，并不一定要求必须在某一日期以前完成。但是，也可能出现这样的情况，外部环境突然发生了难以预料和控制的重大变化，对组织造成了重大威胁。这时，组织如不迅速作出反应，进行重要改变，则可能引起生存危机。这种时间压力可能限制人们能够考虑的方案数量，也可能使人们得不到足够的评价方案所需的信息，同时，还会诱使人们偏重消极因素，忽视积极因素，仓促决策。

4.2 决策的理论

4.2.1 古典决策理论

1. 古典决策理论简介

古典决策理论又称规范决策理论，是基于“经济人”假设提出来的，主要盛行于 20 世纪 50 年代以前。古典决策理论认为，应该从经济的角度来看待决策问题，即决策的目的在于为组织获取最大的经济利益。

古典决策理论假设作为决策者的管理者是完全理性的。决策环境条件的稳定与否是可以被改变的,在决策者充分了解有关信息情报的情况下,是完全可以作出完成组织目标的最佳决策的。古典决策理论忽视了非经济因素在决策中的作用,这种理论不一定能指导实际的决策活动,从而逐渐被更为全面的行为决策理论代替。

古典模型描述了决策者应该怎样作出决策,但不能告诉我们管理者实际上是如何制定决策的。古典模型的价值在于它促使管理者在制定决策时具有理性。例如,过去许多高级管理人员仅仅依靠个人的知觉和偏好来制定决策。近年来,由于定量决策技术的发展,古典模型得到了广泛应用。

古典模型代表一种理想的决策模型。在程序化决策、确定性决策与风险性决策中,古典模型具有很强的应用价值。

2. 古典决策理论的基础

(1) 组织要实现的目标是明确的、组织一致同意的。问题可以识别并精确地陈述。

(2) 决策者可以收集完全信息,从而使决策状态成为确定性的。所有可行性方案和可能的结果都是可以量化和评估的。

(3) 方案评估标准是明确的或可以确定的。决策者选择能够使组织利益最大化的方案。

(4) 决策者是理性的。他合乎逻辑地评估标准和偏好(权重),评估每一方案,并作出使组织利益最大化的决策。

3. 古典决策理论主要内容

(1) 决策者必须全面掌握有关决策环境的信息情报。

(2) 决策者要充分了解有关备选方案的情况。

(3) 决策者应建立一个合理的、自上而下执行命令的组织体系。

(4) 决策者进行决策的目的始终都是使本组织获取最大的经济利益。

4.2.2 行为决策理论

1. 行为决策理论的内容

行为决策理论的发展始于20世纪50年代,由西蒙提出。行为决策理论的主要内容是:

(1) 人的理性介于完全理性和非理性之间,即人是有限理性的,这是因为在高度不确定与极其复杂的现实决策环境中,人的知识、想象力和计算能力是有限的。

(2) 决策者在识别和发现问题中容易受知觉上的偏差的影响,而在对未来的状况作出判断时,直觉的运用往往多于逻辑分析方法的运用。所谓知觉上的偏差,是指由于认知能力的局限,决策者仅把问题的部分信息当作认知对象。

(3) 由于受决策时间和可利用资源的限制,决策者即使充分了解和掌握有关决策环境的信息情报,也只能做到尽量了解各种备选方案的情况,而不可能做到全部了解,决策者选择的理性是相对的。

(4) 在风险型决策中,与经济利益的考虑相比,决策者对待风险的态度起着更为重要的作用。决策者往往厌恶风险,倾向于接受风险较小的方案,尽管风险较大的方案可能带来较为可观的收益。

(5) 决策者在决策中往往只求满意的结果，而不愿费力寻求最佳方案。导致这一现象的原因有多种：决策者不注意发挥自己和别人继续进行研究的积极性，只满足于在现有的可行方案中进行选择；决策者本身缺乏有关能力，在有些情况下，决策者出于个人某些因素的考虑而作出自己的选择；评估所有的方案并选择其中的最佳方案，需要花费大量的时间和金钱，这可能得不偿失。

2. 行为决策理论模型

1) 有限理性模型

有限理性模型又称西蒙模型或西蒙满意模型，它是一个比较符合现实的模型。西蒙认为，人的理性是完全理性和完全非理性之间的一种有限理性。该理论模型的主要观点是：

(1) 手段和目标之间存在着冲突与矛盾。西蒙认为，手段—目标链很少是一个系统的、全面联系的链，组织活动和基本目的之间的联系常常是模糊不清的，这些基本目的也是个不完全系统；这些基本目的的内部和达到这些目的所选择的各种手段内部也存在着冲突和矛盾。

(2) 决策者追求理性，但又不是最大限度地追求理性，决策者只要求"有限理性"。这是因为人的认识和知识都是有限的，决策者既不可能掌握全部的信息，也无法认识决策的所有规律；人的计算能力有限，人的智能延伸能力也有限，即使借助计算机，也没有办法处理数量巨大的变量方程组；人的想象力和设计能力有限，不可能把所有备选方案全部列出；人的价值取向并非始终如一，人的需求多元，目的也会改变，有时互相抵触，没有统一的标准。

(3) 决策者在决策中追求"满意"标准，而非"最优"标准。在现实世界和现代社会的复杂环境中，决策的最优化或最大化标准只是一种假设，很难实现。所谓"满意"标准，是指决策者在决策过程中追求接近"最优"标准或相对"最优"标准。"满意"标准具有现实的可比性、可执行性、可实现性。

2) 成功管理模型

成功管理模型又称皮特斯-沃特迈模型(Peters-Waterman Model)。皮特斯(Peters)和沃特迈(Waterman)在调查了许多成功的工商企业后发现，理性模型给工商企业带来了不良的后果，因而这些工商企业并不遵守理性模型。它们有自己的成功管理模型，这一模型具有如下特点：

(1) 决策者流动于各个部门之间，以掌握真实的、正在发生的情况。

(2) 决策者尽可能在一段时间里只做一件事，完成有限的目标。

(3) 决策者重视行动，经常实验，不怕失败。

(4) 决策者注重速度和数量，提倡立刻就干，事做得越多，策略就越完善，他们不怕实践，也知道什么时候该放弃。

(5) 拥有一个无形的、有漏洞的体系，企业的重大突破来自对漏洞的改革。

这种决策模型没有一套理性的决策程序，属于非理性的模型。它尽管受到一些怀疑，但解决了来自组织的实际案例。

3) 社会模型

社会模型又称为社会心理学模型。它的理论模型来源于弗洛伊德(Sigmund Freud)，即人的行为大部分是受本身的潜意识指导的，人们是没有能力作出理性决策的。不管对弗洛伊德的理论抱什么态度，人们几乎都同意社会因素对决策行为有深远影响，社会的压力和影响甚至会导致决策者作出完全非理性的决策。

每个人的工作和生活都与其环境和文化紧密相关,文化对人的影响极深,不跳起来不知道地球引力的存在,不换一个文化环境往往意识不到文化对人根深蒂固的影响。文化的影响其实就是一种社会的压力,会有意无意地迫使决策者按照自己的文化传统去认知、决断和行动,人同时受自己的情感和意识支配,情感和意识往往是非理性的。

社会模型在某些条件下是适用的。我们不能简单认为,社会模型在大多数决策中起主要作用,但也不得不承认,社会因素和社会压力对决策行为的影响是十分重要的。

4.2.3 现代决策理论

1. 现代决策理论概述

现代决策理论是在20世纪40年代以后由美国卡内基·梅隆大学的西蒙和斯坦福大学的马奇等人倡导并发展起来的,他们为此作出了杰出的贡献,提出了与传统决策理论有根本性差别的新见解。

现代决策理论强调从认知心理学的角度研究决策问题。传统的规范决策理论有两个基本概念,一是效用,二是概率,而这两个概念都与心理机制有关。因此,许多主张采用效用期望值作为决策准则的传统决策论者,为了解释其效用变化律的特点,往往也求助于心理学的研究。如费希纳于1860年提出的"感觉强度的变化与刺激强度的对数变化成正比"的定律,往往被看成是解释效用递减律的依据。至于概率方面,自从20世纪30年代拉姆齐提出可根据主观概率作出决策以来,人们就开始关心研究形成主观概率的心理机制。但所有这些方面的心理学研究具有三个特点:一是它的心理学依据都是早期的比较初步的东西;二是它的目的比较单纯,只是为了证明传统规范性决策的正确性;三是它所研究的心理机制十分狭隘,远没有说明和解释现代决策行为中的复杂现象。

西蒙等人从认知心理学的角度研究了人类决策的基本规律,研究了决策思维的信息输入、加工及输出过程,并将这些研究成果扩展到计算机科学的研究范围,用计算机程序来模拟人的决策过程,产生了人工智能的新科学,为现代决策理论奠定了坚实的理论基础,为决策科学的发展作出了有划时代意义的贡献。

2. 现代决策理论的主要内容

1) 管理决策论

管理决策论认为管理就是决策,制订计划是决策,选定方案也是决策。组织的设计、部门方案的选择、决策权限的分配等,是组织上的决策问题,实践中的比较、控制手段的选择等,是控制上的决策。决策贯彻了管理的各个方面和全部过程,是全部管理活动的中心。

2) 决策过程论

决策过程论认为决策是一个过程,包括三个阶段。第一阶段是搜集情报阶段,又称参谋活动阶段。在这个阶段,要搜集企业所处环境中有关经济、技术、社会等方面的情报,还要搜集企业内部的详细情报,同时对这些情报进行分析,找出问题,确定决策目标,以便为后面计划的拟订和选择提供依据。第二个阶段是拟订计划阶段,又称设计活动阶段。这个阶段的工作,是以企业要解决的问题为目标,根据搜集的情报,拟订几个方案,并对它们进行预测分析、可行性分析和数理论证。第三个阶段是选定计划阶段,又称选择活动阶段。即根据当时的情况和对未来的预测、分析，对比各备选方案的论证结果，综合评价，选出最优或满意的方案。对这个选定的方案还要进行科学实验，其正确性得到鉴定后才能编制计划、贯彻执行，并对执行情况进行监控，以修正偏差。

3）决策准则论

现代决策论的核心是“令人满意准则”。现代决策论是相对于古典决策论来说的。古典决策论是把人看成是个有绝对理性的“理性人”或“经济人”，在决策时本能地按照最优化原则来选择备选方案，因而这是一种建立在绝对逻辑基础上的封闭式的决策模型。西蒙认为，“理性人”假说是没有根据的，因为人的头脑能够思考和解答问题的容量，同问题本身的规模相比是非常渺小的，因此，在现实中要找到最优的决策方案是非常困难的，甚至是不可能的。决策的准则有两条：第一是满意准则，即被采纳的决策不一定是最优的，但却是各方面满意的；第二是相关准则，即决策时不考虑一切可能发生的情况，只考虑与问题有关的特定情况。

4）决策技术论

即对各种各样决策进行深入细致的分析，提出有针对性的方法，发展相应的决策技术。决策理论学派认为，管理就是决策，而决策是由许多阶段、许多步骤而组成的系统，这个系统中的每一个步骤，都建立在搜集到足够丰富的信息资料的基础上，建立数学模型，进行计算。

4.3 决策方法

随着信息技术的应用及计算机的普及，特别是多种定量分析软件的推广，定量分析方法从专家们的咨询机构走到企业、政府和各种实际应用部门。因此，掌握决策技术是非常必要的。下面仅对一些决策方法给予介绍。

4.3.1 定性决策方法

定性决策方法是通过人的主观经验和分析问题的能力，对事物未来的发展趋势作出判断，在这里主要指那些依靠非模型方法进行的决策。定性决策的方法简单易行，应用广泛。这里主要介绍个人判断决策法、头脑风暴法、专家调查法、德尔菲法、模拟决策法、方案前提分析法和哥顿法。

1. 个人判断决策法

个人判断决策法是指领导和专家根据其知识、经验对决策问题以及其所处的环境现状和发展趋势、决策方案及可能结果等作出判断的一种创造性思维方法。

个人判断决策法的特点是能够最大限度地发挥出决策者的个人创造能力，同时也使被征求意见者免受外界环境的影响，从而不至于产生心理压力。但个人判断决策法主要依赖于决策者个人的知识和经验积累，决策过程中难免会因为个人的主观因素而使决策的选择有所偏颇。

在实际应用中首先要确定决策对象，然后就决策对象向相关人员征求意见、看法和建议，再对这些意见、看法和建议进行确认、归纳和整理，最后凭决策者认识作出决策。

2. 头脑风暴法

头脑风暴法出自“头脑风暴”一词。所谓头脑风暴(brain-storming)最早是精神病理学上的用语,指精神病患者的精神错乱状态而言的,现在是特指无限制的自由联想和讨论,其目的在于产生新观念或激发创新设想。头脑风暴法又称智力激励法、BS法、自由思考法,是由美国创造学家奥斯本于1939年首次提出、1953年正式发表的一种激发式的思维方法。此法经各国创造学研究者的实践和发展,至今已经形成了一个发明技法群,如奥斯本智力激励法、默写式智力激励法、卡片式智力激励法等。

头脑风暴法又可分为直接头脑风暴法(通常简称为头脑风暴法)和质疑头脑风暴法(也称反头脑风暴法)。前者是在专家群体决策尽可能激发创造性,产生尽可能多的设想的方法,后者则是对前者提出的设想、方案逐一质疑,分析其现实可行性的方法。采用头脑风暴法组织群体决策时,要集中有关专家召开专题会议,主持者以明确的方式向所有参与者阐明问题,说明会议的规则,尽力创造融洽轻松的会议气氛,由专家们“自由”提出尽可能多的方案。

头脑风暴法一般有以下的步骤。

1) 准备阶段

策划与设计的负责人应事先对所议问题进行一定的研究,弄清问题的实质,找到问题的关键,设定解决问题所要达到的目标。同时选定参加会议的人员,一般以5人到10人为宜,不宜太多。然后将会议的时间、地点、所要解决的问题、可供参考的资料和设想、需要达到的目标等事宜一并提前通知与会人员,让大家做好充分的准备。

2) 热身阶段

这个阶段的目的是创造一种自由、宽松、祥和的氛围,使大家得以放松,进入一种无拘无束的状态。主持人宣布开会后,先说明会议的规则,然后随便谈点有趣的话题或问题,让大家的思维处于轻松和活跃的境界。如果所提问题与会议主题有着某种联系,人们便会轻松自如地导入会议议题,效果自然更好。

3) 明确问题

主持人扼要地介绍有待解决的问题。介绍时须简洁、明确,不可过分周全,否则,过多的信息会限制人的思维,干扰思维创新的想象力。

4) 重新表述问题

经过一段讨论后,大家对问题已经有了较深程度的理解。这时,为了使大家对问题的表述能够具有新角度、新思维,记录员要记录大家的发言,并对发言记录进行整理。通过记录的整理和归纳,找出富有创意的见解,以及具有启发性的表述,供下一步畅谈时参考。

5) 畅谈阶段

畅谈是头脑风暴法的创意阶段。为了使大家能够畅所欲言,需要制定的规则是:第一,不要私下交谈,以免分散注意力。第二,不妨碍他人发言,不去评论他人发言,每人只谈自己的想法。第三,发表见解时要简单明了,一次发言只谈一种见解。主持人首先要向大家宣布这些规则,随后导引大家自由发言,自由想象,自由发挥,使彼此相互启发,相互补充,真正做到知无不言,言无不尽,畅所欲言,然后将会议发言记录进行整理。

6) 筛选阶段

会议结束后的一两天内,主持人应向与会者了解大家会后的新想法和新思路,以此补充会议记录，然后将大家的想法整理成若干方案，再根据可识别性、创新性、可实施性等标准进行筛选。经过多次反复比较和优中择优，最后确定1～3个最佳方案。这些最佳方案往往是多种创意优势的组合，是大家的集体智慧综合作用的结果。

3. 专家调查法

专家调查法是由预测单位的组织者向参加预测的专家们提出明确的目的和时间进度要求之后，由专家们各自召开必要的调查会，或亲自深入实际进行调查研究，作出专家判断，最后由预测单位组织者收集专家判断结果，经过综合加工，确定预测值的方法。不同的专家对同一问题的看法不一样，调查的侧重点也就不同。所以采用这种方法收到的各专家的预测结果可能涉及面广并且深入，对最后作出准确的综合预测很有益处。

4. 德尔菲法

德尔菲法(Delphi method)，又名专家意见法，是在20世纪40年代由赫尔姆和达尔克首创，经过戈尔登和兰德公司进一步发展而成的。德尔菲这一名称起源于古希腊有关太阳神阿波罗的神话。传说中阿波罗具有预见未来的能力。因此，这种预测方法是依据系统的程序，采用匿名发表意见的方式(即团队成员之间不得互相讨论，只能与调查人员发生关系)，填写问卷，以集结问卷填写人的共识及搜集各方意见，可应对复杂任务或难题的管理技术。1946年，兰德公司首次用这种方法进行预测，后来该方法被迅速、广泛地采用。

德尔菲法具有如下特征：

(1) 邀请专家参与预测，充分利用专家的经验和学识；

(2) 采用匿名或背靠背的方式，能使每一位专家独立、自由地作出自己的判断；

(3) 预测过程几轮反馈，使专家的意见逐渐趋同。

德尔菲法的具体实施步骤如下：

(1) 组成专家小组。按照课题所需要的知识范围，确定专家。专家人数的多少，可根据预测课题的大小和涉及面的宽窄而定，一般不超过20人。

(2) 向所有专家提出所要预测的问题及有关要求，并附上有关这个问题的所有背景材料，同时请专家提出还需要什么材料。然后，由专家做书面答复。

(3) 各专家根据他们所收到的材料，提出自己的预测意见，并说明自己是怎样利用这些材料并提出预测值的。

(4) 将各位专家第一次判断意见汇总，列成图表，进行对比，再分发给各位专家，让专家比较自己同他人的不同意见，修改自己的意见和判断。

(5) 将所有专家的修改意见收集起来，汇总，再次分发给各位专家，以便做第二次修改。逐轮收集意见并为专家反馈信息是德尔菲法的主要环节。收集意见和信息反馈一般要经过三、四轮。在向专家进行反馈的时候，只给出各种意见，但并不说明发表各种意见的专家的具体姓名。这一过程重复进行，直到每一个专家不再改变自己的意见为止。

(6) 对专家的意见进行综合处理。

德尔菲法有这样几个优点：①避免了集体决策中面对面的争论，有利于将新的意见和看法讲出来；②避免了面对面的集体决策可能形成的对权威的崇拜，有利于名不见经传的小人物的新思想、新观念、有价值的方案产生；③能较好地使参与决策的每个专家都能畅所欲言。德尔菲法的主要缺点是过程比较复杂，花费时间较长，信息处理的工作量较大。

德尔菲法作为一种主观、定性的方法，不仅可以用于预测领域，而且可以广泛应用于各种评价指标体系的建立和具体指标的确定过程。

5. 模拟决策法

模拟决策法是指人们为取得对某一客观事物的准确认识，通过建立一个与所要研究的实际系统的结构和功能相类似的微观模型，然后运行这一模型，并对各种不同条件下的模型运行进行评价和选优，从而为领导决策提供依据的一种决策方法。模拟决策法实施的步骤是：首先，建立模拟模型；其次，模型的运行（是模拟决策法的中心环节）；最后，对模型的运行进行分析。

模拟决策方法的理论依据是同态性原理，其实质就是在信息完备、结构和功能相似的前提下，通过对模拟系统的运动变化过程进行分析与研究，从而推测和把握实际系统运动变化过程的功能特性。模拟决策法有助于提高人们认识的准确性和可靠性，对于人们的实践活动也有重大意义。

模拟决策法的优点主要包括：①运用模拟决策法能有效地对复杂、庞大的决策问题进行决策；②模拟决策法可以指导现实的决策活动；③模拟决策法可以避免对实际系统进行破坏性和危险性的试验；④模拟决策所费的时间较短，可以加快决策的进程；⑤模拟决策法原理较简单，比较容易为人们所掌握，而且模拟得到的结果也较直观，容易理解；⑥模拟法实际上是对人们在研究过程中所做的各种假设及得出的结论进行的一种检验和论证，因而有助于人们认识水平的提高。

模拟决策法的缺陷主要在于：①模型的主要目的只是让决策者清楚地看到事物的全貌，而不能代替决策，因此，它只能指出决策的一般性后果，而在实际决策的过程中，仍有许多无法预料的突发情况会出现；②模型要提供的是概况而不是最后结论，且极少有一项重要应用能归结为一个简单而完善的模型。

6. 方案前提分析法

方案前提分析法是通过分析、评估决策方案赖以成立的前提，从而达到分析、评估决策方案本身的方法。方案前提分析法的特点是“迂回探索”。该方法能够对方案的论据了解得更深入、更透彻，增加所选方案的准确性和科学性。

方案前提分析法的步骤是：首先，分析方案，找出各种方案的前提假设；其次，在找出各种方案的前提假设之后，将前提假设提交会议全体参与人员讨论；最后，在充分讨论的基础上，决策中心对各种不同的意见进行综合，集思广益，作出比较科学的选择。

7. 哥顿法

这是美国人哥顿提出的方法。这种方法也是在会议上提方案，但要解决的问题只有会议主持者知道，其他人都不知道。会议开始时，主持人只把问题抽象地向大家介绍，要求海阔天空地提出各种设想。例如，研究改进割草机的方案。开始只提出：用什么方法可以把一种东西断开，当大家提出可以用剪切、刀切、扯断等不同方案之后，再宣布具体的改进方案；这样就可以具体地提出用理发推子式的刀片，或镰刀式的旋转刀片，或圆盘式的刀片等各种各样的设想方案，便于选择。虽然主持者在会上并没有直接公布所要研究的问题，但会上大家对类似的问题或方案讨论透彻了，真正想要解决的问题自然也就有了办法。

哥顿法的优点如下：

1）躲开并去掉或减少个人偏见

决策问题同与会人员有利害关系时，他们的意见或许常带有个人偏见，往往不能客观地看待问题。经过迂回的方式讨论类似的问题，与会者能够开诚布公地直抒己见，不会有私心杂念的干扰及影响。

2）有利于产生新的思路

有些与会人员对问题很熟悉，然而思路常常陷入老框框，没有新的创造。变换一个类似的问题加以讨论，就可能会摆脱旧观念的束缚，转而从新的角度来考虑问题。

3）便于使争端平息

讨论问题，经常会出现不同意见的争执，有时甚至争执不下。此时，假使所讨论的问题是决策问题本身，便很难再继续下去了。由于双方谁也不愿意公开"认输"，即便别人的意见有道理，自己也往往会心服口不服，偶尔还会出现强词夺理或恶语伤人的现象，结果只好不欢而散地一走了事。相反，如果所讨论的问题不是决策问题本身，则双方在争执不下时，就再转换一个类似的题目来讨论，不影响决策问题的解决。

4）保密效果良好

所有重大经济决策都具有很高的机密性。然而决策越是重大，越应集思广益，广泛地进行讨论。哥顿法恰恰解决了这一问题，它经过讨论类似的问题，使决策的问题既得到了解决，又没有失密。

4.3.2 定量决策方法

定量决策方法常用于数量化决策，应用数学模型和公式来解决一些决策问题，即运用数学工具、建立反映各种因素及其关系的数学模型，并通过对这种数学模型的计算和求解，选择出最佳的决策方案。对决策问题进行定量分析，可以提高常规决策的时效性和决策的准确性。运用定量决策方法进行决策也是决策方法科学化的重要标志。目前，定量决策方法在现实中已经得到了广泛的应用。下面简单地介绍几种定量决策方法。

1. 确定型决策方法

确定型决策方法是指决策者对提供决策选择的各备选方案所处的客观条件完全了解，每一个备选方案只有一种结果，比较其结果的优劣就可作出决策。

应用确定型决策方法有以下几个必要条件：

(1) 存在决策者期望达到的一个决策目标；

(2) 未来的状况，只存在一个确定的自然状态；

(3) 存在两个或两个以上的备选方案供决策者选择；

(4) 每一个备选方案在确定状态下的损益值可以计算出来。

线性规划、盈亏平衡分析法以及库存论、排队论、网络技术等数学模型法等都属于确定型决策法。

1）线性规划法

求解确定性问题的方法有线性规划、非线性规划、动态规划等；还可以是普通的连续型规划和整数规划；除了常用的单目标规划，还有多目标规划、目的规划等，合在一起叫数学规划。篇幅有限，本节重点介绍线性规划。

线性规划是最基本，也是最常用的一种数学规划。其原因有三：一是应用广泛，工业、农业、商业和国防等领域的大量优化问题可以用线性规划模型来表述；二是模型较为简单，容易建立、学习和掌握；三是求解方法和理论基础较为成熟。1939 年苏联科学家康拖洛维奇(L. V. Kantrovich)首次提出线性规划问题，1947 年美国学者丹捷格(G. B. Dantzig)提出了线性规划问题的一般解法——单纯形法，为线性规划的发展奠定了基础。经过后期学者的不断努力，目前线性规划的理论发展趋于成熟，成为现代管理的实用工具。

线性规划问题有一些共同点：

(1) 每一个问题都可以用一组未知数($x_1,x_2,\cdots,x_n$)来表示某一方案；未知数($x_1,x_2,\cdots,x_n$)取一组确定的值就代表一个具体的方案。

(2) 存在一定的约束条件(s. t.)，这些限制条件都可以用一组线性等式或不等式来表达。

(3) 都有一个目标要求，并且这个目标可以表示为一个线性函数(目标函数)。按研究的问题不同，要求目标函数达到最大值或最小值。

这类问题的数学模型就称为线性规划模型，其一般形式为：

$$\text{目标函数}\quad \text{Max(min)}Z = c_1x_1 + c_2x_2 + \cdots + c_nx_n \tag{4.1}$$

$$\text{约束条件}\begin{cases} a_{11}x_1 + a_{12}x_2 + \cdots + a_{1n}x_n \leqslant (=, \geqslant)\ b_1 \\ a_{21}x_1 + a_{22}x_2 + \cdots + a_{2n}x_n \leqslant (=, \geqslant)\ b_2 \\ \qquad\vdots \\ a_{m1}x_1 + a_{m2}x_2 + \cdots + a_{mn}x_n \leqslant (=, \geqslant)\ b_m \\ x_j \geqslant 0, j = 1,2,\cdots,n \end{cases} \quad \begin{matrix}(4.2)\\ \\ (4.3)\end{matrix}$$

其中，$c_j,a_{ij},b_i(i=1,2,\cdots,m;\ j=1,2,\cdots,n)$均为已知实数。式(4.1)称为目标函数，式(4.2)和式(4.3)称为约束条件，特别称式(4.3)为非负约束。

下面通过例子说明线性规划的建模与应用。

例题 4-1 某工厂在计划期内要安排生产甲、乙两种产品。已知制造甲产品需要 A 型配件 5 个，B 型配件 3 个；制造乙产品需要 A 型配件 2 个，B 型配件 4 个，生产资源配置情况如表 4-2 所示。而在计划期内该工厂只能提供 A 型配件 1800 个，B 型配件 1350 个。又知道该工厂每生产一件甲产品可获利润 20 元，一件乙产品可获利润 15 元。问在计划期内甲、乙产品应该各安排生产多少件，才能使总利润最大？

表 4-2 生产资源配置情况 单位：个

配 件	产 品 甲	产 品 乙	现有配件
A	5	2	1800
B	3	4	1350
单位产品利润(元)	20	15	

为了建立模型，要先设置决策变量。

设：x_1、x_2 分别表示生产甲和乙产品的件数。

该工厂每生产 x_1 件甲产品可获利 20 x_1 元，生产 x_2 件乙产品可获利润 15 x_2 元。

若总利润为 Z，则

$$\text{Max}: Z = 20x_1 + 15x_2 \tag{4.4}$$

若要总利润最大,只要确定出变量 x_1、x_2 的值,使目标函数 Z 达到最大值即可。

除了要考虑目标函数外,还应考虑到生产时所需配件总数的限制。生产甲、乙两种产品共需要 A 型配件 $5x_1+2x_2$ 个,B 型配件 $3x_1+4x_2$ 个,所以生产中所使用的 A、B 两种配件数量应满足以下条件:

$$\text{ST}: \begin{cases} 5x_1 + 2x_2 \leqslant 1800 \\ 3x_1 + 4x_2 \leqslant 1350 \end{cases} \tag{4.5}$$

$x_1 \geqslant 0, x_2 \geqslant 0$ (产品件数为非负数)

该工厂要达到的决策目标是:在满足约束条件(4.5)的情况下,确定 x_1、x_2 的值,使(4.4)式中的目标函数 Z 达到最大值。

求解线性规划模型的方法很多,包括单纯形法、改进单纯形法、对偶单纯形法等,可以在纸上演算,也可以用计算机求解。目前,用于解决线性规划问题的软件很多,像商用版的 Lindo 软件可以解上万个变量和上万约束的线性规划模型,办公软件中的 Excel 也能求解小规模的线性规划问题。例 4-1 中的问题可以使用 Excel"工具"中的"规划求解"来完成。

2) 盈亏平衡分析法

盈亏平衡分析又称量本利分析法,是根据产品的业务量(产量或销量)、成本、利润之间的相互制约关系的综合分析,用来预测利润,控制成本,判断经营状况的一种数学分析方法。

(1) 计算法。

生产量=销售量,用 Q 表示,即生产量等于销售量。

生产总成本包括固定成本、变动成本,是产销量的线性函数

$T_C=F+V\times Q$(T_C 指总成本,F 指固定成本,V 指单位变动成本)

一定条件下,产品销售单价不变,产品销售收入为产销量的线性函数

$T_R= P\times Q$(T_R 指总收入,P 指单价)

一定条件下,单位产品销售税率不变,销售税金为产销量的线性函数

$T_T= T\times Q$ (T_T 指销售税金,T 指单位产品销售税金)

$N_R= T_R-T_C-T_T$(N_R 指销售净收入)

销售净收入 N_R 等于"0"时盈亏平衡实现,由此可计算盈亏平衡产销量、盈亏平衡销售收入和盈亏平衡销售单价。

(2) 图解法。通过绘制盈亏平衡图直观反映产销量、成本和盈利之间的关系。如图 4-1 所示,以横轴表示产销量 Q,以纵轴表示销售收入 T_R 和生产成本 T_C,绘出销售收入线 $T_R=PQ$ 和生产总成本线 $T_C=F+VQ$;销售收入线与生产总成本线相交于 BE 点,即盈亏平衡点,在此点销售收入等于生产总成本;以 BE 点作垂直于横轴的直线并与之相交于 Q^* 点,此点即为以产销量表示的盈亏平衡点;以 BE 点作垂直于纵轴的直线并与之相交于 B 点,此点即为以销售收入表示的盈亏平衡点。

在盈亏平衡点上,收入与成本相等,此时产销量为 Q^*。若产销量大于 Q^*,则盈利;若产销量小于 Q^*,则亏损。

例题 4-2 设某项目生产某产品的年设计生产力为 10000 台,每件产品销售价格 6000 元,该项目投产后年固定成本总额为 600 万元,单位产品变动成本为 2500 元,单位产品所负

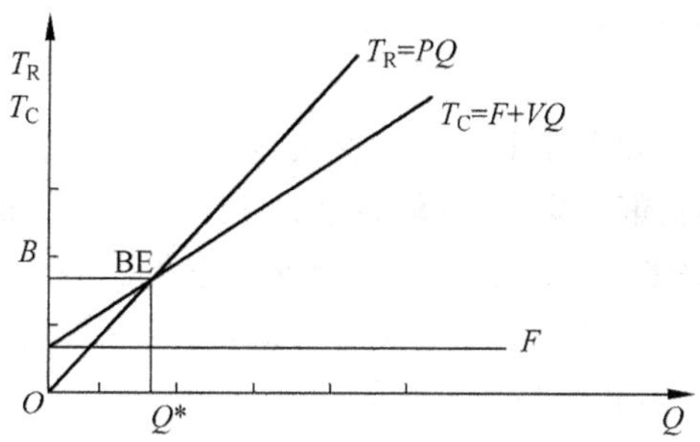

(BE指盈亏平衡点)

图 4-1 盈亏平衡法

担的销售税金为 500 元,若产销率为 100%,试对该项目进行盈亏平衡分析。

解:已知 $Q=10000$ 台,$P=6000$ 台,$F=600$ 万元,$V=2500$ 元,$T=500$ 元,按上述公式计算

(1) 盈亏平衡产销量 $Q^*=6000000/(6000-2500-500)=2000$(台)

(2) 盈亏平衡销售收入 $T_R^*=2000\times6000=12000000$(元)

(3) 盈亏平衡销量单价 $P^*=6000000/10000+2500+500=3600$(元)

计算结果表明,该项目只要达到产量 2000 台,销售净收入 1200 万元,产量销售单价 3600 元,该项目即可实现不亏不盈。

2. 不确定型决策方法

不确定型决策也称非肯定型决策,是指在决策过程中,决策人无法估计各自然状态发生的可能性的大小,从而由自然状态的不确定性导致其决策的不确定。不确定型决策的标准一般有如下四种:乐观法、悲观法、最小最大后悔值法以及折中系数法,下面举例加以说明。

例题 4-3 某工厂欲投产一种新产品,有三种可选方案:生产甲、乙、丙。每种方案的年利润如表 4-3 所示。经过调查发现,甲销路一般,乙销路好,丙销路差,问如何生产会使年利润最大?

表 4-3 各方案收益表

销售状态 / 方案	销 路 好	销 路 一 般	销 路 差
生产甲	200	100	20
生产乙	150	80	30
生产丙	100	70	50

1) 乐观法

乐观法指在所有的备选方案中,比较各种方案的最理想状态,以其中最为理想的状态为标准进行决策。这种决策标准称为不确定状态下乐观主义者的行为准则。也就是说,采用该方法的决策者对未来的客观情况总是持有乐观的态度,决策时对各种方案都按它带来的最高收益考虑,然后比较哪种方案的最高收益值会最高,又称大中取大法。

本题中,三种方案的最大收益值依次分别为:200、150、100,其中第一个方案的最大收

益值最大为200。因此,应该选择生产甲产品。

2)悲观法

悲观决策方法的思想基础是坏中求好的决策方法,也称最大最小标准决策法。最大最小标准决策法指在所有的决策方案中,比较各个方案出现最坏状况的可能性,以其中最小损失为标准进行决策,这种决策标准表现了不确定性状态下悲观主义者的行为准则。也就是说,决策时,对各种方案都按它带来的最小收益考虑,然后比较哪种方案的最小收益值会最大,简称为小中取大法。运用悲观决策方法的步骤:

(1)确定各种可行方案;

(2)确定决策问题将面临的各种自然状态;

(3)将各种方案在各种自然状态下的损益值列于决策阵表中;

(4)在每一个方案中选取其最小收益值;在所有最小的收益值中,选取其中最大值,将其所在的方案定为最优方案。

本题中,三种方案的最小收益值依次分别为:20、30、50,其中第三个方案的最小收益值最大,为50。因此,应该选择生产丙产品。

3)最小最大后悔值法

这种方法的原则是假定决策者在各种备选方案中作出了选择之后,在执行决策时发现,如果按当前的实际情况,不选择该方案,而选择其他备选方案,收益会更高或亏损会更小,未被选中方案的高收益与所选方案的实际收益或亏损之间的差,会使决策者感到遗憾,该值称为后悔值。最小最大后悔值法就是以最小后悔值为标准对方案所进行的选择。后悔值是指由于决策者不知道实际上哪一种自然状态将发生,从而导致所做的决策不是最优决策所带来的损失。

应用最小最大后悔值法,首先要列出后悔值表(见表4-4)。后悔值计算方法如下:

在每一种情况下,以最优方案的数值(收益最高或亏损最小)减去该情况下各方案的数值,差为后悔值,列出后悔值表;后悔值表列出来之后,就可进行比较选择,先比较每一备选方案在各种情况下后悔值,找出其中最大的一个后悔值;然后比较各个方案的最大后悔值,取其中最小后悔值所对应的方案为所选方案。

表4-4 后悔值表

状态 方案	销路好	销路一般	销路差	最大后悔值
生产甲	0	0	30	30
生产乙	50	20	20	50
生产丙	100	30	0	100

上题中最大后悔值分别为30、50、100,这其中的最小值为30。因此应该选择30所对应的方案——生产甲,为最优方案。

4)折中系数法

不确定型决策总是在最乐观结果与最悲观结果之间进行选择。现实主义标准法是:决策者首先要决定一个系数 a,可以称之为乐观系数或悲观系数,a 在0与1之间,a 为乐观系数时,$1-a$ 则为悲观系数,二者互补。决策时,预测每个方案的预期利润。

折中系数法的决策步骤如下：

(1) 找出各方案在所有状态中的最小值和最大值；

(2) 决策者根据自己的风险偏好程度给定最大值系数 a $(0\leqslant a\leqslant 1)$，最小值的系数随之被定为 $1-a$。a 也叫乐观系数，是决策者冒险(或保守)程度的度量；

(3) 用给定的乐观系数 a 和对应的各方案最大最小损益值计算各方案的加权平均值；

(4) 取加权平均最大的损益值对应的方案为所选方案。

损益值 $=a$(最大利润)$+(1-a)$(最小利润)

假设例题 4-2 中乐观系数为 0.7，则悲观系数为 0.3。

(1) 计算每个方案的期望收益值(最大值和最小值的加权平均值)

$$\text{生产甲的期望收益值} = 200\times 0.7+20\times 0.3=146$$

$$\text{生产乙期望收益值} = 150\times 0.7+30\times 0.3=114$$

$$\text{生产丙期望收益值} = 100\times 0.7+50\times 0.3=85$$

(2) 求出三个方案中的最大值：$\mathrm{Max}\{146,114,85\}=146$

甲方案收益值最大为 146，因此该方案是最佳方案。

从上述案例中可以发现，对于同一决策问题，采用不同决策方法可以得出不同的决策方案。虽然在实际工作中采用哪一种决策方法有相当程度的主观随意性，但这并不表明在解决不确定型决策问题时可以任意选择决策准则，而应该根据表 4-5 中所列出的各种决策方法的适用范围进行适当的选择。

表 4-5　不确定型决策方法适用范围比较

决策方法	适用范围	运用过程
乐观法	决策者拥有敢于冒风险的精神	充分考虑可能出现的最大利益，在各最大利益中选取最大者，将其对应的方案作为最优方案
悲观法	决策者体现为稳妥思想和谨慎行为	充分考虑可能出现的最坏情况，从各个方案的最坏结果中选择一个最佳值，将其对应方案作为最优方案
折中系数法	乐观系数大小体现决策者对于风险的态度，适用性取决于乐观系数取值的准确性	先根据历史数据或经验估计一个乐观系数，然后计算各方案的乐观期望值，最后选择乐观期望值最大的方案为决策方案
最小最大后悔值法	主要被那些对决策失误的后果看得较重的决策者所采用的	先求出各方案的最大后悔值，然后选择这些方案最大后悔值中的最小者所对应的方案即为决策方案

3. 风险型决策方法

如果决策问题设计的条件中有些是随机因素，它虽然不是确定型的，但其概率可以知道，这类决策即为风险型决策。当一个决策方案对应两个或两个以上相互排斥的可能状态，每一种状态都以一定的可能性出现，并对应特定的结果时，这种已知方案的各种可能状态及其发生的可能性大小的决策称为风险型决策。

1) 期望值法

风险型决策问题可以用期望值法来决策。期望值法是指决策者以各种可供选择的方案的期望收益值为标准进行决策的方法，其中的期望利润是指某种方案在各种条件下利润的加权平均和。各种条件下的收益权数的确定，一般都是根据过去的经验。期望值法的步骤一般为：

(1) 计算条件利润，即计算每一种方案在各种条件下可以实现的利润(或发生的亏损)。

(2) 确定每种条件发生的概率。

(3) 按确定的概率计算每种方案的期望利润。风险型决策的标准是期望值。所谓期望值实质上是各种状态下加权性质的平均值。一个方案的收益期望值是该方案在各种可能状态下的损益值 Y_i 与其对应的概率 P_i 的乘积之和。期望值 $= \sum Y_i \times P_i$。

(4) 比较各个方案的收益期望值，选择收益期望值最高的那种方案为决策方案。

例题 4-4 某药厂要确定下一计划期内药厂的生产批量，根据以前经验并通过市场调查和预测，已知药品销路好、一般、差三种情况的可能性(即概率)分别为 0.3、0.5 和 0.2，药品采用大、中、小批量生产，可能获得的效益价值也可以相应地计算出来，如表 4-6 所示。

表 4-6 某药厂收益值表

状态 方案	药品销路		
	好	一般	差
	$P_1=0.3$	$P_2=0.5$	$P_3=0.2$
A_1 大批生产	20	12	8
A_2 中批生产	16	16	10
A_3 小批生产	12	12	12

解：按照最大期望值准则，计算出每一个决策方案的数学期望值。

$$E(A_1) = 0.3 \times 20 + 0.5 \times 12 + 0.2 \times 8 = 13.6$$

$$E(A_2) = 0.3 \times 16 + 0.5 \times 16 + 0.2 \times 10 = 14.8$$

$$E(A_3) = 0.3 \times 12 + 0.5 \times 12 + 0.2 \times 12 = 12$$

通过比较可知 $E(A_2)= 14.8$ 最大，所以选择决策方案 A_2，即采用中批量生产。

2) 决策树方法

决策树(decision tree)一般都是自上而下的来生成的。每个决策或事件(即自然状态)都可能引出两个或多个事件，导致不同的结果，把这种决策分支画成图形很像一棵树的枝干，故称决策树。决策树法是用树形图的形式，找出可供选择的决策方案及其可能出现的结果，计算和比较各个方案的损益期望值，最后从中选择令人满意的方案。

决策树法的构成要素如下：

(1) 决策点，决策点是决策树的根基；

(2) 方案枝；

(3) 状态结点；

(4) 概率枝；

(5) 结果点。

决策树的绘制(如图 4-2 所示)：整个绘制过程从左到右。首先，要绘制出决策点，用方块表示；其次，按照不同方案数从决策结点绘出树根方案分枝；再次，在各方案分枝末梢画出状态结点，用圆圈表示；最后，由各个状态结点绘出若干概率分枝。

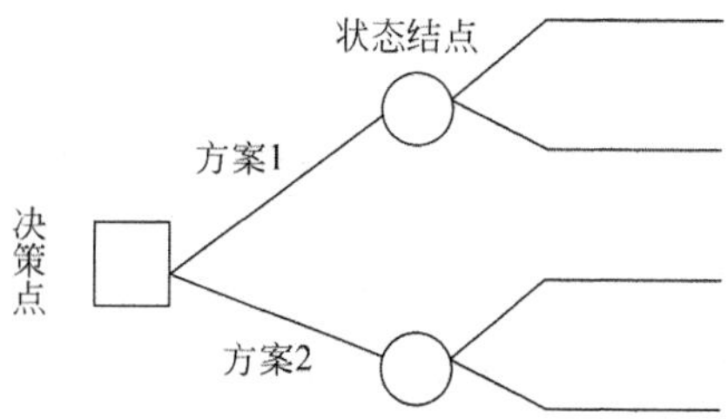

图 4-2 决策树的结构要素

运用决策树法的步骤：

(1) 把待决定的问题以决策树的形式绘出图形；

(2) 标注每一状态结点分枝出现的概率；

(3) 进行必要的计算并将计算结果写在决策树的树梢上；

(4) 进行不同方案的比较，选出最佳方案。

决策树法的优点：①决策树列出了决策问题的全部可行方案和可能出现的各种自然状态，给决策者以更全面、更直观的信息；②能直观地显示整个决策问题在决策顺序上不同阶段的决策过程，使整个决策过程更为理性；③在用于复杂的多阶段决策时，阶段明显、层次清楚，便于决策机构集体研究，作出正确的抉择。

决策树法的缺点：①使用范围有限；②使用时主观因素较大。

例题 4-5 单级决策。单级决策是指决策问题在整个决策期中只进行一次决策，就能选择满意方案的决策过程。

某企业准备试销某种产品，预计该产品的销售有两种可能：销路好，其概率为 0.7；销路差，其概率为 0.3。可采用的方案有两个：一个是新建一条流水线，需投资 220 万元；另一个是对原有的设备进行技术改造，需投资 70 万元。两个方案的使用期均为 10 年，损益资料如表 4-7 所示，试对方案进行决策。

表 4-7 损益资料

方 案	投资(万元)	年收益(万元)		使用期/年
		销路好(0.7)	销路差(0.3)	
1. 新建流水线	220	90	−30	10 年
2. 技术改造	70	50	10	10 年

绘制决策树(如图 4-3 所示)。

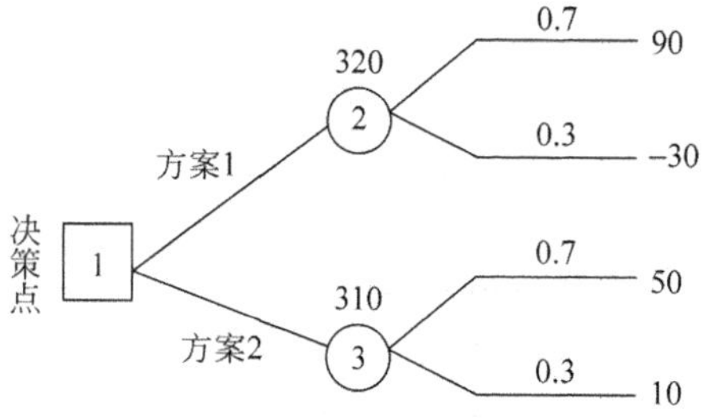

图 4-3 决策树

然后计算期望值：

结点②的期望值为；

$$[90\times 0.7+(-30)\times 0.3]\times 10-220=320(\text{万元})$$

结点③的期望值为；

$$[50\times 0.7+10\times 0.3]\times 10-70=310(\text{万元})$$

从期望收益值来看，方案 1 较高。因此，应采用新建流水线方案。

例题 4-6 多级决策。多级决策又称序列决策，是指面临的决策问题比较复杂，非一次决策所能解决，而需进行一系列的决策过程才能选出满意方案的决策。

某厂为生产某种新产品设计了两个建厂方案，一是建大厂，二是建小厂。建大厂需投资 300 万元，建小厂需投资 160 万元。两方案的经济寿命均为 10 年。估计在 10 年内，前 3 年销路好的概率为 0.7，销路差的概率为 0.3。同时预测投产后，如果前 3 年销路好，后 7 年销路好的概率是 0.9，销路差的概率是 0.1；如果前 3 年销路不好，后 7 年销路也一定不好。在这种情况下，有人又提出第三方案，即先建小厂，如果全年销路好，再扩建成大厂，这样更有把握。扩建需投资 140 万元。各方案的年损益值如表 4-8，试问应如何决策？

表 4-8 各方案的损益值 单位：万元

方案 \ 自然状态	销路好	销路差	寿命	投资
	0.7	0.3		
1. 建大厂	100	−20	10 年	300
2. 建小厂	40	10	10 年	160
3. 先建小厂后扩建	40	10	10 年	140

根据题意，绘出决策树如图 4-4 所示。

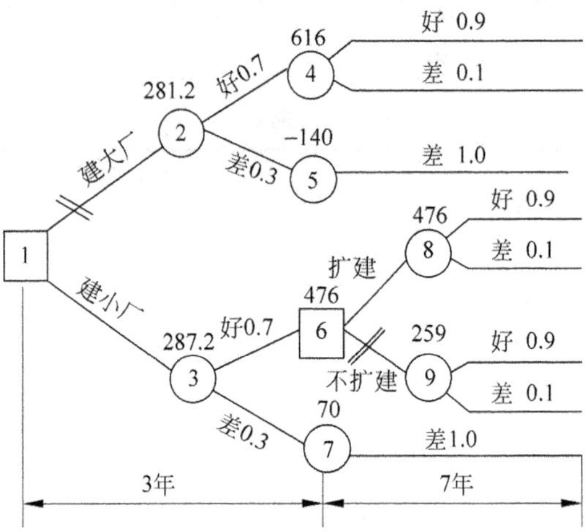

图 4-4 决策树

根据决策树图计算各点期望收益值。先计算后 7 年的，后计算前 3 年的。

结点⑧$E(\text{MV}8)=[0.9\times 100+0.1\times(-20)]\times 7-140=476$(万元)

结点⑨$E(\text{MV}9)=[0.9\times 40+0.1\times 10]\times 7=259$(万元)

这两点的期望收益值计算出来后，进行比较。由于 $E(\text{MV}8)>E(\text{MV}9)$，故决定选择扩建方案，把不扩建的方案剪掉，并把结点⑧的期望收益值移至节点⑥。

结点④$E(MV4)=[0.9\times100+0.1\times(-20)]\times7=616$(万元)

结点⑤$E(MV5)=[1.0\times(-20)]\times7=-140$(万元)

结点⑦$E(MV7)=1.0\times10\times7=70$(万元)

结点②$E(MV2)=0.7\times100\times3+0.7\times616+0.3\times(-20)\times3+0.3\times(-140)-300=281.2$(万元)

结点③$E(MV3)=0.7\times40\times3+0.7\times476+0.3\times10\times3+0.3\times70-160=287.2$(万元)

因$E(MV3)>E(MV2)$，故选择先建小厂后扩建的方案。

4.4 决策支持系统

随着人类进入信息时代，信息管理的水平越来越成为一个组织管理能力的重要标志。今天，无论是政府还是企业，都在广泛地应用着信息系统并且取得了很好的效果。下面，仅仅以决策支持系统为例来介绍信息系统。

4.4.1 决策支持系统的产生和发展

决策支持系统 DSS (Decision Support System)是辅助决策者通过数据、模型和知识，以人机交互方式进行半结构化或非结构化决策的计算机应用系统。它是管理信息系统 MIS (Management Information System)向更高一级发展而产生的先进信息管理系统。它为决策者提供分析问题、建立模型、模拟决策过程和方案的环境，调用各种信息资源和分析工具，帮助决策者提高决策水平和质量。

20 世纪 60 年代末、70 年代初出现的 MIS 使企业的信息获得了系统的开发与利用，最大限度地利用现代计算机及网络通信技术加强企业的信息管理。然而，当时的 MIS 还不能利用信息对组织中一些半结构化和非结构化问题的决策提供支持。Keen 和 Scott Morton 于 70 年代中期首次提出了“决策支持系统”一词，标志着利用计算机与信息支持决策的研究与应用进入了一个新的阶段，并形成了决策支持系统这一新学科。

1980 年 Sprague 提出了决策支持系统三部件结构(对话部件、数据部件、模型部件)，明确了决策支持系统的基本组成，极大地推动了决策支持系统的发展。

20 世纪 80 年代末到 90 年代初，决策支持系统开始与专家系统 ES(Expert System)相结合，形成智能决策支持系统 IDSS(Intelligent Decision Support System)。智能决策支持系统既充分发挥了专家系统以知识推理形式解决定性分析问题的特点，又发挥了决策支持系统以模型计算为核心解决定量分析问题的特点，充分做到了定性分析和定量分析的有机结合，使得解决问题的能力和范围得到了一个大的发展。智能决策支持系统是决策支持系统发展的一个新阶段。

20 世纪 90 年代中期出现了数据仓库 DW(Data Warehouse)、联机分析处理 OLAP (On-Line Analysis Processing)和数据挖掘 DM(Data Mining)新技术，DW＋OLAP＋DM 逐渐形成新决策支持系统的概念。为此，将智能决策支持系统称为传统决策支持系统。新决策支持系统的特点是从数据中获取辅助决策信息和知识，完全不同于传统决策支持系统用模型和知识辅助决策。

由于 Internet 的普及,网络环境的决策支持系统将以新的结构形式出现。决策支持系统的决策资源,如数据资源、模型资源、知识资源,将作为共享资源,以服务器的形式在网络上提供并发共享服务,为决策支持系统开辟了一条新路。网络环境的决策支持系统是决策支持系统的发展方向。

知识经济时代的管理——知识管理 KM(Knowledge Management)与新一代 Internet 技术——网格计算,都与决策支持系统有一定的关系。知识管理系统强调知识共享,网格计算强调资源共享。决策支持系统是利用共享的决策资源(数据、模型、知识)辅助解决各类的决策问题,基于数据仓库的新决策支持系统是知识管理的应用技术基础。在网络环境下的综合决策支持系统将建立在网格计算的基础上,充分利用网络上的共享决策资源,达到随需应变的决策支持。

4.4.2 决策支持系统的主要功能

一般来说,决策按其性质可分为如下三类:

(1) 结构化决策,是指对某一决策过程的环境及规则,能用确定的模型或语言描述,以适当的算法产生决策方案,并能从多种方案中选择最优解的决策;

(2) 非结构化决策,是指决策过程复杂,不可能用确定的模型和语言来描述其决策过程,更无所谓最优解的决策;

(3) 半结构化决策,是介于以上二者之间的决策,这类决策可以建立适当的算法产生决策方案,使决策方案中得到较优的解。

非结构化和半结构化决策一般用于一个组织的中、高管理层,其决策者一方面需要根据经验进行分析判断,另一方面也需要借助计算机为决策提供各种辅助信息,及时作出正确有效的决策。DSS 的目标就是要在人的分析与判断的基础上,借助计算机与科学方法支持决策者对半结构化和非结构化问题进行有序的决策,以获得尽可能令人满意的客观的解或方案。

不同功能和特色的 DSS,其系统结构亦不同。一般认为 DSS 的结构有两库结构和基于知识的结构这两种基本形式。两种基本结构演变出的 DSS 都表现为多库结构。在两库结构基础上加入方法库,就构成了三库结构的 DSS,再与基于知识的 DSS 结构相结合,就构成了四库结构的智能决策支持系统,如图 4-5 所示。

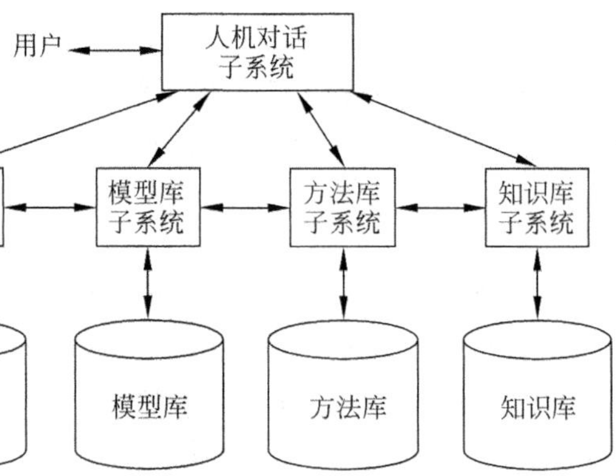

图 4-5 四库结构的 DSS

- 人机对话子系统：决策支持系统的人机交互界面是 DSS 中介于用户和计算机之间，在操作者、模型库、数据库和方法库之间起着传送(包括转换)命令和数据重要作用的接口，使模型运行、数据调用和知识推理达到有机地统一，有效地解决决策问题。
- 数据库子系统：它是存储、管理、提供与维护用于决策支持数据的 DSS 基本部件，是支撑模型库子系统及方法库子系统的基础，由数据库、数据析取模块、数据字典、数据库管理系统及数据查询模块等部件组成。
- 模型库子系统：模型库子系统是构建和管理模型的计算机软件系统，由模型库和模型库管理系统两部分组成。
- 方法库子系统：它是存储、管理、调用及维护 DSS 各部件要用到的通用算法、标准函数等方法的部件，由方法库与方法库管理系统组成。
- 知识库子系统：又称数字资产管理系统，主要用来管理常用的一些知识文档、图纸、视频和音频等信息内容。

图 4-5 所示的结构可以概括为数据、模型和推理三个部分。数据部分是一个数据库系统；模型部分包括模型库及其管理系统；推理部分由知识库、知识库管理系统和推理机组成。把数据仓库、联机分析处理、数据挖掘、模型库、数据库、知识库结合起来形成的决策支持系统，即将传统决策支持系统和新决策支持系统结合起来的决策支持系统是综合决策支持系统。综合决策支持系统发挥了传统决策支持系统和新决策支持系统的辅助决策优势，能够实现更有效的辅助决策，是今后的发展方向。

复习思考题

1. 如何理解决策在管理中的地位与作用?
2. 集体决策有什么优缺点，运用中要注意哪些问题?
3. 决策的程序和原则是什么?
4. 不确定性决策的方法有哪些? 在实际应用中如何选择?
5. 请说明四库结构的智能决策支持系统的主要结构。
6. 调查 5 位同学最近进行的一项决策，并分析导致决策成功或失败的主要原因有哪些?

【案例分析】

经理的决策角色

在全球经济中，要作出好的企业决策需要考虑许多重要因素，它们都可能影响到公司目标的实现。决策的质量可以决定公司成败。最近一项调查表明经理们大约把 50%的时间花在处理糟糕决策的不良后果上。

我们必须理解决策在商务活动中是如何发生的。在这里有两个成功企业的案例研究，这两家企业分别是位于伊利诺伊州芝加哥的第二城市剧场(Second City Theater)和位于内华达州 Lake Tahoe 的天堂滑雪胜地(Heavenly Ski Resort) 。它们揭示了决策制定的下列主题：

(1) 经理人在不同商业条件下制定不同的决策;

(2) 当经理人一步步开发新的决策并对它们作出评估时,他们逐渐趋向于有效的决策;

(3) 所有经理人都必须清醒地了解影响决策过程的各项因素。

从广义范围来说,决策制定是一个在各种可能行动方案中进行选择的过程。而这个过程又是发生在商业界各种不确定的条件和风险下的。因此,如果决策是按照下列一系列步骤不断探索各种可能方案并不断加以评估的话,这样制定出来的决策一般比较有效。

(1) 识别问题;

(2) 形成各种解决方案;

(3) 评估各种方案;

(4) 选择最好的方案;

(5) 实施决策;

(6) 评估决策。

要想准确地对方案作出评估,经理人必须收集各种可以印证其有效性的信息。虽然多数经理人喜欢完全照搬这几个步骤,但时间和当时情况常常不允许他们这样做。另外,决策制定过程还可能受到其他重要因素的影响,如直觉、感情和外界压力、信心和潜在风险等。

虽然 Second City Theater 和 Heavenly Ski Resort 属于两种不同的企业,但它们都能在充满风险和不确定的环境中作出成功决策,是这方面的企业典范。Second City Theater 最早是一家很小的"夫妻店"式的剧院,现在已经发展成为一家世界知名的大型公司。它并没有把它的所有资源都投入到已经深受大众喜爱的老城芝加哥来改善它的剧院,而是决定把经营剧院方面的成功经验扩展到其他企业类型,如电视、公司培训,以及在多伦多、芝加哥市郊以及底特律的其他剧院。

Second City Theater 的联络制片人 Joe Keefe 说:"我们所做的绝大部分工作是让人们从一个企业整体的角度来制定决策,并吸纳各方面信息。在很多情况下,我们很难有足够的时间来倾听每个人的意见,但我确实做到了每个星期预留出一定时间和大家见面。在每个项目结束后,我都要见一下导演。我会知道到底发生了什么:他们怎么想?他们的感觉怎么样?客户有什么感觉?当你掌握了所有这些信息时,决策通常自己就显现出来了。重要的是一定要确保得到的信息是及时、准确的,客户的反映被及时处理,然后你的直觉就会告诉你怎样做才是正确的。在我所做的决策中,有99%是因为我获得了正确信息而自己显现出来的。"

Heavenly Ski Resort 每年接待将近 75 万名滑雪者,是 Tahoe 地区八大旅游胜地之一。和 Second City Theater 一样,在 Heavenly Ski Resort 公司的经理们也必须在不太理想的环境中制定出与公司发展休戚相关的各种决策。山区业务副总裁 Malcolm Tibbets 说:"这儿每天、每小时都必须作出快速决策。根据到这个基地来的游客多少,必须随时决定是在计划外加开一班缆车,还是在生意不太好的时候关闭一班缆车以节省成本;是在半夜开始雪橇项目还是等到第二天凌晨 3 点钟。这些决策是连续不断的。你必须让敢于作出这些决策的人负责这些岗位,这样就不用召集起六个人的会议,把时间浪费在收集数据上了。这只是这项业务运作的一部分。"

"虽然按照决策制定的六个步骤作出来的决策可能比较好,但理论常常脱离实际。管理者应该根据影响决策过程的各种因素采取其中几个,而不是全部步骤。我们鼓励多数经理人立刻作出决策,而不是揪住问题不放。决策制定的速度要快,所以我希望他们立即进行下一步,不要在问题识别这一步骤上停步不前。我授予了他们很大的权力,可以让他们自己作出决策。他们是被雇来做事情的,所以我让他们做事。如果出了什么问题,我们可以以后再讨论,但生意必须做。"Heavenly Ski Resort 公司负责食品和饮料的主管 Steve Jacob son 说。

在条件允许的情况下,按决策制定模型的步骤一步步完成比较简单。Second City Theater 公司的制作人 Kelly Leonard 说:"我们在 Rolling Meadows 的西北剧院曾认真考虑过是否要搬到 Oakbrook。这些人想让我们搬过去,他们还打算替我们出搬迁的费用。当时我们有足够的时间来决定是否应该离开老地方。我们最后决定不搬,主要因为这样做的风险太大。当时我们确实有时间权衡各方面的利弊,最后才作出拒绝的决定。"

让别人满意要花费大量的艰苦工作和勇气,同样也需要创造力和洞察力。有关艺术设计之类的决策一般就不符合决策制定模型。像直觉、感情和压力,或自信心以及对风险的偏好等因素都会影响决策制定的过程。Leonard 说:"我们推出了一个模仿'我们小镇'的滑稽小品,该滑稽小品节目对'我们小镇'的演绎非常微妙,激起了极大的反响,它有时大受欢迎,有时不受欢迎。然而,要能真正理解其中的各种幽默必须深刻理解该剧的内涵和 Second City Theater 公司内部的幽默。我们发现虽然评论家对该节目大加褒奖,我们公司的许多人也很喜欢它,但观众不能接受它。我们试着推出一个广告宣传活动来支持这档节目,但当时并没有开展多久,因为看上去用处不大,人们根本不愿意来听。所以我们不得不关闭了这档节目。"

并非所有影响决策过程的因素都只有负面效果。有的像直觉这样的因素就可以帮助有经验的经理人在承受各种压力的情况下作出决策。Second City Theater 和 Heavenly Ski Resort 公司都面临着同样的挑战——提供给顾客让他们满意的娱乐活动。在它们的日常经营中,两家公司都必须在各种确定、不确定和各种风险的环境下制定决策。两家公司都在环境允许的情况下实施了决策制定模型的几个步骤:识别问题、形成各种解决方案、评估各种方案、选择最好的方案、实施决策、评估决策。像直觉、感应和压力、信心或风险偏好等因素也可以对决策制定过程产生影响。清楚地了解决策制定的本质、决策制定的重要步骤和各种影响因素,可以帮助经理们最大限度地减少用于处理糟糕决策所需花费的时间,使他们有更多的时间花在公司成长上。

思考与讨论

1. 在这个案例中,决策制定被描述成一系列步骤。你同意案例中所归纳的这六大步骤吗?另外还有哪些程序可以加到这个过程里?

2. 决策在有些情况下需要接受许多人的意见和建议,在有些情况下只能由一个人作出决定。请举例说明在什么情况下,决策需要接纳大量的信息,在什么情况下应该由个人作出决策,不需要外界的信息输入。这些情况有什么区别?

3. 经理人制定决策会受到所谓"风险偏好"的影响。"风险偏好"这个词的意思是什么?经理人如何完善他们的风险偏好?

第5章

计划工作

【本章要点】

- 理解计划的概念与作用；
- 了解计划工作的原理；
- 掌握计划的形式及关系；
- 理解并掌握计划编制方法。

5.1 计划概述

5.1.1 计划的概念

决策是关于组织活动方向、内容以及方式的选择，计划则是对组织内部不同部门和成员在决策期内从事活动的具体内容和要求，是决策的组织落实过程。决策是计划的前提，计划是决策的逻辑延续。计划通过将组织在一定时期内的活动任务分解给组织的每个部门、环节和个人，从而不仅为这些部门、环节和个人在该时期的工作提供了具体的依据，而且为决策目标的实现提供了保证。

在汉语中，“计划”一词的词性既可以是名词，也可以是动词。从名词意义上说，计划是指用文字和指标等形式所表述的组织以及组织内不同部门和不同成员在未来一定时期内关于行动方向、内容和方式安排的管理文件。计划既是决策所确定的组织在未来一定时期内的行动目标和方式在时间和空间的进一步展开，又是组织、领导、控制和创新等管理活动的基础。从动词意义上说，计划是指为了实现决策所确定的目标，预先进行的行动安排。这项行动安排工作包括：在时间和空间两个维度上进一步分解任务和目标，选择任务和目标实现方式，进度规定，行动结果的检查与控制等。我们有时用“计划工作”表示动词意义上的计划内涵。因此，计划工作是对决策所确定任务和目标提供一种合理的实现方法。

计划与计划工作

计划是一种结果，它是在计划工作所包含的一系列活动完成之后产生的。计划工作的成绩好坏只有通过计划的实施是否顺利地达到既定目标来反映。

计划工作有广义和狭义之分。广义的计划工作是指制订计划、执行计划和检查计划的执行情况三个阶段的工作过程。而狭义的计划工作则是指制订计划，旨在明确所追求的目标和实现目标的途径或方案的所有活动，是对未来活动所进行的预先的行动安排，亦即对未来的筹划、规划、谋划、策划等。这里的计划工作概念是从狭义上讲的。

无论在名词意义上还是在动词意义上，计划内容都包括“5W1H”，即计划必须清楚地确定和描述下述内容：

What ——做什么？　　目标与内容
Why ——为什么做？　　原因
Who ——谁去做？　　人员
Where ——何地做？　　地点
When ——何时做？　　时间
How ——怎样做？　　方式、手段

这六个方面的具体含义如下：

“做什么”：要明确计划工作的具体任务和要求，明确每一个时期的新任务和工作重点。例如，企业生产计划的任务主要是确定生产哪些产品，生产多少，合理安排产品投入和产出的数量和进度，在保证按期、按质和按量完成订货合同的前提下，使得生产能力得到尽可能充分的利用。

“为什么做”：要明确计划工作的宗旨、目标和战略，并论证可行性。实践表明，计划工作人员对组织和企业的宗旨、目标和战略了解得越清楚，认识得越深刻，就越有助于他们在计划工作中发挥主动性和创造性。正如人们常说的“要我做”和“我要做”的结果是大不一样的，其道理就在于此。

“何时做”：规定计划中各项工作的开始和完成的进度，以便进行有效控制和对能力及资源进行平衡。

“何地做”：规定计划的实施地点或场所，了解计划实施的环境条件限制，以便合理安排计划实施的空间组织和布局。

“谁去做”：计划不仅要明确规定目标、任务、地点和进度，还应规定由哪个主管部门负责。例如，开发一种新产品，要经过产品设计、样机试制、小批试制和正式投产几个阶段。在计划中要明确规定每个阶段由哪个部门主要负责，哪些部门协助，各阶段交接时，由哪些部门组织哪些人员参加鉴定和审核等。

“怎么做”：制定实现计划的措施，以及相应的政策和规则，对资源进行合理分配和集中使用，对人力、生产能力进行平衡，对各种派生计划进行综合平衡等。

小案例

大学生社团联谊集体郊游计划

某大学社团组织联谊郊游计划：

1. 主题：两校社团联谊郊游。

2. 目的：响应“大学生素质拓展”号召，提高学生素质，发展友谊，增进同学之间的了解与团结，促进同学参与活动的积极性，增进两校社团的友谊，为下阶段互进互利打基础。

3. 内容：野外郊游，包括体能测试、烧烤等。

4. 实施步骤：5月16日，拟定郊游地点、项目；5月17至5月22日，确定导游及经费预算；5月23日，申请活动经费及邀请带队老师；5月26日，具体商讨活动细节，制定详细活动计划；5月28日，早上7:00出发，17:00返回。

5. 经费预算：每人70元，包括车费、导游费、烧烤、体能测试等。

实际上，一个完整的计划还应包括控制标准和考核指标的制定，也就是告诉实施计划的部门或人员，做成什么样，达到什么标准才算是完成了计划。

5.1.2 计划的性质

在本书的结构体系中，计划工作具有承上启下的作用。一方面，计划工作是决策的逻辑延续，为决策所选择的目标活动的实施提供了组织实施保证；另一方面，计划工作又是组织、领导、控制和创新等管理活动的基础，是组织内不同部门、不同成员行动的依据。因此，可以从以下四个方面来考察计划的性质。

1. 计划工作是为实现组织目标服务的

任何组织任何时候都必须具有生存的价值、存在的使命。决策活动为组织确立了存在的使命和目标，并且进行了实现方式的选择。计划工作是对决策工作在时间和空间两个维度上进一步的展开和细化。所谓在时间维度上进一步展开和细化，是指计划工作把决策所确立的组织目标及其行动方式分解为不同时间段（如长期、中期、短期等）的目标及其行动安排；所谓在空间维度上进一步展开和细化，是指计划工作把决策所确立的组织目标及其行动方式分解为组织内不同层次（如高层、中层、基层等）、不同部门（如生产、人事、销售、财务等部门）、不同成员的目标及其行动安排。组织正是为了通过有意识的合作来完成群体的目标而生存的。因此，组织的各种计划及其各项计划工作都必须有助于完成组织的目标。

2. 计划工作是管理活动的桥梁

如果说决策工作确立了组织生存的使命和目标，描绘了组织的未来，那么计划工作就是一座桥梁，它把我们所处的此岸和我们要去的彼岸连接起来，给组织提供了通向未来目标的明确道路，给组织、领导和控制等一系列管理工作提供了基础。

未来的不确定性和环境的变化使行动犹如大海航行，如果要时刻保持正确的航向，就必须明白自己所处的位置，明确自己行动的目标。这不仅要求组织的一般成员了解组织的目标和实现目标的行动安排，而且更要求组织的主要领导人员明确组织的目标和实现目标的行动路径（而不至于因日常琐事和一连串的转弯而迷失方向）。计划工作的目的就是使所有的行动保持同一方向，促使组织目标实现。

3. 计划工作具有普遍性和秩序性

所有管理人员，从最高管理人员到第一线的基层管理人员都要制订计划，做计划工作。虽然计划工作的特点和广度由于管理人员所处的部门、层级的不同而有所不同，但是计划工作是全体管理人员的一项职能。当然，计划工作的普遍性中蕴含着一定的秩序，这种秩序随着组织的性质不同而有所不同。最主要的秩序表现为计划工作的纵向层次性和横向协作性。虽然所有管理人员都制订计划，做计划工作，但第一线的基层管理人员的工作计划不同于高层管理人员制定的战略计划。在高级管理人员计划组织的总方向时，各级管理人员必须随后据此拟订各自的计划，从而保证实现组织的总目标。另外，实现组织的总目标不可能仅通过某一类型活动就可以完成(例如仅销售活动)，而需要多种多样的活动相互协作和相互补充才可以完成。

4. 计划工作要追求效率

可以用计划对组织的目标的贡献来衡量一个计划的效率。贡献是指扣除制订和实施这个计划所需要的相关费用后，能得到的剩余。在计划所要完成的目标确定的情况下，同样可以用制订和实施计划的成本及其他连带成本(如计划实施带来的损失、计划执行的风险等)来衡量效率。如果计划能得到最大的剩余，或者如果计划按合理的代价实现目标，这样的计划是有效率的。特别要注意的是，在衡量代价时，不仅要用时间、金钱或者生产等来衡量，而且还要衡量个人和集体的满意程度。

实现目标有许多途径，我们必须从中选择尽可能好的方法，以最低的费用取得预期的成果，保持较高的效率，避免不必要的损失。计划工作强调协调、强调节约，其重大安排都经过经济和技术的可行性分析，可以使付出的代价尽可能划算。

5.1.3　计划的特点

任何组织无论其使命有何不同，也无论其规模大小，都需要通过计划来协调各项活动。虽然，计划的形式可能各不相同，但是都具有以下几个特点。

1. 预见性

这是计划最明显的特点之一。计划不是对已经形成的事实和状况的描述，而是在行动之前对行动的任务、目标、方法、措施所作出的预见性确认。但这种预想不是盲目的、空想的，而是以上级部门的规定和指示为指导，以本单位的实际条件为基础，以过去的成绩和问题为依据，对今后的发展趋势科学预测之后作出的。例如企业的生产计划制订应该是在对市场充分调研的基础上，并且对未来的市场情况有着一定的预测基础上进行的。

2. 针对性

计划是根据组织的工作任务、主客观条件和相应能力而定。总之，从实际出发制定出来的计划，才是有意义、有价值的计划。例如制订销售计划一般应该考虑总体销售额(量)、区域销售额、产品销售额、市场占有率、销售增长率、营销费用额(率)、忠诚度、消费者购买心理和行为特点、产品在市场上的发展趋势及竞争对手状况(营销政策、费用投入、销售状况、产品结构等)。必须对市场形势和企业形势进行细致的分析，制订出针对性强的营销策略和计划。

3. 可行性

可行性是和预见性、针对性紧密联系在一起的，预见性准确、针对性强的计划，在现实中才真正可行。如果目标定得过高、措施无力实施，这个计划就是空中楼阁；反过来说，目标定得过低，措施方法都没有创见性，实现虽然很容易，并不能因而取得有价值的成就，那也算不上有可行性。

4. 约束性

计划是组织未来的蓝图，是对组织未来一段时间内的目标和实现目标的策划和安排。计划一经通过、批准或认定，在其所指向的范围内就具有了约束作用，无论是集体还是个人都必须按计划的内容开展工作和活动，不能违背和拖延。

5.1.4 计划的作用

计划是组织决策的落实过程，是一种协调过程。无论单位还是个人，无论办什么事情，事先都应该有个打算和安排。从这个角度分析，计划应该具备以下四个方面的作用。

1. 为组织稳定发展提供保证

计划工作是人们就组织的目标、当前的现状以及由现实过渡到目标状态的途径做出事先的安排，由此明确组织的发展方向，使各方面行动获得一种明确的指示和指导。同时，计划工作的开展迫使各级主管人员花时间和精力去思考未来的种种复杂情况，从而使环境中发生的变化有可能在多方面系统思考和预测中被事先估计到，这样组织就能事先做好应变的准备，由此提高组织的适应能力并降低经营中的可能风险。

2. 为组织活动的分工提供依据

为了达成决策选择的目标，组织需要从事一定的业务活动。组织的业务活动是由数量众多的成员在不同时空里进行的。为了保证不同成员在不同时空的活动中提供所需的贡献，他们所从事的活动必须相互协调地进行。为此，必须进行科学的分工。计划的编制将组织的目标活动在时间和空间上详细分解，从而为科学分工提出依据。

3. 为组织活动的资源筹措提供依据

任何活动的进行都是对一定资源的加工和转换。为了使组织的目标活动以尽可能低的成本顺利进行，必须在规定时间内提供组织活动进行所需规定数量的各种资源。资源提供不及时或者数量不足，可能导致组织活动的中断；而数量过多，则会导致资源的积压，从而不仅增加资金的占用，甚至会造成资源的浪费。计划将组织活动在时空上分解，通过规定组织不同部门在不同时间应从事何种活动，告诉人们何时需要何种数量的何种资源，从而为组织的资源筹集和供应提供依据。

4. 为组织活动的检查和控制提供依据

不同组织成员由于素质和能力的不同，对组织任务和要求的理解也可能有区别，不同环节的活动能力并不总是相互平衡的。此外，组织整体以及组织的各个部分在活动中所面对的环境特点与事先的预计可能不完全吻合，因此，组织的各个部分在决策实施中的活动情况与目标要求不一定完全相符，可能会出现偏差。这种偏差，如果不及时发现并针对原因及时采取措施，则不仅会导致组织活动的失败，而且可能危及组织的生存。要及时发现可能存在的偏差，就必须对组织活动的实际情况进行检查。计划的编制为检查不同的部门、不同的成员在不同时期的活动情况提供了客观的标准和依据。

5.1.5 影响计划有效性的权变因素

环境的多变性及组织活动的动态性，常常使计划不能预期完成和实现目标。为保证计划工作的有效性，要考虑计划工作对环境的应变。

1. 组织的管理层次与计划类型之间的关系

在大多数情况下，基层管理者的计划活动主要是制定作业计划，当管理者在组织中的等级上升时，他的计划角色就更具战略性。而对于大型组织的最高管理者，他的计划任务基本上都是战略性的计划。当然，在小企业中，所有者兼管理者的计划角色兼有这两方面的性质。

2. 组织的生命周期与计划的关系

任何组织都要经历一个生命周期，即形成、成长、成熟以及衰退。在组织生命周期的各个阶段上，计划的类型并非都具有相同的性质，计划的时间长度和明确性应当在不同的阶段上作相应调整。

在组织的形成期，管理者应当更多地依赖指导性计划，因为处于这一阶段要求组织具有很高的灵活性。在这个阶段上，目标是尝试性的，资源的获取具有很大的不确定性，对顾客和对市场的把握还不是很准确，而指导性计划使管理者可以随时按照需要进行调整。在成长阶段，随着目标更确定、资源更容易获取和顾客忠诚度的提高，计划也更具有明确性。当组织进入成熟期，可预见性最大，从而也最适合于具体计划，同时成熟期是一个相对稳定的时期，因此更适合制定长期计划。当组织从成熟期进入衰退期，计划也从具体计划转入指导性计划，这时目标要重新考虑，资源要重新分配。计划的期限也应当与组织的生命周期联系在一起。短期计划具有最大的灵活性，故应更多地用于组织的形成期和衰退期。

3. 环境的不确定性程度与计划的关系

环境的不确定性越大，计划更应当是指导性的，计划期限也应更短。如果正在发生着迅速和重要的技术、社会、经济、法律或其他变化，精确制定的计划实施路线，反而会成为组织取得绩效的障碍。例如，20 世纪 80 年代末期，当航空公司之间在主要的国际航线上展开价格战时，在定价方面、给各航线分配飞机数量和容量以及编制经营预算等方面，航空公司便采用了更带有指导性的计划。而且，变化越大，计划就越不需要精确，管理就越应当具有灵活性。再如，在金融危机时期，一些跨国公司的国际化经营计划就要考虑到环境的不确定性，计划就应该更加灵活。

5.2 计划的类型与计划工作的原理

5.2.1 计划的类型

依照不同的标准，可以将计划分为不同的类型，各种类型的计划不是彼此割裂的，而是由分别适用于不同条件下的计划组成的一个计划体系。常见的划分计划类型的方法，可以根据计划的广度、时间框架和明确性等对计划进行分类。但是，这些分类方法所划分出的计划类型不是相互独立的。

1. 战略计划与作业计划

应用于整体组织的，为组织设立总体目标和寻求组织在环境中地位的计划，称为战略计划。因为一个组织的总体目标和地位通常是不轻易改变的，所以这种计划的周期一般都较长，通常为长期计划。规定总体目标如何实施的细节计划称为作业计划。战略计划与作业计划在时间框架上、在范围上和在是否包含已知的一套组织目标方面是不同的。作业计划趋向于覆盖较短的时间间隔，如月度计划、周计划、日计划就属于作业计划；战略计划趋向于包含持久的时间间隔，通常为5年甚至更长，它们覆盖较宽的领域且不规定具体的细节，战略计划显著的特点是长期性与整体性。此外，战略计划的一个重要的任务是设立目标；而作业计划则假定目标已经存在，只是提供实现目标的方法。

2. 长期计划、中期计划与短期计划

财务分析人员习惯于将投资回收期分为短期、中期和长期。短期是指一年以内的时期，长期一般超过五年，而中期介于两者之间。管理者往往也采用同样的术语描述计划。长期计划描述了组织在较长时间内从事某种活动应达到的发展方向和方针，规定了组织的各个部门在较长时期(通常为五年)的发展方向和方针，规定了组织的各部门在较长时间内从事某种活动应达到的目标和要求。短期计划具体地规定了组织的各个部门在目前到未来的各个较短的阶段，特别是比较近的时段里，应从事什么样的活动以及应达到什么要求。中期计划是介于长期和短期之间的计划。当然这个划分标准并非绝对，在某些情况下，它还受计划的其他方面因素的影响。

3. 具体性计划与指导性计划

按计划的明确程度可把计划分为指导性计划和具体性计划。指导性计划是指规定一些重大方针，而不局限于明确的、特定的目标，或特定的行动方案上。具体性计划则明确规定了目标，并提供了一套明确的行动步骤和方案。与指导性计划相比，具体计划具有明确规定的目标，不存在模棱两可的情形。它虽更容易执行和控制，但缺少灵活性，而且实际上它所要求的明确性并不容易得到满足。例如，一位经理打算使他的企业的销售额在未来的12个月中增长20%，他或许要制定特定的程序、预算分配方案，以及实现目标的各项活动的进度表，这就是具体计划。但是，具体计划也不是没有缺点，它要求的明确性和可预见性条件不一定都能够满足。当不确定性很强时就要求管理者保持灵活性以防意外变化，这种情况下指导性计划就显得更可取。例如，一个增加利润的具体计划，可能具体规定在未来的6个月中，成本要降低4%，销售额要增加6%；而指导性计划也许只提出未来的6个月中计划使利润增加5%～10%。显然，指导性计划具有内在的灵活性。指导性计划不具有强制性和约束力，往往使组织可以参照执行，也可以根据市场情况和自身条件进行合理的调整和修改。指导性计划是粗线条、有弹性的。

4. 销售计划、生产计划和财务计划等

组织内有着不同的职能分工，每种职能都需要形成特定的计划。因此，计划还可以按照职能来进行分类。计划通过将组织在一定时期内的活动任务分解给组织的每个部门、环节和个人，从而不仅为这些部门、环节和个人在该时期的工作提供了具体的依据，而且为决策目标的实现提供了组织保证。如企业要从事生产、营销、财务、人事等方面的活动，就要相应地制订生产计划、营销计划、财务计划和人事计划等。

企业财务计划往往是企业以货币形式预计计划期内资金的取得与运用和各项经营收支及财务成果的书面文件。它是企业经营计划的重要组成部分，是进行财务管理、财务监督的主要依据。财务计划是在生产、销售、物资供应、劳动工资、设备维修、技术组织等计划的基础上编制的。

5. 综合计划、局部计划和项目计划

按计划对象划分，可把计划分为综合计划、局部计划和项目计划三种。顾名思义，综合计划所包括的内容是多方面的，局部计划只包括单个部门的业务，而项目计划则是为某种特定任务而制定的。

综合计划一般指具有多个目标和多方面内容的计划。就其涉及的对象来说，它关联到整个组织或组织中的许多方面。习惯上人们把预算年度计划称为综合计划，企业中是指年度的生产经营计划。它主要应该包括销售计划、生产计划、劳动工资计划、物资供应计划、成本计划、财务计划、技术组织措施计划等。这些计划都有各自的内容，但它们又互相联系，互相影响，互相制约，形成一个有机的整体。由于目前的企业已经形成了一种开放的系统，外界环境对这个系统有直接的影响。为此，就要使资源在各个部门合理分配，用有限的投入获得更大的产出，产生更大的组织效应。所以应把制订综合计划放在首要的位置上，要自上而下地编制计划。

局部计划是限于指定范围的计划。它包括各种职能部门制定的职能计划，如技术改造计划、设备维修计划等，还包括执行计划的部门划分的本部门计划。局部计划是在综合计划的基础上制定的，它的内容专一性强，是综合计划的一个子计划，是为达到整个组织的分目标而确立的。例如，企业年度销售计划是在国家计划、市场预测和订货合同的基础上，规定年度销售的产品品种、质量、数量和交货期，以及销售收入、销售利润和销售渠道。应该注意各种局部计划相互制约的关系，如销售计划会直接影响生产计划和财务计划等其他局部计划。

项目计划是针对组织的特定课题作出决策的计划。例如某种产品开发计划、企业的扩建计划、与其他企业联合计划、职工俱乐部建设计划等都是项目计划。项目计划在某些方面类似于综合计划，它的特殊性在于其目的是为了企业结构的变革，即针对企业的结构问题选择解决问题的目标和方法。它的计划期很可能为一年，这时它就要包括在年度计划之内。也许它的计划需要几年才能完成，例如企业扩建计划，这时年度计划仅包括它的一部分。项目计划是与组织结构的变革相关的。结构的组成要素有许多，例如企业中的市场、设备、产品、财务和组织等，几乎包括企业的一切领域。项目计划就是使这些因素具体地朝着预定的方向发展下去。我们必须注意把项目计划同在原有结构上实现有效经营的管理计划相区别。

5.2.2 计划工作的原理

原理“通常指某一领域、部门或学科中具有普遍意义的基本规律”。据此，管理原理就是对管理过程基本规律的一种理论概括，使之成为概念，用以指导日常的管理工作。对原理的运用应结合当时、当地的实际情况。计划工作作为一种基本的管理职能活动，也有自己的规律，自然也应有自己的原理。计划工作的主要原理有：限定因素原理、许诺原理、灵活性原理和改变航道原理。

1. 限定因素原理

所谓限定因素，是指妨碍组织目标实现的因素，也就是说，在其他因素不变的情况下，仅仅改变这些因素，就可以影响组织目标的实现程度。限定因素原理可以表述如下：主管人员越是能够了解对达到目标起主要限制作用的因素，就越能够有针对性地、有效地拟定各种行动方案。限定因素原理又被形象地称作“木桶原理”。其含义是木桶能盛多少水，取决于桶壁最短的那块木板条。限定因素原理表明，主管人员在制订计划时，必须全面找出影响计划目标实现的主要限定因素或战略因素，有针对性地采取得力措施。毛泽东同志曾在《矛盾论》中用哲学的语言说明了相同的道理。他指出：“任何过程如果有多数矛盾存在的话，其中必定有一种是主要的，起着领导的、决定的作用，其他则处于次要的和服从的地位。因此，研究任何过程，如果是存在着两个以上矛盾的复杂过程的话，就要用全力找出它的主要矛盾。捉住了这个主要矛盾，一切问题就迎刃而解了。”

2. 许诺原理

许诺原理可以表述为，任何一项计划都是对完成各项工作所作出的许诺。因而，许诺越大，实现许诺的时间就越长，实现许诺的可能性就越小。例如，由于出现了意料之外的原材料大幅度涨价，某企业为了保证实现年度生产经营计划的利润目标，需要补充制订一个增加销售收入的计划，那么这个计划的期限至少要多长时间呢？这个计划至少要在什么时间以前制订并实施才能确保实现呢？根据许诺原理，该计划期主要取决于从增加订货到最后实现销售收入的最短周期。对于该企业来说从接收订单、签订合同到完成工程图设计，一般要两个月的时间；进行生产准备、投产、到产出产品的生产周期一般也为两个月；商品通过铁路发运，各发运过程的延续时间均为半个月左右；结算周期一般为一个月以上，而且有逐渐延长的趋势。因此，计划期限应定为半年。也就是说，计划工作的开始时间至少要在六月底以前。这也是为什么该企业每年要在六月底以前审核年度计划完成情况的原因。这项工作已成为一项惯例。

按照许诺原理，计划必须有期限要求。事实上，对于大多数情况来说，完成期限往往是对计划最严厉的要求。此外，必须合理地确定计划期限并且不应随意缩短计划期限。再有，每项计划的许诺不能太多，因为许诺越多，则计划实现时间越长。如果主管人员实现许诺所需的时间长度比他能正确预见的未来期限还要长，则当他不能获得足够的资源使计划具有足够的灵活性，那么他就应当断然地减少许诺，或是将他所许诺的期限缩短。

3. 灵活性原理

计划必须具有灵活性，即当出现意外情况时，有能力改变方向而不必付出过大的代价。灵活性原理可以表述为：计划中体现的灵活性越大，由于未来意外事件引起损失的危险性就越小。必须指出，灵活性原理就是制订计划要留有余地。至于执行计划，则一般不应有灵活性。例如执行一个生产作业计划必须严格准确，否则就会发生组装车间停工待料或在制品大量积压的现象。

对主管人员来说，灵活性原理是计划工作中最重要的原理。在承担的任务重，而目标计划期限长的情况下，灵活性便更显出它的作用。当然，灵活是有一定限度的，它的限制条件是：

第一，不能总是以推迟决策的时间来确保计划的灵活性。因为未来的肯定性是很难完全预料的，如果我们一味等待收集更多的信息，尽量地将可能发生的问题考虑周全，当断不断，那么就会坐失良机，招致失败。

第二，使计划具有灵活性是要付出代价的，甚至由此而得到的好处可能补偿不了它的费用支出，这就不符合计划的效率性。

第三，有些情况往往根本无法使计划具有灵活性。即存在这种情况，各派生计划的灵活性，可能导致全盘计划的改动甚至有落空的危险。例如企业销售计划在执行过程中遇到困难，可能实现不了既定的目标。如果允许灵活处置，则可能危及全年的利润计划，从而影响到新产品开发计划、技术改造计划、供应计划、工资增长计划、财务收支计划等许多方面，以致使企业的主管人员经过反复权衡之后，不得不动员一切力量来确保销售计划的成功。

4. 改变航道原理

计划制定出来后，计划工作者就要管理计划，促使计划实施，而不被计划所“管理”，不能受制于计划。必要时可以根据当时的实际情况做必要的检查和修订。因为未来情况随时都可能发生变化，制定出来的计划就不能一成不变。

尽管在制订计划时预见了未来可能发生的情况，并制定出相应的应变措施，但正如前面所提到的，计划不可能面面俱到，未来情况是在不断变化，计划又往往赶不上变化，总有一些问题是不可能预见到的，所以要定期检查计划。如果情况已经发生变化，就要调整计划或重新制订计划，就像航海家一样，必须经常核对航线，一旦遇到障碍就要绕道而行。改变航道原理可以表述为：计划的总目标不变，但实现目标的进程（即航道）可以因情况的变化随时改变。这个原理与灵活性原理不同，灵活性原理是使计划本身有适应性，而改变航道原理是使计划执行过程具有应变能力。为此，计划工作者就必须经常地检查计划，重新调整、修订计划，以此达到预期的目标。

5.2.3 目标管理

二次世界大战结束后，世界各国因为蒙受战祸而迫切谋求经济的振兴，同时由于企业经营管理的环境发生变化，人们参加工作的行为动机也发生了相应的改变，原来泰勒的科学管理的严格监督、控制的管理方式，已不再能够充分调动员工的工作积极性。在此情况下，一方面是企业本身不断地追求管理的创新，希望通过新的管理工具来提高生产力，降低成本；另一方面，众多的管理专家、学者，也从多角度来探讨新的管理模式或管理工具产生的可能性。一时之间，各种管理学说推陈出新，风起云涌。这一时期，比较著名的新理论有德鲁克的“整体管理”理论、史雷的“成果管理”理论、李卡特的“管理新模式”理论以及麦格雷戈的“X-Y 理论”等，这些管理理论，都对目标管理这一管理工具的产生起了很大的作用。

1. 目标管理的理论基础

1）德鲁克的“整体管理”理论

德鲁克认为，任何一个事业都有重要的领域，在每一个领域里都要设定努力的目标。例如：在市场上占据的地位、对创新的热忱、生产力的高低、获利能力的高低、经营者的能力及接棒人的培植、员工的能力及其工作态度、社会责任等等，而这些目标能否达成，取决于经营者如何管理。为了顺利推行业务，必须要使每一个业务的目标和整个事业的目标一致。尤其经营者的业务，更须以事业整体的成果来衡量。经营者的工作须依据事业目标而定，其工作成果也要看究竟对事业目标有多大的贡献而予以客观的评价。

这样，在全公司的每一个角落，大家都遵从目标经营管理体制，目标一经建立，由别人监管的工作方式就会转变为一切由自我控制的经营。

2）麦格雷戈的“X-Y 理论”

所有的经营者和管理者，对事情都有假设，其中最多的恐怕是“对人不信任”的观点。有了这种“人是靠不住的”前提观念在先，才有必要管理控制。心理学者麦格雷戈认为这种观念是以“性恶说”为其理论基础的“X 理论”。

麦格雷戈另外提出了“性善说”的“Y 理论”，此种新人性观念在某种意义上成了目标管理的理论基础。他认为，人的本性不是厌恶工作，如果给予适当机会，人们喜欢工作，渴望发挥其才能，并愿意对工作负责，而惩罚不是使人去为组织目标而努力的唯一办法。Y 理论强调“放任”，而目标管理则是应用 Y 理论学说的背景，并考虑员工心态与企业立场，采用“民主”立场来加以修正。

3）史雷的“成果管理”理论

史雷(M. C. Schleh)认为，目标管理应该是大家分担成果的管理思想，目标管理使每一个人了解公司的长期目标，争取更大的业绩。所以，目标管理的重要工作在于，一方面尽量培养和充实每一个人的能力，另一方面造成一种气氛，使大家都能领悟到公司要达成的责任，是由公司内的每一个人来承担的。只有每一个人做事的目标都能在良好的人际关系下建立时，每一个人所具有的天赋、才智，才能够真正发挥，并受到开发。

4）李卡特的“管理新模式”理论

李卡特(Rensis Likert)认为：高度业绩＝决策品质×(完美沟通＋工作参与＋良好目标)。

因此，新的经营管理，须具备下列四个条件：

(1) 整体组织的目的，必须与大部分员工及股东的要求和欲望维持充分的调和。

(2) 员工的目标及配合，必须在能使当事人引起高度工作干劲方式下决定。

(3) 为达成双方同意下设定的目标，必须活用足以引发全部潜力的方法。

(4) 所有薪资、奖金、股息、红利等报酬制度，必须切实反映本身对公司的努力与贡献。

2. 目标管理的内涵

目标管理理念的发展，主要应归功于管理大师德鲁克的倡导。他在 1954 年出版的《管理的实践》一书中首次提出目标管理的概念，该书关于目标管理的主张主要有三点：首先，须明确企业的整体目标包括市场地位、创新、生产力、人力与财力资源、获利能力、主管的绩效与培养、员工的绩效与态度、社会责任等八项；其次，每个主管须根据整体目标，各自设定本身的目标，以实施自我控制的管理方式；再次，企业的经营活动，应尽可能托付于最底层管理阶层。基于前述两项基础，才能推行分权及目标考核。

因此，目标管理就是每一个人根据公司的总目标而建立其特定的工作目标，并自行负责计划、执行、控制、考核的管理方法。简单地说，它就是引导各阶层主管的工作，迈向企业整体的预期成果的一种管理方法。

除了彼得德鲁克之外，还有众多的管理专家对目标管理作了相应的定义，在此不一一详述。总之，综合各家学说，目标管理是用于改进企业经营效果的管理的现代化发展，是以提高绩效为目的，应用行为科学原理，组织内上下级人员共同确定各层级人员的负责范围、既定时间内的目标以及成果评价标准，以绩效考核为手段激发各级人员潜力的管理方法。

3. 目标管理的工作流程

1）制定目标

制定目标包括制定企业的总目标、部门目标和个人目标，同时要制定完成目标的标准，以及达到目标的方法和完成这些目标所需要的条件等多方面的内容。

2）目标分解

建立企业的目标网络，形成目标体系统，通过目标体系统把各个部门的目标信息显示出来，就像看地图一样，任何人一看目标网络图就知道工作目标是什么，遇到问题时需要哪个部门来支持。

3）目标实施

要经常检查和控制目标的执行情况和完成情况，看看在实施过程中有没有出现偏差。

4）检查实施结果及奖惩

对目标按照制定的标准进行考核，目标完成的质量可以与个人的升迁挂钩。

5）信息反馈及处理

在考核之前，还有一个很重要的问题，即在进行目标实施控制的过程中，会出现一些不可预测的问题。如目标是年初制定的，年末发生了金融危机，那么年初制定的目标就不能实现。因此在实行考核时，要根据实际情况对目标进行调整和反馈。图 5-1 所示是目标管理基本流程图。

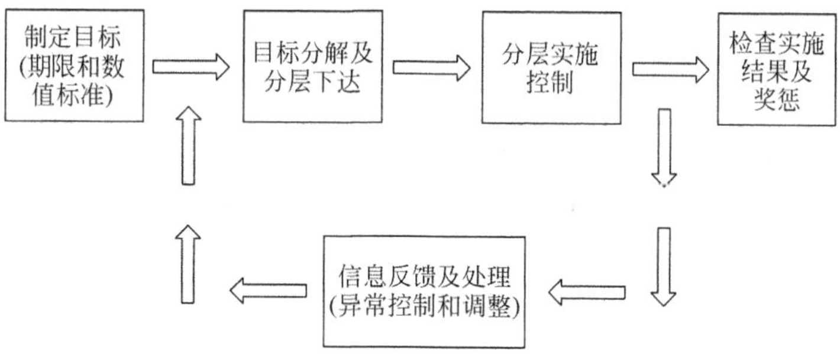

图 5-1 目标管理流程图

4. 目标管理的优缺点

1）目标管理的优点

（1）目标管理对组织内易于度量和分解的目标会带来良好的绩效。对于那些在技术上具有可分性的工作，由于责任、任务明确，目标管理常常会起到立竿见影的效果，而对于技术不可分的团队工作则难以实施目标管理。

（2）目标管理有助于改进组织结构的职责分工。

（3）目标管理启发了自觉，调动了职工的主动性、积极性、创造性。由于强调自我控制，自我调节，将个人利益和组织利益紧密联系起来，因而提高了士气。

（4）目标管理促进了意见交流和相互了解，改善了人际关系。

2）目标管理的缺点

在实际操作中，目标管理也存在许多明显的缺点，主要表现在：

(1) 目标难以制定。组织内的许多目标难以定量化、具体化；许多团队工作在技术上不可分解；组织环境的可变因素越来越多，变化越来越快，组织的内部活动日益复杂，使组织活动的不确定性越来越大。这些都使得组织的许多活动制定数量化目标是很困难的。

(2) 目标管理的哲学假设不一定都存在。Y 理论对于人类的动机作了过分乐观的假设，实际中的人是有“机会主义本性”的，尤其在监督不力的情况下。因此许多情况下，目标管理所要求的承诺、自觉、自治气氛难以形成。

(3) 目标商定可能增加管理成本。目标商定要上下沟通、统一思想是很费时间的。而且，每个单位、个人都关注自身目标的完成，就有可能忽略相互协作和组织目标，进而滋长本位主义、临时观点和急功近利的倾向。

(4) 有时奖惩不一定都能和目标成果相配合，也很难保证公正性，从而削弱了目标管理的效果。如果组织目标的成果和责任力图划归一个职位或部门，则容易产生授权不足与职责不清等缺陷。

鉴于上述分析，在实际中推行目标管理时，除了掌握具体的方法以外，还要特别注意把握工作的性质，分析其分解和量化的可能；提高员工的职业道德水平，培养合作精神，建立健全各项规章制度，注意改进领导作风和工作方法，使目标管理的推行建立在一定的思想基础和科学管理基础上；要逐步推行，长期坚持，不断完善，从而使目标管理发挥预期的作用。

5.3 计划的形式、编制与评价

5.3.1 计划的形式

现代管理学理论认为，组织中开展的一切以未来为工作内容的管理活动都可以称之为计划工作。同样，这些工作的形式化结果也就是各种各样的计划，计划的层次体系如图 5-2 所示。

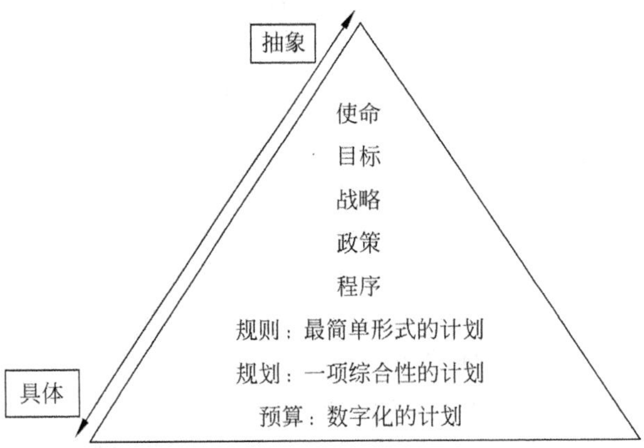

图 5-2 计划的层次图

在一个组织中，常见的广义的计划形式有8种。

1. 宗旨和使命

宗旨和使命是社会赋予组织的基本职能和基本使命。它要解决的是一个组织是干什么的和应该干什么的问题，不同的组织有不同的宗旨。企业的宗旨和使命就是对企业是什么样的企业，为什么存在着进行界定和定位。它对企业的战略选择、重大决策和生意模式具有内在的规定性。

一个组织必须有明确的宗旨和使命，最高管理层应牢记本组织的宗旨，并将宗旨灌输到每一个员工的头脑中去，贯彻到计划的制订和执行过程中去。换言之，宗旨是表明企业是干什么的，应该干什么的。

使命要回答以下问题：

(1) 我们的事业是什么？

(2) 我们的顾客群是谁？

(3) 顾客的需要是什么？

(4) 我们用什么特殊的能力来满足顾客的需求？

(5) 如何看待股东、客户、员工、社会的利益？

例如，医院的宗旨是救死扶伤，治病救人，大学的宗旨是为社会培养高级人才。杭州娃哈哈集团董事长兼总经理宗庆后在“2009中国食品安全高层论坛”上表示，《食品安全法》进一步明确了企业作为食品安全第一责任人的责任，娃哈哈将坚持“食品如人品，品食如品人”的宗旨，把保证食品安全作为义不容辞的社会责任。

小资料

优秀企业的使命概览

迪士尼公司——使人们过得快活。

荷兰银行——透过长期的往来关系，为选定的客户提供投资理财方面的金融服务，进而使荷兰银行成为股东最乐意投资的标的及员工最佳的生涯发展场所。

微软公司——致力于提供使工作、学习、生活更加方便、丰富的个人电脑软件。

索尼公司——体验发展技术造福大众的快乐。

惠普公司——为人类的幸福和发展做出技术贡献。

耐克公司——体验竞争、获胜和击败对手的感觉。

沃尔玛公司——给普通百姓提供机会，使他们能与富人一样买到同样的东西。

IBM公司——无论是一小步，还是一大步，都要带动人类的进步。

鹰腾咨询——我们把咨询当作一种使命，也当成一次美好的历程。帮助客户以新视角、新思维开拓新空间，实现价值与业绩的不断增长，成为备受客户尊敬的战略合作伙伴，是我们永远的追求！

万科(宗旨)——建筑无限生活。

2. 目标

目标是宗旨的具体化，表现为组织在计划期内要追求的结果。目标通常由一系列指标来体现。经济组织的目标常用利润、产量、产值、利润率、成本等来表示。在一个书面计划中，组织要实现的目标常常有一组，它们构成一个由总目标领导的目标体系。诚如一些管理学家所说的，组织计划中的目标是分等级层次的，并且还会形成一个网络。由于目标具有层次特性和网络特性，因此，制订目标的时候要保证各级目标、各部门目标之间的协调统一。

3. 策略

策略是计划的指导方针和行动方针。它表现为在计划中明确重点、程序；为计划提供基本原则；为考虑问题、采取行动指明统一的方向和必要的框架。例如企业是以大批量单一品种、低成本为生产原则，还是以小批量、多品种、供应齐备为生产原则？它们就是企业生产和销售中可选择的两种不同的策略。策略并不是孤立的而是为实现组织的宗旨和目标服务的，同时又为重大政策和各种规划提供原则。

4. 政策

政策是一个组织行动的总体方针和措施，是指导决策思想的全面的陈述书。用管理学的话来说，它是一种用文字表述的计划，主要作用是保证组织的沟通，规定行动的方向和范围，明确解决问题的原则。例如一些管理学家在讨论公司的政策所指出的："政策好比指路牌，它规定必要的，并为公司董事会或执行委员会所认可的活动范围。"一个组织中的政策可能是多种多样的。一个企业，往往需要制定招聘员工的政策、提级增薪的政策、鼓励职工提供合理化建议的政策、企业在市场上的价格竞争政策等。之所以将组织制定的政策也归入计划职能之中，是因为政策的目的也是着眼于未来的。一个组织需要制定某一项政策的起因是因为当前出现了某种问题，但其作用则是为了应付未来再发生诸如此类的问题。如果不是着眼于未来那就只是解决当前问题的方案，而不是政策了。

5. 程序

程序也是一种计划，它规定如何处理未来活动的例行方法。程序只是指导人们去如何采取行动，不是指导去怎样思考问题。它详细地说明在组织活动中，人们必须准确地按照某种既定的方式去完成某种活动。程序的实质就是对所要进行的活动规定的时间顺序。程序在一个组织中是处处存在的，并且一个组织中的程序还是多种多样的。不同的工作需要不同的程序。如在股份公司中，董事会的决策程序就不同于基层管理人员所遵循的程序。一般来说，越到基层，所规定的工作程序也就越细，数量也就越多。

6. 规则

规则本质上也是计划，它同其他许多计划一样，是从各个抉择方案中选定的要采取的行动。用孔茨的话来说，规则往往是一种最简单的计划。在一般情况下，规则、政策和程序三者很难区分开，因为它们共同构成组织的制度，都隐藏在制度之中。西方管理学家认为，规则与指导行动的程序有关，但它不说明时间顺序，如企业关于审批购货单的程序，其中就包含了某些规则。例如，多大数额的订货单需要当天送主管副经理审批的规则。实际上，不能把程序笼统等同于一系列的规则。然而，有些规则是程序所不能包括的，如在防火要求很高的企业中，"禁止吸烟"的规则就与任何程序无关。管理程序中所包含的这些规则是不允许随意违犯的。规则的本质就在于它反映了是否采取某种行动的管理决策权限。

7. 规划

规划是最常见、最典型的计划形式。在一个规划中，组织的宗旨、计划期内要实现的目标、实现目标要采取的策略、执行策略需要遵守的政策、程序、规则等都将得到体现。也正因为如此，人们才将规划与计划等同起来。可从前面的论述知道，规划不能与计划等同，它只不过是一种综合性的计划形式而已。

例如辽宁省国民经济和社会发展第十三个五年规划就是对辽宁省的未来五年作出的综合性、纲领性的发展规划。规划的具体形式和内容弹性较大，如有的规划仅是粗线条的轮廓，或只是定性的基本原则体系；有的则十分详尽，许多目标都已数量化、具体化、明确化。所以人们也常将以粗线条勾画未来发展轮廓的设想称之为规划，如通常称之为"某某战略规划"之类的规划，而将比较详尽的规划称之为计划。从计划管理工作的角度来看，这种区分也是有作用的。

8. 预算

预算就是对组织活动从经济角度进行的计划，预算通常是用数字表示出来的。尽可能地节约支出，求得最大的投入产出效益是每一个管理者努力的目标。所以说，预算是一切组织中最重要的计划之一。一个组织不仅需要预算，而且预算还必须做到科学、可行、合理。与其他计划形式比较起来，对预算的要求更加严格一些，每一个组织都必须认真做好预算工作。

对于现代化企业，全面预算管理正在成为企业内部管理控制的一种主要方法。例如，上海宝钢集团公司为适应计划经济向市场经济的转轨，提升企业市场竞争能力，于 1993 年开始进行全面预算管理的探索。公司的全面预算推行经历了三个阶段：1993—1994 年是宝钢预算管理体系的初步形成阶段，公司设置了经营预算管理部门，并编制了第一份本年度预算；1994—2002 年为预算管理的规范完善阶段，这一阶段通过完善相关预算管理制度和预算管理技术，推出了月度执行预算，形成了规范的预算管理模式；2002 年以后，公司预算管理进一步深化发展，以六年经营规划为指导，进行季度滚动预算，以每股盈余作为预算编制起点，强调资本预算管理，逐步完善预算信息化平台。至此，宝钢形成了以战略目标、经营规划为导向，年度预算为控制目标，滚动执行预算为控制手段，覆盖宝钢生产、销售、投资、研发的全面预算管理体系。

5.3.2 计划编制工作的程序

1. 机会预测

未来是不确定的，但又是可以认识的。认识未来的办法就是要在现实的基础上对未来进行科学的预测，机会预测虽然不是计划的一部分，但却是计划工作的一个真正起点。机会预测包括定性和定量两种。定性预测主要是对未来趋势的基本估计，如企业所面临的市场情况如何，竞争是会更激烈还是会趋于缓和等。定量预测是对定性的趋势预测作出确定性的判断。机会预测是确立目标的前提，是一项十分重要的工作，需要掌握科学的预测方法，需要占有全面、准确的信息。

2. 确立目标

目标是未来行动的方向和努力的标准。计划工作的第一步就是在估量机会的基础上，结合组织的内部条件，确定组织计划工作要实现的目标。组织在未来的一个计划时期中的目标不止一个，而是一个目标体系。因此，组织的总目标确定之后，还要进行目标分解。例如企业在未来一年的利润目标是实现税后利润5000万元，那么这个总目标就必须分解为主营业务收入和营业外收入各自要完成的税后利润两大目标，主营业务收入还必须分解到各个产品或各个分厂、分公司。目标分解也是确定目标的工作内容。

3. 制订方案

目标确定之后，就必须制订实施方案。在调查和研究的基础上，将实施目标的条件、路线、方法和可能出现的困难及克服方法、解决措施具体化。制订方案的过程不能闭门造车，方案的制订人员一定要深入基层，与计划执行人员讨论实施计划的路线、方法和措施。为保证目标得以实现，就应制订出最优方案，即在制订方案时应该比较多个方案择优制订。

4. 计划评价

在计划方案未交决策者抉择之前，应对各方案进行评价。包括程序性评价和经济效果评价，评价的结果应作出书面说明，供决策者参考。

5. 选择方案

在对各个方案进行评价之后，就要进行方案的选择，也是决策的实质性阶段，抉择阶段。

6. 编制预算

计划工作的最后一步是把计划转化为预算，使之数字化。预算实质是资源的分配计划。预算工作做好了，可以成为汇总和综合平衡各类计划的一种工具，也可以成为衡量计划进度的重要标准。

5.3.3 计划编制工作的方法

计划工作必须采用科学的方法，才能保证计划结果的可行性。一般来说，计划工作方法主要有两种。

1. 自下而上，层层平衡的方法

这种方法的具体做法是由基层单位或各部门制订出自己的计划，然后交给组织的计划职能部门进行综合平衡，形成总体计划。这种方法的优点是制订出的计划比较切合各部门的实际，执行起来顺利，缺点是制订计划的时间较长，平衡工作量大。

2. 自上而下，层层分解的方法

该方法是由组织的计划职能部门先制订出总体计划，然后分解到各级部门，各部门再按分配的计划任务制订本部的实施计划。这种方法与上述方法的优缺点正好相反。

5.3.4 计划的评价

计划评价是计划制订工作中十分重要的一环，关系到所制订的计划的质量、水平、可行性等。计划评价的内容包括两个方面，一是计划的程序性评价，是对计划本身的评价，指依照分析和评审制订计划的步骤，以及计划的结构等标准对计划进行评价，其评价的重点是计划制订工作；另一是计划的经济效果评价，主要是评价计划实施后的经济效果如何，是否达到了计划的目标。

1. 计划的程序性评价

计划的程序性评价具体又可分为如下三个方面内容的评价。

1）评价计划的客观性

计划的客观性是指计划制订时所依据的资料是否属实，考虑是否周到，分析是否合乎规律等。这是保证计划的科学性所要求的。如果计划的客观性程度越高，计划的结果就越容易为人们所接受，自然也就容易执行和实现。

2）评价计划的结构完整程度

计划的结构是指计划的覆盖面、涉及的时间跨度、责任的明确性和控制特性等，评价一个计划的结构完整程度首先要看其是否全面。这里的全面包括两层含义：一是组织活动所涉及的重大方面是否都纳入了计划；二是对计划所涉及的问题是否都提出了解决方案。评价计划结构完整程度的第二个指标是计划的时间跨度，即完成计划的明确时间。评价计划完整程度的第三个指标是计划的分工明晰程度，计划必须落实到组织中各个成员的头上。完整的计划必须明确每一个部门、每一个员工的职责。评价计划完整程度的第四个指标是计划的控制操作程度，如提出的指标是否适用，是否可操作。

3）评价计划的灵活性

计划要保持一定的稳定性。但由于外界环境的变动，内部条件的变化，计划不可避免地要进行修改，制订计划应考虑到这一点，计划不能过于僵化。所以，计划的灵活性是对计划进行程序性评价的重要指标。对计划灵活性的评价主要看计划是否提出了预备方案，以及预定方案不可实施时，其他各类方案的可行性。评价计划的灵活性还要看不同计划的衔接协调程度。

2. 计划的经济效果评价

计划的经济效果评价是指对计划实施后的效果的评价。它包括两个方面：一是计划执行前对计划方案实施结果的估计，即通过各种分析手段进行预先分析；二是在计划实际执行之后，将结果与计划进行比较。运用这个方法对计划进行评价是基于如下两个假设：任何组织都以效用最大化为行为原则，都必须从一定量的投入中获得最大的产出，即使这个组织不是经济组织也不例外；经济学的原理和方法应该是可以应用并转化为管理的原则和方法的，组织的投入产出行为以一定的货币为标准度量是可能的。关于计划执行结果评价的程序和方法，在一定程度上也就是决策的评价过程。

5.3.5 计划的调整与修正

1. 计划调整与修正的必要性

计划是面对未来的工作。在现在的基础上计划未来，无论工作多么细致，投入量多么大，计划中的某些方面，甚至有些计划总有与未来不相符的情况出现。产生这种现象的原因不外乎两个，一是计划时对未来的变化因素考虑不周，因为智者千虑，难免一失；二是预计的情况发生了变化或出现了不可控因素。无论哪一种原因造成的计划与现实不符的情形，要调整的只能是计划，而不是客观实际。所以，计划的调整与修正就是计划管理不可缺少的内容了。计划的调整与修正是计划管理循环中的一个中间环节，是协调计划与实际情况的重要工作，因此需要认真对待。

2. 计划调整与修正的原则

为了保证计划的调整与修正正确、有效，应遵循以下两条原则。

1）严肃性原则

虽然计划执行过程中修正、调整计划是正常现象，但却不能看成随随便便的事情。计划是行动的指南和控制的标准，修正计划，不论其程度多大，都是对行动指南、控制标准的调整，事关全局，必须慎重。

按照严肃性原则，计划修正要做到：严格规定计划修正的权限。一般来说，计划执行主体无权修正计划。计划由哪一级下达的，就由哪一级修正；修正后的计划应视同重新制订的计划，需要重新进行评价、选择。

2）稳定性原则

在一个计划期内，如果多次或大幅度地修正计划，必然给组织的管理和实现目标带来巨大的不利影响。所以在计划修正工作中，应尽可能地保证计划的稳定性和连续性。不存在重大的原则性失误，计划可以修正就不要推倒重来；只要与实际情况差别不大，就不要随便修改计划。

5.4 几种常见的计划工具

美国陆军部于 1942 年 6 月开始实施的利用核裂变反应来研制原子弹的计划，亦称曼哈顿计划。为了先于纳粹德国制造出原子弹，该工程集中了当时西方国家最优秀的核科学家，动员了 10 万多人参加这一工程，历时 3 年，耗资 20 亿美元，于 1945 年 7 月 16 日成功地进行了世界上第一次核爆炸，并按计划制造出两颗实用的原子弹，整个工程取得圆满成功。在工程执行过程中，负责人 L·R. 格罗夫斯和 R. 奥本海默应用了网络计划技术的思路和方法，大大缩短了工程所耗时间。这一工程的成功促进了第二次世界大战后系统工程的发展。

“曼哈顿”工程在顶峰时期曾经起用了 53.9 万人。正是由于应用了网络计划技术，曼哈顿计划的各项工作才得到很好的协调。在现实中，为了保障组织目标的实现，组织往往需要利用许多有效的计划工具，如甘特图、网络计划技术、目标管理、滚动式计划等。

5.4.1 甘特图

甘特图(Gantt chart)又叫横道图，它以图示的方式通过活动列表和时间刻度形象地表示出任何特定项目的活动顺序与持续时间。它是在第一次世界大战时期发明的，以亨利·L. 甘特先生的名字命名。甘特制定了一个完整地用条形图表示进度的标志系统。由于甘特图形象简单，在简单、短期的项目中，甘特图得到了最广泛的运用。它内在的思想很简单，它基本上是一种线条图，横轴表示时间，纵轴表示要安排的活动，线条表示在整个时间上的计划和实际的活动完成情况。甘特图直观地表明任务、计划在什么时候进行，以及实际进展与计划要求的对比。它虽然简单，但却是一种重要的工具，它使管理者很容易搞清一项任务或项目还剩下哪些工作要做，并且能够评估工作是提前了还是拖后了，或是在按计划进行。

甘特图如图5-3所示，时间以月为单位表示在图的下方，主要活动从上到下列在图的左边：计划需要确定的任务包括哪些活动，这些活动的顺序，以及每项活动应当持续的时间。甘特图可以作为一种控制工具，帮助管理者发现实际进度偏离计划的情况。给出这些信息，可促使项目的管理者采取纠正行动。

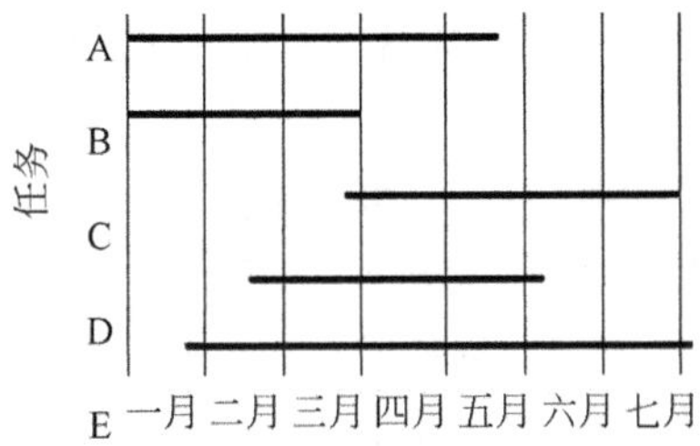

图5-3 甘特图

构建甘特图时注意以下两方面：

(1) 是以图形或表格的形式显示活动及进度计划的方法；

(2) 构造时间进度时应包括实际日历天和持续时间，而不包括节、假日时间。

甘特图具有简单、醒目和便于编制等特点，在企业管理工作中被广泛应用。甘特图按反映的内容不同，可分为计划图表、负荷图表、机器闲置图表、人员闲置图表和进度表等五种形式。

负荷图(load chart)如图5-4所示，是一种修改了的甘特图，它不是在纵轴上列出活动，而是列出整个部门或者某些特定的资源。根据负荷图，管理者可以加强对生产能力的计划和控制，换言之，它是工作中心的能力计划。

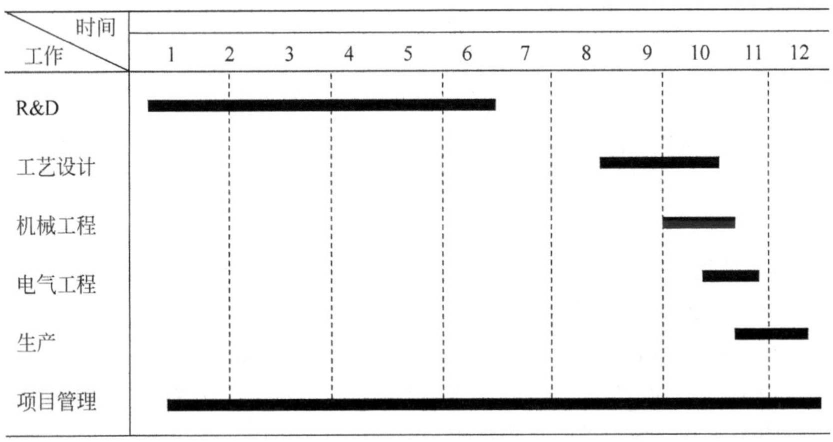

图5-4 负荷图

5.4.2 网络图

在工程计划管理中，经常使用到网络图的概念，它是网络计划技术的基础。网络图(network planning)是一种图解模型，形状如同网络，故称为网络图。网络图是用箭线和结点将某项工作的流程表示出来的图形。根据绘图表达方法的不同，分为双代号表示法（以箭线表示工作）和单代号表示法（以结点表示工作）；根据表达的逻辑关系和时间参数的肯定与否，又可分为肯定型和非肯定型两大类；根据计划目标的多少，可以分为单目标网络模型和多目标网络模型。

1. 网络图的组成内容

下面以双代号网络来说明其构成。网络图是由作业、事件和路线三个要素组成的。

1）作业

作业（activity），也称活动，是指一项需要消耗人力、物力和时间的具体工作或工序过程。在网络图中作业用箭线表示，箭尾表示作业开始，箭头表示作业结束。如图 5-5 所示，作业的名称标注在箭线的上面，该作业的持续时间（或工时）标注在箭线的下面。有些作业或工序不消耗资源也不占用时间，称为虚作业，用虚箭线---►表示。在网络图中设立虚作业主要是表明一项事件与另一项事件之间的相互依存、相互依赖的关系，即其逻辑关系。

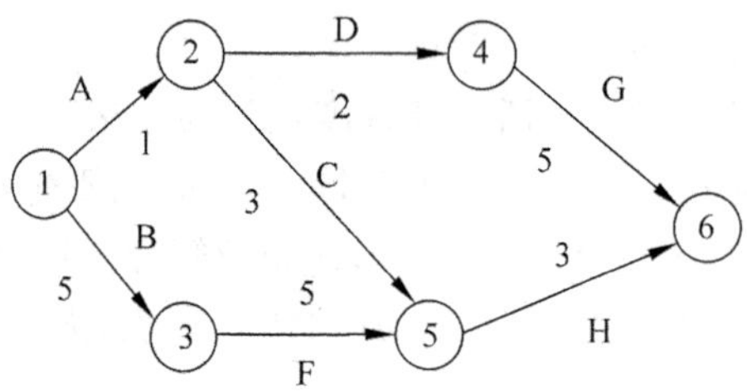

图 5-5 网络图

2）事件

事件（event），是指某项作业的开始或结束，它不消耗任何资源和时间，在网络图中用○表示。○是两条或两条以上箭线的交结点，又称为结点。网络图中第一个事件（即○）称网络的起始事件，表示一项计划或工程的开始；网络图中最后一个事件称网络的终点事件，表示一项计划或工程的完成；介于始点与终点之间的事件叫作中间事件，它既表示前一项作业的完成，又表示后一项作业的开始。为了便于识别、检查和计算，在网络图中往往对事件编号，编号应标在○内，由小到大，可用连续或间断数字进行编号。

3）路线

路线（path），是指自网络始点开始，顺着箭线的方向，经过一系列连续不断的作业和事件直至网络终点的通道。一条路线上各项作业的时间之和是该路线的总长度（路长）。在一个网络图中有很多条路线，其中总长度最长的路线称为“关键路线”（critical path），关键路线上的各事件为关键事件，关键事件所耗费时间之和等于整个工程的总工期。有时一个网络图中的关键路线不止一条，即若干条路线长度相等。除关键路线外，其他的路线统称为非关键路线。

如图 5-5 所示，有三条路线，分别是：

①→②→④→⑥；①→②→⑤→⑥；①→③→⑤→⑥

各条路线的路长分别是：第一条 1＋2＋5 ＝8；第二条 1＋3＋3＝7；第三条 5＋5＋3＝13。故关键路线是第三条路线。

2. 网络图绘制的基本规则

绘制网络图必须严格遵循下列基本规则：

(1) 网络图中不能出现循环路线，否则将使组成回路的工序永远不能结束，工程永远不能完工。

(2) 进入一个结点的箭线可以有多条，但相邻两个结点之间只能有一条箭线。当需要表示多活动之间的关系时，可用增加结点(node)和虚拟作业(dummy activity)来表示。

(3) 在网络图中，除网络始点、终点外，其他各结点的前后各有进、出箭线连接，即图中不能有缺口，使自网络始点起经由任何箭线都可以达到网络终点。否则，将使某些作业失去与其紧后(或紧前)作业应有的联系。

(4) 箭线的首尾必须有事件，不允许从一条箭线的中间引出另一条箭线。

(5) 为表示工程的开始和结束，在网络图中只能有一个始点和一个终点。当工程开始时有几个工序平行作业，或在几个工序结束后完工。若这些工序不能用一个始点或一个终点表示时，可用虚工序把它们与始点或终点连接起来。

(6) 网络图绘制力求简单明了，箭线最好画成水平线或具有一段水平线的折线；箭线尽量避免交叉；尽可能将关键路线布置在中心位置。

3. 逻辑关系

根据网络图中有关作业之间的相互关系，可以将作业划分为：紧前作业、紧后作业、平行作业和交叉作业。

(1) 紧前作业：是指紧接在该作业之前的作业。紧前作业不结束，则该作业不能开始。

(2) 紧后作业：是指紧接在该作业之后的作业。该作业不结束，紧后作业不能开始。

(3) 平行作业：是指能与该作业同时开始的作业。

(4) 交叉作业：是指能与该作业相互交替进行的作业。

网络图中作业之间的逻辑关系是相对的，不是一成不变的。只有指定了某一确定作业，考察与之有关的各项作业的逻辑联系，才是有意义的。

4. 绘制网络图的步骤

(1) 划分作业项目，即分解项目活动任务，把任务分解为许多小的作业或工序，划分的粗细程度可根据情况而定。

(2) 分析和确定作业之间的逻辑关系，即分析各项作业之间工艺要求和组织条件，确定作业之间的先后顺序。

(3) 确定各项作业时间，最后汇总，开列作业明细表。作业时间的确定，通常有两种方法。一种是单一时间估计法，即对各项活动的作业时间，仅确定一个时间值。这种方法适用于不可知因素较少、有类似项目的工时资料可供借鉴的情况。另一种是三点估计法。在没有可靠的工时资料时，只能用估计时间来确定。三点估计法就是对活动的作业时间预估三个时间值(最乐观时间、最保守时间和最可能时间)，然后求出可能的平均作业时间。其计算公式为：

$$T_{均} = (a + 4m + b) \div 6 \tag{5.1}$$

式(5.1)中：

$T_{均}$——平均作业时间；

a——最乐观时间；

b——最保守时间；

m——最可能时间。

(4) 作图并结合结点编号。有了作业清单和各项活动之间的逻辑关系，就可绘制网络图。网络图应能正确反映出整个工程的各项活动及活动之间的相互关系。根据作业清单中各项活动的逻辑关系绘制网络图时，可以从始点开始画，也可以从终点开始画。但一般说来，逻辑关系如果表示的是紧后关系，则从始点开始画比较方便，如果表示的是紧前关系，则从终点开始画比较方便。

5.4.3 预测及预测方法

预测是计划工作中不可缺少的一项工作，正确的预测是科学决策的前提，要做好计划与决策工作，必须正确理解预测。预测就是根据事物过去发展变动的客观过程和某些规律性，参照当前已经出现和正在出现的各种可能性，运用当代管理、数学、统计、社会科学等方法，对事物未来可能出现的趋势和可能达到的水平所做的一种科学推测。一般来说，预测结果应有一个明确的数量概念和数量界限，不能模棱两可，似是而非。

现代科学预测的基础是所依据的客观规律，保证预测结果的科学性和精确性的则是现代预测方法的运用。当代预测方法已经很多，各有不同的用途。如在经济活动中有投入产出法、回归分析法、趋势列推法、移动平均法等。下面就介绍两种常见的预测方法——时间序列预测法和回归分析预测法。

1. 时间序列预测法

时间序列预测法是以时间数列所能反映的社会经济现象的发展过程和规律性，进行引申外推，预测其发展趋势的方法。

时间序列，也叫时间数列、历史复数或动态数列。它是将某种统计指标的数值，按时间先后顺序排列所形成的数列。时间序列预测法就是通过编制和分析时间序列，根据时间序列所反映出来的发展过程、方向和趋势，进行类推或延伸，借以预测下一段时间或以后若干年内可能达到的水平。

时间序列预测法可用于短期、中期和长期预测。根据对资料分析方法的不同，又可分为：简单序时平均数法、加权序时平均数法、移动平均法、加权移动平均法、趋势预测法、指数平滑法、季节性趋势预测法、市场寿命周期预测法等。

时间序列预测法的基本数学模型是：

$$F(t) = F(t_i)(i = 1,2,\cdots,t-1) \tag{5.2}$$

不同的预测方法其具体的模型又是不同的，下面仅以加权移动平均法为例进行说明。

加权移动平均法就是根据同一个移动段内不同时间的数据对预测值的影响程度，分别给予不同的权数，然后再进行平均移动以预测未来值。

假设：

$y_{t+1},y_{t+2},\cdots,y_{t+n}$为 n 个时期观察数据(t 大于 n，以下同)；

$w_{t+1},w_{t+2},\cdots,w_{t+n}$为 n 个时期对应的权数；

$\hat{y}_{t+n+1}$为第 $t+n+1$ 时期预测值，即前 n 个时期的观测数据的加权平均值。

预测值计算式为：

$$\hat{y}_{t+n+1}=\frac{\sum_{i}^{n} y_{t+i} w_{t+i}}{\sum_{i}^{n} w_{t+i}} \tag{5.3}$$

2. 回归分析预测法

回归分析预测法，是在分析自变量和因变量之间相关关系的基础上，建立变量之间的回归方程，并将回归方程作为预测模型。根据自变量在预测期的数量变化来预测因变量关系大多表现为相关关系，因此，回归分析预测法是一种重要的市场预测方法。

在回归分析预测方程中，自变量与因变量分别代表两种不同的事物。回归分析预测法有多种类型。依据相关关系中自变量的个数不同分类，可分为一元回归分析预测法和多元回归分析预测法。在一元回归分析预测法中，自变量只有一个，而在多元回归分析预测法中，自变量有两个以上。依据自变量和因变量之间的相关关系不同，可分为线性回归预测和非线性回归预测。

x，y 是两个经济变量，n 个历史数据表示为：(x_1, y_1)，(x_2, y_2)，…，(x_n, y_n)。一元线性回归法的数学模型由式(5.4)表示：

$$y=a+bx \tag{5.4}$$

回归分析预测法的步骤如下。

1）根据预测目标，确定自变量和因变量

明确预测的具体目标，也就确定了因变量。如预测具体目标是下一年度的销售量，那么销售量 y 就是因变量。通过市场调查和查阅资料，寻找与预测目标的相关影响因素，即自变量，并从中选出主要的影响因素。

2）建立回归预测模型

依据自变量和因变量的历史统计资料进行计算，在此基础上建立回归分析方程，即回归分析预测模型。

3）进行相关分析

回归分析是对具有因果关系的影响因素（自变量）和预测对象（因变量）所进行的数理统计分析处理。只有当自变量与因变量确实存在某种关系时，建立的回归方程才有意义。因此，作为自变量的因素与作为因变量的预测对象是否有关，相关程度如何，以及判断这种相关程度的把握性多大，就成为进行回归分析必须要解决的问题。进行相关分析，一般要求出相关关系，以相关系数的大小来判断自变量和因变量的相关的程度。

4）检验回归预测模型，计算预测误差

回归预测模型是否可用于实际预测，取决于对回归预测模型的检验和对预测误差的计算。回归方程只有通过各种检验，且预测误差较小，才能将回归方程作为预测模型进行预测。

5）计算并确定预测值

利用回归预测模型计算预测值，并对预测值进行综合分析，确定最后的预测值。

5.4.4 滚动计划

滚动计划法是按照“近细远粗”的原则制订一定时期内的计划，然后按照计划的执行情况和环境变化，调整和修订未来的计划，并逐期向后移动，把短期计划和中期计划结合起来的一种计划方法。

例如，某公司是中国东部地区一家知名企业，原有的计划管理水平低下，粗放管理特征显著，计划管理与公司实际运营情况长期脱节。为实现企业计划制订与计划执行的良性互动，在管理咨询公司顾问的参与下，该公司逐步开始推行全面滚动计划管理。首先，该公司以全面协同量化指标为基础，将各年度分解为4个独立的、相对完整的季度计划，并将其与年度紧密衔接。该公司各季度计划的制订是根据近细远粗、依次滚动的原则开展的。该公司立足于企业长期、稳定、健康的发展，将季度计划、年度计划、跨年度计划环环相扣，前后呼应，形成了独具特色的企业计划管理体系，极大地促进了企业计划制订和计划执行相辅相成的功效，明显提升了企业计划管理、分析预测和管理咨询的水平，为企业整体效益的提高奠定了坚实的基础。

1. 滚动计划思想

滚动计划（也称滑动计划）是一种动态编制计划的方法。它不像静态分析那样，等一项计划全部执行结束之后再重新编制下一时期的计划，而是在每次编制或调整计划时，均将计划按时间顺序向前推进一个计划期，即向前滚动一次。按照制订的项目计划进行施工，对保证项目的顺利完成具有十分重要的意义，但由于各种原因，在项目进行过程中经常出现偏离计划的情况，因此要跟踪计划的执行过程，以发现存在的问题。另外，跟踪计划还可以监督执行过程的费用支出情况，跟踪计划的结果通常还可以作为向承包商部分支付的依据。

滚动计划编制的方法是：在已编制出的计划的基础上，每经过一段固定的时期（例如一年或一个季度，这段固定的时期被称为滚动期）便根据变化了的环境条件和计划的实际执行情况，从确保实现计划目标出发对原计划进行调整。每次调整时，保持原计划期限不变，而将计划期顺序向前推进一个滚动期。

2. 滚动计划的制订流程

在计划编制过程中，尤其是编制长期计划时，为了能准确地预测影响计划执行的各种因素，可以采取近细远粗的办法，近期计划订得较细、较具体，远期计划订得较粗、较概略。在一个计划期终结时，根据上期计划执行的结果和产生条件以及市场需求的变化，对原订计划进行必要的调整和修订，并将计划期顺序向前推进一期，如此不断滚动。例如某企业在2003年底制订了2004—2008年的五年计划，采用滚动计划法，到2004年底，根据当年计划完成的实际情况和客观条件的变化，对原订的五年计划进行必要的调整，在此基础上再编制2005—2009年的五年计划，其后以此类推，如图5-6所示。

可见，滚动式计划法能够根据变化了的组织环境及时调整和修正组织计划，体现了计划的动态适应性。它可以使中长期计划与年度计划紧紧地衔接起来。滚动计划法，既可用于编制长期计划，也可用于编制年度、季度生产计划和月度生产作业计划。不同计划的滚动期不一样。一般长期计划按年滚动；年度计划按季滚动；月度计划按旬滚动等等。

3. 滚动计划的优点

滚动计划虽然使得计划编辑工作的任务量加大，但在计算机已被广泛应用的今天，其优点十分明显：滚动计划把计划期内各阶段以及下一个时期的预先安排有机地衔接起来，而且定期调整补充，从而从方法上解决了各阶段计划的衔接和不符合实际的问题，较好地解决

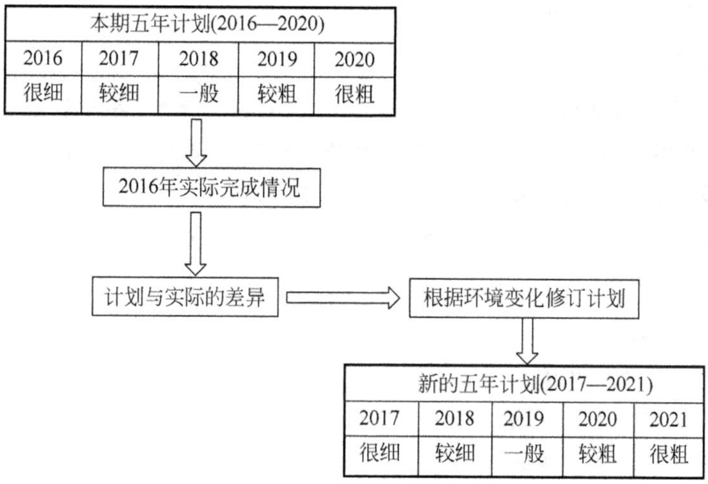

图 5-6 五年期的滚动计划法

了计划的相对稳定性和实际情况的多变性这一矛盾，使计划更好地发挥其指导生产实际的作用。采用滚动计划法，使企业的生产活动能够灵活地适应市场需求，把供产销密切结合起来，从而有利于实现企业预期的目标。

需要指出的是，滚动间隔期的选择，要适应企业的具体情况。如果滚动间隔期偏短，则计划调整较频繁，好处是有利于使计划符合实际，缺点是降低了计划的严肃性。一般情况是，生产比较稳定的大批量生产企业宜采用较长的滚动间隔期，生产不太稳定的单件小批生产企业则可考虑采用较短的间隔期。

复习思考题

1. 计划的 5W＋1H 分别是什么？
2. 计划的特点有哪些？
3. 试比较指导性计划和具体性计划。
4. 在环境不确定的情况下，更适合编制什么样的计划？
5. 网络图绘制的规则有哪些？
6. 如何理解计划的权变因素？
7. 滚动计划有什么优点？你能否为自己的大学生活制订一个可实施的滚动计划？

【案例分析】

案例：某机床厂的目标管理

某机床厂从××××年开始推行目标管理。为了充分发挥各职能部门的作用，充分调动一千多名职能部门人员的积极性，首先对厂部和科室实施了目标管理。经过一段时间的试点后，目标管理逐步推广到全厂各车间、工段和班组。按照目标管理的原则，该厂把目标管理分为三个阶段进行。

第一阶段：目标制定阶段

1. 总目标的制定

通过对国内外市场机床需求的调查，结合长远规划的要求，并根据企业的具体生产能力，该厂提出了当年“三提高”“三突破”的总方针。所谓三提高，就是提高经济效益、提高管理水平和提高竞争能力；三突破是指在新产品数目、创汇和增收节支方面要有较大的突破。在此基础上，把总方针具体化、数量化，初步制定出总目标方案，并发动全厂员工反复讨论、不断补充，送职工代表大会研究通过，正式制定出全厂当年的总目标。

2. 部门目标的制定

企业总目标由厂长向全厂宣布后，全厂就对总目标进行层层分解，层层落实。各部门的分目标由各部门和厂企业管理委员会共同商定，先确定项目，再制定各项目的指标标准。分目标的制定依据是厂总目标和有关部门负责拟定、经厂部批准下达的各项计划任务，原则是各部门的工作目标值只能高于总目标中的定量目标值，同时，为了集中精力抓好目标的完成，目标的数量不可太多。为此，各部门的目标分为必考目标和参考目标两种。必考目标包括厂部明确下达的目标和部门主要的经济技术指标；参考目标包括部门的日常工作目标或主要协作项目。其中必考目标一般控制在2～4项，参考目标项目可以多一些。目标完成的情况由各部门以目标卡片的形式填报厂部，通过协调和讨论，最后由厂部批准。

3. 目标的进一步分解和落实

部门的目标确定了以后，接下来的工作就是目标的进一步分解和层层落实到每个人。

(1) 部门内部小组(个人)目标管理，其形式和要求与部门目标制定相类似，拟定目标也采用目标卡片，由部门自行负责实施和考核。要求各个小组(个人)努力完成各自目标值，保证部门目标的如期完成。

(2) 部门目标的分解是采用流程图方式进行的，具体方法是：先把部门目标分解落实到职能组，职能组再分解落实到工段、工段再下达给个人。通过层层分解，全厂的总目标就落实到了每一个人身上。

第二阶段：目标实施阶段

在目标实施过程中，主要抓以下三项工作。

1. 自我检查、自我控制和自我管理

目标卡片经主管副厂长批准后，一份存企业管理委员会，一份由制定单位自存。由于每一个部门、每一个人都有了具体、定量的明确目标，所以在目标实施过程中，人门会自觉、努力地实现这些目标，并对照目标进行自我检查、自我控制和自我管理。这种自我管理，能充分调动各部门及每一个人的主观能动性和工作热情，充分挖掘自己的潜力，因此，完全改变了过去那种上级只管下达任务，下级只管汇报完成情况，并由上级不断检查、监督的传统管理办法。

2. 加强经济考核

虽然目标管理的循环周期为一年，但为了进一步落实经济责任制，及时纠正目标实施过程中与原目标之间的偏差，该厂打破了目标管理一个循环周期只能考核一次、评定一次的束缚，坚持每一季度考核一次和年终总评定相结合。这种加强经济考核的做法，进一步调动了广大职工的积极性，有力地促进了经济责任制的落实。

3. 重视信息反馈工作

为了随时了解目标实施过程中的动态情况，以便采取措施，及时协调，使目标能顺利实现，该厂十分重视目标实施过程中的信息反馈工作，并采用了两种信息反馈方法：

(1) 建立工作质量联系单，及时反映工作质量和服务协作方面的情况。尤其当两个部门发生工作纠纷时，厂管理部门就能从工作质量联系单中及时了解情况，经过深入调查，尽快加以解决。这样就大大提高了工作效率，减少了部门之间的不协调现象。

(2) 通过修正目标方案来调整目标，内容包括目标项目、原定目标、修正目标以及修正原因等，并规定在工作条件发生重大变化需修改目标时，责任部门必须填写目标修正方案并提交企业管理委员会，由该委员会提出意见交主管副厂长批准后方能修正目标。

厂长由于狠抓了目标实施的三项工作，因此，不仅大大加强了对目标实施动态的了解，更重要的是加强了各部门的责任心和主动性，从而使全厂各部门从过去等待问题找上门的被动局面，转变为积极寻找和解决问题的主动局面。

第三阶段：目标成果评定阶段

目标管理实际上就是根据成果来进行管理的，成果评定阶段因而显得十分重要。因此，该厂采用了自我评价和上级部门主观评价相结合的做法，即在下一个季度第一个月的10日之前，每一部门必须把一份季度工作目标完成情况表报送企业管理委员会(在这份报表上，要求每一部门自行对上一阶段的工作作出恰如其分的自评)；企业管理委员会核实后，也给予恰当的评分，如：必考目标为30分，参考目标为15分，每一项目标超过指标3%加1分，以后每增加3%再加1分。参考目标有一项未完成而不影响其他部门目标完成的，扣除参考目标项目中的3分，影响其他部门目标完成的则扣分增加到5分。加1分相当于增加该部门基本奖金的1%，减1分则扣除该部门奖金的1%。如果有一项必考目标未完成则扣除至少10%的奖金。

该厂在目标成果评定工作中深深体会到，目标管理的基础是经济责任制，目标管理只有同明确的责任划分结合起来，才能深入持久，才能具有生命力，从而达到最终的成功。

思考与讨论

1. 在目标管理过程中应该注意哪些问题？

2. 增加和减少员工奖金的发放额是实行奖惩的最佳方法吗？此外，你认为还有哪些激励和约束措施？

3. 你认为实行目标管理时，培养完整、严肃的管理环境和制定自我管理的组织机制哪个更重要？

4. 在这个实行目标管理的案例中，你认为现今环境下还应该做哪些修正？

第6章 战 略

【本章要点】

- 外部一般环境；
- 驱动行业竞争的五种力量；
- 战略的内涵；
- 战略制定的原则和步骤；
- SWOT 分析；
- 战略管理的三个层次；
- 成本领先战略、差异化战略、多元化战略、一体化战略。

战略计划是组织的一种特殊意义的计划，是组织的一种总体行动方案。对于企业来说，随着日新月异的技术革新，日益加剧的全球化竞争，以及其他方面的环境冲击，传统的长期计划方法变得不再那么重要。分析组织内外部环境，评价组织的优势和劣势从而制定战略越来越被组织所重视，并且成为其面对多变的环境以及激烈竞争的一个重要武器。

一个企业需要有明确的目标和正确的战略，企业家们已经认识到企业战略是决定企业经营活动成败的关键性因素。近年来，国际化的趋势也赋予了战略管理新的内容。今天，战略管理已经超出了工商企业的领域，所有组织，包括政府机构、营利机构、教育组织和非营利机构在内，都应制定自己的战略，通过战略规划组织的发展方向。

6.1 战略与战略管理

6.1.1 什么是战略

1. 战略与企业战略

战略这个词最早是军事上的一个概念，指将帅的智谋和对军事力量的运用。那么在经济管理领域，战略究竟是什么意思呢？

1965 年美国的管理学家安索夫写了《公司战略》这本书，把战略这个词用到企业管理领域。作为战略管理的一代宗师，他首次提出了公司战略概念、战略管理概念、企业竞争优势概念、战略规划的系统理论以及把战略管理与环境联系起来的权变理论。他认为，企业战略就是企业运用所拥有的技术和资源，在最有利的情况下达成其基本目标的一种科学和艺术。

总之，战略是最重要的计划形式之一，是组织的一种总体行动方案，为实现目标和寻求组织在环境中地位的重点部署和安排。确切地说，战略计划就是用一系列的主要方针、计划来实现企业的目的，即企业现在在做什么业务，想做什么业务；现在是一个什么样的公司以及未来想成为一个什么样的公司。

管理学家亨利·明茨伯格针对企业战略指出，人们在生产经营活动中不同的场合以不同的方式赋予企业战略不同的内涵。这说明人们可以根据需要接受多样化的战略定义。在这种观点的基础上，明茨伯格提出企业战略由五种规范的定义阐述，即企业战略的"5P"，具体内容如下。

战略是一种计划(Plan)。是指战略是一种有意识、有预计、有组织的行动程序，是解决一个企业如何从现在的状态达到将来位置的问题。战略主要为企业提供发展方向和途径，包括一系列处理某种特定情况的方针政策，属于企业"行动之前的概念"。

战略是一种计策(Ploy)。是指战略不仅仅是行动之前的计划，还可以在特定的环境下成为行动过程中的手段和策略，一种在竞争博弈中威胁和战胜竞争对手的工具。

战略是一种模式(Pattern)。是指战略可以体现为企业一系列的具体行动和现实结果，而不仅仅是行动前的计划或手段。也就是说，无论企业是否事先制定了战略，只要有具体的经营行为，就有事实上的战略。

战略是一种定位(Position)。是指战略是一个组织在其所处环境中的位置，对企业而言就是确定自己在市场中的位置。

战略是一种观念(Perspective)。是指战略表达了企业对客观世界固有的认知方式，体现了企业对环境的价值取向和组织中人们对客观世界固有的看法，进而反映了企业战略决策者的价值观念。

2. 战略的特征

战略就其属性来讲是一种带有全局性、长远性和根本性的计划，是一种以适应环境和超越竞争对手为主要特征的抗争性计划。战略属于宏观管理范畴，具有全局性、指导性、竞争性、长远性、风险性等主要特征。

1) 全局性

这是战略最根本的特征。全局性是指战略必须以企业的全局为研究对象来确定企业的总目标，规定企业的总行动，追求企业的总数量。对于企业来说，企业战略立足于未来，通过对政治、经济、文化及行业等经营环境的深入分析，结合自身资源，站在系统管理高度，对企业的远景发展进行全面的规划。

2) 指导性

战略计划界定了企业的经营方向、远景目标，明确了企业的经营方针和行动指南，并筹划了实现目标的轨迹及指导性的措施、对策，在企业经营管理活动中起着导向的作用。

3) 竞争性

制定和实施战略计划都要针对特定对象，通过对其各方面的情况进行分析判断，确定适当的战略目的。竞争是市场经济不可回避的现实，也正是因为有了竞争才确立了战略在经营管理中的主导地位。面对竞争，企业战略计划需要进行内外环境分析，明确自身的资源优势，通过设计恰当的经营模式，形成特色经营，增强企业的对抗性和战斗力，推动企业长远、健康的发展。

4）长远性

长远性是指战略规划要体现、服从组织长远发展的愿景和目标，不能局限于眼前利益和近期现状。组织战略着眼于长期生存和长远发展，确立了远景目标，并谋划实现远景目标的发展轨迹及宏观管理的措施、对策。战略计划的价值就是通过对环境变化的预测分析来帮助组织预先采取应对措施，减少未来不利变化的影响，实现组织的平稳有序发展。

5）风险性

企业作出任何一项决策都存在风险，战略决策也不例外。战略面向企业未来，而未来具有不确定性，因为战略必然具有风险性。如果行业发展趋势预测准确，设立的目标客观，企业各战略阶段人、财、物等资源调配得当，战略形态选择科学，那么制定的战略就能引导企业健康的发展。反之，设立目标过于理想，对行业的发展趋势预测有偏差，制定的战略就会产生管理误导，就会给企业带来经营风险。

3. 战略的构成要素

从内涵上说，企业战略主要包含这样几个要素：

经营范围。经营范围是指企业从事生产经营活动的领域。对于大多数企业来说，应该根据自己所处的行业、生产的产品和市场来确定经营范围。

资源配置。资源配置是战略实现的基础，资源配置的好坏会极大地影响企业实现目标的程度。当企业面临重大挑战，考虑采取相应战略行动时，一般都要对已有的资源配置模式加以调整，以支持企业总体战略行为。

竞争地位。是指企业通过对经营范围与资源配置模式的决策，在市场上所形成的与竞争对手不同的竞争地位。

协同作用。协同作用是指企业从资源配置和经营范围的决策中所能寻求的各种共同努力的效果。企业通过对总体资源整合所获得的收益，应当大于各部分资源单独收益的总和。

6.1.2 战略管理的层次

如果企业只是生产单一产品或提供单一服务，则任何组织的管理部门只需制定单一的战略计划，就可完成所有的事情。但是许多组织的业务都是多元化的，例如美国通用电气公司就是一家经营多种事业的企业，该公司从飞机发动机、电灯泡到拥有 NBC 电视网，几乎无所不包。并且，这些多元化公司还拥有多种职能部门，如财务和市场营销部门，这些部门为公司的每一种业务提供支援。因此，企业经营战略是一个纵横向系统，可以分解为不同层次的子系统。

一般来讲，对于上规模的大中型企业，我们可以理解为战略在组织内是分层次的。企业经营战略包括三个层次：第一层次是公司层战略；第二层次是事业部层战略（业务战略）；第三层次是职能层战略。

1. 公司层战略

很多企业会同时运作多项业务，公司层战略就是公司战略。企业开展哪些业务，进入哪些不同市场，如何管理这些不同业务，如何处理母子公司关系，这些都取决于公司层面的战略。

公司层战略主要关注整个公司的经营范围,从结构和财务的角度来考虑如何经营,如何回答这样的问题:我们应当拥有什么样的事业组合?如何在几项业务中分配资源?如何与公司的投资人或投资机构进行沟通等。具体表现为企业是从事多元化经营,还是通过垂直整合或者并购来实现增长等。

2. 业务层战略

业务层战略,也就是经营单位战略,主要涉及如何在市场中竞争。业务层战略规定该企业单位提供的产品或服务以及向哪些顾客提供产品或服务。主要关心企业在每一项业务领域里应如何进行竞争;应该开发哪些产品或服务,以及将其提供给哪些市场;关心目标市场的客户满意程度,以及公司目标的实现程度。例如某家电企业,其业务层战略可能会考虑以下问题:液晶电视如何进一步扩大市场占有率和盈利能力,冰箱产品线是否应该增加品种种类等。

一般认为,公司层战略涉及组织的整体决策,而业务层战略(竞争战略)则更关心组织内的某个战略业务单位。对于该业务单位来说,竞争战略是其最重要的战略,重点是研究如何在竞争中获胜。

3. 职能层战略

战略的第三个层次在组织的职能层。这一层战略关心公司的不同职能部门,比如营销、财务、生产制造及人力资源部门如何为其他各层级战略服务,以实现其他各层级的战略目标。

对于公司层、业务层以及职能层这三个层次的战略来说,下一层级战略是上一层级战略的具体化和展开,它要保证上一层级总体战略目标的实现以及系统的支持性;但它又有根据其工作性质和要求所确定的目标和措施,具有相对的独立性。

6.1.3 战略管理理论的演进

战略管理是指企业确定其使命,根据组织外部环境和内部条件设定企业的战略目标,为保证目标的正确落实和实现进行谋划,并依靠企业内部能力将这种谋划付诸实施,以及在实施过程中进行控制的一个动态管理过程。

现在人们普遍认为,战略管理是现代管理的核心内容之一,无论是企业或是政府的管理工作都需要在战略的指引下进行。然而战略这一概念提出并运用到管理中是近些年的事情,并且战略管理理论的发展也是经过了一个渐进的过程。

战略理论研究时间并不长。战略管理理论发展大致可以划分为四个理论阶段:传统战略管理理论、竞争战略管理理论、核心竞争力战略管理理论和超越竞争战略管理理论。

1. 传统战略管理理论

传统战略管理理论是在20世纪60年代形成的,主要代表人物是钱德勒和安索夫。美国著名管理学家艾尔弗雷德·D.钱德勒在《战略与结构:工业企业史的考证》一书中,分析了环境、战略和组织之间的相互关系,提出了“结构追随战略”的论点。他认为,企业经营战略应当适应环境、满足市场需求,而组织结构又必须适应企业战略,随着战略的变化而变化。

伊戈尔·安索夫在1965年出版的《公司战略》一书中提出了“企业战略”这一概念,并将战略定义为“一个组织打算如何去实现其目标和使命,包括各种方案的拟定和评价,以及最终将要实施的方案”。战略一词随后成为管理学中的一个重要术语，在理论和实践中得到了广泛的运用。

这一时期学者们的研究方法不尽相同，但核心思想基本一致，主要体现在三个方面：第一，企业战略的基点是适应环境；第二，企业的目标在于提高市场占有率；第三，企业战略的实施要求组织结构变化与适应。

2. 竞争战略管理理论

竞争战略理论是在 20 世纪 80 年代形成的，主要代表人物是迈克尔·波特，其理论基础是产业(市场)结构分析。波特(M. E. Porter)认为，企业战略的核心是获取竞争优势，而影响竞争优势的因素有两个：一是企业所处产业的盈利能力，即产业的吸引力；二是企业在产业中的相对竞争地位。所以企业战略选择的基本观点是：第一，企业经营战略的关键是确定企业竞争优势，即选择有吸引力、高潜在利润的产业，在已选的产业中确定自己优势；第二，一个行业存在五个方面的竞争力量(详见 6.2.2 节)；第三，赢得竞争优势的基本竞争战略有成本领先战略、差异化战略和集中化战略三种。

3. 核心竞争力战略管理理论

近年来，信息技术迅猛发展，竞争环境日趋复杂，企业不得不把眼光从外部市场环境转向内部环境，注重对自身独特的资源和知识的积累，以形成企业独特的竞争力，即核心竞争力。1990 年，普拉哈拉德和哈默在《哈佛商业评论》发表了《企业核心能力》。从此，关于核心能力的研究热潮开始兴起，并且形成了战略理论中的“核心能力学派”。该理论强调的是企业内部条件对于保持竞争优势以及获取超额利润的决定性作用。1995 年，克里斯(David J. Collins)和蒙哥马利(Cynthia A. Montgomery)在《哈佛商业评论》上发表了《资源竞争：90 年代的战略》一文。该论文对企业的资源和能力的认识更深了一层，提出了企业的资源观。核心竞争力理论的基本观点是企业经营战略的关键在于培养和发展企业的核心能力。

4. 超越竞争的战略管理理论

随着产业环境的日益动态化，技术创新的加快，竞争的全球化和顾客需求的日益多样化，企业竞争也越加激烈。在此背景下，通过创新和创造来超越竞争开始成为企业战略管理研究的一个新焦点。美国学者穆尔(James F. Moore)1996 年出版的《竞争的衰亡》提出了“商业生态系统”这一全新的概念，打破了传统的以行业划分为前提的战略理论的限制，力求“共同进化”。该理论认为，在当今产业界限日益融合的情况下，企业不应把自己看作单个的企业，而应把自己当作一个生态系统的成员，这个系统的成员包括供应商、生产者、竞争者和其他利益相关者。在企业生态系统中，战略制定的基本单位不再是企业或产业，而是合作演化的生态系统；竞争不再被看作主要在公司与公司之间进行，而主要是在企业生态系统之间以及在系统内取得领导地位上进行竞争。

6.2 战略环境研究

任何组织都是在一定环境中从事活动的，环境的特点及环境变化必然制约组织活动方向，对于组织制定战略及决策有着重要的影响。对于组织来说，环境是指影响组织绩效的外部机构与力量的总和，斯蒂芬·P. 罗宾斯把管理环境定义为对组织绩效起着潜在影响的外部力量。管理的环境是组织生存发展的物质条件的综合体,它存在于组织界限之外,并可能对管理者的行为产生直接或间接的影响。

环境因素是客观存在的,组织管理与环境间的关系是密切的,组织的管理活动要受到环境的作用和影响;同时组织也可以通过管理,利用环境因素并对环境施加影响。外部环境制约和影响管理活动的内容和执行,环境的变化要求管理的内容、手段、方式以及方法等随之调整,利用机会、趋利避害,更好地实施组织管理。对于组织来说,战略制定离不开对环境的分析。无论是企业管理还是行政管理,环境的影响作用都是不可忽视。一般把管理环境分为外部一般环境、行业环境和内部环境。

6.2.1 外部环境分析

外部环境是组织之外客观存在的各种影响因素的总和,它是不以组织的意志为转移的,是组织必须面对的重要影响因素。要利用机会、避开威胁,就必须认识外部环境;要认识环境,就必须研究外部环境,分析外部环境。研究外部环境不仅可以帮助我们了解外部环境的特点,而且还可以使我们认识到外部环境的演变过程,从而揭示外部环境变化的一般规律,并且以此预测其在未来的发展趋势。

外部环境制约管理活动的方向和内容。无论什么样的管理目的,管理活动都必须从客观实际出发,脱离现实环境的管理是不可能成功的。外部环境为企业提供了条件,也必然限制企业的生存。

外部环境也称作总体环境,是在一定时空内存在于社会中的各类组织均会面对的环境,大致可以分为政治环境、经济环境、文化环境、技术环境以及自然环境等五个方面。

小资料

恩格尔系数

1857年,世界著名的德国统计学家恩格尔阐明了一个定律:随着家庭和个人收入增加,收入中用于食品方面的支出比例将逐渐减小,这一定律被称为恩格尔定律,反映这一定律的系数被称为恩格尔系数,用公式表示为:

恩格尔系数(%)=食品支出总额/家庭或个人消费支出总额×100%

恩格尔定律主要表述的是食品支出占总消费支出的比例随收入变化而变化的一定趋势,揭示了居民收入和食品支出之间的相关关系,用食品支出占消费总支出的比例来说明经济发展、收入增加对生活消费的影响程度。众所周知,吃是人类生存的第一需要,在收入水平较低时,其在消费支出中必然占有重要地位。随着收入的增加,在食物需求基本满足的情况下,消费的重心才会开始向穿、用等其他方面转移。因此,一个国家或家庭生活越贫困,恩格尔系数就越大;反之,生活越富裕,恩格尔系数就越小。

根据联合国粮农组织提出的标准,恩格尔系数在59%以上为贫困,50%~59%为温饱,40%~50%为小康,30%~40%为富裕,低于30%为最富裕。

1. 政治法律环境

政治法律环境是指一个国家或地区的政治制度、体制、方针政策、法律法规等方面。政治环境主要表现在地区的稳定性和政府对各类组织或活动的态度上，这些因素常常制约、影响企业的经营行为，尤其影响企业较长期的投资行为。法律环境包括国家制定的法律、法规、法令以及国家的执法机关结构等因素，法律法规对企业影响在于其既保护企业的正当利益，又监督和制约企业的行为。

政治法律环境是保障企业正常的生产经营活动的基本条件。只有在一个稳定的政治环境中，企业才能在通过公平竞争，获得长期、稳定的发展。政治因素对企业来说是不可控制的，带有强制的约束力，只有适应这些环境的需要，使自己的行为符合国家的政治路线、政策、法律法规，才能使企业生存和发展。例如，改革开放以来，中国稳定的政治环境，特别是对外资的优惠政策吸引着外企、外资纷纷来中国投资。

2. 经济环境

经济环境是指构成组织生存和发展的社会经济状况和国家经济政策等。经济环境主要包括宏观和微观两个方面。例如一个国家的经济制度、经济结构、产业布局、物质资源状况、银行信贷和国民收入水平、经济发展水平以及未来的经济走势等。

与政治环境比，经济环境对组织特别是企业生产经营的影响更加密切和具体。可以通过一些经济指标来反映经济发展水平和发展速度，如国民生产总值、就业水平、物价水平、利润率、通货膨胀率、可支配收入等等。

3. 科学技术环境

科学技术环境是指一个国家或地区的技术水平、技术政策、新产品开发能力以及技术发展的动向等。这里的科学技术主要包含了硬件技术和软件技术两个方面。硬件技术是指一切对企业颇为重要的物质化的新技术，包括新材料、新能源、新工艺、新设备和新产品等；软件技术是指可以直接用于生产产品的信息化的技术，同时还包括管理思想及经营策略等。

科技环境对企业的影响尤为重要，新技术的出现使企业面临着机遇也面临着挑战。技术进步会使社会对企业产品和服务的需求发生重大变化，技术进步对某一个行业形成机遇，也可能会对另一个行业形成威胁。例如，塑料制品业的发展就在一定程度上对钢铁业形成了威胁，许多塑料制品成了钢铁行业的替代品。

科技环境对组织及其管理产生全面而深刻的影响，技术的变化和新发展会影响和改变组织的运行方式和管理方式。在技术的大变革环境中，管理者随时会面临着各种新的问题，随时要准备迎接各种挑战。技术环境的研究，除了要考察与所处领域活动直接相关的技术手段的发展及变化，还要及时了解国家对科技开发的投资和支持重点等等。

4. 社会文化环境

社会文化环境包括一个国家或地区的民族特征、文化传统、价值观、宗教信仰、教育水平、社会结构及风俗习惯等。社会文化环境强烈地影响着人们的购买决策和企业的经营行为。不同的国家有着不同的文化传统，也有着不同文化群，不同的社会习俗和道德观念，从而影响着人们的消费行为和购买偏好及企业的经营方式。

社会文化环境是影响企业发展诸多变量中最复杂、最深刻、最重要的变量。社会文化是某一特定人类社会在其长期发展历史过程中形成的，它主要由特定的价值观念、行为方式、伦理道德规范、审美观念、宗教信仰及风俗习惯等内容构成，它影响和制约着人们的消费观念、需求欲望、购买行为和生活方式。在企业面临的诸方面环境中，社会文化环境是较为特殊的，它不像其他环境因素那样显而易见与易于理解，却又无时无刻地深刻影响着企业的经营活动。

5. 自然环境

自然环境是环绕人们周围的各种自然因素的总和，如大气、水、植物、土壤、岩石矿物、太阳辐射等，这些是人类赖以生存的物质基础。自然环境是社会环境的基础，而社会环境又是自然环境的发展。

影响企业(或其他组织)经营发展的主要自然环境包括：企业所处的地理位置、气候条件以及资源状况等。地理位置是指制约组织活动特别是企业经营的各种重要因素。气候条件也会对很多行业及企业有重要的影响。企业的发展更是受到当地的资源的影响，如钨矿、铁矿、煤矿、石油等矿藏资源。资源的分布通常影响着工业的布局，从而影响着不同地区不同产业的企业命运。

小资料

未来平板电视发展方向——LED背光源技术细谈

2009年以来，中国平板电视市场逐渐流行超薄、节能的LED电视。近年来，液晶电视显示技术飞速发展，而作为LCD显示的核心技术之一的背光源技术也得到了很大发展。LED电视凭借超薄、环保节能、高清画质、色彩丰富、可靠性高等技术优势成为市场关注的焦点。

目前，市场上销售的LED电视依据光源入射位置的不同分为直下式和侧入式两大类。直下式是将LED排列于液晶面板背光模块下方；侧入式背光模块是将点状光源设置在经过特殊设计的光板侧边作为背光源。

LED电视在中外彩电制造企业的大力推动下，已经成功实现了由概念化的形象产品向市场化的消费性产品的转变。LED电视在节能、色彩、稳定性和使用寿命等性能上相比CCFL背光源液晶电视有了明显提升。送测的LED产品也表明，在对比度和能耗方面有明显的提升。

在国内彩电市场十余家中外主流平板电视企业的积极推动下，LED电视正在经历着从无到有且逐步提高的过程，产品性能上的每一次开发、创新对于彩电市场来说都是一次突破自我的机会，这样的突破将伴随着LED电视产业的发展。

6.2.2 行业环境分析

不同的组织有不同的任务环境。对于不同的组织有一般的共同环境，同时也要在一定的特殊领域内活动。比如企业是在一定的行业中从事生产经营活动的，行业环境的特点直接影响着企业的竞争能力。下面以企业为例来分析其任务环境，企业的任务环境主要就是指行业环境。企业制定战略的本质在于把企业与其环境联系起来，这种环境除了宏观外部环境以外，关键是参与竞争企业面临的行业环境。

1. 行业结构

行业结构也称为市场结构，是指某一特定市场中各种要素之间的内在联系及其特征，包括市场上供给者、需求者与正在进入该市场的供给者、需求者之间的关系，以及由此决定的竞争形式。

市场集中度是对整个行业的市场结构集中程度的测量指标，它用来衡量企业的数目和相对规模的差异，是市场实力的重要量化指标。市场集中度是决定市场结构最基本、最重要的因素，集中体现了市场的竞争和垄断程度。

2. 驱动行业竞争的五种力量

按照美国学者波特的观点，一个行业的竞争，远不止在原有竞争对手中进行，而是存在着五种基本的竞争力量，分别是：潜在的行业新进入者的威胁、替代品的威胁、购买商讨价还价的能力、供应商讨价还价的能力以及现有竞争者之间的竞争，如图 6-1 所示。这五种基本竞争力量的状况及其综合强度，决定着行业的竞争程度，从而决定着行业中的获利的最终潜力。

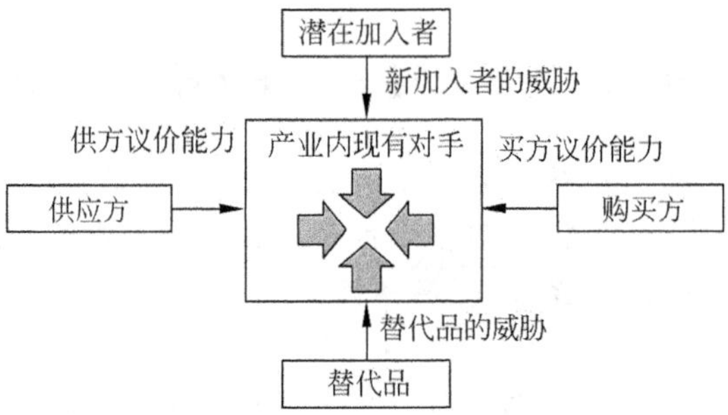

图 6-1 驱动行业竞争的五种力量

1）现有竞争对手

企业面临的市场是个竞争的市场，同种产品的制造和销售不止一家企业。多家企业生产相同的产品，必然要采取各种措施和手段争夺顾客，从而形成市场竞争。任何组织都不可避免有多个竞争对手，不同产业竞争的激烈程度是不同的。对于企业来说，现有企业间竞争主要包括竞争者多少及力量对比、市场增长率等因素。企业之间的竞争手段主要包括价格战、广告战、产品创新以及其他非价格因素竞争。由于竞争对组织的市场条件和资源条件会造成直接的影响，这就迫使组织要正确估计自身和竞争对手的竞争实力，根据竞争环境特点，制定有效的组织发展战略，包括市场战略、形象战略、新产品发展战略等，以期在激烈的竞争条件下立于不败之地。

2）供应商

企业的供应商即向企业提供资源的人或组织。企业的发展依赖于供应各种资源的供应，供应商对本行业的压力表现在要求提高原材料的价格，降低产品质量，从而使本行业的利润和竞争力下降。企业在面临顾客不断压低购买价格的威胁的同时，还面临供应商不断提高供应价格和降低产品或服务质量的威胁，企业为了保障自己所需资源的持续稳定，必须努力保证多个供应商。

综合起来看，需要分析供应商的集中程度、本行业对供应商的重要程度、供应品对本行业的重要性以及供应商前向一体化的可能性等。

3）顾客

顾客是组织为其提供产品或服务的人或组织。组织是为满足顾客需要而存在的，如果一个组织失去了其服务对象，该组织就失去了自身存在的基础。以企业为例，作为市场上的买方，顾客在两个方面影响着企业的经营：一是顾客对产品的需求决定了行业的市场潜力，二是不同顾客的讨价还价能力使得企业之间价格竞争更加激烈。

作为买方的顾客，总希望所购买的产品物美价廉、质量更好、服务更优。因此他们总是会为压低产品价格，要求提高产品质量和服务水平而同企业讨价还价，使得产业内的企业竞争更加激烈，产业利润降低。作为企业必须关注顾客的需求，以满足顾客的需求为企业的责任。顾客的需求是多样化并且是不断变化的，企业要满足顾客的需求，就必须不断推出差异化的新产品。

企业除了要关注顾客的需求，还要对顾客的讨价还价能力有所了解。不同顾客的讨价还价能力会诱发企业间的价格竞争，从而影响企业的获利能力。

4）潜在竞争者

潜在竞争者是指暂时对企业不构成威胁但具有潜在威胁的竞争对手。潜在竞争对手的可能威胁，取决于进入行业的门槛高低以及行业内部现有企业的应对程度。

一般新产品的开发成功，会使得许多企业加入。这些新加入者既可以给行业注入新的活力，更会加剧竞争，给原有企业造成压力，威胁它们的生存。新企业进入行业的可能性大小，既取决于原有行业特点决定的进入难易程度，又取决于现有企业可能作出的反应。对现有企业来说，识别潜在竞争对手比识别现实竞争对手困难得多。

5）替代品生产者

战略管理中的替代品是指具有相同或相似功能的产品，因为顾客需要的不是具体的物品，而是物品所承载的一种抽象的使用价值或功能。企业提供的产品和服务可以是相同的，也可以不同，只要它们的产品是满足客户同样需要的，就会产生竞争。尽管有些产品外表差异很大，但是它们的功能相同或相近，能够满足消费者的相同需要，在使用过程中就可能会相互替代。替代品价格越低、质量越好、用户转换成本越低，其所能产生的竞争压力就越大。因此行业环境分析不仅要分析现有竞争对手还要分析替代品生产企业。替代品生产者的分析主要包括：第一，确定哪些产品可以替代本企业提供的产品和服务；第二，判断哪些类型的产品可能对本企业的经营造成威胁。

6.2.3 内部环境分析

内部环境是指组织内部的各种影响因素的总和。组织的人力资源、财力资源以及文化环境是内部环境中最重要的因素。内部环境随着组织的诞生而产生，对组织的管理活动产生影响。内部环境决定了管理活动可选择的方式方法，而且在很大程度上影响到组织管理的成功与失败。对企业内部环境的分析是企业制定战略的重要环节。企业内部环境分析与企业外部环境分析是密切相关的，两者相辅相成。

1. 内部环境分析的内容

1）企业资源能力

企业资源能力分析的目的，在于搞清楚企业资源和经营能力状况，发现企业资源能力的不足，确认企业的核心资源和核心能力，明确企业战略的发展方向和目标。

企业的资源包括企业物力资源和财力资源等有形资源，也包括人力资源等资源。此外，知识产权、商誉、企业文化等无形资产也是企业重要的资源。企业获取资源的能力直接决定着企业战略的制定和实施。企业资源能力包括从外部获取资源的能力和从内部积蓄资源的能力。

2）生产能力

生产是企业进行资源转换的中心环节，只有在数量、质量、成本和时间等方面达到水准才能形成有竞争性的生产能力。

2. 内部环境分析的主要方法

1）关键成功要素分析方法

关键成功要素是指可以被用来确定企业的内部竞争优劣的有关要素。如果能确定企业成功的关键要素，并将资源正确地调配给它们，就可能使企业处于一个真正有竞争优势的地位。

2）价值链分析法

价值链分析法把企业的活动分为基本活动和支持性活动。基本活动涉及企业生产、销售、进料后勤、发货后勤、售后服务；支持性活动涉及人事、财务、计划、研究与开发、采购等。基本活动和支持性活动构成了企业的价值链。不同的企业参与的价值活动中，并不是每个环节都创造价值，只有某些特定的价值活动才真正创造价值，这些真正创造价值的经营活动，就是价值链上的战略环节。企业要保持的竞争优势，实际上就是企业在价值链某些特定的战略环节上的优势。

3）财务分析法

企业可以从财务管理的水平及财务状况两个方面考察、评估企业的财务状况，研究企业财务的变化规律及趋势。

4）平衡记分卡法

最优的企业内部分析不能只有一些范围很窄的评价标准，而要从各个不同角度审视企业，建立全局性的评价体系。平衡记分卡，就是根据企业战略要求而精心设计的指标体系。按照卡普兰和诺顿的观点，平衡记分卡是一种绩效管理的工具。它将企业战略目标逐层分解转化为各种具体的、相互平衡的绩效考核指标体系，并对这些指标的实现状况进行考核，从而为企业战略目标的完成建立起可靠的执行基础。

6.3 战略管理过程

战略管理过程是一个战略计划制定、实施和评估的过程。即便是最好的战略，如果组织不能适当地实施或是不能恰当地评估战略实施的结果，也照样会失败。对于组织来说，战略管理是为了实现战略目标、制定战略决策、实施战略方案及控制战略绩效的一个动态过程。

6.3.1 战略制定的原则

战略的制定过程既是保证战略的科学性与现实性的重要方面，也是保证战略能够具体实现的重要手段。由于战略涉及组织的大局、根本与发展方向，因而战略的制定是一个需要认真思考，慎重处理的工作，它应当遵循以下原则。

1. 方向性原则

战略的属性决定了战略的制定应该决定组织的方向性的任务，是对组织未来发展方向的总体规定。

2. 适应性原则

在强调战略的稳定性的同时，必须考虑战略的适应性。因为任何战略都是在一定环境下制定并实施的，而环境又是不断变化的，由于环境的变化，组织所制定的战略有时不得不修改完善使之与环境相适应。

3. 层次性原则

这是由战略自身的特征决定的。由于组织的层次性，不同的战略需要适应组织不同的层级。组织总体战略应由最高管理层作出，组织的职能层战略由相关职能部门根据总体战略来制定。

4. 竞争性原则

战略的制定应该充分考虑竞争的导向。由于全球化和市场竞争的加剧，各类组织都面临着前所未有的激烈竞争。组织战略的制定应该以利用竞争优势和获取利益为基础。

6.3.2 战略管理的步骤

在制定战略时，不同的组织有不同的做法，但大多数组织都遵循以下过程。

1. 确定组织的宗旨和目标

制定战略的第一步就是要提出问题，确定组织的宗旨和目标。正如美国著名学者彼得·杜拉克所说，"经营宗旨如此独特，是造成一个企业或机构经营失败的唯一原因，也是最重要的原因。"

每个组织都有一个宗旨，组织的宗旨从根本上定义就是组织所从事的事业。组织的宗旨不仅陈述了组织未来的任务，而且要阐明为什么要完成这个任务以及完成任务的行为规范是什么。

2. 战略环境分析

确定完组织的宗旨和目标之后，就要对环境进行分析。环境是组织行动的主要制约因素，环境分析是战略管理过程的关键要素，这是因为组织的环境在很大程度上规定了管理者可能的选择，只有那些与环境相适应的战略才能取得成功。

事实上，每个组织的管理者都需要分析它所处的环境，需要了解市场竞争的焦点是什么，必须为企业制定与环境相适应的战略。通过对战略环境的分析找出组织的机会与威胁，以及企业的优势和劣势。这样，才能正确判断组织处的地位。在分析组织环境、威胁和机会时，有一个应用广泛的分析工具，即 SWOT 分析模型。

小资料

SWOT 分析模型

在现在的战略规划报告里，SWOT 分析是一个众所周知的工具。经常被用于企业战略制定、竞争对手分析等场合。来自于麦肯锡咨询公司的 SWOT 分析，包括分析企业的优势（Strength）、劣势（Weakness）、机会（Opportunity）和威胁（Threats）。因此，SWOT 分析实际上是将企业内外部条件各方面内容进行综合和概括，进而分析组织的优势和劣势、面临的机会和威胁的一种方法。通过 SWOT 分析，可以帮助企业把资源和行动聚集在自己的强项和有最多机会的地方。

通过 SWOT 分析，对企业的外部环境进行研究，发现企业的机会和威胁，找到企业的成功关键因素，并且通过对企业内部资源的评估，认清企业的优势和劣势。

3. 制定战略和选择战略

战略制定是企业战略形成的过程，战略需要分别在公司层、业务层和职能层设立。首先制定战略选择方案，可供选择的方案越多越好。然后是评估战略备选方案，需要根据一定的标准对战略方案进行评估。通常有两个标准：一是选择的战略是否能发挥企业的优势并且克服劣势，是否能利用机会，将威胁降到最低程度；二是选择的战略能否被企业利益相关者所接受。

4. 战略实施

战略制定与战略实施是战略管理中的核心。战略制定是实施战略管理的基础，而战略实施则是战略执行的手段，战略实施是将公司战略付诸实施的过程。无论战略制定得多么有效，如果不能恰当地实施组织仍不会成功。因此，组织要通过一些措施和办法来保障战略的有效实施，需要组织相应的组织结构和人力资源来落实。

5. 战略评价

战略管理的最后一个步骤是评价结果。战略评价通过评价组织的业绩，审视战略的科学性和有效性并作出必要的调整。通过战略评价可以检测战略实施进展，评价战略执行业绩，不断修正战略决策，以期达到预期目标。

6.4 战略选择及战略应用

战略选择及应用是指企业选择恰当的战略，从而扬长避短和满足市场和顾客需求。

6.4.1 公司层战略

不少的组织会同时运作多项业务。组织开展哪种业务，进入哪些不同的市场，如何管理这些不同的业务，如何确定组织边界，这些都取决于公司层面战略。

1. 公司业务组合矩阵

制定公司层战略最流行的方法之一是公司业务组合矩阵(又称 BCG 矩阵),该方法是由波士顿咨询集团于 20 世纪 70 年代初期开发的。这种方法将组织的每一个战略经营单位(SBUs)标在一种二维的矩阵图上,从而显示出哪个 SBUs 提供高额的潜在收益,以及哪个 SBUs 是组织资源的漏斗。BCG 矩阵的示意如图 6-2 所示。

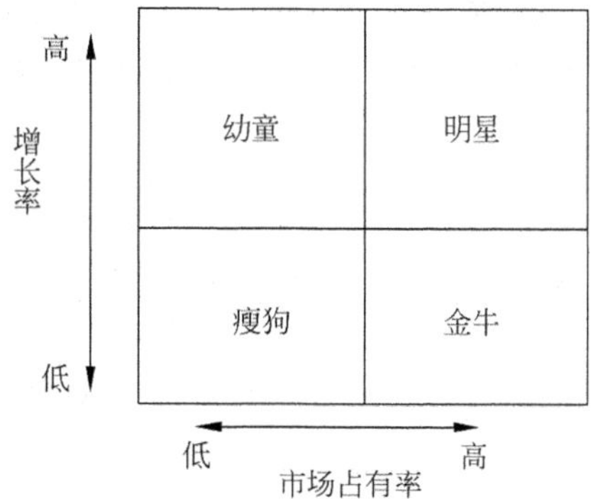

图 6-2 战略经营单位矩阵

图 6-2 中,横轴代表市场占有率,体现的是该经营单位的相对竞争地位;纵轴表示的是业务增长率。也就是说,高市场份额意味着该项业务是所在行业的领导者;高市场增长定义为销售额至少达到 10%的年增长率。企业经营业务状况被分出四种业务组合。

金牛(低增长,高市场份额)。处在这个领域中的产品产生大量的现金,但未来的增长前景是有限的。这种业务产生的大量现金可用于企业经营的需要。

明星(高增长,高市场份额)。这个领域中的产品处于快速增长的市场中并且占有支配地位的市场份额,这意味着该业务值得公司重点投资,扩大生产规模。

幼童(高增长,低市场份额)。处在这个领域中的是一些投机性产品,带有较大的风险。这些产品可能利润率很高,但占有的市场份额很小。

瘦狗(低增长,低市场份额)。瘦狗是指市场占有率低而且业务增长率也低的业务或产品。一般来说,瘦狗业务的利润很低,甚至可能会给企业带来亏损。

2. 多元化经营战略

多元化经营战略又叫多角化战略经营战略,是指企业生产和提供两种或两种以上产品的一种经营战略。多元化经营战略最初是由著名战略学家安索夫在 20 世纪 50 年代提出来的,曾风靡一时。多元化经营战略可分为相关多元化和不相关多元化。

相关多元化是指企业发展的业务具有新的特征,但它与企业的现有业务具有战略上的适应性,它们在技术、工艺、销售渠道、市场营销、产品等方面具有相同或是相近的特点。

不相关多元化,是指企业通过收购、兼并其他行业的业务,或者在其他行业投资,把业务领域拓展到其他行业中去,新产品、新业务与企业的现有业务、技术、市场基本没有关系。也就是说企业既不以原有技术也不以现有市场为依托,向技术和市场完全不同的产品或劳务项目发展。这种战略往往是实力雄厚的大企业集团采用的一种战略。

多元化经营战略之所以被众多企业采纳,是因为以下几点:第一,多元化经营能分散风险;第二,多元化经营可以充分利用企业现有的资源和优势,另外还可以创造新的利润增长点。所以企业为追求最大的利润,开展多元化经营便成为理所当然的选择。

3. 一体化战略

一体化战略是指企业充分利用自己在产品、技术、市场上的优势,根据物资流动的方向,使企业不断向深度和广度发展的一种战略,是一种非常重要的企业成长战略。

一体化战略包括纵向一体化和横向一体化两种形式。纵向一体化,即向产业链的上下游发展,可分为向产品的深度或业务的下游发展的前向一体化和向上游方向发展的后向一体化;横向一体化,即通过联合或合并获得同行竞争企业的所有权或控制权。

4. 并购战略

企业并购是指一个企业通过购买另一个企业全部或部分资产或产权,从而控制、影响被并购的企业,以增强企业竞争优势、实现企业经营目标的行为。通常情况下企业既可以通过内部投资获得发展,也可以通过并购获得发展。两者相比,并购方式效率更高。根据并购双方所处的行业情况,企业并购可以分为:横向并购、纵向并购和混合并购。

5. 联盟战略

联盟战略也称联合经营战略,是指企业从自身的实际出发,与其他的企业进行各种形式的联盟,求得生存与发展的战略。作为现代企业组织制度的一种创新形式,其特征具体表现在:边界模糊、关系松散、机动灵活、运作高效。

6.4.2 业务层战略

1. 成本领先战略

成本领先战略又称低成本战略,是指组织通过降低成本,以低于竞争对手的平均成本的方式,来提供产品或服务。尽管企业对产品质量、服务及其他方面的管理也不可忽视,但成本领先战略的主旨是使企业的成本低于竞争对手。如果一个企业能够取得并保持全面的成本领先地位,那么它只要能使价格相等或接近于该产业的平均价格水平就会获得高于行业平均水平的利润。当成本领先的企业的价格相当于或低于其竞争厂商时,其低成本地位就会转化为高收益。成本领先战略要求企业的产品必须具有较高的市场占有率,利用规模效应来实现总成本最低。

2. 差异化战略

差异化战略是指在一定的行业范围内,企业向顾客提供的产品或服务与其他竞争者相比独具特色、别具一格,使企业建立起独特的竞争优势。与低成本策略不同,差异化战略追求的是通过满足特殊顾客群的需要而获得超额利润。

企业实现差异化战略可以有很多方式,如产品设计或品牌形象的差异化、产品技术的差异化、顾客服务上的差异化、销售分配渠道上的差异化等。

3. 集中化战略

集中化战略是指企业的经营活动集中于某一特定的购买者、产品线的某一部分或某一地域上的市场。集中化战略并未取得总体上的成本领先或差异化优势,但是,它却能在较窄的市场范围内,取得成本方面或差异化方面的竞争优势。

6.4.3 紧缩型战略

紧缩型战略是指企业从目前的战略经营领域和基础水平收缩和撤退，且偏离战略起点较大的一种经营战略。这种收缩和撤退可能出于多种原因和目的，但基本的原因是企业现有的经营状况、资源条件以及发展前景不能应付外部环境的变化。可以说，紧缩型战略是一种以退为进的战略。通常企业实施紧缩型战略只是短期的，其根本目的是使企业挺过风暴后转向其他的战略选择。有时候，只有采取收缩和撤退的措施，才能抵御竞争对手的进攻，避开环境的威胁和迅速地实现自身资源的最优配置。

紧缩型战略主要包括：

1. 转变战略

转变战略是指企业经营由危机状况转变为正常状态的战略，其重点是改善经营状况。在企业经营充满了问题，但还不是很严重的情况下，采用这种战略是适宜的。转变战略的目的一般是尽可能阻止和扭转企业衰退的命运。当然，只有企业本身值得挽救时，才应该采用这种转变战略。

2. 放弃战略

放弃战略比转变战略更进一步，就是企业卖掉其下属的某个战略经营单位（子公司或事业部）、某个生产部门或某条生产线，以求获得资金来解救自身的财务困难。

3. 依附战略

当企业处于困境又想维持自身的生存时，有一种办法就是去寻找一个“救世主”，通常是它的最大用户，争取成为用户的依附者，借此生存下去，这就是依附战略。

4. 清算战略

清算战略是指企业受到全面威胁、濒于破产时，通过将企业的资产转让、出卖或者停止全部经营业务，从而结束企业生命的一种战略。对任何企业的领导来说，这是最无吸引力的战略，通常只有在其他战略全部失灵时才被迫采用。

复习思考题

1. 什么是外部一般环境？
2. 在行业环境分析中，决定竞争的五种重要力量是什么？
3. 如何理解战略的三个层次？
4. 简述战略管理的步骤。
5. 举例说明如何应用多元化及差异化战略。

【案例分析】

国际化大争之世下的红塔全球战略

2008 年 7 月 28 日，红塔集团收购了老挝寮中好运烟草有限公司 61%的股权，成为该公司最大股东，好运烟草有限公司正式更名为老挝寮中红塔好运烟草有限公司，更名仪式暨MARBLE新品上市发布会在老挝首都万象举行。紧随其后，东南亚畅销品牌XINXING也将由老挝寮中红塔好运烟草有限公司负责生产，继续满足东南亚市场需求。按照红塔集团国际市场发展规划，老挝将作为集团未来拓展东南亚市场区域的重要生产基地和原料种植基地。在东南亚圈定生产基地和原料种植基地的举措表明红塔"全球战略"从一般贸易向境外实体运作转型取得了实质性进展。

开发海外适销对路新品，产品市场结构趋合理。2008年以来，按照行业"三个转变"和"三步走"战略部署，红塔集团加快了从立足国内市场向国际市场的跨越。红塔集团董事长柳万东在一篇题为《继续解放思想，推动企业创新》的专题文章中指出，当前和今后一个时期，红塔集团要积极构建和谐企业，努力打造百年品牌，开创红塔集团又好又快发展的新局面。

谈及整合全球资源，迈步国际化时，柳万东强调，红塔集团要不断提高国际化经营能力，用全球的眼光审视自己，用全球的理念提升自己，用全球的资源打造自己，用全球的目标激励自己。实际上，红塔集团近年来在国内市场加大品牌整合力度，形成较强竞争力品牌结构体系的同时，按照国际流行的口味和消费者的需求，调整品种结构和目标市场，先后开发出多个适销对路的新产品，产品市场结构更趋合理。目前红塔产品出口到东南亚、欧洲、非洲、澳洲、美洲等的主要国家和地区，出口量位居行业前列。

以管理、营销与国际接轨为着力点，迈步国际化战略。红塔集团在培育海外市场的过程中，通过调整出口产品规格，梳理品牌结构，品牌集中度得到了进一步提高。目前出口品牌主要有：玉溪、红塔山、MARBLE、新兴和阿诗玛。其中MARBLE主销于欧洲及非洲市场，玉溪和红塔山主要在东南亚、北美及澳大利亚等地区销售。这一成绩得到了国家烟草进出口总公司和国家烟草专卖局的充分肯定。红塔集团总裁李穗明表示，红塔将继续立足增强产品品牌的竞争力，努力打造世界领先品牌，以期不久的将来为红塔国际化战略提供更为强有力的支撑。

红塔国际化卓越的表现，引起了国际跨国公司及行业相关巨头企业的关注。在"红塔国际化论坛"期间，帝国烟草集团、HAUNI公司、GD公司、SAP公司、KORBER公司等海外知名烟草企业及烟机设备制造商首脑云集红塔集团，纷纷表示未来将与红塔集团进行深入的战略合作。

发挥香港国际自由港优势，谋定而动拓展境外实体运作。继1996年，红塔集团为顺应全球经济一体化发展需要，成立云南红塔进出口有限公司后，1999年初，香港红塔国际烟草有限责任公司(以下简称"香港红塔")在中国香港成立。"香港红塔"一成立，即致力于依托先进生产设备，开拓国际市场，业务以加工红塔集团出口国际市场的混合型产品为主，这成为红塔集团迈向国际化的重要一步。

业内权威专家指出，反观十余年"走出去"的探索尝试，红塔集团早在迈步国际化之初，即在对内外部环境、资源能力、目标任务和竞争对手等情况进行详细分析后提出："走出去"的战略规划，必须跨越传统的"出口导向模式"。依赖传统的出口贸易"一条腿"在国际烟草市场上谋求更大发展的空间渐显局限，必须配之以投资办厂"另一条腿"共同迈步。

对此，红塔集团相关负责人早前透露，如今，渐趋成熟的红塔国际业务已从单一的一般贸易逐步向国际公司转型。

体现之一，从调整组织架构看，已由原来以进出口业务为重心向更注重市场深度拓展的组织架构转型，专门成立了国际市场业务机构，提高了对市场的反应速度。

体现之二，红塔产品进入海外市场，以前是以一般贸易出口的方式进入一个新市场，现在转向通过经济合作、许可生产、当地建厂等多种方式进入。例如 2005 年 12 月，红塔集团与帝国烟草集团签署了全球部分免税市场的合作意向书，红塔集团主要产品借此可利用帝国烟草在机场内推广销售。2006 年下半年，“玉溪”通过帝国销售网络投放北美免税市场，之后双方于 2008 年 7 月以“最受华人欢迎品牌”为市场拓展理念，将“铂金红塔山”通过帝国当地销售网络投放到英国市场。

2008 年，销量预计可以完成 50000 件的老挝寮中红塔好运烟草有限公司，更是在境外实体运作的成功范例。据红塔集团透露，该公司将围绕二地一点的公司定位进行拓展运营。其一，东南亚烟叶种植基地：烟叶种植数量和品质除满足自有生产需求外，富余数量将对红塔集团有一个互补；其二，海外生产厂的烟丝供应基地：在满足自有生产需要的前提下，保证罗马尼亚、越南、南美等海外生产厂以及香港红塔的烟丝供应；其三，东南亚市场卷烟跨国销售的生产基地：在保证老挝本国销售稳定持续上升的基础上，借助老挝东盟成员国贸易的关税优惠，为集团在东南亚各国的销售网络提供卷烟成品。

值得一提的是，“两条腿走路”带来了一系列发展理念的转变。如今，红塔海外品牌的定位，已由原来探索阶段较为模糊的定位转向明晰定位；经销渠道由原来通过中间代理商拓展海外市场，转变为借助合作伙伴的经销网络拓展市场，或与当地的代理商或经销商共同组建合营公司，以组织产品在当地流通环节的推广和销售，增强对市场的控制能力。

如果把“出口产品”与“投资办厂”喻为两条腿，那谋定而动的“资本运作”和“战略性合作”便是穿在两只脚上的跑鞋。

思考与讨论

1. 你是如何看待红塔集团的全球化战略的？
2. 红塔集团的核心竞争力是什么？
3. 红塔集团是如何提高国际化经营能力的？

第7章

组织结构的设计

【本章要点】

- 组织设计的任务；
- 组织结构的影响因素；
- 管理幅度和管理层级的关系；
- 集权与分权；
- 职权与授权；
- 职能部门化、地区部门化、产品部门化及顾客部门化；
- 直线职能型组织结构、事业部制组织结构、矩阵型组织结构、网络型组织结构；
- 组织文化的内涵及功能。

企业、政府以及学校都是组织，对于它们而言，任何管理活动的开展，都是以组织为前提的。运用组织职能开展管理活动，完成人员的合理分工和协作，决定着管理工作能否有效完成。在市场竞争异常激烈的今天，外界环境的动荡多变，工作日益复杂，组织在管理中起着越来越重要的作用。为了保证组织目标的实现，管理者就必须进行合理的组织设计，通过恰当的工作安排来完成组织的任务。

7.1 组织结构概述

7.1.1 组织和组织结构

组织是体现一定社会关系，具有一定结构形式并且不断从外部汲取资源以实现其目标的集合体。

1. 组织的概念

在管理学中，组织的含义可以从静态与动态两个方面来理解。

从静态方面看，指组织结构，即反映人、职位、任务以及它们之间的特定关系的网络。这一网络可以把分工的范围、程度、相互之间的协调配合关系、各自的任务和职责等用部门和层次的方式确定下来，成为组织的框架体系。静态的组织，有三个特点：

(1) 组织是由人按一定联系与结构组成的既有分工又有协作的有机体；

(2) 组织有特定的目标与目的，这是组织存在的基础；

(3) 组织有某种程度与形式的约定、规则、制度，以约束、规范或激励着其他成员的行为。

从动态方面看，组织是指维持与变革组织结构，以完成组织目标的过程。作为过程的组织，是管理的特定活动和职能，表现为一系列的组织行为过程。主要包括以下几个方面：

(1) 组织设计。包含组织结构及组织机构的设计，各项制度的制定以及组织变革与发展实施等。

(2) 人员配备。包含人员编制、选配、培训以及任务划分、职责权利规定、组织授权与分权。

(3) 组织运行。包含信息沟通，网络渠道的建设，创造必要的组织活动环境和条件以及组织力量的整合、协调、变革等。

为了使组织更加高效地工作，管理者需要合理的分工、合作以及协调。组织职能的本质就是如何合理而有效地进行分工和合作。

2. 组织的分类

按组织的目标性质以及由其所决定的基本任务，组织可分为：

(1) 政治组织。指以完成各种政治任务，实现一定的政治目的为主要目标的组织，如各种党派、政治团体等。

(2) 经济组织。指参与市场交换，通过生产经营活动获取利润的组织，主要是各类企业。

(3) 军事组织。指保卫国家安全，维护社会治安秩序的各种武装力量，如军队、警察等。

(4) 学术组织。指以从事科学研究，推动科学技术发展为目的的组织。如各种学术研究机构、学术团体、协会和学会等。

(5) 教育组织。指以从事文化教育、培养人才、传授知识的组织，主要是各类学校。

(6) 宗教组织。指从事宗教活动的各种组织。

3. 组织结构

组织结构是描述组织的框架体系，是对完成组织目标的人员、工作、技术和信息所做的制度性安排。组织结构可以被分解为三种特性：复杂性、正规化和集权性。

1) 复杂性

复杂性是指组织分化的程度。一个组织越是进行细致的劳动分工，具有越多的纵向等级层次，组织单位的地理分布越广泛，则协调人员及其活动就越是复杂和困难。

2) 正规化

组织依靠规则和程序引导和规范员工行为的程度就是正规化。有些组织仅以很少的这种规范准则运作，另一些组织，有些规模还很小，却具有各种的规定指示员工可以做什么和不可以做什么。一个组织使用的规章条例越多，其组织结构就越正规化。

3) 集权性

集权性是指组织决策时权力在各个管理层的分布与集中的程度。在一些组织中，决策是高度集中的，问题自下而上传递给高级经理人员，由他们选择合适的行动方案，这被称为集权化；而在另外一些组织，其决策权力则更多地授予下层人员，这被称作是分权化。

管理人员在设计或变革一个组织的结构时，他们就是在进行组织设计的工作，基于组织结构的这三大部分特性的不同形式的结合和匹配，就会产生各式各样的组织结构设计。

7.1.2 组织设计的任务

组织工作是设计和维护合理的分工协作关系以有效地实现组织目标的过程。组织目标一经确立，决策与计划一旦制定，为了保证目标与计划的有效实现，管理者就必须设计合理的组织架构，一定的组织结构和一定的组织关系相结合，就构成了一定的组织模式。

1. 组织设计的目的

组织设计就是对组织的结构和活动进行变革和再设计。面对现代组织，管理者由于能力和精力的有限性，根本无法直接安排组织内部所有的活动，无法安排组织中每一个人以及每一项具体工作。这就必须通过组织设计对组织活动进行细分。

随着外界环境条件的日趋复杂，单一封闭式的组织设计模式往往会导致组织的僵化，因此组织必须以系统的、动态权变式的观点来理解和重新设计新的组织结构。

组织设计的目的就是要通过构建灵活的组织结构，动态地反映外在环境变化的要求，并且能够在组织成长的过程中，有效积聚新的组织资源，同时协调好组织中部门与部门之间、人员与任务之间的关系，有效保证组织活动的开展，最终保证组织目标的实现。

2. 组织设计的任务

组织设计的任务是设计清晰的组织结构，规划和设计组织中各部门的职能和职权，确定组织中职能职权、参谋职权、直线职权的活动范围并编制职务说明书。

1）职能与职务设计

首先，需要将组织总的任务目标进行层层分解，分析并确定完成组织任务究竟需要哪些基本的职能与职务；其次，设计和确定组织内从事具体管理工作所需要的各类职能部门以及各项管理职务的类别和数量，分析每位职务人员应具备的资格条件及应享有的权利范围和应负的责任。

2）部门设计

部门是指具有独立职能的工作单元的组织。部门设计就是要根据每位职务人员所从事的工作性质以及职务间的区别和联系，按照组织职能相似、活动相似或关系密切的原则，将各个职务人员聚集在“部门”这一基本管理单位内。由于组织活动的特点、环境和条件的不同，划分部门所依据的标准也是不一样的。对同一组织来说，在不同时期的战略目标指导下，划分部门的标准可以根据需要进行动态调整。

3）层级设计

在职能与职务设计以及部门划分的基础上，必须根据组织内外能够获得的现有人力资源情况，对初步设计的职能和职务进行调整和平衡，同时要根据每项工作的性质和内容确定管理层级并规定相应的职责与权限，通过制度安排使各个职能部门及各项任务形成一个严密、有序的活动网络。

7.1.3 管理幅度与管理层次

合理的组织结构要正确处理三个问题：管理幅度与管理层次，部门的设计，职权的确定。其中,管理层次的确定也称纵向结构设计,管理幅度与管理层次是进行组织设计和诊断的关键内容。

1. 管理幅度

所谓管理幅度,又称管理宽度,是指在一个组织结构中,管理人员所能直接管理或控制的下属数目。一位管理者能够有效地指挥多少个下属?尽管对具体的数目没有形成一致的意见,但古典学者们都主张窄小的跨度(通常不超过6人)以便对下属保持紧密控制。不过,也有些学者认识到,组织层次是一个权变因素。随着管理者在组织中职位的提高,需要处理许多非结构性的问题,这样高层经理的管理跨度就要比中层管理者的小,而中层管理者的管理跨度又比基层监督人员的小。

管理学家格拉丘纳斯指出,当增加一个下属时,直接单独联系的数量按算术级数增加,而相应的联系总数,由于加上直接团体联系和交叉联系,是按指数比例增加的。

小资料

管理幅度的数学公式

法国的管理学者格拉丘纳斯(V. A. Graicunas)曾提出一套数学公式,说明了当上级的控制幅度超过6～7人时,其和下级之间的关系会越来越复杂,以至于最后使他无法驾驭。该公式为 $N=n(2^{n-1}+n-1)$,其中 n 表示直接向一位上级报告的下级人数,N 表示需要协调的人际关系数。

实际上,任何组织都需要解决主管人员直接指挥与监督的下属数量问题。但在同样获得成功的组织中,每位主管直接管辖的下属数量却往往是不同的,用数学公式来计算合适的管理幅度似乎太过机械了。现代管理学研究表明,决定管理幅度是否有效受到诸多因素的影响,主要有管理者与被管理者的工作内容、计划的完善程度、工作能力、工作环境与工作条件等等。

1) 管理工作的内容和性质

管理者要完成的任务性质越复杂,涉及面越广,管理者的精力耗费越大,其管理幅度就相应要小一些。在一个组织中,通常高层管理者要完成创造性的任务,并且十分复杂,管理幅度一般较小。基层管理者要完成的是执行性任务,并且多是程序性的,比较简单,管理的幅度也就大一些。

2) 计划制订的完善程度

事先有良好、完整的计划,工作人员都明确各自的目标和任务,清楚自己应从事的业务活动,则主管人员就不必花费过多的精力指导和纠正偏差,那么主管人员的管辖幅度就可以大一些;反之,计划不明确、不具体,就会限制一个管理人员的管辖范围,管理幅度就相对较小。

3) 管理者的能力

不同管理者的管理能力是不同的,其管理的幅度也就有重大差别。管理者在完成某一方面任务的能力越强,在这方面的管理幅度也就越大。管理者的综合能力越强,则越可能迅速把握问题的关键，并且可以给下属提出恰当的指导建议，让下属容易执行。这样，管理幅度就可以设置得大一些。

4）下属的素质与上下级关系

管理过程是一个双向作用的过程。如果管理者与被管理者之间容易沟通，下级素质高，具有主动性和自觉性，则可以在很多问题上根据自己的见解有效地解决问题，管理者管理起来就要觉得轻松一些，相应的管理幅度可大一些，反之，管理幅度就要小一些。

5）组织所处的环境

组织环境稳定与否会影响组织活动内容和政策的调整。环境变化越快，变化程度越大，组织中遇到的新问题越多，下属向上级的请示就越有必要，而上级能用于指导下属工作的时间和精力越少。因为他必需花更多的时间去关注环境的变化，考虑应变的措施。因此，环境越不稳定，各层主管人员的管理幅度越受到限制。

2. 管理层次

管理层次是指组织的纵向等级结构和层级数目，也就是在一个组织中，从制订计划的最高管理人员到具体执行计划的执行人所要经过的纵向管理环节。

管理层次是以人类劳动的垂直分工和权力的等级属性为基础的。例如，不同的行政组织管理层次的多少可能不同，但多数可以分为上、中、下三级或高、中、低、基层四级。无论哪一种层次组建方式，其上下级之间都有比较明确和严格的统属关系，都是自上而下的金字塔结构。

组织层级化设计的核心任务是确定完成任务需要设定的层级数目和有效的管理幅度，需要根据组织集权化的程度规定纵向各层级之间的权责关系，形成一个能够对内外环境要求作出动态反应的有效组织结构形式。

3. 管理幅度和组织层次的互动性

管理幅度与管理层次是组织结构的基本范畴，是影响组织结构的两个决定性因素。管理幅度构成组织的横向结构，管理层次构成组织的纵向结构，水平与垂直相结合构成组织的整体结构。

管理层次的多少与管理幅度的大小有直接关系。如果一个组织的规模一定，主管人员的管理幅度一定，那么随之就决定了组织的管理层次。在组织条件不变的情况下，在组织规模、管理幅度、管理层次三者之间存在着这样一种关系：管理层次＝组织规模/管理幅度。可见，组织规模与管理层次成正比。所以我们常常看到，组织的规模越大，管理层次越多；反之，组织的规模越小，管理层次就越少。

管理幅度决定了管理层次和管理人员的多少。以往管理学家主张狭窄的管理幅度，以便实现组织有效的控制，但是这样一来，管理层次就会增多。随着计算机技术的日益成熟和广泛应用，组织中层的职能正逐渐由计算机来完成，使得管理幅度变宽和管理层次减少，组织也日益由高耸型走向扁平化。

4. 扁平化组织与锥形组织

管理层次与管理幅度呈反比决定了两种基本的组织结构形态：扁平化组织和锥形组织。一般把管理幅度大、组织层次较少的组织称为扁平化组织，把管理幅度较小而管理层次较多的组织称为锥形组织。

1）扁平化组织

扁平化组织结构与传统的科层制组织有许多不同之处。扁平结构是指组织规模已定、管理幅度较大、管理层级较少的一种组织形态。扁平化组织摒弃了传统金字塔状企业的诸多难以解决的问题和矛盾，达到使组织变得灵活，富有创造性的目的。它强调管理层次的简化、管理幅度的增加与分权。

扁平化组织的特点是：以工作流程为中心而不是部门职能来构建组织结构。公司的结构是围绕有明确目标的几项“核心流程”建立起来的，而不再是围绕职能部门，职能部门的职责也随之淡化。扁平化组织简化烦琐的管理层次，取消一些中层管理者的岗位，使企业指挥链条最短。扁平化组织权力下放于基层，基层的员工与顾客直接接触，使他们拥有部分决策权能够避免顾客反馈不能得到及时回应。

扁平化组织的缺点是：由于不能严密监督下级，上下级协调较差，管理幅度的加大，也加重了同级间相互沟通络的困难。

2）锥形组织

锥形组织以制度化和法规化严格构建等级制度。锥形组织的优点和缺点和扁平组织正好相反。锥形组织的优点是具有管理严密、分工明确、上下级易于协调的特点。锥形组织的缺点是由于层次增多，带来的问题也增多。组织层次越多，需要从事管理的人员增加，彼此之间的协调工作也急剧增加，互相扯皮的事会层出不穷；管理层次增多之后，所浪费的精力和时间也必然增加；管理层次增多后，上层管理者对下层的控制变得困难，同时由于管理严密，而影响下级的主动性和创造性。

组织设计的时候要尽可能综合两种基本组织结构形态的优势，克服它们的局限性。

7.1.4 组织结构设计的影响因素

前面讨论了组织设计的管理幅度和层次。接下来的问题是，在组织设计的过程中，管理者究竟应该考虑哪些因素呢？以企业为例，影响组织结构设计的主要情境变量包括环境、战略、技术、组织规模以及组织发展阶段等。

1. 环境的影响

环境分为一般环境和任务环境两类。一般环境包括对组织管理目标产生间接影响的诸如经济、政治、社会文化以及技术等环境条件，这些条件最终会影响到组织的管理实践；任务环境包括对组织目标产生直接影响的诸如顾客、竞争对手、供应商等具体环境条件。环境的复杂性和变动性决定了环境的不确定性。所以只有与外部环境相适应的组织结构才可能成为有效的组织结构。特别是在面对动荡的环境时，组织设计更应该灵活和富于柔性，以适应组织的外部环境。

小资料

金融危机引发业绩下跌 宝洁全球或换帅

2007年7月至2008年7月宝洁的经营业绩显示：净销售额增长约9%，达到835亿美元。而2008财年是宝洁第17个销售连续增长的年头。该公司分析，品牌和创新，尤其是发展中国家的市场直接贡献了销售的增长。

但是，CBN记者通过该公司4月底发布的2009财年的3季报，了解到一些变化：宝洁获取了26.1亿美元的利润，同比下跌了近4%。同时，该公司的营业收入下降了8%。

经营数字显示，该公司的美容产品销售净收入下跌了9%，零售的美发产品销售总量也有了个位数的下跌；专业美发用品则有两位数的下跌。该公司认为这主要是因为市场的疲软。

事实上，从2007年开始，宝洁便发现消费者开始收紧口袋，他们要将家里已有的产品用完，再去寻觅新的产品，并且寻找更加便宜的替代商品。

2. 战略的影响

战略是指决定和影响组织活动性质及根本方向的总目标，以及实现这一目标的路径和方法。

美国著名学者钱德勒认为，战略决定结构，结构追随战略。新的组织结构如不因战略而异，就将毫无效果。因此，战略对组织结构设计起着支配作用。这主要表现在以下两个方面：

第一，不同的战略要求不同的业务活动，从而影响着部门和职务等方面的设计。从纵向来看，即从战略发展的历程来看，不同阶段的战略类型有着不同的组织结构形式。具体来讲，战略发展有四个不同阶段，每个阶段都有与之相适应的组织结构，如表7-1所示。

表7-1　战略发展阶段与组织结构的对应关系

战略发展阶段	主要的组织结构形式
第一阶段：数量扩大战略阶段	直线型的简单结构
第二阶段：地域扩散战略阶段	职能结构
第三阶段：纵向一体化战略阶段	集权的职能制结构
第四阶段：多种经营战略阶段	分权的事业部制结构

第二，从横向来看，即从战略涉及的经营领域范围来看，单一经营战略和多种经营战略要求不同的组织结构形式与其适应，如表7-2所示。

表7-2　经营战略与组织结构的对应关系

经营战略	组织结构
单一经营战略	职能制
副产品型多种经营战略	附有单独核算单位的职能制
相关型多种经营战略	事业部制
相连型多种经营战略	混合结构
非相关型多种经营战略	子公司制

3. 技术对组织的影响

任何组织都需要通过技术将投入转化为产出，于是组织结构的设计就需要因技术的变化而变化。特别是技术范式的重大转变，往往要求组织结构作出相应的改变和调整。这里的技术主要是指用来使组织投入转变为组织产出的工具、技能和行动等。

今天，信息技术和自动化制造业使得企业生产极大地提高了效率，对企业组织产生了巨大的影响，使得组织结构呈扁平化趋势，组织内部各部门间以及组织与外部沟通和联系更加迅速。

4. 组织发展阶段的影响

根据葛瑞纳(Larry E. Greiner)的企业生命周期理论：组织在成长发展中会处于不同的阶段，组织在每个阶段呈现出不同的特点，因此需要有相应的组织结构与之适应。

1）创业阶段

新组织面临许多未知的挑战，组织结构不正规，一般采用灵活的非正式组织。高层管理者制定组织结构框架并控制整个运行系统，决策往往由高层管理者个人作出，组织结构简单，组织的信息沟通网络也不复杂。

2）职能发展阶段

这是组织发展的成长期，组织面临的任务是如何使基层的管理者更好地开展工作，如何在放权之后协调和控制好各部门的工作。决策越来越多地由其他管理者作出，组织结构越来越多地建立在职能专业化的基础上。

3）规范化阶段

组织进入成熟期后就会出现官僚制特征，组织可能会大量增加人员，并通过建构清晰的层级制和专业化劳动分工进行规范化、程序化工作。组织的主要目标是提高内部的稳定性和扩大市场。因此，高层管理者不仅要懂得如何通过授权调动各个层级管理者的积极性，还要能够不失去控制。

4）精细化阶段

成熟的组织往往显得规模巨大和官僚化，继续演化可能会使组织步入僵化的衰退期。这时，组织管理者可能会尝试组建团队来提高组织的效率，阻止进一步的官僚化。

例如我国的联想公司自从成立以来，其组织结构的演变就分别经历了“平底快船”模式、“大船结构”“舰队结构”以及“子公司管理体制”。联想公司的发展说明，随着企业规模和业务的不断扩大，企业的组织设计必须与时俱进并不断创新，企业才能持续成长。

5. 组织规模的影响

组织规模是影响组织结构的最重要素之一，即扩大规模会提高组织的复杂程度，会提高专业化和规范化的程度。可以想象，当组织业务呈现扩张趋势，组织员工增加、管理层次增多、组织专业化程度不断提高时，组织复杂化程度也会不断提高，这必然给组织的协调管理带来更大的困难。而随着内外环境的不确定性因素增加，管理层也越来越难把握实际情况的变化并迅速作出正确决策，组织进行分权式变革成为必然。

7.2 组织横向结构设计

组织结构设计包括横向设计与纵向设计。组织横向结构设计主要解决管理与业务部门的划分问题,反映了组织中的分工合作关系。

7.2.1 组织部门化

组织部门化是劳动分工在组织内部的体现,它将组织工作依据一定的标准进行了归类。组织的部门划分,主要是解决组织的横向结构问题。组织部门化可以依据多种不同的标准进行选择安排,常见的组织部门化有职能部门化、产品部门化或服务部门化、流程部门化、顾客部门化和地域部门化。

1. 职能部门化

一种最常见的方法是按履行的职能安排工作活动,称之为职能部门化。职能部门化是一种传统而基本的组织形式,职能部门化就是按组织的职能为基础进行部门划分,即把具有相同职能的工作岗位放在同一个部门。

如图 7-1 所示,某企业按照基本活动相似的要求,分类设立企业的采购、生产、财务、计划、销售等部门。类似地,医院可能会设立研究、病人诊治、会计和其他一些部门;学校可能设立教学、科研、财务、后勤等部门。职能部门化的主要优点是突出业务活动的重点,强调专业化分工的要求。

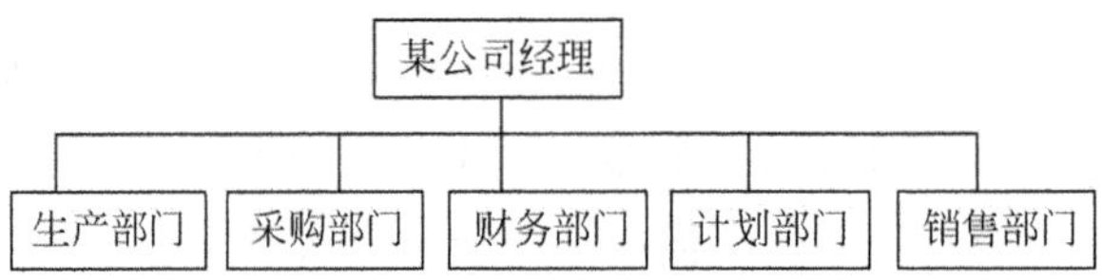

图 7-1 职能部门化

2. 地区部门化

地区部门化又称地域部门化,就是按工作所在的区域范围来划分企业的业务活动,根据地理因素来设立管理部门,把经营业务和职责划分给不同部门的经理。

如图 7-2 所示,某汽车制造企业,在华北地区、东北地区、西北地区以及华中地区分别设立销售分公司。地区部门化这种方法较多用于一些地理位置比较分散的组织,特别适用于规模大的公司,尤其是跨国公司。大型的教育集团也可以按照所属的地区来设立分校,方便学生的教学和管理。这样,一个地区的业务活动便被集中起来,交给一个管理者负责,目的是充分利用本地的人力、物力和财力,以便获取区域经营的效益或者管理效益。

3. 产品部门化

产品部门化是指根据产品来设立管理部门、划分管理单位,把同一产品的生产或销售工作集中在相同的部门组织进行。按照产品来划分部门,会使得企业将注意力放在产品上,这对于激烈竞争的、多变的市场环境是非常重要的。按产品划分部门,分部可以形成以利润为目标的责任中心,它承担了总公司的一部分责任,其本身也具有高度的完整性。

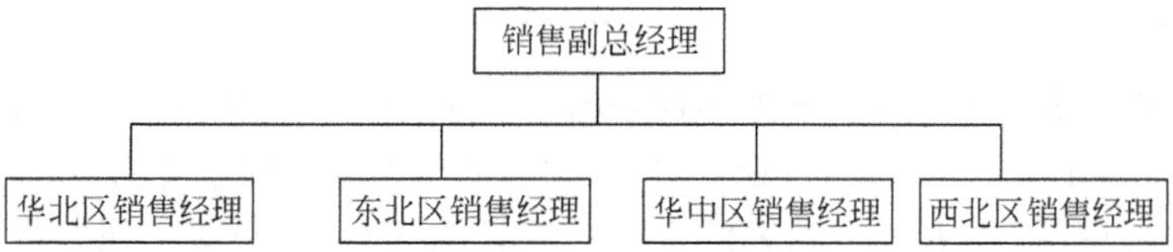

图 7-2 地区部门化

如图 7-3 所示，某汽车制造公司，拥有两种产品 A 和产品 B。把与产品 A 的生产、销售等相关的人放在一个单位，把与产品 B 的生产、销售等相关的人放在一个单位。在这两个单位下再设置采购、计划、生产、财务、销售等职能部门。

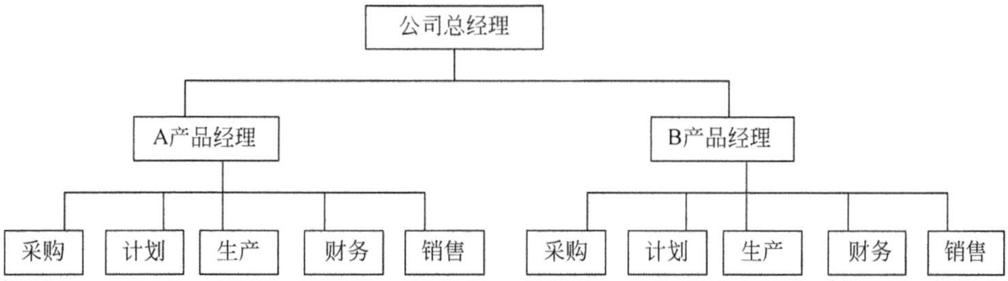

图 7-3 产品部门化

产品部门化的优点是便于本部门更好地协作，各部门更加专注产品的经营，也有助于决策部门加强对企业产品的指导和调整。产品部门化的缺点是各部门容易有本位主义倾向。

目前，拥有不同产品系列的大型企业根据产品划分部门的做法正在广泛地被应用，而且也越来越受到重视。在大型、复杂、多品种经营的公司里，按产品划分部门往往成为一种通常的准则。

4. 流程部门化

流程部门化就是按生产过程或业务流程来组织业务活动。生产一种产品的过程或者生产设备可以作为决定工厂一级部门化的基础，这对于现代公司的组织具有很重要的意义。例如，将所有铣床组成一个部门，而将所有车床安置在另一个部门，就是按流程进行部门化。人员、材料、设备比较集中或业务流程比较连续、紧密是流程部门化的实现基础。如图 7-4 所示，机械制造工厂划分出浇铸、冲压、制管、检验等部门。

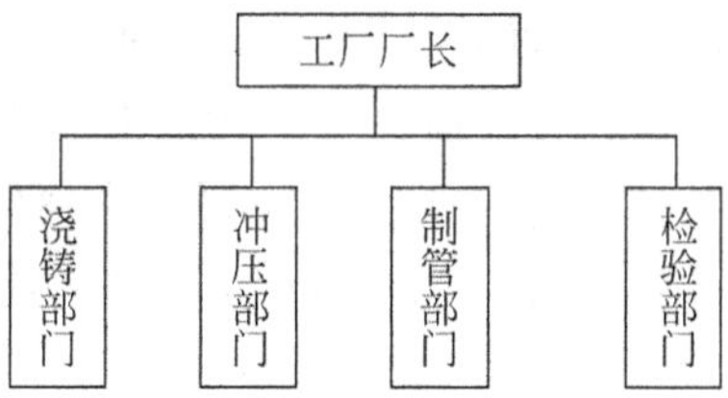

图 7-4 流程部门化

流程部门化的优点是：能够充分发挥集中的技术优势，取得经济优势，充分利用专业技术和技能。流程部门化的缺点是：不利于部门之间的紧密协作。

5. **顾客部门化**

顾客部门化就是根据目标顾客的不同利益需求来划分组织的业务活动，按组织服务的对象类型来划分部门。在激烈的市场竞争中，顾客的需求导向越来越明显，企业应当在满足市场顾客需求的同时，努力创造顾客的未来需求，顾客部门化顺应了顾客需求发展的这一趋势。

比如，有些银行为了给不同的顾客提供相应的服务，设立了商业信贷部、农业信贷部和普通消费者信贷部等。如图 7-5 所示，市场部为了迎合不同的顾客，设立了零售部、团体部、批发部。

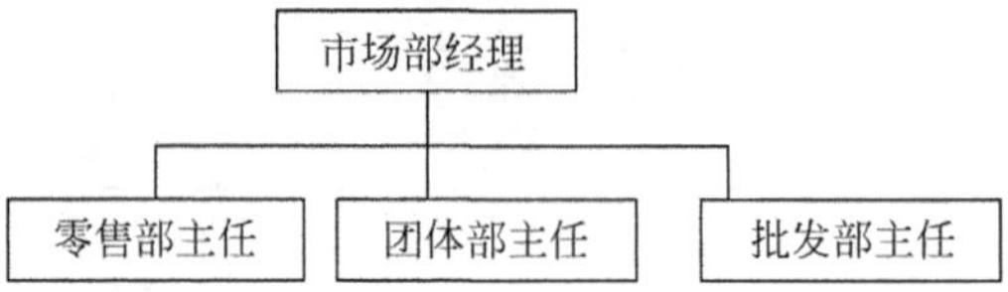

图 7-5　**顾客部门化**

顾客部门化的优点是，可以更加有针对性地按需生产、按需促销；顾客部门化的缺点是，只有顾客群达到一定规模时，按顾客群设立部门才比较经济。

在今天，越来越多的企业采用顾客部门化，来满足目标顾客各种特殊而广泛的需求，获得用户真诚的意见反馈。企业可以创新顾客需求，有针对性地按需求生产，发挥自己的核心专长，从而保持持久的竞争优势。

7.2.2　职务设计

职务设计是指将任务组合起来构成一项完整职务的方式。在组织中，有些职务是常规性的，其任务是标准化和经常重复的；另一些职务则是非常规性的。有些职务要求大量变化、多样的技能；另一些只要求适用领域狭窄的技能。有些职务限定员工遵循非常严格的程序；另一些则对员工如何做工作给予充分的自由。因此，职务因任务组合的方式不同而各异，而这些不同的组合则给出了多种职务设计选择。

1. **职务专业化**

按照亚当·斯密和泰勒等人提出的指导思想，以往职务设计基本上是按职务专业化的模式进行的。一直以来，人们在岗位设计时注重工作的专业化，设法将其组织中的职务设计得简单，这意味着将职务划分为细小的、专业化的任务。按照职务专业化方法，人们将生产线上的工人分为各种操作工、装配工、包装工等，将会计工作分为成本会计、核算会计、管理会计等。

按职务专业化思路设计出来的职务简单并且在短时间内可以提高效率，但由于它很少考虑人的社会需要和个人成长需要，产生了很大的副作用，包括工作的单调乏味，工人对工作产生厌倦和不满情绪，管理者和工人之间产生隔阂，离职率和缺勤率增高，怠工和工作质量下降等。

今天，职务专业化原则仍然继续指导着许多职务的设计。例如生产工人仍然在装配线上从事简单、重复的工作；办公室职员坐在计算机终端前执行标准化的任务等。

2. 职务轮换

避免职务专业化及其缺陷的一种方法是进行职务轮换。这一职务设计方法使工人的活动得以多样化，从而避免对工作产生厌倦。职务轮换包括纵向的轮换和横向的轮换。纵向轮换是指升职或降职，但一般谈及职务轮换，都是指横向轮换。

很多国际知名企业如摩托罗拉、西门子、爱立信公司等都已经建立了在企业内部的岗位轮换制度。在丰田公司，对各级管理人员采取五年调换一次工作的方式进行重点培养。

职务轮换的优点是明显的。它拓宽了员工的工作领域，给予他们更多的工作体验。一个人在取得完成其任务所需的技能之后，常产生的厌倦感，会随着时常的职务轮换而减少。另外，更广泛的工作体验也使得人们对组织中的其他活动有更多的了解，从而为其担任更大责任的职务，尤其是高层职务做好了更充分的准备。

职务轮换也有一些不足。将一名员工从先前的职位上转入一个新的职位，需要增加培训成本，还会导致生产效率的下降。此外，职务轮换可能使那些偏爱在专业领域中寻求更大发展的员工的积极性受到打击。国外一些企业的经验还表明，非自愿的职务轮换可能导致旷工和事故的增加。

3. 职务扩大化

避免职务专业化缺陷的另一种努力是职务扩大化。职务扩大化是通过增加某职务所完成的不同任务的数量，实现工作多样化。职务扩大化所增加的任务往往与员工以前承担的任务具有相似性，因此它只是工作内容水平方向的扩展。

这一方案使职务范围增大，也就是增加了一项职务所完成不同任务的数目，并减少了职务循环重复的频率。通过增加一个工人所执行任务的数目，职务扩大化也就提高了工作多样性。

职务扩大化的结果也并非那么完美。因为职务扩大化只是工作内容水平方向的扩展，不需要员工具备新的技能，因此它并不能彻底改变员工工作的枯燥感，没有给员工的活动提供多少挑战性。

4. 职务丰富化

为了克服职务扩大化的缺陷，人们提出了职务丰富化方法。职务丰富化允许员工对他们的工作施加更大的控制，他们被获准做一些通常由他们的主管人员完成的任务，尤其是计划和评价他们自身的工作。丰富化后的职务任务应当允许工人们以更大的自主权、独立性和责任感去从事一项完整的活动。

职务丰富化的实质是增加职务深度，赋予员工更多的责任、自主权和控制权。根据赫兹伯格的保健—激励理论，能够产生激励作用的因素是员工的责任感、成就感和个人成长。因此，给工作中增添激励因子，使工作更有趣、更有自主性和挑战性，就成为职务丰富化的基本思想。

职务丰富化作为现今职务设计的主流思想而备受推崇，但职务丰富化也是有缺陷的。如果企业绩效低下不是由于激励不足导致的，而是由于员工技能不够、工作环境恶劣等因素所致，职务丰富化就没有多大意义了。职务丰富化必须在经济上、技术上是可行的，员工必须愿意接受具有挑战性的工作。并不是所有的员工会选择丰富化了的工作，有些员工可能更喜欢常规化工作的简单与安全。

7.2.3 工作团队

工作团队作为职务设计的一种新方案正被越来越多的人接受。不论是营利组织，还是非营利组织，其活动越来越多依赖于工作团队整体的贡献。

1. 工作团队的内涵

当工作是围绕小组，而不是围绕个人来进行设计时，结果就形成了工作团队。工作团队是指由一群技能互补的成员组成的正式工作小团体，团队的成员致力于共同的宗旨、绩效目标和通用方法，并且共同承担责任。在顾客需求多样化的今天，将不同部门的人员组织起来，有利于不同思想的碰撞，产生出具有创造力的思想。工作团队还可以实现跨部门的沟通和合作，减少工作时间，提高工作效率。

2. 工作团队类型

由于团队目标、功能和资源等要素的差异，工作团队大体上可以划分为问题解决型团队、自我管理型团队、多功能型团队和虚拟团队。

1）问题解决型团队

一般由同一部门的员工组成，围绕工作中的某一个问题，每周花一定的时间聚集在一起，对问题进行调查、分析并提出意见和建议。问题解决型团队是对横向职能组织有效的补充。问题解决型团队有任务小组、研发团队等等。

2）自我管理型团队

这是新型横向型组织的基本单位，一般由5～30名员工组成，这些员工拥有不同的技能，轮换工作，生产整个产品或提供整个服务，并实现自我管理。自我管理工作团队确定了要完成的目标以后，有权自主决定工作分派、工间休息和质量检验方法等。这些团队甚至常常可以挑选自己的成员，并让成员相互评价工作成绩。

3）多功能型团队

多功能型团队，也叫跨职能团队，由来自同一等级、不同工作领域的员工组成，他们走到一起的目的就是完成某项任务。多功能型团队是一种有效的团队管理方式，它能使组织内不同领域员工之间交换信息，激发产生新的观点，解决面临的问题，协调复杂的项目。

4）虚拟团队

虚拟团队是近年来发展迅速的一种全新的组织形式，虚拟团队是利用现代通信技术构建的工作任务团队。团队成员可以分散于不同的单位，也可以不受时间和空间的限制，可以跨越组织，共同解决特定的问题。

7.2.4 常见组织结构形式

不同的单位，由于组织的战略、目标以及环境的不同，可能采用不同的组织结构。一般来说传统的组织结构有直线制、职能制、直线-职能制、事业部制、矩阵制以及网络制等组织结构，下面介绍这几种常用的组织结构形式。

1. 直线制组织结构

直线制组织结构是最古老的组织结构形式。在这种组织结构下，职权直接从高层开始向下流动(传递、分解),经过若干个管理层次达到组织最低层,如图 7-6 所示。

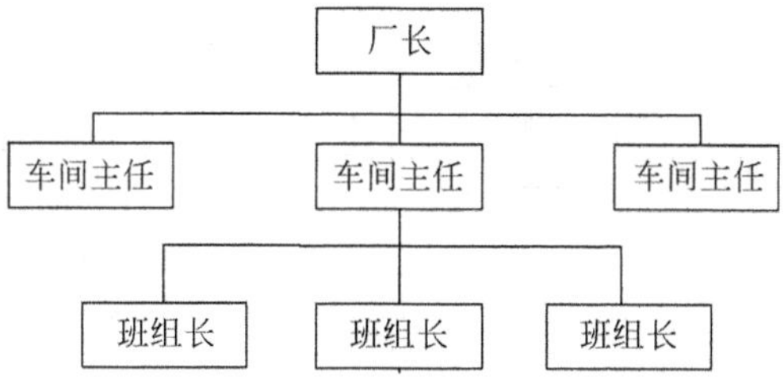

图 7-6 直线制组织结构

直线制组织结构的优点是:组织中每一位主管人员对其直接下属拥有直接职权;组织中的每一个人只对他的直接上级负责或报告工作;主管人员在其管辖范围内,拥有绝对的职权或完全职权;机构简单,上传下达迅速;工作效率高,解决问题快;垂直联系,责任明确。

直线制组织结构的缺点是:管理工作简单粗放,成员之间和组织之间横向联系差。直线制组织结构只适用于小型企业,规模大或者管理工作比较复杂就不适宜采用。

2. 职能型组织结构

职能制结构起源于法约尔在其经营的煤矿公司担任总经理时所建立的组织结构形式,故又称“法约尔模型”。它是按职能来组织部门分工,即从企业高层到基层,均把承担相同职能的管理业务及其人员组合在一起,设置相应的管理部门和管理职务,如图 7-7 所示。例如,把所有同销售有关的业务工作和人员都集中起来,成立销售部门,由分管市场营销的副经理领导全部销售工作。研究开发、生产制造、工程技术等部门同样如此。

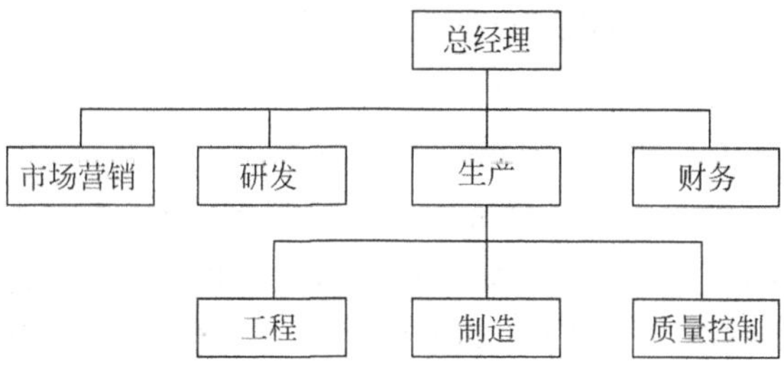

图 7-7 职能制组织结构

职能型组织结构的优点是:可能发挥专家的作用,对下级工作指导具体,从而可弥补行政领导管理能力的不足。职能型组织结构的缺点是:容易形成多头领导,造成下级无所适从。

3. 直线-职能制组织结构

直线-职能制组织结构,也称直线参谋制。如图 7-8 所示,它是在直线制和职能制的基础上,取长补短,吸取这两种形式的优点而建立起来的。目前,绝大多数企业都采用这种组织结构形式。

这种组织结构形式是把企业管理机构和人员分为两类,一类是直线领导机构和人员,按命令统一原则对各级组织行使指挥权;另一类是职能机构和人员,按专业化原则,从事组织

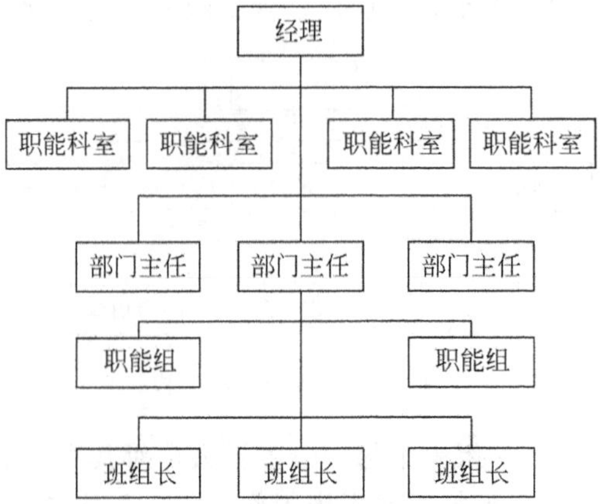

图 7-8 直线-职能制组织结构

的各项职能管理工作。直线领导机构和人员在自己的职责范围内有一定的决定权和对所属下级的指挥权，并对自己部门的工作负全部责任；而职能机构和人员，则是直线指挥人员的参谋，不能对下级直线部门发号施令，只能进行业务指导。

直线-职能制的优点是：既保证了直线制集中统一的优点，又吸取了职能制的优点，充分发挥了各专业管理职能的作用。具体地说，这种结构指挥权集中，决策迅速，容易贯彻到底；分工细致，职责分明，又可以发挥专家的特长。

直线-职能制的缺点是：不同的直线部门和职能部门之间的目标不易统一，相互协作和配合较差，职能部门的许多工作要直接向上层领导报告请示才能处理，这一方面加重了上层领导的工作负担，另一方面也造成办事效率低。为了克服这些缺点，可以设立各种综合委员会，或建立各种会议制度，以协调各方面的工作，帮助高层领导出谋划策。

4. 矩阵制组织结构

在组织结构上，把既有按职能划分的垂直领导系统，又有按产品(项目)划分的横向领导关系的结构，称为矩阵组织结构，如图 7-9 所示。矩阵式制组织结构是为了适应在一个组织内有多个项目需要完成，而每个项目又需要具有不同专长的人在一起工作才能完成这一特殊需要而形成的。矩阵制组织克服了直线职能制横向联系差、缺乏弹性的缺点，它的特点表现在围绕某项专门任务成立跨职能部门的专门机构上，例如组成一个专门的项目小组去从事新产品开发工作，在研究、设计、试验、制造各个不同阶段，由有关部门派人参加，力图做到条块结合，以协调有关部门的活动，保证任务的完成。这种组织结构形式是固定的，人员却是变动的，项目小组和负责人也是临时组织和委任的，任务完成后就解散，有关人员回原单位工作。

矩阵制组织结构的优点是：打破了单向领导，加强了各部门间的联系和配合，有利于信息沟通和共同决策，提高工作的效率；便于集中各种专门的知识和技能，加速完成某一项目；把完成任务所需的具备各种专业知识和经验的人集中在一起，提高了管理组织的机动性和灵活性。

矩阵制组织结构的缺点是：组织成员隶属于不同部门，受双重领导，难免发生矛盾，也不易分清责任；组织成员不是固定的，易产生临时的观念，对工作有一定的影响。

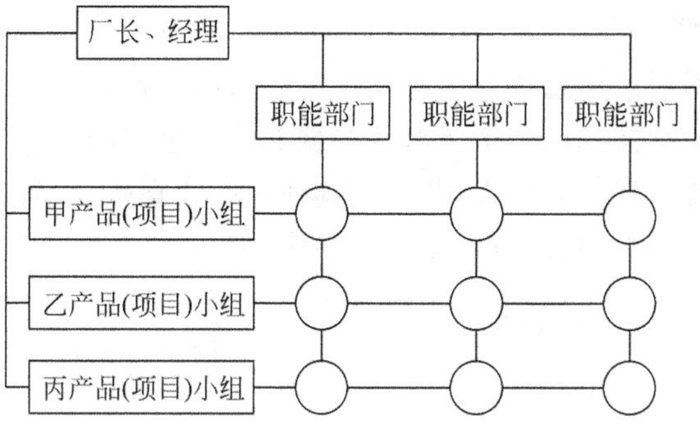

图 7-9 矩阵制组织结构

适用范围：这种组织适用于生产经营复杂多变的企业，特别适宜于创新性和开发性的项目。

5. 事业部制组织结构

事业部制最早是由美国通用汽车公司总裁斯隆于 1924 年提出的，故有“斯隆模型”之称，是一种高度集权下的分权管理体制。事业部制是美国、日本等国家大型企业采用的典型组织形式，其结构如图 7-10 所示。

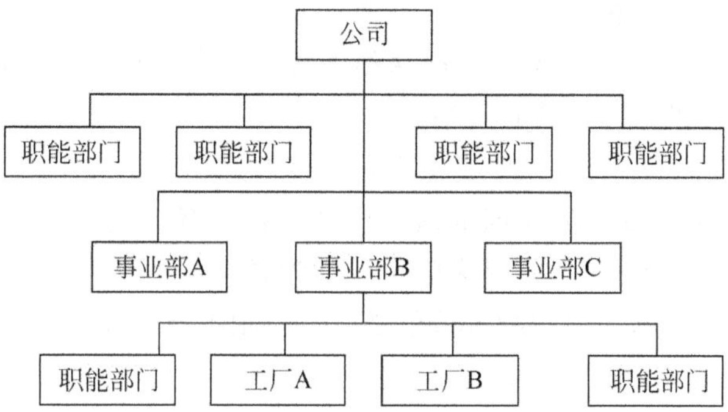

图 7-10 事业部制组织结构

在这种组织机构中，事业部一般按产品或地区来划分，具有独立的产品或者市场，拥有足够的权力，能够自主经营，并实行独立核算，自负盈亏。

事业部制组织结构优点是：有利于企业的高层领导层摆脱日常事务，集中精力搞好战略决策、长远规划和人才的开发；事业部相对独立的利润中心或责任中心，有利于事业部之间的竞争，增强企业的活力，有利于发挥事业部的主观能动性，增强经营管理的能力。这种组织具有稳定性和适应性较强的双重优点。

事业部制组织结构缺点是：公司总部和事业部机构重叠会造成结构臃肿，提高管理费用，降低工作效率；事业部之间横向联系差，协调配合难，容易产生本位主义；各事业部往往只考虑自己的利益，而忽视企业整体利益，导致短期行为等。

事业部制组织结构适用于规模庞大、品种繁多、技术复杂的大型企业，是国外较大的公司所采用的一种组织形式，近几年我国一些大型企业集团也引进了这种组织结构形式。

6. 网络型组织结构

网络型组织是利用现代信息技术手段而建立起来的一种新型的组织结构。采用这种组织结构可以使企业对于新技术或者来自海外的低成本竞争,具有更大的适应性和应变能力。

网络型组织机构是以项目为中心,通过与其他组织建立研发、生产制造、分销、营销等业务合作,有效发挥核心业务专长的协作型组织结构,如图7-11所示。

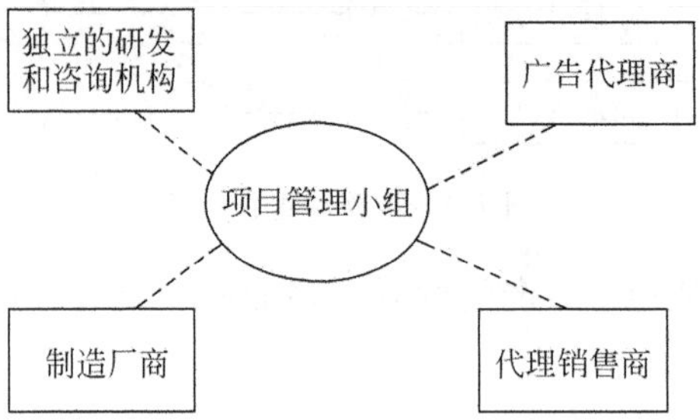

图7-11　网络型组织结构

网络结构是小型组织的一个可行的选择,也可以为大型组织采用,耐克公司就是这样的大型组织。这些公司所做的就是创设一个关系网络,它们与独立的设计者、制造商、代理销售商等联系,按照合同执行相应的职能。

在网络结构中,这些职能的大部分都从组织外"购买",使得企业生产经营提高了灵活性,并使组织集中精力做它们最擅长的事。

网络型结构的优点是:极大地促进了企业经济效益实现质的飞跃,降低了管理成本,提高了管理效益;实现了企业全世界范围内供应链与销售环节的整合;简化了管理层次,实现了企业充分授权式的管理;具有更大的灵活性和柔性;以项目为中心的合作可以更好地结合市场需求来整合资源,网络中的各价值链也可以根据市场需求的变动情况增加或调整;这种组织结构简单、精炼。

网络型结构的缺点是可控性太差。这种组织与独立的供应商广泛而密切合作,由于存在着道德风险和逆向选择性,一旦组织所依存的外部资源出现问题,如质量问题、提价问题、及时交货问题等,组织将陷入非常被动的境地;外部合作组织都是临时的,如果组织中的某一合作单位因故退出且不可替代,组织将面临解体的危险。

网络型结构的适用性:网络型组织结构并不是对所有的企业都适用的,它们需要相当大的灵活性以对时代的变化作出迅速反应,网络组织适合于那些制造活动需要低廉劳动力的公司。

7. 流程导向型组织结构

通常来讲,组织结构除了前面介绍的职能型、矩阵型和事业部制等传统结构类型之外,近些年来出现了流程导向型组织结构,目前越来越多的企业开始使用这种组织结构。

在现代组织中,流程就是多个人员、多个活动有序的集合,这些活动体现出了企业的价值。流程型组织结构是一种以顾客为中心的结构,以业务流程为核心。现代企业管理实践认为分工不再是组织结构设计的逻辑起点,企业所从事的具体的业务活动才是组织结构设计的基石,任何业务活动都表现为一系列实际的业务流程。流程型导向型组织结构与其他类型组织结构相比，更能实现业务流程的运行与顾客的需求密切相关，对顾客的需求和意见能够快速响应。

1）流程导向型结构与传统劳动分工

按照传统劳动分工，在企业内部，如果每个人只对生产活动的一部分负责，而不是参与所有的活动来完成该产品的生产，就说该企业内部存在着劳动分工。传统的观点认为，专业化分工可以提高劳动熟练程度，节约劳动转换时间，节约培训成本。

2）流程导向型结构与层次结构

流程导向型结构与层次结构明显不同的是指挥权力结构的变化。在层次型结构中各部门自上而下控制着指挥权，而在流程导向结构中权力归负责各业务流程实施的团队组织，各部门转化为各种职能服务中心，负责完成业务流程需要的支持流程。流程导向型的结构不同于流水线上每个人只是简单的重复工作，而是要求给每个工作者丰富完整的、有独立意义的工作内容，由一个人负责原来由若干人从事的工作。

3）流程型组织结构的优点

流程型组织结构是一种以顾客为中心的结构，以业务流程为核心。流程导向型组织的业务流程的运行与顾客的需求密切相关，对顾客的需求和意见能够快速响应。流程型组织结构是面向业务流程的组织结构，通过对业务流程的整体设计，业务工作被流程集成，业务流程连续，消除了流程瓶颈，使流程无间断连续运行，实现流程的整体优化，进而实现组织结构的整体优化，实现组织质量、服务、成本和服务效率优化。

4）流程型组织结构与业务流程再造

20世纪90年代以来，西方发达国家兴起了一场企业再造革命，被认为是继全面质量管理运动后的第二次管理革命。1990年，美国哈佛大学迈克尔·哈默教授和詹姆斯·钱皮在合作的文章《公司重组——企业革命宣言》中提出了业务流程再造的概念。

业务流程再造定义如下：业务流程再造是对企业的业务流程作根本性的思考和彻底重建，其目的是在成本、质量、服务和速度等方面取得显著改善，使得企业能最大限度地适应以顾客、竞争、变化为特征的现代企业经营环境。

业务流程再造强调在组织之间和组织内部对工作流和流程的分析和设计；用信息技术对业务流程进行根本革新从而实现主要业务目标的方法步骤；运用IT作为主要工具对业务进行重构；对限制组织竞争性、有效性的业务流程和组织结构进行重构；对业务流程的根本性分析和彻底再设计，从而使企业在成本、质量、服务和速度等方面获得进一步的改善。

在实践中，业务流程再造得到广泛的应用。20世纪90年代初，美国三大汽车巨头之一的福特汽车公司再造业务流程后，节省了75%的人力资源。我国海尔集团从1998年起实施了以市场链为纽带的业务流程再造，大大提升了核心竞争力。通过业务流程再造，海尔集团形成以订单信息流为中心的业务流程。

7.3 组织中的权力分配

组织结构是组织的框架，规定了组织各部分的排列顺序以及各要素之间的相互关系。组织是通过分工协作来发挥其整体功能的，完成了组织结构设计，只是完成了组织设计的框架或主体，组织功能要想更好地发挥作用，还需要在组织结构设计的基础上，将权力和责任更好地分配到各个部门和岗位上去。在一个组织中，权力的分布或者委派是至关重要的，它是每一个组织成员得以履行其职责的必要条件。

7.3.1 职权及其类型

在一个组织中，任何一个组织成员都拥有为实现组织目标而开展活动的权力，但如果作为管理者，他们还拥有指挥他人行动的权力。每一个管理职位都具有某种特定的、内在的权力，任职者可以从该职位的等级或头衔中获得这种权力。所谓职权，是指组织内部授予的指导下属活动及其行为的决定权，这些决定一旦下达，下属必须服从。

职权是古典学者的一大信条，它被视为是把组织紧密结构起来的黏合剂。职权可以委让给下属管理人员，授予他们一定的权力，同时规定他们在限定的范围内行使这种权力。因此，职权与组织内的一定职位相关，而与担任该职位管理的个人特性无关，它与任职者没有任何直接的关系。某人被辞退掉有权的职位，离职者就不再享有该职位的任何权力，职权仍保留在该职位中，并给予新的任职者。

对于组织中某一岗位，当安排给其一定职权时，我们应该授予相称的职责。也就是，一个管理者得到某种“职权”，他也就承担一种相应的“责任”，在组织中职权与职责是相辅相成的，有权力就有职责。在组织设计中，职权与职责对等是非常必要的。

1. 职权的类型

在一个组织中，存在着三种不同性质的职权：直线职权、参谋职权和职能职权。

1）直线职权

直线关系是组织中管理人员的主要关系，组织设计的一个重要内容就是规定和规范这种关系。直线职权是组织中上级指挥其下级工作的权力，也就是通常所说的指挥权，表现为上下级之间的命令权力关系。正是这种上下级职权关系贯穿组织的最高层到最底层，从而形成所谓的指挥链。在指挥链中每个链环处，拥有直线职权的管理者均有权指导下属人员的工作并且作出某些决策。当然，指挥链中的每个管理者也都要听从其上级主管的指挥。通过指挥链的信息传递，由上而下，或由下而上地进行，所以指挥链既是权力线，又是信息通道。例如厂长对车间主任拥有直线职权，车间主任对班组长拥有直线职权。

在现代企业管理中，“直线”一词也常常用来区分直线管理者与辅助管理人员。例如，制造业企业中，直线管理者通常指负责生产和销售职能的人员，而人事和财会职能的管理人员则被看作辅助管理人员。

2）参谋职权

参谋职权是指作为主管人员的参谋或幕僚所拥有的辅助性职权，主要是建议、咨询的权力，可以评价直线方面的活动情况，进而提出建议或提供服务。

随着组织规模日益扩大并且变得更加复杂，直线管理者发现他们没有足够的时间、技能或办法使工作得到有效完成。为此，他们配置了参谋职权职能来支持和协助他们，减轻他们的工作负担。在现代组织中，参谋角色比比皆是，已成为不可缺少的组织部分。组织规模越大，越是处于较高的管理层次，参谋人员的角色也就越重要。参谋关系是一种服务和协调的关系，作为直线主管助手的参谋职权越明确，参谋关系越清晰，越有助于直线主管的领导。

直线职权和参谋职权是组织职权中最重要的两个内容。要想组织有效运行，就要正确处理直线与参谋的关系，充分发挥直线职权以及参谋职权在管理过程中的作用。

3）职能职权

除了直线职权和参谋职权外，组织中还有一种职权，就是职能职权。职能职权就是有关职能部门在一定范围内作出决定，向下一级直线部门人员发出命令、提出要求的权力。职能职权实际上是参谋人员或某部门的主管人员所拥有的原属直线主管的那部分权力。在纯粹参谋的情形下，参谋人员所具有的仅仅是辅助性职权，并无指挥权。但是，随着管理活动的日益复杂，主管人员仅依靠参谋的建议很难作出最后的决定，为了改善和提高管理效率，主管人员就可能将职权关系作某些变动，把一部分原属自己的直线职权授予参谋人员或某个部门的主管人员，这便产生了职能职权。

今天，企业及事业单位的职能职权大部分是由业务负责人来行使的，这些部门一般都由一些职能管理专家所组成。职能权力产生的原因是多方面的。当一位总经理认为采购程序、生产计划等专门事务不需要他本人处理时，他就会设立采购部门、质检部门、计划部门等，把有关此方面的直线权力授予相应的职能部门，由这些部门代为行使。

设立专业职能机构的实质也就是对专业管理职能进行划分，对管理人员定职定责的过程；是提高管理人员的管理水平，充分挖掘组织的管理资源，实现管理职能专门化、组织活动有序化的重要手段。

设置职能机构，对管理职能进行合理的划分，使综合性极强的管理工作分解为各种专门性的管理工作，使管理工作有条不紊地展开。今天，社会化大生产高度发达，各种关系日趋复杂，分工日益细分化。对各种专业分工实施专门化管理，也是使管理适应社会化大生产的基本要求。

设置职能管理机构，应注意如下几个方面的问题：

首先，做好职能的划分工作，从实际出发。职能划分是设置职能管理机构的基础和前提。职能划分正确，机构设置才会合理，避免出现机构对立、办事效率低的现象。一般来说，越到组织的上层，管理任务繁重，职能划分应细一些，更专业化一些；而在组织的基层，管理任务单一，职能划分可以粗一些，综合一些。

其次，明确各职能部门之间的关系，建立完善的协调制度。管理是一个整体，各种职能必须为实现管理的总目标服务。有分工就必须有协作，做好各职能部门之间的协调工作就十分重要。

再次，机构设置应精简、高效。机构精简是减少管理费用、提高管理效率的途径。按照机构精简原则，可设可不设的机构不设。

2. 直线职权、参谋职权与职能职权的关系

从定义中可以看到，直线职权是命令和指挥的权力，参谋职权是协助和建议的权力，参谋的职责是建议而不是指挥，只有当他们的建议被管理者采纳并通过等级链向下发布指示时才会产生作用，可见直线权力与参谋权力之间的关系是“参谋建议、直线指挥”的关系。

在组织职权设计与分配时，一定要处理好直线职权、参谋职权与职能职权的关系。在组织中要建立明晰的职权结构，强调重视直线职权。要建立清晰的直线职权等级链，明确划分权责界限，同时还要制定并严格执行政策、程序和规范，要协调权力关系。

在组织中,要正确发挥参谋职权的作用,从而提升管理效能、提高管理绩效。组织中设置参谋机构、聘请掌握专门技术的人员担任参谋,可以协助直线主管适应复杂的管理活动、提高工作效率。

和参谋职权不同,职能职权是由直线职权派生出来的,职能职权是部门职能划分与分权的结果,形成职能职权就必然要设置职能管理部门。

组织常常在不同的层次设置同一类职能部门,如企业中总公司与分公司都设有计划、财务、采购等部门。这样,在不同层次之间,为了搞好某一方面的职能管理,就提出了处理好直线人员与职能部门的关系问题。处理这个关系的基本原则是上一层次的职能管理部门对下一层次的职能管理部门只有业务指导的权力,没有直接命令指挥的权力,后一权力只能该层次的直线主管人员拥有。上一层次的职能部门对下一层次的直线主管人员的决策有建议参考权,但没有命令指挥权。职能部门对下一层次直线人员的意见应由本层次的直线主管下达。总体来说,职能部门不能直接干预直线指挥权的行使。

7.3.2 授权

人的精力是有限的,因此管理者不可能亲自决定或监控所有的工作,必须要将一部分权力授予下级。所谓授权是指上级管理者给予下级管理者以一定的权力和责任,使下级管理者在一定的监督之下,拥有相当的行动自主权。授权者对被授权者有指挥和监督权,被授权者对授权者负有汇报和完成任务之责。

1. 授权的作用

授权是一门管理的艺术。管理者通过充分合理的授权能使他们不必事事亲力亲为,从而把更多的时间和精力投入到组织发展上。具体来说,授权具有以下几种积极作用:

1) 有利于调动下属的积极性

在管理过程中,调动人们工作积极性的除了物质利益手段之外,另一重要的手段就是授予下属权力,使其发挥管理才干,下属会由此觉得自己得到了信任,下属通过努力,取得成果,也会产生自我实现感。通过授权,调动下属的工作积极性,是一种重要的管理方法。

2) 有利于将高层管理者从繁杂的日常事务中解脱出来

如果一个人事无巨细,一概亲自处理,必然使自己陷入众多的日常事务的泥潭中,耗费过多的时间和精力。因此说,优秀的管理者应超脱于一般的日常事务,能够集中时间和精力处理好组织的重大问题,做好战略决策。

3) 有助于培养下级管理人员

管理水平的提高需要实践,而管理实践必须有权。通过授权,被授权的管理者有职有权,亲自实践,通过自身的努力就会逐步提高管理水平。授权是有意识培养下级管理人员常用的方法。对有才干的管理人员,通过有意识地委以重任,授予权责,就能使其在复杂困难的环境中得到锻炼和提高,成为一个有效的管理者。

2. 授权的原则

授权本身也是一种管理权力的艺术。做好授权工作并不是一件轻而易举的事。我们在日常的管理实践中常常见到的情形是:要么只相信自己,怀疑下属的能力,不愿授权,或者名义上授权了，实际上事事干预，下属的权力有名无实；要么是授权不当，不应授予的权力下放之后导致失控，结果造成了很大损失。做好授权工作，应遵循如下几条原则：

1）相信下级、积极授权

授权以信任为前提，用人是否得当也影响着信任程度，从而影响着授权。在确信用人正确的前提下，管理者就应用人不疑，大胆授权。不少管理者不会授权，不敢授权，是与其用人能力不足，不能判定用人是否正确是分不开的。

2）权责对等、按责授权

权力与责任总是相伴随的，授权的同时也就是落实责任。授予的权力越大，相应的责任也就越大，权责对等对授权来说也是必须遵守的准则。必须注意，授权不是将责任完全推给下属。授权之后，管理者并非对下属的管理行为不负责任了，而是管理者的责任更大了。授权者有责任，有义务指导下属合理用权、接受任务和责任。授权者要支持下属的工作，对不可避免的失误，要主动地承担责任。

3）监督检查、做好控制

授权之后，下级必须有运用所授予的权力履行管理职能的自主权，上级应该少干预，但这并不意味着放弃控制。相反，授权之后，授权者应建立完善的监督检查和下级汇报制度，搞好授权后的控制工作。每次重大授权之前，各种检验方法都应当建立起来，并使接受权力的下级也清楚。

4）逐级授权、不越级授权

授权必须逐级进行，上级只能向由自己直接领导、指挥的下级授权，不能越级授权。越级授权等于否定了中间管理层的作用，会干涉中间管理层的工作，打击中间管理层的积极性。

7.3.3 集权和分权

集权和分权是组织权限的分配方式，是组织设计中的两种相反的权力分配方式。

1. 集权和分权的相对性

作为一个组织，为了充分发挥集体的力量，有效地实现共同目标，必然要在内部进行分工，这就要求在组织内部进行分权，由组织领导层把部分决策权授予下级组织和部门的管理者，由他们行使这些权力，自主地解决某些问题，从而完成分配给他们的相应工作。

所谓分权，就是把指决策权适当的分散在组织中下层的一种组织形式，分权使得决策权分布在组织的各个层级。分权对于任何组织来说都是必要的。没有了分权，什么事都要由高层管理者来决定，由高层管理者来直接指挥，就无法发挥组织分工协作的优越性。

分权的对立面是集权。集权是把管理权限较多地集中在组织上层的一种组织形式，由上层组织来协调组织中的各项活动，保证决策按照他们的意愿来进行。其特点是决策权大多数集中在高层领导手中，对下级的控制较多。下级部门只能依据上级的决定和指示执行，一切行动要听上级指挥。任何组织为了保证共同目标的实现，必然要求保持组织行动的统一性，因此，一定程度上的集权对于任何组织来说也都是必要的。一个组织如果一味地分权，把所有的决策权都授予下属部门，一切问题都由下属各部门自行决定，那么，代表组织整体并用以支配组织整体活动的权力将不复存在，这样就势必造成组织的解体和分崩离析。

集权和分权是两个相对的概念。事实上,绝对的集权和绝对的分权都是极少见的,一般是相对的集权和分权。绝对的集权意味着组织中的全部权力集中在一个主管手中,组织活动的所有决策均由该主管作出,主管直接面对所有的命令执行者,中间没有任何管理人员,也没有任何中间管理层。这在现代社会经济组织中几乎是不可能的。绝对的分权意味着将全部权力分散下放到各个管理部门中去,分散至各个执行操作层,这时,主管的职位是多余的,统一的组织也不复存在。因此,将集权和分权有效地结合起来是组织存在的基本条件,也是组织既保持目标统一性又具有灵活性的基本要求。

2. 集权与分权的影响因素

影响集权与分权的程度,是随条件变化而变化的。对一个组织来说,其集权或分权的程度和范围,应综合考虑各种因素。

1) 组织因素

(1) 组织规模的大小。组织规模较小时,一般采用集权;否则,采用分权。

(2) 所管理的工作的性质与特点。管理工作简单、任务不复杂,一般采用集权;否则,采用分权。

(3) 管理职责与决策的重要性。管理工作任务重要,责任大,一般采用集权;否则,采用分权。

(4) 管理控制技术发展程度。控制技术与手段不完善,管理者对下属的工作和绩效控制能力弱,一般采用集权;否则,采用分权。

2) 环境因素

(1) 组织所面临环境的复杂程度。管理者面临的环境复杂,一般采用集权;否则,采用分权。

(2) 下属部门各自面临环境的差异程度。下属部门面临的环境差异小,一般采用集权;否则,采用分权。

3) 管理者与下级因素

(1) 管理者的素质、偏好与个性风格。管理者能力强、个性强、偏好权力,一般采用集权;否则,采用分权。

(2) 被管理者的素质、对工作的熟悉程度与控制能力。被管理者不成熟、对工作的熟悉程度差、对系统控制能力不足,一般采用集权;否则,采用分权。

(3) 管理者与被管理者之间的关系等因素也影响集权与分权程度。

3. 集权和分权的平衡

集权的优点是:可以加强统一指挥、统一协调和直接控制;集权的缺点是:会使高层管理者负担过重,经常陷入日常事务中,无暇考虑大政方针,并且事事请示汇报限制了各层管理人员的积极性,不利管理者的培养。分权的优点是:可以减轻高层管理者的负担,增强各层管理者的责任心、积极性和自主性,增强组织的应变能力;分权的缺点是:可能造成下属部门各自为政,各行其是,使各部门之间难以协调从而损害组织的整体目标。

如何在集权和分权之间恰当地平衡,是处理好集权和分权关系的核心。在这方面,美国通用汽车公司总经理斯隆为我们提供了处理集权与分权关系的典范。斯隆提出了“分散经营和协调控制相结合”的组织管理体制。这种体制的总体精神是：集中保证整个公司的重大政策和规划的决策权，在此前提下，实行最大限度的职权分散化。

7.4　组织文化

组织文化这一概念最早是美国学者于20世纪70年代末至80年代初提出的，是通过对日本经济飞速发展的实证分析，以及与美国经济发展的比较所提出来的一个崭新的概念。今天，越来越多的单位开始重视组织文化，希望通过组织文化来加强组织的凝聚力，实现组织的目标。

7.4.1　组织文化的含义

文化是一个内涵深邃、外延宽广的概念。从宏观上看，文化可以指民族的、宗教的、社会的；从微观上看，它又可以指社会中的某一特定群体的。本书所探讨的组织文化主要是指后者，也就是某一特定组织的文化。

1. 什么是组织文化

组织文化是组织在成长过程中逐步形成的，为全体成员所认同并遵守的、带有本组织特点的使命、愿景、宗旨、精神、价值观和经营理念，以及这些理念在运营实践、管理制度、员工行为方式与组织形象所体现的总和。它反映了一个组织特有的、为社会所公认的品格、精神、作风等。从定义可以看出，组织文化实际上是指组织的共同观念系统，是一种被组织成员所理解的共识。组织文化一旦形成，就会很大程度上对组织成员的思维和行为产生影响。

如图7-12所示，组织文化的结构可以分为四个层次，即物质层、行为层、制度层和精神层。

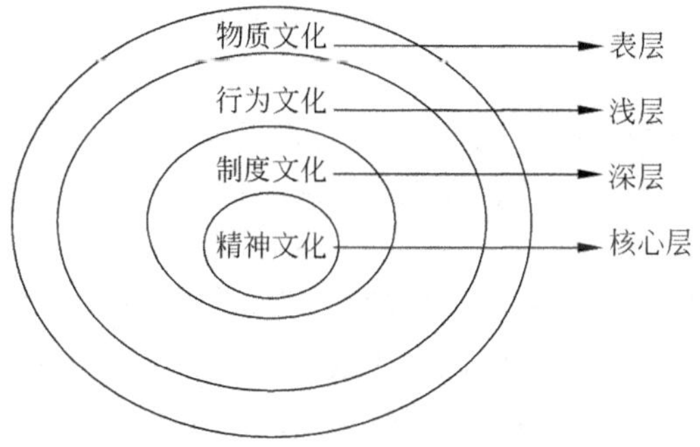

图7-12　组织文化结构

1）物质层

物质层文化是组织文化的表层文化，是凝聚着组织文化内容的物质体的外在表现，如组织的物质基础、物质条件和物质手段。物质文化的特点就是看得见、摸得着。那么，为什么要把这些属于物质实体的东西作为文化来看待呢？这是因为不仅仪器设备、技术装备、工艺流程等这些与生产直接相关的物质现象要体现组织的文化素质，而且建筑形态、工作环境等也要体现组织的文化素质。优秀的组织文化是通过重视产品的开发、服务的质量、产品的信誉和组织生产环境、生活环境、文化设施等物质现象来体现的。

2）行为层

行为层文化是组织文化的浅层部分，这是相对于表层的物质文化而言的。从内容看，行为文化既包括组织的生产行为、分配行为、交换行为和消费行为所反映的文化内涵与意义，同时也包括组织形象、组织风尚和组织礼仪等行为文化因素。对组织来说，行为文化的建设是组织文化建设中的最重要的文化建设。

3）制度层

制度层文化是组织文化建设的深层结构部分，它是相对于表层的物质文化、浅层的行为文化建设而言的。制度层文化是指体现组织文化特色的各种规章制度、道德法规和员工行为准则的总和。制度文化层主要内容有组织与领导制度、职工管理制度、分配管理制度等方面。

4）精神层

精神层文化，它是组织在长期实践中所形成的员工群体价值取向，是组织道德观、组织哲学的综和体现和高度概括，反映全体员工的共同追求和共同认识，包括管理哲学、敬业精神、人本主义的价值观念、道德观念等等。组织精神文化是组织价值观的核心，是维系组织生存发展的精神支柱。精神文化层是组织文化结构中的核心层次。作为核心层文化，它是相对于深层的制度文化、浅层的行为文化和表层的物质文化而言的。

综上所述，组织文化的这四个层面构成了组织文化的一个完整系统，形成了一个由内向外发散，再从外向内深入的开放网络，从而促进组织的不断创新与发展。精神文化层是组织文化的核心层次，直接决定和影响制度文化层的建设；制度文化层又要影响和决定行为文化层的建设；而行为文化层最终要影响和决定物质文化的建设。

2. 组织文化的特征

通过对大量组织文化的比较研究，学者们总结了组织文化的特征。一般来说，组织文化具有以下几个主要特征：

1）独特性

每个组织都有其独特的组织文化，这是由不同的国家和民族、不同的地域、不同的时代背景以及不同的行业特点所决定的。构成组织环境和群体特性的各种因素，如组织的规模与性质、行业及产品特点、组织结构、经营方式、领导方式等，直接孕育和促成了组织文化的生成。而上述因素在不同组织中有着不同的存在形式和组合方式，在此基础上生成的组织文化也必然存在诸多差异。一个组织区别于其他组织的文化差异即为该组织独有的文化特性。组织文化的这一性质使每个组织形成仅为本组织认可和通行的价值观、思维方式和行为规范，同时使该组织在社会中显示出独特的形象和风格。

2）继承性

任何文化都是前代文化的继承，在继承基础上的延续。每个组织都需要注意本组织优良文化的积累，通过文化的继承性，把自己的过去、现在和将来联结起来，把组织精神灌输给一代又一代，继而扬弃、发展。

3）相对稳定性

组织文化是组织在长期的发展中逐渐积累而成的，具有较强的稳定性，不会因组织结构的改变、战略的转移或产品与服务的调整而变化。一个组织中，精神文化又比物质文化具有更强的稳定性。

4）发展性

组织文化形成以后，不是一成不变的，而是随着社会的进步不断发生变化的。组织文化处于发展变化之中，旧的文化因素或因时代的变迁而消失，或因条件的改变而演变；新的文化因素则随着人类的进步而产生，随着组织管理实践的深入而发展。组织文化的这种更新既是组织主动追求的结果，也是管理发展的必然要求。

5）融合性

每一个组织都是在特定的文化背景之下形成的，必然会接受和继承这个国家和民族的文化传统和价值体系。组织文化的融合性除了表现为每个组织过去优良文化与现代新文化的融合，还表现为本国与国外新文化的发展融合。

6）社会性

组织文化的形成要受所属社会文化及民族文化的影响，从而带有明显的本社会、本民族文化特性和烙印。每一个民族都有其独特的民族文化，而组织都是存在于某一地区的，必然受到所在地区的民族文化影响，相应地，组织文化必然具有民族性和社会性。

小资料

沃尔玛："尊重每一个员工"

沃尔玛公司一直非常重视企业文化的作用。公司创始人山姆·沃尔顿为公司制定了三条座右铭："顾客是上帝""尊重每一个员工""每天追求卓越"，成为沃尔玛企业文化的精髓。

在沃尔玛的整体规划中，建立公司与员工的合伙关系被视为最重要的部分，沃尔玛处理员工关系常用分享信息和分担责任的方式，它使人产生责任感和参与感。尊重个人是沃尔玛的企业文化。在沃尔玛，"我们的员工与众不同"不仅是一句口号，更是沃尔玛成功的原因，它的含义是每个员工都很重要，无论他在什么岗位都能表现出众，并把这句话印在每个员工的工牌上。沃尔玛注重与员工的沟通，倾听员工的意见。任何员工都有权走进管理人员的办公室谈论任何话题，发表任何意见，没有等级森严的感觉。

3. 组织文化的内容

组织文化作为一个完整的体系，其内容包括四个部分，即组织整体价值观念、组织精神、组织伦理道德、组织形象。

组织整体价值观念主要指组织的基本信仰和经营管理的基本理念。主要解决创办组织是为了什么，组织追求什么样的目标，组织提倡什么、反对什么，组织以什么样的指导思想进行经营管理等方面的问题。

组织精神与组织整体价值观念是紧密相联的，是组织规范化和信念化意识的表现，反映组织经营管理中积极的主导意识。价值观就是组织对经营管理目的的基本看法和判断，而组织精神则是在组织价值观念的基础上所形成的一种群体意识和精神状态。组织整体价值观念与组织精神是员工团结一心、努力工作的精神源泉，也是组织赖以生存和发展的精神支柱，对组织的成败兴衰起决定作用。

组织伦理道德是组织人与人之间关系的行为规范的总和。它根源于组织员工的群体意识，表明人们对善良与邪恶、公正与偏袒、诚实与虚伪等问题的基本看法，并以此为标准评价员工的行为，调整组织与员工及员工与员工之间的关系。组织的伦理道德以公众舆论、规章制度等形式表现出来，对规范员工的个体行为，保证个人目标同组织目标的一致起到引导和制约作用。

组织形象是组织从事生产经营活动和管理活动所表现出来的外部行为特征、视觉特征以及组织风气等等，表现为组织在社会上的知名度、美誉度和组织精神面貌的好坏。组织形象决定于组织的整体价值观念和伦理道德。一个组织是否具有良好的形象，对组织员工的工作追求、凝聚力、创造力及组织整体竞争力都有直接影响。

7.4.2 组织文化的功能

组织要实行有效的管理，关键在于它的凝聚力、向心力和持久力，而组织文化对此有着不容忽视的重要影响。具体说来，组织文化的功能主要包括以下几个方面。

1. 激励功能

共同的价值观念使每个职工都感到自己存在和行为的价值，自我价值的实现是人的最高精神需求的一种满足，这种满足必将形成强大的激励。

组织文化的激励功能是综合发挥目标激励、领导行为激励、竞争激励、奖惩激励等多种激励手段的作用，从而激发出组织内各部门和所有员工的积极性。组织文化犹如一种内在于组织的“精神动力学效应”，这种无形的动力可以激励职工的自豪感、主人翁的责任感，特别是组织文化建设取得成功，在社会上产生影响时，组织员工会产生强烈的荣誉感和自豪感，并用自己的实际行动去维护组织的荣誉和形象。

2. 导向功能

组织文化在很大程度上决定着成员的价值取向，确定着成员的共同目标。所谓导向功能就是通过它对组织的领导者和职工起引导作用。

组织文化的导向功能主要体现在经营哲学和价值观念的指导方面。其中，经营哲学决定了组织经营的思维方式和处理问题的法则，组织共同的价值观念规定了组织的价值取向。组织目标代表着组织发展的方向，没有正确的目标就等于迷失了方向。好的组织文化会从实际出发，以科学的态度去制定组织的发展目标。

3. 约束功能

每个组织为了保证其经济目标的实现和生产、经营活动的一致性，需要一定的行为准则以统一成员的信念、价值和行为，并以此作为价值取舍的标准，它起着调节员工活动关系的作用。组织的生存和发展，离不开这种行为规范的约束。

组织文化的一个重要特征就是根据组织整体利益的需要，提供一整套行为准则，通过一系列的形式来约束和规范组织全体成员的行为。这种约束功能主要是通过完善管理制度和道德规范来实现的。组织制度是组织文化的内容之一，组织的领导者和组织的职工必须遵守和执行。而道德规范则是从伦理关系的角度来约束管理者和员工的行为。

4. 凝聚功能

组织文化以人为本，尊重人的感情，从而在组织中造成了一种团结友爱、相互信任的和睦气氛，强化了团体意识，使组织员工之间形成强大的凝聚力和向心力。共同的价值观念形成了共同的目标和理想，员工把组织看成是一个命运共同体。这种对组织共同体的同一性的认识，是组织凝聚力的来源。它能在组织共同体内部造成一种和谐公平、友好的气氛，促进全体职工的团结、信任、理解和相互支持，使之形成群体的向心力。组织文化像一根无形的"纽带"，维系着一个组织的正常运行。

7.4.3　组织文化的建设

前面提到，合适的文化对组织的发展有着毋庸置疑的作用和意义。越来越多的组织已经意识到组织文化的重要性，并开始系统地表述组织的核心价值观和经营理念，通过明晰组织文化理念，使得组织成员明确组织内是非准则，从而有效约束自己的行为，使得自己的行为符合组织的价值观。因此，组织要构建与外部环境以及内部需要相适应的组织文化，并且要将这种文化落实到组织的每一个员工身上。

1. 坚持组织文化建设的一般原则

1）强化以人为中心

文化以人群为载体，人是文化生成的第一要素。组织文化中的人不仅仅是指管理者，还包括组织的全体职工。组织文化建设中要强调关心人、尊重人和信任人。组织团体意识的形成，首先是组织的全体成员有共同的价值观念，有一致的奋斗目标，才能形成向心力，才能成为一个具有战斗力的整体。

2）切忌形式主义

组织文化属意识形态的范畴，但它又要通过组织或职工的行为和外部形态表现出来。建设组织文化首先要从职工的思想观念入手，树立正确的价值观念和哲学思想，在此基础上形成组织精神和组织形象，防止搞形式主义，言行不一。

3）注重个异性

个异性是组织文化的一个重要特征。组织文化本来就是在组织发展的历史过程中形成的，每个组织都有自己的历史传统和经营特点，组织文化建设要充分利用这一点，建设具有自己特色的文化。组织有了自己的特色，而且被顾客所公认，才能在组织之林中独树一帜，才有竞争的优势。

4）继承传统文化的精华

组织文化建设应该是在传统文化的基础上进行增值开发，否则组织文化就会失去存在的基础，也就没有生命力。增值开发就是借鉴传统文化，去其糟粕，取其精华。我国传统文化中的民本思想、平等思想、务实思想等都是值得增值开发的内容。

2. 培育共同价值的观念

作为组织文化核心的价值观念的培养，是组织文化建设的一项基础工作。组织中的每个成员都有自己的价值观念，但由于组织成员的生活环境不同，受教育的程度也不相同等原因，使得他们的价值观念千差万别。组织价值观念的培育是通过教育、倡导和模范人物的宣传感召等方式，使组织职工扬弃落后的价值观念，树立正确的、有利于组织生存发展的价值观念，并形成共识，成为全体职工行为的准则。

组织价值观念的培育是一个由服从，经过认同，最后达到内化的过程。服从是在培育的初期，通过某种外部作用使组织中的成员被动地接受某种价值观念，并以此来约束自己的思想和行为；认同是受外界影响而自觉地接受某种价值观念，但对这一观念未能真正地理解和接受；内化则不仅是自愿地接受某种价值观念，而且能够按照这一价值观念自觉地约束自己的思想和行为。

组织价值观念的培育是一个长期的过程。在这个过程中，组织中个体成员价值观念的转变还可能由于环境因素的影响而出现反复，这更增加了价值观念培育的复杂性。价值观念的培育需要组织领导做深入细致的思想工作，让员工可以接受。由于组织价值观念是由多个要素构成的价值体系，因此在培育中要注意多元要素的组合，即既要考虑国家、组织价值目标的实现，又要照顾职工需求的满足。

3. 塑造组织精神

组织精神的塑造是在组织领导者的倡导下，根据本组织的具体特点，使建立在组织价值观念基础上的内在的信念和追求，通过组织群体行为和外部表象而外化，形成组织的精神状态。

组织精神与组织价值观是既有区别，又密切相关的两个概念，价值观是组织精神的前提，组织精神是价值观的集中体现。价值观具有分散性和内隐性，如存在的价值、工作价值、质量价值等，它是人们的信念和追求。但组织精神则不同，它比较外露，更容易被人们所感觉。组织价值观和组织精神共同构成了组织文化的核心。

组织精神的形成需要组织的领导者根据组织的发展有意识地倡导、培育而成。在塑造组织精神的过程中，特别应将个别的、分散的好人好事从整体上进行提炼、推广和培育，使之形成具有代表性的组织精神。

4. 确立正确的经营哲学

组织经营哲学，是组织一切行为的逻辑起点。因此，确立正确的经营哲学，是组织文化建设的一项重要任务。由于现实中每个组织由于人、财、物的状况不同，所处的环境不同，每个组织的经营哲学也就有所不同，各个组织应该选择具有本组织特色的经营哲学。确立组织哲学，需要经营者对本组织的经营状况和特点进行全面的调查，运用某些哲学观念分析研究组织的发展目标和实现途径，在此基础上形成自己的经营理念，并将其渗透到员工的思想深处，变成员工处理经营问题的共同思维方式。

5. 组织形象设计

组织形象设计一般要经过形象调查、形象定位和形象传播三个阶段。形象调查是了解公众对本组织的认识、态度与印象等方面的情况，为组织形象设计提供信息。形象定位是在形象调查的基础上，根据组织的实际状况，用知名度和美誉度对组织形象进行定位。形象传播是以广告或公关方式，将组织形象的有关信息向社会传播，让更多的顾客认识和接受，从而提高组织形象。

复习思考题

1. 说一说组织结构设计的影响因素。
2. 简要分析管理幅度和管理层次的关系。
3. 什么是集权？什么是分权？
4. 说一说直线职权、参谋职权以及职能职权之间的关系。
5. 举例说明职能部门化、产品部门化和顾客部门化。
6. 直线制职能制组织结构有哪些优点和缺点？
7. 矩阵制组织结构有哪些优点和缺点？
8. 何谓组织文化？组织文化的主要功能有哪些？

【案例分析】

万维公司的组织结构变革

北京清华万维网络技术有限公司是一家民营高新技术企业，成立于1998年4月，注册总资本为300万元人民币。公司定位在网络技术专业服务领域。创建时初步确定了三个主要业务方向：(1)网络技术培训；(2)互联网教育网站；(3)网络技术咨询和工程监理。万维公司成立时仅有7名员工，总经理孟高原是一位个性很强、勇于进取的领导人。在其领导下，公司员工团结一致，艰苦创业，公司的业务和规模都取得了快速的发展。

随着企业规模的逐步扩大，万维公司的组织结构经历了一系列的变革和发展。创建初期，公司人数很少，采用了简单的组织结构，所有人员由孟总统一指挥调度。当企业三个业务发展方向逐步确立起来，并且员工数量有所增加之后，开始划分出几个不同部门，但部门设置并不正规，各部门仍由孟总直接领导。各项业务规模逐渐扩大之后，为了适应业务发展的需要，公司正式采取事业部结构，并增设了人力资源部、市场公关部和企划部等职能部门，组织结构逐渐清晰和正规起来。从机构设置角度来看，万维公司目前采用的是事业部结构。但是实际上，各事业部仅仅是在业务和人员方面加以区分，还没有真正实现管理和经营方面的充分自治，各事业部管理基本上还是由高层领导直接负责。这就带来部门各自为政，彼此间缺乏沟通，管理队伍能力不足，员工气越来越低等问题。

面对这种局面，孟总清醒地认识到，公司必须尽快采取变革措施来扭转目前企业管理运作的混乱与无效率状况。通过与管理咨询公司总经理李洪博士探讨后决定：万维公司应首先进行一次组织变革，重建组织结构。

自2000年4月1日开始，万维公司调整为矩阵制组织结构，全面实行项目管理和预算控制。为了更好地实施这次组织变革，万维公司决定聘请远望管理咨询公司帮助公司进行这次变革。通过员工调查，根据对万维公司的特点和组织结构关键特征的分析，咨询小组为万维公司设计了一种基于职能资源平台的、以项目管理为核心的、贯彻内部市场机制的矩阵制组织结构。基本思路为：以经营业绩为导向，企业所有职能部门都为经营工作服务；强调资源动态组合的组织模式；同时采取决策权力下移的扁平化管理方式，充分发挥员工工作潜能。

新组织结构推行过程总体还比较顺利，虽然还存在一些具体问题，但是在孟总经理的坚决推动下，两个月内新组织结构运作顺利。至 2000 年 11 月，公司规模迅速扩大，公司员工总数达到 187 人，企业管理运作的效率也得到了很大的提高。

思考与讨论

1. 万维公司经历了哪些组织变革？
2. 分析矩阵制组织结构的优缺点。
3. 这个案例给你什么样的启示？

第8章

人员配置

【本章要点】

- 人员配置的任务和原则；
- 内部招聘和外部招聘；
- 员工选聘的程序和方法；
- 员工培训的内容及形式；
- 绩效评估的含义、步骤及作用；
- 员工薪酬的构成。

组织结构的设计为组织系统的运行提供了基本的框架。然而，要有效发挥组织的作用，还应该设计为不同岗位配备合适的人员。“管理之要，在于用人”。任何管理者在组织工作职能中的任务之一，就是选配人员，也就是将合适的人配置到合适的岗位上。一个组织的能力高低，在很大程度上取决于所聘用的人员素质。得到并保持能干的员工，是每个组织取得成功的关键所在。

8.1 人员配置的任务和原则

8.1.1 组织人员配置的重要性

对于任何性质的组织来说，有效合理的人员配置都是十分重要的。

1. 做好人员配置是提高组织效率的前提

组织的效率高低、组织力量的强弱，归根结底是由组成组织的人员的素质高低决定的。现代组织竞争理论研究的一个重要结论就是市场竞争实质上是人才的竞争。如果一个组织从一般员工到高层管理人员都具有很高的素质、很强的专业技术能力和管理能力，可以肯定这个组织具有很强的竞争力。把好组织的人员进入关是提高组织成员素质的第一步，培训则是不断提高组织成员素质，不断开发组织人力资源的重要途径。这些都是人员配置的重要内容。可见，一个组织人力资源管理水平的高低，在很大的程度上决定了组织的生存和发展。

2. 做好人员配置是开发人力资源的重要途径

在组织的各种组成要素中,人是最有活力、最重要的要素。如何调动组织成员的积极性和创造性,是管理要解决的最重要的问题。

一般来说,首先要做到组织人员的合理利用、合理配置,避免出现大材小用、有才不用,浪费人力资源的现象;其次,要做好报酬工作,使员工觉得付出的劳动得到了合理的报酬;再次,要通过培训、指导等工作,使员工认识到自己的潜能,并将这种潜能发挥出来,最大限度地挖掘组织内可用的人力资源。这些工作,都要靠人员配置来完成。

3. 做好人员配置是实现组织目标的重要手段

任何一个组织都必须保持相对的稳定,否则,组织的目标就难以实现。组织的稳定首先是员工队伍的稳定。通过人力资源的配置和管理,使每个员工都感到其能力得到了发挥,劳动所得的报酬公平合理,员工就会热爱这个组织,忠诚于这个组织。此外,随着组织的发展,人力资源管理还为组织输送合格的员工和人才,保证组织的动态稳定。

8.1.2 人员配置的基本要求

人员配置要为组织的每一个岗位配备适当的人,也就是按照组织的需求,考虑组织成员的能力和特点,因岗设人。

1. 通过人员配备使组织系统高效运转

要使组织系统能有效运转,必须使组织机构中每个工作岗位都有符合岗位需要的人,从而使得组织的所有正常活动都有合格的人来完成。

2. 通过人员配备为组织的发展吸引人才

任何组织都是处在不断变化的环境中。组织的目标、任务会随着组织内外环境的变化而适当的调整,因此组织的岗位以及岗位对员工的要求要会发生变化。因此,人员配置不仅要考虑组织现在的状况,还要考虑到组织未来发展的需求。人员配置不仅要为组织吸引、招聘到优秀的人才,同时要留住人才,合理地使用人才,增强组织成员对于组织的忠诚度。

3. 通过人员配置使每个人得到公正的评价和使用

合理的人员配置可以充分发挥每个人的才能,同时使得每个人的能力不断提高。知识和技能的提高,不仅可以满足人们较高层次的心理需要,而且往往是职业生涯中通向职务晋升的阶梯。通过人员配备,使得每个组织成员可以拥有这样的机会。

8.1.3 人员配置的原则

选拔合适的人才,合理地使用人才,是组织生存和发展的重要条件,也是人力资源规划的目的之一。尽管不同的组织可能需要不同的人才,但是,不管什么样的组织都必须坚持科学的人员配备原则。一般来说,组织人员配置有以下几个原则。

1. 因事择人原则

因事择人是指应以所空职位和工作的实际要求为标准来选拔符合标准的各类人员。选人的目的在于使其担当一定的职务,并能按照要求从事与该职务相对应的工作。要使工作圆满完成并卓有成效，首先要求在保证工作效率的前提条件下安排和设置职位，其次要求占据该职位的人具备相应的知识和工作能力。

2. 因材适用原则

因材适用是指根据人的能力和素质的不同，去安排不同要求的工作。从组织中人的角度来考虑，只有根据人的特点来安排工作，才能使人的潜能得到最充分地发挥，工作热情得到最大限度地激发，促进人的全面发展。如果学非所用、大材小用，都会严重影响组织效率，影响组织目标的实现。

3. 用人所长原则

用人所长的原则是指在用人时不要求全责备，管理者应注重发挥人的长处。没有平庸的人，只有平庸的管理。每个人总是有长处的，高明的主管善于从每个普通的员工身上，发现有价值的东西，并加以引导和开发。在现实中，由于人的知识、能力、个性发展是不平衡的，组织中的工作任务要求又具有多样性，因此，完全意义上的通才是不存在的，即使存在，组织也不一定非要选用这种通才，而应该选择最适合空缺职位要求的候选人。有效的管理就是要能够发挥人的长处，并使其弱点减少到最小。

4. 动态平衡原则

现代组织总是在不断地变革和发展的，对组织成员的要求也是在不断变化的，而工作中人的能力和知识也在不断地提高和丰富，因此，人与事的配合需要不断地协调、平衡，人与事要保持动态平衡。要使那些能力发展充分的人去从事组织中更为重要的工作，同时也要使能力平平、不符合职务需要的人得到合理的调整，最终实现人与工作的动态平衡。

8.1.4　人员配置工作的内容

人员配置工作主要包括以下几个方面的内容。

1. 制订人力资源计划和人力吸引政策

根据组织目标以及组织结构设计，对组织各类人员的需求进行分析，制订出组织人才需求计划；对人才市场分析，制定人才吸引政策。

2. 员工补充更新

包括招聘新员工，提拔管理人员，补充空缺的岗位，多余人员的安置，老职工的退养等。此项工作要有长远规划，对技术人员和管理人员要有适当的人才储备。

3. 员工的培养教育、培训与提拔

现实中，正规的组织都在员工培训上花大力气，从毕业生的入职培训，到技术人员的知识更新培训，企业都非常重视。通过培训，员工的技能得到提高，最终体现到产品和服务质量的提升。

4. 员工的绩效考评

绩效考评是人力资源管理的重要内容，也是提高管理水平方法之一。考评的结果作为发放绩效薪酬的依据，也作为提升到上一级职务的依据。

5. 薪酬与保健

薪酬与保健是留住和吸引优秀员工的基础。衣食足而知荣辱，员工的敬业精神需要引导教育,员工也需要有基本的生活保障。

8.1.5 人力资源规划

人员的合理配置依赖于科学的人力资源规划。科学的人力资源规划,使得组织能够对未来的人力资源供求关系作出预测,有利于对现有人力资源的充分利用和对未来的人力资源的合理配置。

通过人力资源规划,可以将组织的目标转换为需要何种人员来实现这些目标。人力资源规划需求要根据组织的战略发展,也要考虑人才市场供给情况。人力资源规划包括以下几方面的任务。

1. 人力资源补充计划

在组织发展过程中,由于常规的变动,会导致某些岗位出现空缺。同时由于组织规模的扩大,往往需要新设岗位以及根据新岗位的需要增加人力资源数量。人力资源补充计划就是以人力资源供求预测为基础,对未来一段时间内所需要补充的人力资源的类别、数量及补充渠道作出预先安排的计划。

2. 人力资源调配计划

组织中的员工总是随着内外环境的不断变化而变动的。为了确保担任职务的人员具备职务所要求的知识和技能,必须对现有在岗人员进行内部调配,使组织所需要的各类人才得到及时补充。

3. 人力资源开发计划

人力资源是一种可再生的资源,通过对人力资源的开发,可以使组织的员工产生新的技能或者获得更高的技能。培训是人力资源开发的主要途径。培训既是为了适应组织内部变革和发展的要求,也是为了提高员工素质,实现员工个人职业生涯发展的要求。要使组织中的成员更符合组织发展的需要,就必须运用科学的方法,有计划、有组织、有重点、有针对性地对员工进行全面培训,以培养和储备适应未来要求的各级人才。

8.2 工作分析

工作分析是人力资源管理诸多要素中最基本的要素,是开展人力资源工作的基础。工作分析对人力资源管理的其他工作具有举足轻重的影响。

8.2.1 工作分析的概念

工作分析又称职务分析,指全面了解一项职务的管理活动,也是对该职务的工作内容和职务规范的描述和研究过程,即制定职务的说明和职务规范系统的过程。

具体讲工作分析是一个收集、加工和处理岗位相关信息的过程,以全面了解和明确该岗位在公司内的岗位目标、职责、权限等信息。工作分析对该工作从六个方面开展调查研究:工作内容、责任者、工作岗位、工作时间、怎样操作以及为何要这样做。对该工作的任务要求进行书面描述并整理成文。

工作分析的结果提供了关于工作本身要求相关的信息，而这些要求又是编制工作说明书和工作规范的基础。

8.2.2 工作分析的内容

工作分析的内容包含三个部分：对工作内容及岗位需求的分析；对岗位、部门和组织结构的分析；对工作主体员工的分析。

1. 工作内容的分析

工作内容的分析是指对产品(或服务)实现全过程及重要的辅助过程的分析，包括工作步骤、工作流程、工作规则、工作环境、工作设备、辅助手段等相关内容的分析。

2. 岗位、部门和组织结构的分析

由于工作的复杂性、多样性和劳动分工，使组织中的岗位设置、部门设置成为必然，不同的行业和不同的业务都影响着岗位、部门的设置。对岗位、部门和组织结构的分析包括对岗位名称、岗位内容、部门名称、部门职能、工作量及相互关系等内容的分析。

3. 工作主体员工的分析

工作主体员工的分析包括对员工年龄、性别、爱好、经验、知识和技能等各方面的分析，通过分析有助于把握和了解员工的知识结构、兴趣爱好和职业倾向等内容。在此基础上，企业可以根据员工特点将其安排到最适合的工作岗位上，达到人尽其才的目的。

8.2.3 工作分析的步骤

在做工作分析时，要遵循以下 6 个步骤进行。

1. 确定工作分析信息的用途

在进行工作分析之前，一定要明确工作分析的目的，也就是明确工作分析的信息将用于人力资源管理的哪一方面，这直接决定了需要搜集何种类型的信息及其使用何种技术去搜集。

2. 搜集与工作有关的背景信息

看看组织内已经有一些什么样的信息会有助于工作分析。一般来说，组织结构图、工作流程图等资料和信息会对工作分析有很大帮助。在职位分析之前，对这些背景信息应有充分的了解。

3. 选择有代表性的工作进行分析

在组织内部，职位数目比较多，并且有很多类似的职位，完全没有必要也不可能对所有职位进行工作分析，应该选择典型职位进行工作分析。所选择的典型应该符合的条件是：对组织比较重要的职位；所选职位的组合能反映出这个组织的组织结构；所选取的职位比较稳定，没有比较频繁的变化；能够尽可能代表更多类似的职位。

4. 搜集工作分析信息

搜集工作分析信息是指搜集有关工作活动、工作条件、工作对人员自身条件(如个人特点与执行工作的能力等)的信息，来进行实际的分析。为了提高信息的可靠性，应该对职位功能进行360度评价，即从任职者本人、上级、同事、客户和下属等多方面收集信息，尽可能从所有与该职位有经常性业务联系的方面了解该职位的信息。

5. 同承担工作的人共同审查所搜集到的工作信息

通过工作分析搜集到相应信息以后，由任职者和任职者的上级对所搜集的信息进行核对和确认，确保信息的正确、完整，有助于被与分析工作相关的人所理解，并且提供审查与修改工作描述的机会。

6. 编写职位说明书

所搜集的信息核对无误后，就可以着手撰写职位说明书了。撰写完典型职位的职位说明书以后，就可以在整个公司内推动撰写非典型职位的职位说明书。最后，将职务说明书归档保存，为今后的职务分析工作提供经验与信息基础。

8.2.4 职位说明书

职务描述与岗位规范的结果是一个规范的职位说明书。职位说明书是人力资源管理中最基础的文件，是工作分析的最终结果。是通过工作分析过程，用规范的文件形式对组织内各类岗位的工作性质、任务、责任、权限、工作内容和方法、工作条件、岗位名称、职种职级以及该岗位任职人员的资格条件、考核项目等作出统一的规定。

职位说明书的编写没有标准化的模式，但大多数的职位说明书应该包括以下主要内容。

1. 岗位基本资料

岗位基本资料包括：岗位名称、直接上级岗位名称、所属部门、岗位编码、工资等级、定员人数、岗位性质。同时也可有选择地列出岗位分析人员姓名、人数和岗位分析结果的批准人等栏目。

2. 岗位工作概述

岗位工作概述即用最简练的语言说明岗位的性质、中心任务和责任。比如，总裁：受公司董事会委托，执行董事会的决策、决议，对公司的生产经营实施全面的监控和最高行政管理；经营计划部部长：拟定公司中长期发展战略及年度经营计划，对公司经营活动进行分析，组织部门职责范围内的其他工作；人力资源部部长：向各部门提供人力资源管理的专业性服务，激发公司员工工作的积极性，使其工作绩效不断提高，等等。

3. 岗位工作责任详述

这是岗位说明的重点之一。岗位工作责任详述要逐项列出本岗位所应负的职责，包括直接责任与领导责任，任职人员所需要完成的任务与其他人的联系等。

4. 关键业绩指标

这个内容指明各项工作内容所应产生的结果或所应达到的标准，以定量化为最好。最常见的关键业绩指标有三种：一是效益类指标，如资产效率、盈利水平等；二是营运类指标，如部门管理费用控制、市场份额等；三是组织类指标，如满意度水平、服务效率等。

5. 岗位关系

岗位关系描述包括：此岗位受谁监督，此岗位监督谁；此岗位可晋升的岗位、可转换的岗位以及可升迁至此的岗位；与哪些岗位发生联系及联系的密切程度。岗位关系有时还应包括与企业外部的联系。

6. 工作条件与环境

工作条件与环境应列出有关的工作环境、工作条件、工作场所布局以及可能遇到的危险等。

7. 任职资格条件

任职要求也就是担任此职务的人员应该具备的资格和条件。常见的任职资格条件有：学历及专业要求、所需资格证书、工作经验、相关知识、性别、年龄、能力以及技能要求等。

职务说明书具体实例如表 8-1 所示。

表 8-1　职务说明书

某公司生产部经理职务说明书	
职务名称	
直属上级	
内部联系	
岗位目的	在总经理、生产副总经理的领导下，负责生产调度和生产管理
工作内容（工作职责） 全面负责产品的生产、计划和组织协调工作，拟定生产结构调整报告 编制公司年、季、月生产计划并监督实施，按期上报生产进度表 负责配合品质部贯彻执行公司的质量、计量制度和程序，并监督检查实施情况 负责生产设备的购置申请 负责生产车间的现场管理，优化资源配置 负责生产部的内部协调，保证生产正常进行 负责车间安全生产制度的制定并监督执行 其他相关管理	
工作条件和环境 大部分时间在公司办公楼和车间现场，极少有外出要求 因工作需要配备计算机一台、固定电话一部	
调任、晋升与培训机会 本职位为公司中层管理职位，可能调任其他相关职位或晋升为生产副总经理，在公司内外有工商管理培训的机会 任职要求 岗位资格要求：年龄：45 岁以下，性别：男性，学历：本科以上 专业：器械、工商管理专业及相关培训 工作经验：从事器械企业生产管理 5 年以上 体能要求：身体健康，体力充沛，无严重疾病和传染病 知识和技能：具备本公司产品生产专业技术知识及相关知识，具备生产管理专业知识及相关经验，具有较强的计划、控制和协调能力，具有良好的沟通能力，具有独立工作的能力 其他特性：对企业忠诚、敬业、乐于奉献，有强烈的进取心和创新精神	

8.3 员工的招聘与选拔

员工招聘是人力资源管理的重要环节。员工招聘是指为了组织发展需要，吸引有能力和兴趣的人员来应聘，并且通过选拔，选出最合适的人才来为企业工作的过程。聘用合适的人员尤显重要。一方面保证聘用到优秀的组织成员，胜任工作，做到人尽其职；另一方面，使优秀的组织成员能适应组织的文化，充分发挥创造力，从而使人尽其才、人尽其用。

8.3.1 员工选聘的来源

员工招聘的来源可以是多方面的。广告应聘者、员工或关联人员推荐、职业介绍机构推荐及其他多种渠道。依据招聘员工是来自组织内部或外部，组织员工选聘的来源不外乎两条，一是从组织内部培养、选拔、任用，这种方式可称之为内部提升；二是向组织外招聘，即向组织外部公开招聘人员，这种方式可称之为外部招聘。一个组织要想得到优秀的员工，这两种选聘方式都是必不可少的，并且这两种招聘方式各有优点和缺点。

1. 内部提升

内部提升指组织内部成员的能力和素质得到充分确认之后，被委以比原来责任更大、职位更高的职务，以填补组织中由于发展或其他原因而空缺了的管理职务。

内部提升的优点：

(1) 从组织内部培养选拔的主管人员，他们对组织的情况熟悉，不需要了解和适应过程，上任之后能较快地进入角色。内部提升者了解组织内部错综复杂的机构、组织政策和人事关系，了解组织运行的特点，上任后可以迅速地适应新的工作，工作起来要比外聘者显得更加得心应手，从而能迅速打开局面。

(2) 从组织内部选任管理人员，时间上比较充裕。对备选对象可以进行较长时期有意识的考察，一般能从各方面了解备选对象的长处和短处及能力高低，做到用其所长，避其所短。

(3) 从组织内部选任管理人员，有利于调动员工的工作积极性，鼓舞员工士气，培养员工忠诚度，激励每个人都努力工作。员工不断进步，则有可能被分配担任更重要的工作。同时，只有组织有了发展，员工才有更多的晋升机会，员工与组织利益的具有一致性。

(4) 从组织内部选任管理人员，有利于吸引外部人才。外部人才看到组织内部有被提升的希望，真正有能力和发展潜力的人知道，尽管起点低，但凭借自己的知识和能力，可以在较短的时间内熟悉基层的业务，从而能有条件提升到较高的管理层级上。

内部提升的不足之处：

(1) 从组织内部选任管理人员，一般容易按现有的干部模式来培养、选拔人才，形成一贯制。人们称这种方式类似于自然界的近亲繁殖，可能会造成思维固化，难以创新。

(2) 从组织内部选任管理人员，容易受内部关系网的制约，特别是组织内部存在着派别时选任管理人员就往往被视为壮大派别力量的方式，结果是任人唯亲，不能任人唯贤。这样选任出来的管理人员，也难以公正无私地开展工作。

(3) 从组织内部选任管理人员，也可能会引起同事之间的矛盾，使旁落者产生不满情绪，产生不公平感觉，不利于被提拔者展开工作，也不利于组织中人员的团结与合作。

2. 外部招聘

外部招聘是根据组织制定的标准和程序从组织外部选拔符合职位要求的员工。组织的高级员工和专业岗位尤其需要采取这种方式。具体的形式包括：广告、员工推荐、中介机构推荐、学校分配等。

外部招聘的优点：

(1) 备选对象广泛，可求人才多。实行外部招聘，只要刊登公开招聘的传媒选择得好，就可为广大备选对象了解，应聘的人数就会较多。

(2) 从组织外部选任的管理人员，他们一般都不受组织现有模式的约束，思维方式不同，容易带来新观点，新思想。

(3) 从外部选任管理人员，可摆脱组织的关系网的约束。被聘者没有太多顾虑，没有历史包袱，可以放手工作。组织内部对外来者的负面信息知之甚少，可增强领导的权威性和指挥力。

外部招聘的缺点：

(1) 只能根据一两次的面试、笔试的结果来评判应聘者水平、能力的高低，失误的概率也就比较高。目前外部招聘的员工通常会设置试用期，通过试用期进行较全面的考察。

(2) 外部招聘的费用比较高，因为要刊登招聘公告，要组织专家测试、评价。

(3) 外聘行为挤占了内部员工被提升机会，长此以往会挫伤内部员工工作积极性，进而使外部有潜力的人才因觉得升迁空间和发展的路径狭小而不敢轻易来应聘。

对一个组织来说，是使用内部提升制还是外部招聘要视情况而定。内部选聘有利于人才优化配置。一般情况下，一旦有空缺职位，应在公司内部公布，优先考虑从内部提升(除非内部人选缺乏)；找不到合适人选才进行外部招聘。当然，对某些职位而言，外部招聘也许是合适的。

另外，从组织内部考虑，如果一个组织长期没有创新，基本上是靠自身培养来选任管理人员的，就要考虑采用外部招聘了。如果一个组织中人才流出多，不少人在组织内是一条“虫”，一流出就变成了一条“龙”，组织就需要考察自己的用人机制是否存在问题。

8.3.2 员工选聘的程序

一旦企业(及其他组织)确定了招聘计划，组织内外会有一批人员准备应聘，组织需要采取一定程序和一些方法对申请者进行甄别，以确保最合适的候选人得到这一职位。在市场经济中，员工招聘是组织与员工相互选择的过程。

1. 制订并落实招聘计划

招聘计划是人力资源部门根据用人部门的增员申请，结合本单位的人力资源规划和职务说明书，明确一定时期内需招聘的职位、人员数量、资质要求等要素，并制定具体的招聘活动的执行方案，同时成立相应的选聘工作委员会或小组。

2. 发布招聘信息

发布招聘信息的目的在于吸引足够的应聘者以供筛选。如果发布招聘信息这一环节上没有吸引到足够数量的合格的申请人，企业就无法获得符合要求的人才。

3. 应聘者申请和资格审查

这一环节主要包括求职申请表设计、申请资格确定和资格审查三个部分。

就职申请表内容的设计要根据工作岗位的内容而定，设计时还要注意有关法律和政策。求职申请表的内容应反映的信息包括：个人情况、工作经历、教育及培训情况、生活及个人健康情况等。

申请资格是企业对应聘者的最低要求，一般只涉及学历、专业、工作经验、年龄等基础条件。

资格审查就是根据前面所确定的申请资格标准对应聘者的求职申请表进行审查，也称为初选或者初审。初审的结果就是，对明显不符合条件者予以淘汰。

4. 测评和甄选

测评和甄选是指对初审合格的应聘者进行面试、笔试和其他各种测评，以及对测评合格的人员进行体验和背景调查，最终确定候选人的过程。测评可以通过智力与知识测试以及心理测试的方法，测试应聘者思维能力、记忆能力、应变能力和观察及分析事物的能力等。还要测试应聘者关于职务要求的基本技术知识和管理知识。

5. 录用员工

在测试和其他方面考评的基础上，录取合格的人员，并签订聘用合同，确定聘用的期限、待遇等。在这一阶段，劳动合同和试用期的管理是最为复杂也是最为重要的。

8.3.3 员工选聘的方法

1. 笔试

笔试主要用来测试受聘人员的文化水平。不同工作岗位对文化水平的要求不一样。一般来说，一个人在组织中所负的责任越大、任务越重，对其文化水平的要求就越高。笔试的主要特点是受聘人员可以公平竞争，评定成绩时主观因素的影响要比面试少得多。

笔试又可分为两种：一种是论文式笔试，即按指定的题目和提及的范围，通过撰写文章申明自己的观点、方法，从而反映作者自己所具备的知识，分析问题和解决问题的能力。这种测试多用于组织主要领导人的选拔，如总经理、副总经理的选拔等。另一种是测验式笔试，主要是通过直接问答或填空、选择等规范化试题来展示自己的学识和记忆能力。这种测验主要用于招聘一般员工。

2. 面试

面试主要指招聘人员同受聘人员面对面地谈话，通过谈话来测试受聘者的知识能力和水平的方法。面试的特点是可以直接检验受聘者的仪表、应变能力、口头表达能力。面试是一种经济有效的考试方式。所以当代发达国家都把面试作为甄选员工的重要手段，并且认为，如果因人力、物力或时间的限制，致使其他考选方法不能实施时，可专用面试一法。面试的方法又可分为三种。

1）模式化面谈

又称定型化面谈，即主试人根据预先准备好的询问题目和有关细节一一发问。所有受试人员所问的题目基本相同，这种面试可用于一般员工的测试。

2）问题式面试

其方法是主试人对应试者提出一个问题或一项计划，请他予以解决，以观察其现场解决问题的能力，这种方法多用于中级管理人员的测试。

3）非引导性面试

主试人与应试者进行好似漫无目的的面谈，让应试者自由地发表议论，尽量活跃说话气氛，在闲谈中观察应试者的知识、水平、组织能力等。这是一种要求较高的面试，要求主试人具有熟练的技巧，精确的判断能力。这种方式多用于招聘组织的高级管理人员。

进行面试时，主试人应做充分的准备，要明确面试的目的，确定面试的问题以及面试的方式，选择好面试的场所，并作好面试记录。

3. 心理测验

心理测验是现代招聘人员常用的测试方式之一。它指在有控制的情况下，向应测者提供一组标准化的刺激，以所引起的反应作为代表行为的样本，从而对其个人的行为作出定量的评定。测试的目的是判定应试者的心理品质和能力，从而显示应试者可能取得的成就。这种方法在发达国家的员工招聘中应用较多。对应试者进行心理测验，一般应该请心理专家指导。

心理测验又可分为：

1）成就测验

成就测验是用来鉴定一个人在某一方面，经过学习或训练后实际能力的高低。一般采用笔试和现场操作方式进行测验。运用成就测验法对应聘者进行测验，主要是为了了解应聘者在应聘的岗位方面已经具备的知识水平和实际工作能力。

2）智力测验

智力测验就是测试一个人的思维能力、学习能力和适应环境的能力，主要对应聘者的数字能力和语言能力进行测评。一般地，在智力测评中成绩较好的人，在今后工作中具备较强的关注新信息的能力，善于找出主要问题，其业绩也会不错。

3）情商测验

美国心理学家发现，人的情商(EQ)对于成功起到了关键性的作用。EQ 主要包括以下几个方面的内容：

第一，自我意识，即认识自身的情绪，这是 EQ 的基石。在工作中，会有各种各样的因素影响人们的情绪，显然，EQ 高的人能更好地把握自己，做好本职工作。

第二，控制情绪，也就是妥善管理情绪。人在工作与生活中好情绪与坏情绪交替出现，关键是如何控制使之保持平衡。情绪管理必须建立在自我认知的基础上，要学会如何自我安慰，摆脱焦虑和不安。

第三，自我激励。要激励自己在工作中取得成就，要为自己树立明确的目标，要有乐观的工作态度，要善于在困境中激励自己努力拼搏。

第四，认知他人的情绪。管理是通过与他人一起工作来完成任务的。要借助于他人一起工作就必须关注他人的情绪和需要，否则，只凭管理者自身不可能实现预期的目标。

第五，人际交往技巧。人在工作中离不开与他人交际。人际交往技巧是管理他人情绪的艺术，一个人的领导能力与之有着密切的关系。

8.3.4 员工的解聘

当组织存在一个或多个职位空缺，可以通过招聘来选拔需要的人员。而组织常常也会存在人力资源规划中存在超员的情况。解雇是员工与组织的雇员关系的非自愿性终止。通过解聘，企业(或其他组织)可以减少组织中的劳动力供应。

近几年，由于竞争和外部环境的变化，我国很多企业以及许多事业单位，某种程度上被迫采取了减员解聘行动。大规模裁减人员的主要原因包括制造业走向衰退，市场需求发生变化，面临海外竞争以及进行企业合并等多方面因素。对于执行裁员任务的管理人员来说，解聘绝不是一件令人愉快的事。但当许多组织不得不紧缩其劳动力队伍规模时，解聘就成为人力资源管理不能回避的问题。可是解聘员工如果不当，会给企业带来很多负面效应，更会伤害很多在职员工，因此，解聘员工不能随意，它是必须慎重采用的手段。

如何做好解聘工作呢？首先，解聘要公正。对于曾经为企业作过贡献的员工，应该尽量为其寻找到合适的岗位。其次，解聘要公开。员工辞退应尽量公布辞退的理由，避免员工的胡乱猜测，影响正常的工作秩序。

8.4 员工培训

对于现代组织来说，员工培训的意义十分显著。员工培训是指一定组织为开展业务及培育人才的需要，采用各种方式对员工进行有目的、有计划的培养和训练的管理活动。其目标是使员工不断更新知识，开拓技能，改进员工的动机、态度和行为，更好地胜任现职工作或担负更高级别的职务。

8.4.1 培训的目的和作用

培训是通过教学或实验的方法，使员工在知识、技术和工作态度方面有所改进，达到组织的工作要求。培训强调即时成效。员工的培训是组织人力资源开发的一个重要内容，通过有计划、有目的地对组织成员进行培养训练，可以不断提高组织员工的素质。

1. 培训的目的

培训旨在提高员工队伍的素质，促进组织的发展。具体来说，培训的目的包括四个方面。

1) 补充知识

随着科学技术进步速度的加快，人们原先拥有的知识与技能不断被新知识和新技能所替代。为了防止组织中各层级人员工作技能的衰退，组织必须对员工不断地培训，使他们掌握与工作有关的最新知识和技能。这些知识和技能，有些可以在工作前获取，但更应该在工作中根据实际情况不断地加以补充。通过培训，员工的知识和技能更多地在工作实践中不断得到提升。

2) 提高能力

员工培训的另一个主要目的就是根据工作的要求，努力提高他们在决策、沟通、协作、创新等各方面的综合能力，其中主要的是处理人际关系的能力和解决问题的能力。人际关系能力是指主动倾听别人的意见，清晰地沟通自己的思想，以及减少摩擦的能力。解决问题的能力是指员工解决那些非常规的、富于变化的问题的能力。随着工作的日益复杂化，改进组织内部人际关系的能力要求不断提高，这使得组织内对合作的培训变得越来越重要，这也是衡量组织竞争力的重要体现。

3）转变观念

每个组织都有自己的文化价值观念和基本行为准则。员工培训的一个重要目标就是要通过对组织中各个成员特别是对新聘管理人员的培训，使他们能够根据环境和组织的要求转变观念，逐步了解并融于组织文化之中，形成统一的价值观念，按照组织中普遍的行为准则来从事管理工作，与组织目标同步。

4）传播信息

组织培训员工的基本要求是要通过培训加强组织与员工之间的信息交流，特别是使新员工及时了解组织在一定时期内的政策变化、技术发展、经营环境、绩效水平、市场状况等方面的情况，熟悉未来的合作伙伴，准确而及时地定位。

2. 培训的作用

培训是保持和提高组织职工技能和素质的重要手段。当今社会，生产力在不断发展，科学技术不断进步，文化知识飞速更新，无论什么样的组织，要想跟上时代步伐，使自己的员工及时掌握新技术、新知识，必须抓好员工的培训工作。以企业为例，企业员工培训是增长员工才干和创新意识基本的根本途径，是最为重要的人力资源开发。具体来说，良好的培训好处如下。

1）培训能增强员工的归属感和主人翁责任感

不同的组织有不同的组织文化，对员工进行培训，首先是培养员工知道、理解、喜欢和接受该组织的文化，使自己对该组织有种使命感、归属感、责任感。培训得越充分，企业对员工越具有吸引力，越能发挥人力资源的高增值性的作用。有资料显示，某公司对270名员工中的100名员工进行一次调查，这些人几乎全部参加过培训。其中80%的员工对自己从事的工作表示满意，87%的员工愿意继续留在公司工作。培训不仅提高了员工的技能，而且提高了员工对自身价值的认识，对工作目标有了更好的理解。

2）培训能增强组织向心力和凝聚力

组织的成员认同组织文化，了解了组织的愿景和目标，可以将个人愿景和目标统一到组织愿景和目标中去，增强了组织的向心力和凝聚力。通过培训，员工不仅会自觉学习掌握科技知识和技能，而且增强了主人翁意识，从而增强员工的敬业精神、革新精神和社会责任感。

3）培训能提高员工综合素质，提高生产效率和服务水平

有效的培训和发展能够使员工增进工作中所需要的知识，包括组织结构、经营目标、策略、制度、程序、工作技术和标准以及人际关系等方面的知识，从而提高工作效率和服务水平。美国权威机构监测，培训的投资回报率一般在33%左右。在对美国大型制造业公司的分析中，公司从培训中得到的回报率大约可达20%～30%。摩托罗拉公司向全体雇员提供每年至少40小时的培训。摩托罗拉公司认为，素质良好的公司雇员们已通过技术革新和节约操作为公司创造了40亿美元的财富。

4）培训能适应市场变化、增强竞争优势

市场不断变化，知识不断更新，组织间的竞争归根结底是人才的竞争，组织要不断把

"人"变成"人才",就要不断进行培训。培训是企业发展不可忽视的人本投资,是提高企业造血功能的根本途径。美国的一项研究资料表明,企业技术创新的最佳投资比例是 5∶5,即人本投资和硬件投资各占 50%。人本为主的软技术投资,作用于机械设备的硬技术投资后,产出的效益成倍增加。发达国家在推进技术创新中,不但注意引进、更新改造机械设备等方面的硬件投入,而且更注重以提高人的素质为主要目标的软技术投入。

8.4.2 培训的内容

1. 技术培训

技术培训有助于员工深入了解相关专业的基本知识及其发展动态,有助于提高人员的实际操作技能。建立全员的技术培训对提高产品质量、增强企业竞争能力起关键的作用。

2. 管理知识的培训

管理知识的培训是为将员工从较低的管理层级提拔到较高的管理层级上所需开展的培训。职位的晋升,意味着扩大工作范围,承担更大的责任,因此也需要更广的知识面和更高的能力水平。同时,高层管理人员不仅需要通过培训提高自己,还担负着培训下属的任务。

小资料

经营即教育

日本企业家中,是松下幸之助最早系统地提出"经营即教育"的思想并把它作为公司文化管理的主要内容。

自 1918 年创办松下电器产业公司以来,他一直把教育作为其经营理念的核心,以此指导企业经营。松下认为,事业是人为的,人才的培养是当务之急,他明确地提出"松下造就人,兼而制造电器"。出于这种远见卓识,自 1932 年起,松下开始创办店员养成所,培训中坚店员。从全国优秀小学毕业生中选拔入所,学习 3 年,每天学习 4 个小时,实习 4 个小时,除周日外不休假。这样一来,学员可以用 3 年时间学完中等学校 5 年所学的课程,并能提早 2 年参加实际工作。在 1964 年,松下公司在大阪建起了占地 14.2 万平方米的大型培训中心。全公司每年有 1/3 的人接受培训。职工素质的提高,保证了松下电器公司的产品源源不断地涌向世界各地。

管理知识培训对于从技术岗位走上管理岗位的管理人员尤为重要。这部分管理人员必须补充经济、管理、财务方面的知识。

8.4.3 培训的具体形式

1. 在职培训和离职培训

在职培训是员工通过不断学习、掌握新技术和新方法,从而达到新的工作目标要求所进行的不脱产培训。常见的在职培训方法包括职务轮换和预备实习。

岗位轮换是通过横向的交换，使员工在组织内部不同的部门间更换工作。它使员工在逐步学会多种工作技能的同时，也增强其对工作关系的认识，并具备对组织活动的更广阔的视角。

而对于新员工而言，他们通过跟随经验丰富的老师傅学会如何工作。这在作业活动领域通常叫作师徒关系，而在白领工作领域则称为导师关系。不论何种情况，实习者都是在富有经验的人的指导下开展工作的，这些富有经验的人往往成为实习者竭力仿效的榜样。

大多数的培训是以在职方式进行的，因为该方法简单易行及成本通常较低。但是，在职培训可能会扰乱工作的正常秩序，并导致工作失误增加。另外，有些技能的培训相当复杂，难以边工作中边学习。在这种情况下，培训就需要在工作场地以外进行。

离职培训为使员工能够适应新的工作岗位要求而让员工离开工作岗位一段时间，专心致志地学习知识和技能。最常见的离职培训包括课堂讲座、电视录像以及模拟练习。

在职培训和离职培训具有互补作用，前者着重知识、技术和态度的传授和培养，后者则强调直接的学习后果，对行为的改变和组织绩效的改进有明显的成效。

2. 新员工的培训和全员培训

新员工的培训是针对企业新员工进行的，是对其所从事的工作和组织的情况给予的必要介绍和引导，也称职前引导或上岗培训。国内公司上岗培训一般至少一个月时间；而国际大公司，如通用电气公司、IBM公司，对新员工都要进行为期半年到一年的培训。培训的内容包括组织的基本情况、绩效评估制度和奖惩制度、组织文化、职业道德以及职位的义务和职责等等。

职前引导的目的在于减少新来人员在新的工作开始之前的担忧和焦虑，使他们能够尽快地熟悉所从事的本职工作以及组织的基本情况，如组织的历史、现状、目标、组织使命等，并充分了解员工责任和应尽的义务以及企业的绩效评估制度和奖惩制度等，例如有关的人事政策、工资福利状况以及加班规定等。这一方面可以消除新来员工不切实际的期望，充分预计今后工作中可能遇到的各种困难和问题，了解克服这些困难和解决问题的渠道，另一方面可以引导新员工了解工作单位的远景目标以及如何和同事进行合作等。这些培训对于新员工日后的工作，直至发展为管理人员都有着深远的影响。

除新员工的培训外，现代组织还应该对员工开展全员培训。全员培训对于提高全体员工素质，进而提升组织整体素质，增强市场竞争力，促进组织发展有着不可估量的作用。在培训的具体安排上，组织应根据实际需要区分层次，对高中级管理人员进行管理培训，对专业技术人员开展继续教育培训，对一般员工进行操作技能培训等，同时还要突出重点，分清主次，统筹进行培训安排。

小资料

肯德基的培训体系

作为世界最大的餐饮连锁企业之一，肯德基进入中国市场，带给中国的不仅仅是异国风味的炸鸡和上万个就业机会，还有全新的国际标准的培训体系。

作为劳动密集型产业,肯德基奉行"以人为核心"的人力资源管理政策。员工是肯德基在世界各地快速发展起来的关键。肯德基不断投入资金、人力进行多方面各层次的培训,培训对象从餐厅服务员、餐厅经理到公司职能部门的管理人员。这些培训不仅帮助员工提升工作技能,同时还完善了员工自身的知识结构,有利于他们的个性发展。

肯德基在中国建有专业性训练基地和教育基地——教育发展中心。该基地成立于1996年,专为餐厅经理人员设立,每年为来自全国的2000多名餐厅管理人员组织上千次培训。

3. 管理工作轮换与非管理工作轮换

管理工作轮换是在提拔某个管理人员担任较高层次的职务之前,让他先在一些较低层次的部门工作,以积累不同部门的管理经验,了解各管理部门在整个公司的地位、作用及相互关系。

非管理工作轮换是根据受培训的个人经历,让他们轮流在公司生产经营的不同部门和岗位上工作一段时间,以熟悉公司的各项业务。

8.5 员工绩效评估

绩效评估是组织对员工评价的一项重要内容,它关系到其他各项职能是否有效地实现。通过绩效管理,管理者在与员工就目标与如何实现目标达成共识的基础上,通过激励和帮助员工取得优异绩效从而实现组织目标。

8.5.1 绩效评估的含义和作用

1. 绩效的含义和性质

员工的工作绩效是指他们经过考评的工作行为、表现及其结果。对企业而言,绩效就是任务在数量、质量及效率等方面完成的情况;对员工个人来说,则是上级和同事对自己工作状况的评价。企业通过对员工工作绩效的考评获得反馈信息,据此制定相应的人事决策与措施,调整和改进其效能。绩效的性质中值得强调的是它的多因性、多维性与动态性。

1) 绩效的多因性

绩效的多因性是指绩效的优劣并不取决于单一的因素,而要受主、客观的多种因素影响。影响工作绩效的四种主要因素,即员工的激励、技能、环境与机会,其中前两者是属员工自身的、主观性影响因素.后两者则是客观性影响因素。

这个模型也可用如下公式表示:

$$P = F(S, O, M, E)$$

式中 P 为绩效,S 是技能,O 是机会,M 是激励,E 是环境。此公式说明,绩效是技能、激励、机会与环境四个变量的函数。

2) 绩效的多维性

这是指绩效考评需要从多个维度或方面去分析与考评。例如一名工人的绩效除了产量指标完成情况外，质量、原材料消耗率、出勤，甚至服从、纪律等硬、软方面，都需综合考虑，逐一评估，但各个维度可能权重不等，考评侧重点也可能有所不同。

3）绩效的动态性

员工的绩效是会变化的。随着时间的推移，原来绩效差的可能改进转好，绩效好的也可能退步变差，因此管理者切不可凭一时印象，以僵化的观点看待下级的绩效。

2. 绩效评估的作用

绩效评估指组织定期对个人或群体小组的工作行为及业绩进行考察、评估和测试的一种正式制度。绩效评估给人力资源的各个方面提供反馈信息，并与组织中的各个部分紧密联系在一起，关系到员工的切身利益。组织根据绩效评估的结果作出有关人力资源的相应决策。

具体来说，绩效评估在人力资源管理中的作用表现在以下几方面。

1）绩效评估为确定员工的薪酬、奖惩、培训等提供依据

绩效评估为员工潜能的评价以及相关人事调整提供了依据。绩效评估中对能力的考评是指通过考察员工在一定时间内的工作业绩，评估他们的现实能力和发展潜力，考察其是否具备现职务所必需的能力和素质，是否具有担负更重要工作的潜能。组织必须根据员工在工作中的实际表现对组织的人事安排进行必要的调整。为此，组织需要创设更为科学的绩效评估体系，为组织实现人员优化配置提供依据。

绩效评估的结果也为确定员工的实际工作报酬提供了决策依据。实际工作报酬必须与员工的实际能力和贡献相吻合，这是组织分配的基本原则。保证薪酬分配的公平性，也是建立良好的激励机制的关键。为了鼓励员工出成绩，组织必须设计和执行公正合理的绩效评估系统，对那些最富有成效的员工和团队给予明确的加薪奖励。

2）绩效评估使员工正确地了解自己

绩效评估使员工有机会了解自己的优缺点、自己在组织中的地位以及他人对自己的评价等等。认识自己是最难的，了解别人眼中的自己可以使对自己的认知更客观全面。因此，绩效评估使员工知道怎样改进自己的不足，潜力在哪里，应怎样更好地发挥才能，顺利执行自己的职业生涯计划。绩效反馈反映了组织对员工工作的承认程度及今后努力方向。一个长期不进行人事考评的组织会使员工逐步丧失工作热情。

3）绩效评估为组织最佳决策提供了重要的参考依据

绩效评估为组织发展提供了重要的支持。在组织制定重要的决策时，绩效评估可以对管理者施加约束，使管理者及其下属在制订初始计划过程中及时纠偏，减少工作失误，为最佳决策提供重要的参考依据。

4）绩效评估为组织发展提供了重要的支持

绩效评估另一个重要目标是提高员工的业绩，引导员工努力的方向，使其能跟上组织的发展和变化，使员工与组织成为一个利益共同体。绩效评估提供的相关的信息资料可以作为激励或处分员工，提升或降级，职务调动等的依据，这是绩效评估最主要的作用。

绩效评估是组织与员工之间的互动。在实际工作中，绩效评估因在制度设计、评估的标准及方法、执行程序等诸多方面很难真正做到客观、准确和全面，常会引起一些矛盾和冲突。

8.5.2 绩效评估的主体

1. 自我考评

自我考评一般是员工考评的第一步。员工个人要把一段时间以来自己主要负责的工作做具体、详细的总结，形成文字材料。内容力求简明扼要，成绩和不足要实事求是，不要夸大成绩，也不要掩盖不足。

2. 上级考评

大部分工作任务都是上级下达的，其工作成效也是上级最关心的，上级对直接下属的绩效也更了解。所以，上级考评是考评的重要环节之一，也应占有较大的权重。上级考评要防止主观偏见，上级往往不容易发现一个一贯表现好的下级的缺点，同样也不容易相信一个一贯表现差的下级会作出成绩。某岗位管理人员对其下属有没有考评权，考核的结果对其下属的报酬、晋升等起不起作用，会直接影响到组织控制的有效性。

3. 同事考评

同事之间有合作也有竞争，互相对各自的业务能力、努力程度和业绩也有所了解，如果大家实事求是，同事考评会得出好的结论。但是，出于竞争的考虑，有些人可能在某种程度上嫉贤妒能，就会使结果失之公平。

4. 下级考评

下级对直接上级的工作也是心中有数的，下级考评有一定的合理性。但是，也有相反的情况，比如严格的管理会触及一些人的利益，这些人会对领导不满，作出不理性的评价。

5. 服务对象考评

对管理人员和有直接服务对象的业务人员可采用服务对象考评。比如让顾客填一份问卷或是打一个回馈电话，请顾客评价业务人员或管理人员的工作。

8.5.3 绩效评估程序

绩效评估的有效性依赖于一定的执行程序，一般来说包括以下步骤。

1. 确定特定的绩效评估目标

在不同的管理岗位上，每一个员工所具备的能力和提供的贡献是不同的，而同一种评价制度不可能适用于所有的评估目标。因此，绩效评估首先应有针对性地选择并确定特定的目标，然后根据不同岗位的工作性质，设计和选择合理的考评制度。

2. 确定考评责任者

一般来说，考评工作被视为是人事部门的任务。如果是360度考评，则意味着对员工全方位、立体地评估，反映在考评主体方面，应该是人事部门、管理人员、员工自己、同事、客户都参与进来。

3. 公正评价业绩，杜绝平均主义和个人偏见

通过评价系统，根据特定的评价目标，对员工进行正确的考评，得出考评结论。考评应当客观、公正，杜绝平均主义和个人偏见。在综合各考评得分的基础上，得出考评结论，并分析检查有无不符合事实及不负责任的评价，检验考评结论的有效程度。

4. 公布考评结果，交流考评意见

绩效评估应将考评结果告诉员工。及时通报考评结论，可以使本人知道组织对自己能力的评价以及对其所做贡献的认可程度，从而帮助员工改进不足和巩固成绩。

5. 根据考评结论，将绩效评估的结论备案

根据最终的考评结论，可以使组织识别有发展潜力的员工，并且根据员工的特点，确定其发展方向。而将绩效评估结论备案是为员工今后的培训和人事调动提供充分的依据。

小资料

摩托罗拉的绩效评估

摩托罗拉员工薪酬和晋升都与评估紧密挂钩，但是摩托罗拉员工的评估目的绝不仅仅是为员工薪酬和晋升提供依据。摩托罗拉的评估目的是：使个人、团队业务与公司的目标紧密结合；提前明确要得到的结果和需要的具体领导行为；提高对话、沟通质量；增强管理人员、团队和个人在实现持续进步方面的共同责任；在工作要求和个人能力、兴趣和工作重点之间找到最佳的契合点。

摩托罗拉的员工个人评估是每季度一次，部门评估每年一次，年底对业务进行总结。公司年底根据评估的得分情况，决定员工薪水的涨幅和业绩晋升机会。

8.5.4 绩效评估方法

这里介绍几种常用的绩效评估方法。

1. 书面描述法

书面描述法是最简单的绩效评估方法，就是写一份记叙性材料，描述一个员工的绩效和潜能等，然后提出予以改进和提高的建议。书面描述不需要采取某种复杂的格式，也不需要经过多少培训就能完成。但是，得到“好”或“差”的评价，可能不仅取决于员工的实际绩效水平，也与评估者的态度、观念、写作技能等有很大关系。

2. 评分表法

评分表法是一种最古老也较常用的绩效评估方法。它列出一系列绩效因素，如工作的数量与质量、职务知识、出勤、人际关系、创新精神等等，然后评估者逐一对表中的每一项给出评分，最后得出每个员工的总分数，从而可以对员工的绩效进行对比。评分表法因其设计和执行的时间耗费较少，而且便于做定量分析和比较，因此得到了普遍采用。

3. 关键事件法

这种方法是将员工在实际工作中所表现出来的非同寻常的优异行为或者非同寻常的不良行为记录下来，通过与员工的定期沟通，对其绩效进行评估。

4. 多人比较法

多人比较法是将一个员工的工作绩效与一个或多个其他人作比较。这是一种相对而不是绝对的衡量方法。这种方法最常用的三种形式是：分组排序法、个体排序法和配对比较法。

分组排序法要求评价者按特定的分组将员工编入诸如"前1/5""次1/5"之类的次序中。如果使用这种方法对员工进行评价，管理者可以将其所有的下属一一排列。

个体排序法要求评估者将员工按从高到低的顺序加以排列，因此只有1人可以是"最优的"。这种方法的弊端在于某些员工的水平可能非常接近，不分上下，以致可以将他们编入同一水平组中，但个体排序法却不考虑这种关系。

在配对比较法下，每个员工都一一与比较组中的其他每一位员工结对进行比较，评出其中的"优者"和"劣者"。在所有的结对比较完成后，将每位员工得到的"优者"数累计起来，就可以排列出一个总的顺序。这种方法确保每一位员工都与其他的所有人作对比，但当要评估的员工人数相当多时，这种配对比较法就很不容易进行。

多人比较法可以与其他各种方法结合使用，以便得到一个按绝对标准和相对标准衡量都较为优秀的人员名单。

5. 目标管理法

目标管理方法不仅可以在计划工作中应用，同时也是绩效评估的一种有效手段。事实上，它是对管理人员和专门职业人员进行绩效评估的首选方法，也是现代绩效评估最常用的方法。目标管理法强调目标必须是明确、可行的和可测量的。

在目标管理法下，每个员工都确定有若干具体的指标，这些指标是其工作成功开展关键目标，因此它们的完成情况可以作为评价员工的依据。

在传统的绩效评估方法中，组织往往更多地把员工的个人品质作为主要的业绩评判标准，过多地掺杂了考评者的个人偏好和主观意见。而目标管理法则把评估的重点放在员工的贡献上，通过管理者与员工共同建立目标的方式，实现了双方工作态度的彻底转变。共同的目标使管理者由评判人转化为工作顾问，而员工也由消极的旁观者变为积极参与者，双方将始终保持密切的合作和联系。这样，在绩效评估的每一个阶段，双方都会努力解决存在的问题，并为下一个评价期建立更为积极的目标。

通常进行绩效评估会采用多种评估方法，各种评估方法的综合运用要真实、客观地体现员工绩效水平。反馈和沟通是绩效评估中一个至关重要的环节，只有员工认识到对他的绩效评估是公正的、可以接受的，他才会从内心认可，并积极配合公司的人力资源决策。

8.5.5 员工的薪酬设计与管理

有效的企业薪酬制度会对员工有重大的激励作用，可以为企业留住已经招聘和培养出来的优秀员工。薪酬制度在设计和实施上要和企业的经营战略、企业文化相配合，才能起到更好的效果。

1. 薪酬的含义

从广义上讲，报酬分为经济类报酬和非经济类报酬两种。经济类报酬是指员工的工资、津贴、奖金等，非经济类报酬是指员工获得的成就感、满足感或良好的工作气氛等。本书所使用的是报酬的狭义概念，仅指经济类报酬，也叫薪酬。

薪酬设计的目标：劳有所获、多劳多得。从公司的角度，合理的薪酬为企业降低了人员流动率，特别是防止高级人才的流动，吸引高级人才。

所谓薪酬管理，是指一个组织针对所有员工所提供的服务来确定他们应当得到的报酬总额以及报酬结构和报酬形式的一个过程。在这个过程中，企业就薪酬水平、薪酬体系、薪酬结构、薪酬构成以及特殊员工群体的薪酬作出决策。同时，作为一种持续的组织过程，企业还要持续不断地制订薪酬计划，拟定薪酬预算，就薪酬管理问题与员工进行沟通，同时对薪酬系统的有效性作出评价，而后不断予以完善。

薪酬管理对几乎任何一个组织来说都是一个比较棘手的问题，主要是因为组织的薪酬管理系统一般要同时达到公平性、有效性和合法性三大目标。以企业为例，企业经营对薪酬管理的要求越来越高，但就薪酬管理来讲，受到的限制因素却也越来越多，除了基本的企业经济承受能力、政府法律法规外，还涉及企业不同时期的战略，内部人才定位，外部人才市场以及行业竞争者的薪酬策略等因素。

2. 薪酬设计的内容

1）薪资调查

薪资调查的对象，最好是选择与自己有竞争关系的公司或同行业的类似公司，重点考虑员工的流失去向和招聘来源。薪资调查的数据，要有上年度的薪资增长状况，不同薪资结构对比情况，不同职位和不同级别的职位薪资数据、奖金和福利状况、长期激励措施以及未来薪资走势分析等。

2）薪资定位

在分析同行业的薪资数据后，要根据企业状况选用不同的薪资水平。在薪资定位上，可以选择领先策略或者跟随策略。

3）薪资结构设计

要综合考虑三个方面的因素：一是职位等级，二是个人的技能和资历，三是个人绩效。在工资结构上与其相对应的，分别是职位工资、技能工资、绩效工资。也有的将前两者合并考虑，作为确定一个人基本工资的基础。

确定职位工资，需要对职位做评估；确定技能工资，需要对人员资历做评估；确定绩效工资，需要对工作表现做评估；确定公司的整体薪资水平，则需要对公司盈利能力、支付能力做评估。每一种评估都需要一套程序和办法。

小资料

三三制薪酬设计

三三制薪酬设计是柏明顿咨询公司的专有咨询技术，为企业薪酬设计提供了有力的指导和方法。三三制薪酬设计主要包括薪酬设计的三大价值导向（个人价值/岗位价值/贡献价值），三大基础工程（成本分析/薪酬调查/价值评估），三大设计技术（结构设计/等级设计/晋升设计），简称为三三制。三三制薪酬设计技术既从理论上阐述了决定薪酬的因素，又提供了一套非常具有操作性的薪酬设计的步骤、流程等技术。

3. 薪酬构成

1）固定薪酬

员工只要在企业中就业，就能定期拿到固定数目的劳动报酬。固定薪酬多以月薪、年薪等形式出现。企业可以根据员工的工作岗位或员工本人的工作技能确定其固定薪酬。固定薪酬往往包括基本工资、岗位工资或职务工资等。

2）可变薪金

可变薪金往往与员工的工作绩效挂钩，随员工实际工作绩效的变化而上下浮动。可变薪金又可以进一步分为绩效工资和激励工资等。

绩效工资是对员工过去工作及成就的认可，往往和员工的绩效考评结果挂钩。激励工资往往针对的是员工未来的业绩，通过支付工资的方式影响员工将来的行为，比如说利润分享计划。可变薪酬可以是长期的，也可以是短期的；可以与员工个人绩效挂钩，也可以与团队甚至整个企业的绩效挂钩。

3）员工福利

从本质上讲，福利是一种补充性报酬，有的以货币形式直接支付，有的是以实物或服务的形式支付，如各种补贴、补助和津贴、带薪休假、廉价住房等。

4. 影响薪酬制度设计的主要因素

影响薪酬制度设计的因素是多方面的，这些因素可以分为外部因素和内部因素两种。外部因素主要如劳动力市场的供求关系与竞争情况，地区行业特点与惯例，当地生活水平，国家的法律法规等；而内部因素则包括企业的业务性质与内容，企业的经营状况与财政实力，企业的组织文化等等。

复习思考题

1. 简述人员配置应遵循的原则。
2. 简述职位说明书的内容。
3. 比较员工内部晋升与外部招聘的优点和缺点。
4. 举例说明员工选聘的方法。
5. 举例说明员工培训的具体方法。
6. 绩效评估在管理中有哪些作用？简述绩效评估的程序和方法。

【案例分析】

美国西南航空公司的招聘情况

在美国西南航空公司中，人事部是公司最重要的部门之一。这个由125个员工组成的部门掌管着公司的人员聘用，因此总是非常繁忙。就拿1996年来说，对于公开招聘的4500个职位需求，就有超过150000个人员应聘。

那么在这些候选人中西南航空公司的招聘人员寻找的又是什么呢？“一种态度”，某招聘人员如是说，“坦诚——这是成为我们中一员所必需的素质。”他们一定是符合以反传统和用户至上的企业文化人。公司人事部副经理曾这样戏称，在西南航空公司任职就像是加入一个宗教团体，最终的职员就是那些能够把自己奉献给顾客和公司的人，换句话说，就是具备“一种责任意识，一种把公司任务放在个人需求之上”的人。

西南航空公司的首席执行官曾公开说过，他的公司可以找到许多具备业务技巧，能够在飞机上或在地面上服务乘客的人，但成为一个优秀的西南航空公司的员工所需具备的关键品质却是与生俱来的，比如旺盛的工作活力和幽默感。公司所要雇用的就是已经具备这些素质的人。

西南航空公司的管理人员偏向采用一种非正式的面试方式。例如公司人事部经理 Rita Bailey 正在为公司的“特殊市场营销部”(一个做企划以求吸引更多不同职业和年龄层次的人员作为公司顾客的部门)的一个职位空缺进行大量的面试。让我们来了解一下她是如何进行的。在 Bailey 的引导下，参加应聘的四位女士围坐在一起，在轻松、友善的氛围中谈话，话题涉及从她们的儿时生活到工作中所遇的难题等各个方面。在长达两小时的谈话中，Bailey 已可以对应聘者作出评价。在这次岗位应聘中，Bailey 把四位女士的营销工作经历作为一项重要的考虑因素。但她更愿意雇用一位具有主动精神，乐意投入任何一项工作，甚至乐于为节日吹气球的人。Bailey 也注意观察一些细微的表现，看应聘者之间是如何互相影响的。“我们只需要那些能够感染和鼓动他人，和各种环境融洽相处的人员。”

Bailey 已经面试了 22 位应聘这个营销职位的人，而这次的四位候选者中，没有人是完全符合要求的，因此也不再会有复试。Bailey 承认人员招聘是一项耗时的工作，但她坚信公司不会以降低招聘质量为代价来提高进程速度。由于西南航空公司发展得如此迅速又保持着繁复的招聘程序，人事部门职员的负荷已达极限。就现状而言，如果公司采取传统的招聘程序，那将会节省很多时间，同时人力资源部门也可得到精简。

思考与讨论

1. “在瞬息万变的市场中，企业必须作出快速反应，美国西南航空的招聘方法既低效又耗时。”你同意不同意这种观点？

2. 基于你对招聘员工的认识，你是否能提一些建议来帮助西南航空找到合适的候选人？

3. 你是否能提一些建议来帮助 Bailey 找到“特殊市场营销部”空缺位置的合适人选？

第9章

领　导

【本章要点】
- 领导者的权力来源；
- 领导者类型；
- 几种重要的领导理论；
- 主要的领导方法；
- 领导艺术的主要内容。

9.1　领导和领导者

领导是管理工作的重要职能之一，领导职能贯穿于管理的整个过程之中。领导者作为领导活动的主角在组织发展中的作用十分重要，“一个组织是一个人被拉长的身影”，说明一个特别突出的领导者对一个组织的重要性，尤其在变革的时代，领导是一个组织发展和成败的关键。

9.1.1　领导的概念

领导在日常使用中有两种含义：作为动词，它指领导过程，领导活动；作为名词，领导的意思是领导者。但是，对于“什么是领导”，从管理学的角度给领导下一个定义，学者们却见仁见智，给出了上百种答案，“领导概念的数量几乎与想定义这个概念的人们一样多”。其中，比较有代表性的有：

- 斯图格迪尔认为，领导是为确立目标和实现目标，对一个组织起来的集体所进行的活动施加影响的过程。
- 贝林认为，领导是“影响一个有组织的团体朝着既定目标活动的过程”。
- 沃伦·班尼斯指出，领导是促使下属按照所要求的方式活动的过程。
- 阿吉里斯认为，领导即有效的影响。为了施加有效的影响，一位领导者要对他的影响进行实地的了解。
- 哈罗德·孔茨认为，领导是使下属充满信心、满怀热情地为实现群体目标而努力的艺术或过程。领导者的行动即在于帮助一个群体尽其所能地实现目标。

- 斯蒂芬·罗宾斯认为：领导可以定义为一种影响一个群体实现目标的能力。这种影响的来源可能是正式的，如来源于组织中的管理职位。由于管理职位经常与一定的正式权威有关，人们可能会认为领导角色仅仅来自于组织所赋予的职位。但是并非所有领导者都是管理者，也不是所有的管理者都是领导者；仅仅由于组织赋予管理者某些正式权力，并不能保证他们实施有效的领导。我们发现那些非正式任命的领导者，也有很重要的影响力，他们的影响力来自于组织的正式结构之外。

以上几种定义有几个共同点，即强调领导的实质是影响力；领导的目的是实现组织或群体目标；领导是一个行为过程。

综上所述，可以把领导定义为：领导是运用权力指挥、引导和影响下属为实现组织和群体目标而努力和积极行动的过程。其含义可以从如下几方面来理解：

第一，领导是一个过程，是通过指挥和影响下属，从而实现组织目标的过程。

第二，领导的目的是实现组织或群体目标。

第三，领导是一种影响力。这种影响力的来源可以是职务权力，也可以是职务之外的个人影响力。

第四，领导者必须有下属或追随者。

9.1.2 领导与管理

领导与管理既相互联系，又相互区别。正如罗宾斯所提出的，领导者并不等于管理者。

领导与管理的联系主要体现在领导是管理的基本职能之一，并贯穿于管理的始终。在组织的各种资源中，人的要素和人力资源是第一位的，能够直接或间接地决定组织目标实现与否。因此，正确地引导组织成员，有效地实现与组织成员之间的沟通，促进组织成员行动协调，开发人的潜能，调动人的积极性和创造性，就成为管理的核心问题。领导职能就是专门从事人与事的工作，处理组织内外的人际关系，因此是管理的核心职能。同时，领导职能与管理的其他职能也密切相关，相辅相成，要想充分发挥领导职能的作用，任何一种管理职能都不可偏废。

另一方面，领导与管理也存在许多不同，主要表现在以下几方面：

(1) 从概念的内涵来看，管理包括领导，领导的范畴小于管理。

(2) 从本质上说，管理与领导的权力基础不同。管理是建立在法定权力、正式职位权力基础上对下属进行组织指挥和控制的行为，下属必须服从管理者的指令。领导则既可能建立在职务权力基础上，也可能建立在个人影响力，如个人专长、个性魅力和模范效应等基础上。领导的本质是被领导者的追随和服从，它不是由组织赋予的权力所决定的，而是取决于追随者的意愿。

(3) 从人员安排来看，管理者的选用强调专业素质与能力，领导者的选用强调综合素质与能力。

(4) 管理与领导的着重点不同。管理的重点是维持秩序，领导的重点是发展和创新。

9.1.3 领导的作用

法约尔早已指出：管理所处的时代背景已经发生了很大的变化，没有一个领导人有足够的知识、精力、时间来解决一个公司所面临的所有问题，授权式管理成为必需。在指挥、带领、引导和鼓励下属为实现目标而努力的过程中，领导者的作用主要表现在以下三个方面。

1. 指挥作用

马克思曾指出："一切规模较大的直接社会劳动或共同劳动，都或多或少地需要指挥，以协调个人的活动，并执行生产总体的运动——不同于这一总体的独立器官的运动——所产生的各种一般职能。一个单独的提琴手是自己指挥自己，一个乐队就需要一个指挥。"可见，在集体活动中需要有思路清晰、运筹帷幄、统帅全局的领导来为下属指明方向和道路，引领大家向目标前进。

2. 协调作用

现代社会组织的规模越来越大，社会分工又不断细化，因此组织的运转有赖于组织中个体的协调、配合。而在实际工作中，每个个体的世界观、价值观、工作作风、方法、思路等都不相同，工作过程中难免发生摩擦，这时就需要领导者起到协调、组织的作用，使大家共同前进。

3. 激励作用

领导者要把员工的积极性、创造性完全激发出来，必须设置能满足其需要、激发其动机的组织目标。一般情况下，个体目标与组织目标是不完全一致的，领导者的责任就是将组织目标的实现与满足个人需要统一起来，创造一种组织环境使员工加强对组织目标的认同感，从而提高员工接受和执行目标的自觉程度。作为组织的领导者，要根据每个员工的具体情况，采用适当的激励方式，以最大程度地调动员工的积极性，努力实现组织目标。

9.1.4 领导者的权力及其来源

权力，最简单的理解，就是影响别人行为的能力。权力是领导者发挥影响力的基础，换言之，领导是由权力而产生的。罗宾斯指出，权力是依赖的函数。当一个人控制了另一个人想拥有的一切，这个人就拥有了对另一个人的权力。关于权力的来源，法约尔在《工业管理和一般管理》中，最早把权力分为职务权力和个人权力，表明权力来源有两个方面：职务因素和个人因素。弗伦奇和瑞文具体提出了五种权力来源。

1. 法定权力

法定权力也叫职位权力，是由组织机构正式授予领导者在组织中的职位所引起的、指挥他人并促使他人服从的权力。连队士兵听从连长指挥向敌军阵地进攻，因为连长具有指挥士兵的合法的职权。同样，企业中的各级管理人员对其下属也拥有这种法定权力，其是由组织内部等级链所规定的。法定权力是领导者职权大小的标志，是其他各种权力运用的基础。如果没有这种权力，不管一个人的能力有多强，都不可能成为一个真正的领导者。

2. 奖赏权力

奖赏权力是指给予奖金、加薪、升职、称赞以及理想的工作安排和其他积极奖励的权力。由于被领导者感觉到领导者有能力使他们的需要得到满足，因而愿意追随和服从他。可以说，领导者所控制的奖赏手段越多，而且这些奖赏对下属越是显得重要，那么他拥有的影响力就越大。

3. 强制权力

强制权是建立在惧怕基础上的权力。一个人如果违背上司的愿望、态度和指令就会产生消极的后果,如批评、申斥、分配不称心的工作、降职甚至开除等。出于对这种后果的恐惧,下属就会对强制性权力作出反应,采取行动。强制权力和奖赏权力都与法定权力密切相关。

4. 专长权力

专长权力是指由于领导者具有较高的智力、较强的才能、丰富的知识或拥有专业知识与技能而产生的影响力。专长权的内容主要包括领导者的智力、能力、知识和专业技能。

5. 个人影响权力

个人影响权力是指领导者由于个人的品质、魅力、资历、背景等相关的因素而赢得被领导者发自内心的信任、支持和尊重的一种权力。这种权力是由领导者本身的素质,诸如品格、知识、才能、毅力和气质所决定的。例如美国民权运动领袖马丁·路德·金,他的法定权力非常有限,但是他凭借人格的力量,影响了许多人的观念和行为。

上述五种权力按照法约尔的观点可以分为职务权力和个人权力两大类:强制权、奖赏权和法定权属于职务权力;专长权和个人影响权属于个人权力,主观性较强。领导权力是职务权力和个人权力的总和。

应该注意的是职务权力与个人权力在权力结构中的地位不是一成不变的,虽然职务权力很重要,但是个人权力也不是无足轻重的,相反,随着时代的发展,后者变得越来越重要。仅有职位权力的领导者只是个指挥官,而不能成为令人信赖和敬佩的领袖。因此,正式组织的领导者应该注意个人素质的修炼,以在拥有职位权力的同时获得更大的个人权力。

9.1.5 领导者类型

领导职能能否实现,与行使领导权力的领导者类型有关。根据不同的标准,可以将领导者划分为不同的类型。

1. 集权式领导者和民主式领导者

按领导者权力运用方式,可以将领导者分为集权式领导者和民主式领导者两种类型。

1) 集权式领导者

集权式领导者就是把管理的制度权力相对牢固地进行控制的领导者。由于管理的制度权力是由多种权力构成的,如奖励权、强制权、收益的再分配权等,这就意味着对被领导者或下属而言,受控制的力度较大。在整个组织内部,资源的流动及其效率主要取决于集权领导者对管理制度的理解和运用。同时,个人专长和影响力是他行使上述制度权力成功与否的重要基础。这种领导者把权力的获取和利用看成是自我人生价值的实现。

集权式领导者的优势在于,通过完全的行政命令,管理的组织成本在其他条件不变的情况下,要低于在组织边界以外的交易成本。这对于组织在发展初期和组织面临复杂突变的环境时,是有益的。但是,集权式领导者长期将下属视为某种可控制的工具,则不利于被领导者职业生涯的良性发展。

2）民主式领导者

与集权式领导者形成鲜明对比的是民主式领导者。民主式领导者是向被领导者授权，鼓励下属的参与，并且主要依赖于其个人专长和影响力来影响下属的领导者。从管理学角度看，这样的领导者是通过对管理制度权力的分解，进一步通过激励下属的需要，去实现组织的目标。

这种领导者给组织带来的好处是十分明显的。通过激励下属的需要，组织发展所需的知识和资源，尤其是隐性知识和资源，能够充分地积累和进化，员工的能力结构也会得到长足提高。因此，相对于集权式领导者，这种领导者更能为组织培育未来发展所需的资本和资源。不过，由于这种权力的分散性，使得组织内部资源的流动速度减缓，因为权力的分散性一般导致决策速度降低，进而增大了组织内部的资源配置成本。

2. 维持型领导者和创业型领导者

按领导者在领导过程中的思维方式和行为方式，可以将领导者分为维持型领导者和创业型领导者两类。

1）维持型领导者

一般也称为事务型领导者，是致力于维持现状的守业式的领导者，其目的是为了维持秩序，使企业系统能高效、稳定地运行下去。事务型领导者的管理使命是维持现状。

这种领导者通过明确角色和任务要求，激励下属向着既定的目标活动，并且尽量考虑和满足下属的社会需要，通过协作活动提高下属的生产率水平。他们对组织的管理职能推崇备至，勤奋、谦和而且公正，将把事情理顺、工作有条不紊地进行引以为自豪。这种领导者重视非人格的绩效内容，如计划、日程和预算，对组织有使命感，并且严格遵守组织的规范和价值观。

2）创业型领导者

创业型领导者是指拥有雄心勃勃的远见能力和认知能力来挑战和应对环境的不确定性，通过有计划的行动和信任下属及团队工作形成高绩效来取得成功的领导方式。

这个定义强调创业型领导面临有关价值创造的资源获取和下属承诺这两个问题，它包括创造愿景以及拥有一个有能力实现愿景的支持者群体。另一方面，它也强调对创业采取战略性思路，以提高公司持续创造价值的能力，因此创业型领导能够为公司构建一个竞争优势和技术增长的基础。

小资料

“第五级领导”

在吉姆·柯林斯于2001年出版的《从优秀到卓越》一书中，他对1965年以来《财富》杂志历年500强排名中的每一家公司逐一分析，描述了创造卓越型企业的“第五级领导”：“他们往往不会冲在前台锋芒毕露，成为媒体的宠儿、谈论自己的理念或成为社会名流。他们大多数像外星人，沉默内敛、不爱出风头，甚至有点害羞，谦逊为怀的个人特质和不屈不挠的专业精神齐集于一身。他们深藏在团队后面，协调着团队的交响乐。”

9.2 领导理论

领导者在社会群体活动中起着十分重要的作用。许多学者试图研究领导者做好领导工作的规律，从而形成了有关领导的一系列的理论。对领导理论的研究可分为三大类：特质理论、行为方式理论和权变(情境)理论。

这实际上是一个渐进的过程。最早的研究都是从领导者的性格开始的，也就是只研究领导主体，即领导者本身。进一步研究发现，领导效果不仅与主体有关，还与领导对象，即领导的客体有关，考虑领导主体、客体相互作用的研究形成了行为方式理论。更进一步的研究发现，环境也是影响领导效果的重要因素。因此研究者开始考虑环境因素，研究主体、客体、环境的相互作用，由此构成了领导的权变(情境)理论。

9.2.1 特质理论

如果你问一问走在大街上的普通人，在他们心目中领导是什么样的，你可能会得到一系列的品质特征，如智慧、领袖魅力、决策力、热情、实力、勇气、正直和自信等等。这表明大多数人相信对于所有成功的领导者来说，都具备一系列一致而独特的个性特点，而不论他们在什么样的组织中工作。这就是领导的特质理论的出发点。

特质理论侧重研究领导者的性格、品质方面的特征，作为描述和预测其领导绩效的标准。研究的目的是通过区分领导者与一般人的不同特点，来解释他们成为领导者的原因，并以此作为选拔领导者和预测其领导有效性的依据。实际上就是研究怎样的人才能成为有效的、优秀的领导者。研究者发现领导者有六项特质不同于非领导者，即进取心、领导愿望、诚实与正直、自信、智慧、工作相关知识。表9-1简要描述了这些特质。

表9-1 区分领导者与非领导者的六项特质

特质	描述
进取心	领导者表现出高努力水平，拥有较高的成就渴望。他们进取心强，精力充沛，对自己所从事的活动坚持不懈，并有高度的主动精神
领导愿望	领导者有强烈的愿望去影响和领导别人，表现为乐于承担责任
诚实与正直	领导者通过真诚与诚实无欺的品格以及言行高度一致而在他们与下属之间建立相互信赖的关系
自信	下属觉得领导者从没缺乏过自信。领导者为了使下属相信他的目标和决策的正确性，必须表现出高度的自信
智慧	领导者需要具备足够的智慧来收集、整理和解释大量信息；并能够确立目标、解决问题和作出正确的决策
工作相关知识	有效的领导者对于公司、行业和技术事项拥有较高的知识水平。广博的知识能够使他们作出富有远见的决策，并能理解这种决策的意义

另外，还有其他一些学者开展了关于领导者特质的研究。美国学者斯托其尔发现了与领导才能有关的五种身体特征(如精力、外貌与身高等)、四种智能特征(如思维能力、反应敏捷程度等)、十六种个性特征(如适应性、进取性、热心与自信等)、六种与工作有关的特征(如追求成就的干劲、毅力和首创性等)，以及九种社会特征(如愿意与人合作、人际关系协调能力和管理能力等)。

然而，单纯的特质对解释领导效果来说是很不充分的，完全以特质为基础的解释忽视了环境因素。事实上，出色的领导者也可能表现出截然不同的特质。具备一定的特质只能使个体更有可能成为有效的领导人，但他还需要采取正确的活动，在特定的情境下采取特定的正确的活动。因此，从 20 世纪 40 年代开始，特质理论就不再处于主导地位了。20 世纪 40 代末至 60 年代中期，有关领导的研究着重于对领导者行为风格的考察。

9.2.2 行为方式理论

领导者的领导才能和领导艺术都是以领导方式为基础的，领导者个人的特性难以说明其与领导有效性之间的联系，所以后来许多学者在研究领导活动时，从研究领导者的内在特征转移到外在行为上，即对领导者的各种领导行为进行研究，以找出何种领导行为、领导方式最为有效，这就是领导者的行为方式理论。

1. “三种领导方式”理论

美国管理学家怀特和李皮特提出了三种领导方式理论：权威式、民主式和放任式。这三种领导方式的划分也是人们最常用的方式。

1）权威式领导

由于历史的原因和个人因素，领导者已经在组织中建立起了绝对的权威，所有重大的决策都由领导作出，这种领导喜欢独立解决重大问题，发号施令，日常指挥活动也常常自己作出。多数小型私营企业的老板表现出这种领导方式，有卓越历史功绩的领导也表现出这种领导方式。但是，在组织规模较大，环境因素复杂时，要防止官僚主义的产生。

2）民主式领导

主要决策由组织领导集团集体讨论作出，领导者采取鼓励与协助态度，通过讨论使所有参与活动的员工对工作全貌有全面的认识，在一定的范围内，下属对工作的具体步骤和采取的方法有某些选择权。

3）放任式领导

组织成员有完全的决策权，领导者对下属采取放任自流的态度，只负责给员工提供完成任务所必要的资源，基本不参与，偶尔会给出建议，工作的进行几乎完全依赖于下属，下属各负其责。当然，放任式领导方式是有条件的，必须要求下属是成熟的，对领导和组织绝对地忠诚，领导对他们绝对放心，即使不管他们，也决不会作出违背组织意图的事情。

2. 二维构面理论

美国俄亥俄州立大学的研究者弗莱西曼(E. A. Fleishman)和他的同事从 1945 年起，对领导问题进行了广泛的研究。他们收集了大量的下属对领导行为的描述，并列出了 1000 多个因素，最后归纳为两大类，称之为“定规”维度和“关怀”维度。

(1) 定规维度是指为了达到组织目标，领导者界定和构造自己与下属的角色的倾向程度。它包括设立工作、工作关系和目标的行为。具有高定规特点的领导者会向小组成员分配具体工作，要求员工保持一定的绩效标准，并强调工作的最后期限。

(2) 关怀维度是指领导者信任和尊重下属以及维护良好工作关系的程度。高关怀维度的领导者帮助下属解决个人问题，他友善而平易近人，公平对待每一个下属，并对下属的生活、健康、地位和满意度等问题十分关心。

以这些概念为基础进行的大量研究发现，一个在定规和关怀维度方面均高的领导者(高—高型领导者)常常比其他三种类型的领导者(低定规、低关怀或者均低)更能使下属达到高绩效和高满意度。

但是，高—高型风格也并不总是产生积极的效果。比如，当工人从事常规任务时，以高定规为特点的领导行为导致了高抱怨率、高缺勤率和高离职率，工作的满意度水平也很低。其他研究还发现，直接上级主管对领导者进行的绩效评估等级与高关怀性成负相关关系。

总之，俄亥俄州立大学的研究说明，一般来说，高—高型风格能够产生积极效果，但同时也发现了足够的特例表明这一理论还需考虑其他因素。

3. “工作中心”和“员工中心”理论

密歇根大学的利克特(Rensis Likert)和他的同事们自1947年开始对各种组织结构中的领导做了深入的研究，以确定领导者的行为特点以及它们与工作绩效的关系。

他们也将领导行为划分为二个维度，称之为“员工中心”和“工作中心”。

员工中心的领导者重视人际关系，他们总会考虑到下属的需要，利用群体的协同和团结来完成组织目标，强调一种相互支持的各部门的关系和员工之间的关系。员工中心的领导者把他们的行为集中在对人员的关怀而不是对生产的提高上。他们关心员工的需要、晋级和职业生涯发展。

相反，工作中心的领导者注意任务和工作指标，主要关心的是群体任务的完成情况，并用密切监督和施加压力的办法来获得良好绩效和满意的工作结果。对这种领导者而言，下属是实现目标或任务绩效的工具，而不是和他们一样有着情感和需要的人，群体任务的完成情况是领导行为的中心。

密歇根大学的研究人员发现，在员工中心型领导的组织中，员工的满意度也高，离职率和缺勤率都较低。在工作中心型的组织中，产量虽然不低，但员工的满意度低，离职率和缺勤率都比较高。因此，密歇根大学研究者的结论对员工中心的领导者十分有利，他们与高群体生产率和高工作满意度成正相关。而工作中心的领导者则与低群体生产率和低工作满意度联系在一起。

4. 领导方格理论

利克特和弗莱西曼的研究成果发表后，引起了对理想的领导方式的广泛讨论。理论界普遍认为理想的方式既要是绩效型又要是关怀型。美国德克萨斯大学行为科学家罗伯特·布莱克(Robert R. Blake)和简·莫顿(Jane S. Mouton)对理想的领导方式加以分析综合，于1964年设计了一个巧妙的管理方格图，直观地表示出主管人员对生产关心程度和对人的关心程度。

布莱克和莫顿二人发展了领导风格的二维观点，在“关心人”和“关心生产”的基础上提出了管理方格论，充分概括了俄亥俄州立大学的关怀与定规维度以及密歇根大学的员工中心和工作中心维度。对生产的关心表示组织领导者对各种事务所持的态度，如生产产品的质量、程序与过程；研究的创造性；职能人员的服务质量、工作效率及产品产量等。对人的关心则主要表现在个人对实现目标所承担的责任；保持员工的自尊；建立在信任而非顺从基础上的职责；保持良好的工作环境以及满意的人际关系等。

他们首先评估管理人员对生产的关心度和对员工的关心度，给出等级分值。然后以此为基础，把分值标注在坐标平面上，并在两个坐标轴上分别划分出 9 个等级，从而生成了 81 种不同的领导类型(见图 9-1)，并定义了其中最为典型的 5 种类型。

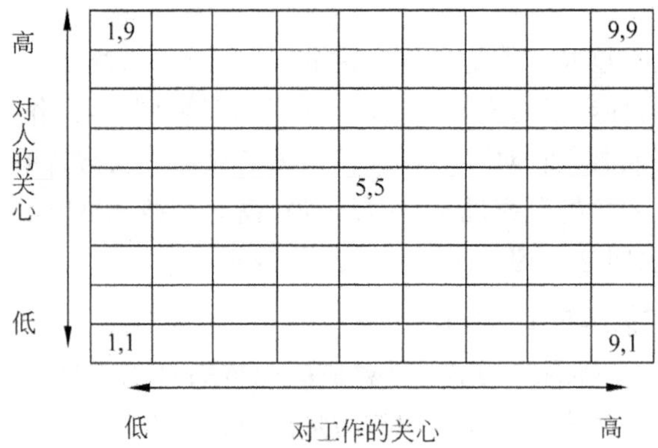

图 9-1 领导方格论

“1，1 型”——贫乏型管理，这种类型的领导者不愿努力工作，对工作任务和对人员的关心都很少，只做一些维持自己职务最低限度的工作，庸庸碌碌，只求不出差错，很难有良好的工作绩效。

“9，1 型”——任务型管理，这种类型领导者只重视任务效果而不重视下属的士气和发展，强调有效地控制下属，努力完成各项任务。

“1，9 型”——乡村俱乐部型管理，这种类型领导者无原则地关心和支持下属而不关心任务和效率，内部一团和气，太平无事，但效益较差。

“5，5 型”——中庸之道型管理，这种类型的领导者既对工作的数量和质量有一定的要求，又强调通过引导和激励去使下属完成任务。但是领导者往往缺乏进取心，乐意维持现状。

“9，9 型”——战斗集体型管理，表示领导者通过协调和综合工作相关活动而提高任务效率与士气。

布莱克和莫顿得出的结论是：“9，9 型”风格的管理者工作效果最佳，并提出，原则上达不到“9，9 型”管理的领导者，要接受如何成为一个“9，9 型”领导者的培训。

20 世纪 60 年代，管理方格培训在美国工商界受到普遍推崇。美国管理者认为很多日本管理者综合了现代管理思想和中国传统文化而有效实施战斗集体型管理，从而创造了日本奇迹。但是后来这一理论又受到批评，因为它只是为领导方式的概念化提供了框架，讨论了一种直观、最佳的领导方式。但是管理方格论并未对如何培养管理者提供答案，并且也没有实质性的证据支持在所有情境下，“9，9 型”风格都是最有效的方式。

尽管行为理论的研究者使用的名称不同，但他们讨论的概念是相似的。他们大都探讨了最好的领导方式，但最好的领导方式也只是建立在领导者一厢情愿的基础上，没有考虑下属的、环境的影响因素，因而对行为理论存在许多争议，即某一领导方式是否能在所有情况下都有效。20 世纪 60 年代，随着对领导理论研究的进一步深化，一些人看到了问题的症结，开始重视对情境的研究，逐渐形成了情境理论，也称为权变理论。

9.2.3　权变理论

随着领导方式研究的不断深入，许多学者认识到情境对领导方式有效性的影响，并进行了许多试图分离出影响领导效果的主要情境因素的研究，于是产生了领导的权变理论。权变理论是在考察领导者的特性、行为之后，进一步增加了一个环境因素，认为不存在一种“普遍适用”的领导方式，强调领导的有效性取决于领导者特性、被领导者特性及二者所处的特定环境三个因素的相互作用。有效的领导者能够根据自己当时所处情境的不同而改变自己的领导行为和领导方式。

1. 菲德勒权变模型

美国管理学家菲德勒(Fred E. Fiedler)提出的权变理论是比较有代表性的一种权变理论。这一理论认为领导工作是一个过程，在这个过程中，领导者施加影响的能力取决于领导者、被领导者、领导过程所处的环境。用公式表示为

$$S=f(L,F,E)$$

其中，S 为领导方式，L 为领导者特征，F 为被领导者特征，E 为环境特征。因此，领导方式是领导者特征、追随者特征和环境的函数。

菲德勒设计了最难共事者问卷 LPC (Least-preferred coworker questionnaire)来测定领导者的领导方式。如表 9-2 所示，问卷由 16 组对应形容词构成。菲德勒让作答者回想一下自己共过事的所有同事，并找出一个最难共事者，在 16 组形容词中按 1～8 等级对他进行评估。菲德勒相信，根据领导者对 LPC 问卷的不同回答，可以判断出领导者最基本的领导风格。

表 9-2　菲德勒的 LPC 问卷

请想出一位最难相处，而不是最不喜欢的同事，按照下列内容给出相应的得分

令人愉快的——8 7 6 5 4 3 2 1 ——令人不愉快的
友　好　的——8 7 6 5 4 3 2 1 ——不　友　好　的
接　纳　的——8 7 6 5 4 3 2 1 ——拒　　绝　　的
值得信任的——8 7 6 5 4 3 2 1 ——不值得信任的
热　情　的——8 7 6 5 4 3 2 1 ——冷　　漠　　的
轻　松　的——8 7 6 5 4 3 2 1 ——紧　　张　　的
亲　密　的——8 7 6 5 4 3 2 1 ——疏　　远　　的
合　作　的——8 7 6 5 4 3 2 1 ——不　合　作　的
友　善　的——8 7 6 5 4 3 2 1 ——敌　　意　　的
有　趣　的——8 7 6 5 4 3 2 1 ——无　　聊　　的
诚　实　的——8 7 6 5 4 3 2 1 ——虚　　伪　　的
自　信　的——8 7 6 5 4 3 2 1 ——犹　　豫　　的
高　效　的——8 7 6 5 4 3 2 1 ——低　　效　　的
开　朗　的——8 7 6 5 4 3 2 1 ——郁　　闷　　的
开　放　的——8 7 6 5 4 3 2 1 ——防　　备　　的

如果以相对积极的词汇描述最难共事者(LPC 得分高)，则作答者很乐于与同事形成友

好的人际关系，菲德勒称之为关系取向型。相反，如果作答者对最难共事的看法大多是消极的(即 LPC 得分低)，菲德勒称之为任务取向型。菲德勒认为，领导风格是与生俱来的，固定不变的——你不可能改变你的风格去适应变化的情境。

用 LPC 问卷对个体的基本领导风格进行评估之后，需要再对情境进行评估。菲德勒列出了三项权变因素用以确定决定领导方式有效性的情境。菲德勒认为，对一个领导者的工作影响最大的三个基本因素是职位权力、任务结构和上下级关系。职位权力是与领导人职位相关联的正式职权以及领导者从上级和整个组织各个方面取得的支持程度。任务结构是指任务的明确程度和部下对这些任务的负责程度。领导者与下级的关系是指领导者对下属信任、信赖和尊重的程度以及下级乐于追随的程度。如果三者皆具备，则为有效的领导行为提供了有利条件，反之，则是不利条件。菲德勒模型根据这三项权变变量来评估情境，将这三项权变变量总和起来，共得到八种不同的情境或类型(见表 9-3)。

表 9-3 菲德勒模型

<table>
<tr><td>上下级关系</td><td>好</td><td>好</td><td>好</td><td>好</td><td>差</td><td>差</td><td>差</td><td>差</td></tr>
<tr><td>任务结构</td><td>简单</td><td>简单</td><td>复杂</td><td>复杂</td><td>简单</td><td>简单</td><td>复杂</td><td>复杂</td></tr>
<tr><td>职位权力</td><td>强</td><td>弱</td><td>强</td><td>弱</td><td>强</td><td>弱</td><td>强</td><td>弱</td></tr>
<tr><td>情境类型</td><td>Ⅰ</td><td>Ⅱ</td><td>Ⅲ</td><td>Ⅳ</td><td>Ⅴ</td><td>Ⅵ</td><td>Ⅶ</td><td>Ⅷ</td></tr>
<tr><td>情境特征</td><td colspan="3">有利</td><td colspan="4">中间状态</td><td>不利</td></tr>
<tr><td>最有效领导方式</td><td colspan="3">任务型(低 LPC)</td><td colspan="3">关系型(高 LPC)</td><td>不明确</td><td>任务型</td></tr>
</table>

菲德勒模型指出，当领导者的领导方式与三项权变因素的评估分数相匹配时，则会达到最佳的领导效果。菲德勒研究了 12000 个工作群体，对八种情境类型的每一种，均对比了关系取向和任务取向两种领导风格，他得出结论：任务取向的领导者在非常有利的情境和非常不利的情境下工作得更好；而关系取向的领导者则在中度有利的情境中做得更好。

有大量的研究对菲德勒模型的总体效率进行了考查，并得到了十分积极的结果，也就是说，有相当多的证据支持这一模型。但是，该模型也并非十分完善，还需要增加一些变量来加以改进和弥补。另外，在 LPC 量表以及该模型的实际应用方面也存在着一些问题。比如，LPC 的逻辑结果尚未被很好地证明，某些研究指出作答者的 LPC 分数并不稳定。另外，这些权变变量对于实践者来说也过于复杂和困难，在实践中很难确定领导者与成员关系有多好，任务的结构化有多高，以及领导者拥有的职权有多大。

2. 领导生命周期理论

领导生命周期理论是由美国心理学家科曼(A. Korman)首先提出，后由保罗·赫西(Paul Hersey)和肯尼斯·布兰查德(Kenneth Blanchard)予以发展的一种情境理论。该理论认为，有效的领导行为类型因其下属的成熟度而异。赫西和布兰查德重视下属在领导效果方面的作用，是因为下属可以接纳或拒绝领导者的命令，领导者的领导效果经常取决于下属的行为和活动。然而这一问题的重要性却被许多的领导理论所忽视或低估。

赫西和布兰查德认为，工作中的群体成员在大多数情况下呈现出逐步成熟的变化趋势，成熟度的表现有一个由低到高的发展过程。领导的行为方式应该随着被领导群体或个人的成熟程度作出适当的调整，如果依据下属的成熟度选择正确的领导风格，就会取得领导的成功。西方不少企业在培训其管理者的领导艺术时常使用这一理论，如《财富》杂志 500 家企业中的北美银行、IBM公司、美孚石油公司、施乐公司等都采用此理论模型。

该理论与菲德勒的权变理论相同，也将领导风格按照关心工作和关心人这两个维度进行划分。但是，赫西和布兰查德更向前迈进了一步，他们认为每一维度有低有高，从而组成以下四种具体的领导风格：

- 命令型领导方式(高工作-低关系)。领导者定义任务，告诉下属应该干什么、怎么干以及何时何地去干。
- 说服型领导方式(高工作-高关系)。领导者同时提供指导性的行为与支持性的行为。
- 参与型领导方式(低工作-高关系)。领导者与下属共同决策，领导者的主要角色是提供便利条件与沟通。
- 授权型领导方式(低工作-低关系)。领导者提供极少的指导或支持。

赫西和布兰查德将成熟度定义为：个体对自己的直接行为负责任的能力和意愿。它包括两项要素：工作成熟度与心理成熟度。工作成熟度是指成员具有的知识水平和工作经验，以及把握自己行为方向的能力；心理成熟度是指成员对特定目标的认同、工作态度和责任感。工作成熟度高的个体拥有足够的知识、能力和经验完成他们的工作任务而不需要他人的指导。心理成熟度高的个体不需要太多的外部激励，他们主要靠内部动机激励。

领导生命周期理论将下属成熟度由低到高分为四个阶段：第一阶段：这些人对于执行某任务既无能力又不主动，他们既不能完全胜任工作又不能被信任。第二阶段：这些人缺乏能力，但愿意执行必要的工作任务。他们有积极性，但目前尚缺足够的技能。第三阶段：这些人有能力，却不愿意干领导者希望他们做的工作。第四阶段：这些人既有能力又愿意干领导者让他们做的工作。

有效的领导者应根据下属成熟度的不同选择不同的领导方式(如图9-2所示)。

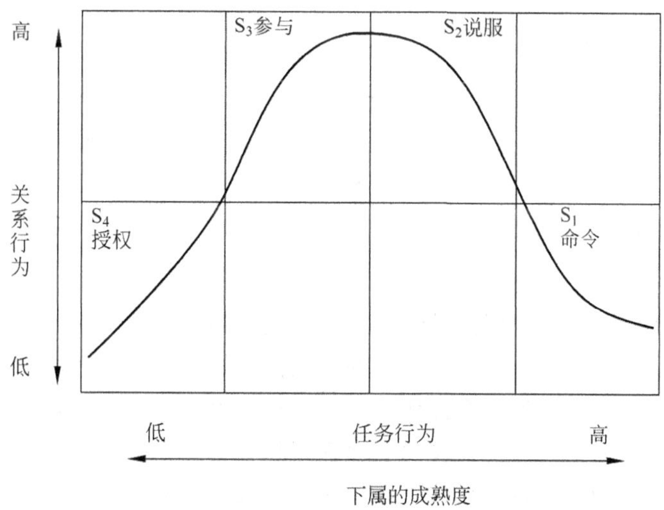

高	中		低
M_4	M_3	M_2	M_1

图9-2 领导生命周期理论

当下属成熟程度为第一阶段(M_1)时，由于成员的成熟度较低，需要领导给予较多的工作指导，适宜的方式是命令型领导方式(S_1)。领导向群体成员布置工作，指导和说明怎么样去工作，建立有效的沟通反馈系统，以便随时强化和指导群体的工作行为，向他们解释存在的问题，回答并提出可能出现的问题和解决问题的方案。同时，注意群体成员工作绩效的变化。

当下属成熟程度为第二阶段(M_2)时，群体成员在某些方面表现出成熟度的提高，增加了领导的信任程度。此种状况下领导仍然要维持较高的工作导向，同时给予他们较高的人际关系的支持，因此应选择说服型领导方式(S_2)，这是一种工作导向和人际关系并重的领导方式。

当下属成熟程度为第三阶段(M_3)时，由于成员已经表现出相当程度的成熟度，因此，领导的工作导向行为应该逐步降低，依然维持较高水平的人际关系导向。参与型领导方式(S_3)是以人为中心的领导方式，支持鼓励被领导者参与到管理的事务中去，以提高和加强他们的工作责任心和使命感。

当下属成熟程度为第四阶段(M_4)时，群体成员已发展到成熟度的较高层次，无论是工作本身，还是人的问题，都不需要领导过多地干预和控制。所以，逐步把两个维度的导向行为都降低到适度的水平，因此应选择授权型领导方式(S_4)。

由此可以看出，被领导者逐步走向成熟，领导者随之调整、变换适宜的领导方式，最后达到理想的授权式管理，完成了领导"生命周期"的基本循环，进入到更高的层次。此时，领导就可以从较低的管理事务中解脱出来了。

和菲德勒的权变理论相比，领导生命周期理论更容易理解。但它只针对下属的特征，而没有包括领导行为的其他情景特征。因此，这种领导方式的情景理论算不上完善，但它对于深化领导者和下属之间关系的研究，具有重要的基础作用。

9.2.4 领导理论的新发展

20 世纪 80 年代以来，越来越多的管理学者和实际工作者开始从其他角度研究有关的领导问题。因为人们发现，一些富有成效的公司领导者或是政治领导者各有不同的性格特征和领导方式，有些与各种领导理论都"对不上号"。于是"超凡魅力的领导""变革精神的领导"等概念被相继提出。

1. 归因理论

归因理论认为，我们对个体的不同态度取决于我们对给定行为归因于何种意义的解释。这一理论表明，当我们观察某一个体的行为时，我们总是试图判断它是由于内部原因还是外部原因造成的。内因行为指那些个体认为在自己控制范围之内的行为；外因行为是由外部原因引起的，也就是说，个体因为情境因素而被迫行动。运用归因理论的框架，研究者发现人们倾向于把领导者描述为具有这样一些特质——富有智慧、个性随和、有很强的语言表达能力、强烈的进取心、过人的理解力和勤奋精神的人。在组织内部，当组织工作取得了成就，人们都习惯于把它归因为领导有方；出现了问题，人们也常常把它归因为领导无能。

2. 变革精神的领导理论

美国管理学家伯纳德·巴斯(Bernard M. Bass)提出了变革精神的领导理论。他把领导者分为两类："执行型"和"变革型"。前一种类型的领导者向下属提出需要做什么、有哪些要求，并且帮助下属树立信心，只要付出必要的努力，定能达到组织与个人的目标。后一种类型的领导者则通过提高对完成任务的价值与重要意义的认识，通过强调集体和组织的利益高于个人的利益，以及通过强调追求更高层次的需求等来激励下属完成比原来预期的更多的工作。

变革型领导者关怀着每一个下属的日常生活和发展需要，并能对下属产生深远而不同寻常的影响；他们帮助下属以新观念看待老问题从而改变下属对问题的看法；他们能够激励、唤醒和鼓舞下属为达到群体目标而付出更大的努力。变革型领导所带领的下属的努力和绩效水平比单纯执行型好得多。

巴斯认为，传统的领导理论完全适合执行型的领导者。当然，这些理论在过去、现在，甚至将来都仍然是有效的。但是，作为一个领导者，为了取得更好的成效，以及对自己的组织发挥重大的影响力，就必须运用自己个人的能力和精力去鼓舞下属。

美国管理学家博伊德(Richard Boyd)在巴斯理论的基础上，提出"改革精神"的领导者必须具备五种新的领导技能：①预见技能。对经常不断变化的内外部环境能够深谋远虑。②想象技能。运用说服和榜样诱导下属按领导者或整个组织的意图行事。③价值观综合技能。把员工在经济、安全、心理、精神和物质等方面的需求统合起来，以便使人们有共同的动机、价值观和目标。④授权技能。乐意并且有效地与下属分享权力。⑤自省或反省技能。既能明白自己的需求与目标，也了解下属的需求与目标。

3. 超凡魅力的领导理论

超凡魅力的领导理论是指当下属观察到某些行为时，会把它们归因于伟人式的或杰出的领导能力。罗伯特·豪斯(Robert J. House)确定了超凡魅力的领导者的三项特点：极高的自信、支配力以及对自己信仰的坚定信念。他认为，这种领导者拥有非常大的权力，其中部分来自于他对影响其他人的一种需求，因此他应该具备强烈的自信心、强大的支配力，以及对于信念和道德的坚定性，以便使下属确认跟随他是正确的。

瓦伦·本尼斯(Warren Bennis)研究了 90 位美国最有成效和最成功的领导者，发现他们有四种共同的能力：①有令人折服的远见和目标意识；②能清晰地表述这一目标，使下属明确理解；③对这一目标的追求表现出一致性和全身心的投入；④了解自己的实力并以此作为资本。

在这方面最新、最全面的分析是由麦吉尔大学的杰·康格(Jay Conger)和鲁宾德拉·卡农格(Rabindra Kanungo)进行的。他们的结论是，有领袖魅力的领导都有一个他们希望达到的理想目标；为此目标能够全身心地投入和奉献；反传统；非常固执而自信；被认为是激进变革的代言人而不是传统现状的卫道士。

越来越多的研究表明，有领袖魅力的领导者与下属的高绩效和高满意度之间有着显著的相关性。为有领袖魅力的领导者工作的员工，会因为受到激励而付出更多的工作努力，而且，由于他们喜爱自己的领导，也表现出更高的满意度。但是必须指出的是，有领袖魅力的领导者对于激发下属的高绩效水平而言并不总是必要的，它只在下属的任务包含观念性要素时才有必要。换言之，它只有在政治、宗教与组织面临危机时才变得十分必要。但魅力型领导者也存在缺陷，即由于他的过分自信会产生许多问题，也可能产生盲目崇拜。

9.3 领导的方法和艺术

领导者要完成领导职能，实现管理目标，除了行使合法的权力，还必须重视领导行为的科学性。而领导行为的科学性是奠定在领导方法的科学化和高超的领导艺术的基础之上的。

9.3.1 领导的方法

领导方法是领导者在领导活动中所采取的各种手段和办法的总称。具体来说，它是领导者在管理活动中，经过长期不断的探索和总结，逐步形成的一系列相对稳定的，并经实践证明是行之有效的方法。

毛泽东曾经用过河要有桥或船的生动形象的比喻，深刻说明了领导方法的重要性。他指出："我们不但要提出任务，而且要解决完成任务的方法问题。我们的任务是过河，但是没有桥或没有船就不能过。不解决桥或船，过河就是句空话。不解决方法问题，任务也只是瞎说一顿。"在领导工作中，领导者无不自觉或不自觉地运用这样或那样的方法去解决问题，只不过有的领导方法好，有的不好；有的是科学的，有的是不科学的罢了。领导方法不同，其工作效果就不同。方法不对头，事与愿违；方法得当，事半功倍。从一定意义上讲，能不能实现正确、有效的领导，取决于领导者是否有科学的领导方法，这对工作的好坏至关重要。

在实际工作中，可以看到各式各样的领导方法，但是归纳起来不外乎两大类：一是实事求是的领导方法；二是主观主义的领导方法。前者是科学的，后者是不科学的，官僚主义的。

1. 主观主义的领导方法

主观主义的领导方法，主要表现在六个方面：

(1) 主观。凭主观意愿、个人感觉、狭隘经验作决断，不调查，不研究，瞎指挥。

(2) 片面。执行上级的指示，不结合具体情况，照抄照转，搞一刀切，上下一般粗，到处一个样，或者把局部的经验，夸大为普遍适用的规律。

(3) 保守。因循守旧，安于现状，我行我素，墨守成规。

(4) 粗暴。强迫命令，以势压人，动不动就训人、骂人、整人，不合自己胃口的事就压着不办。

(5) 追求形式。做表面文章，把工作停留在嘴上、纸上、会议上，应付上级检查，报喜不报忧。

(6) 轻视群众。自认高明，听不进不同意见，特别是来自下级群众的意见。这种领导方法的集中表现就是脱离群众，脱离实际。

2. 实事求是的领导方法

实事求是的领导方法，同样表现在六个方面：

(1) 客观。调查研究，根据实际情况作决断。

(2) 全面。从全局着眼，局部利益服从整体利益，执行上级的指示，不搞一刀切。

(3) 开拓。敢于根据实际情况突破旧框框、老经验，看准了的事坚决干，看不准的事试着干，违法乱纪的事决不干。

(4) 细致。做人的工作耐心细致，有分歧意见在争辩中求得统一；解决认识问题采取疏导、说服的方法。

(5) 务实。说老实话，办老实事，说得出，做得到，不搞花架子，不掩盖工作中的缺点，勇于纠正自己的失误。

(6) 尊重群众。善于倾听下级和群众的意见和建议，特别注重批评意见；密切联系群众，善于集中群众的智慧和创造。

科学领导方法的灵魂是解放思想，实事求是。实事求是是最根本的领导方法。有人说，实事求是说来容易，做到难。难在何处？其中固然有一个会不会的问题，但主要还是一个敢不敢的问题。比如上级指示不符合员工意愿，敢不敢如实反映情况，提出建议？上级决策敢不敢根据实际情况提出自己的见解？要做到实事求是，还必须解放思想，它是一个问题的两个方面。一方面，解放思想是坚持实事求是的前提；另一方面，实事求是是解放思想的内容和要求。

9.3.2 领导的艺术

要实行有效的领导，领导者不仅要掌握基本的领导方法，而且要有高超的领导艺术，这样才能有创造性地完成各项领导任务，达到预期的目的。讲究领导艺术是提高领导效能的重要途径。所谓领导艺术，就是领导者在一定知识、经验和辩证思维的基础上，富有创造性地运用领导原则和方法的才能。也可以说，领导艺术是领导者的一种特殊才能，这种才能表现为创造性地灵活运用已经掌握的科学知识和领导方法。

1. 领导艺术的特征

领导艺术是一种无固定模式可循的，既确定又不确定的领导技能，是领导者个人品德、才能、情感、知识、经验、气度等各种因素的综合反映。与领导方法相比，表现出四个鲜明的特点。

1) 随机性

领导工作从形式上大多表现为一些日常的、程序化的活动，但是，在这些日常的、程序化的活动中，大量出现的却往往是一些不确定的、非常规的随机因素。领导艺术也就是领导者凭借其广博的知识、丰富的经验和创造性思维灵活处置各种随机因素的能力。1987 年 6 月，大兴安岭发生了新中国成立以来的最大火灾，火灾发生地的林场场部烧得只剩一个。事后调查，这个林场场长是个退伍军人，性格暴躁，很专制，上级正准备撤销他的职务。火灾发生时他让老弱病残撤走，其他人员按战时管理，砍伐隔离带，指挥救灾雷厉风行，事后上级、职工都要求他继续当场长。《孙子兵法》说“兵无常势，水无常形，能因敌变化而制胜者谓之神”。这种“因敌变化”而随机应变的非模式化的技能，便是领导艺术。

2) 多样性

领导艺术是一种生动活泼、丰富多彩、千姿百态的技艺，具有多样性的形式、层次和类别。它不仅因工作领域、工作对象、工作环境的不同而不同，而且因不同领导者的经验、学识、气度的差别而各异。例如，安排工作，在乡镇、工厂与学校说话的口气就不一样；工厂和乡镇可以采用命令式，在学校一般采用商谈式。领导艺术要求因人制宜、因事制宜、因地制宜、因时制宜，别具一格，千变万化。

3）经验性

领导方法是众多领导经验的总结和概括，具有一般性和共同性；领导艺术则主要是个人经验、智慧的积累、提炼和升华，具有鲜明的个性。领导艺术可以借鉴，但绝无现成的模式可以机械地照抄照搬，也很难单纯从讲台、书本上套用。“师傅领进门，修行在个人”，方法和艺术的关系正如同“菜谱”和烹调的关系。按照同一张菜谱，有经验的厨师和初出茅庐的新手，炒出来的菜肴肯定大不一样，这里就有经验的因素，重点是对火候的把握。领导艺术就是《孙子兵法》讲的：“运用之妙，存乎一心”。

4）创造性

领导艺术之所以为艺术，全在于创造。其实质是领导者对领导方法的创造性运用，是领导者在科学思维方式的指导下的标新立异。如古人论行军打仗，把“实以虚之，虚以实之”作为迷惑敌人的一条原则。但三国时期，诸葛亮以“虚以虚之”，以空城计吓退了统兵十五万、兵临城下的司马懿。而解放战争时期，毛泽东转战陕北，却又“实以实之”，在自己进山的路口插上“毛泽东由此上山”的标牌，结果，胡宗南扯去标牌，带着队伍偏要向另一个路口追击。可以说，领导艺术的本质和核心就是创造性。或者在思路的选择上，别出心裁，反其意而用之；或者在思考的技巧上，删繁就简，单刀直入；或者在判断的结论上，独辟蹊径，发人之所未发；或者在行为方式上，机动、通融、迂回、后退，在没有路的地方走出一条新路。

2. 领导艺术的内容

领导艺术的内容是非常丰富的，又是非规范化、难以量化、巧妙的技巧。因此，要全面地概括领导艺术是很困难的。这里仅列举一些较为常见的领导艺术。

1）管理时间的艺术

时间是一种特殊的资源，其特点是消逝性。领导者所肩负的任务是繁重的，有的甚至是日理万机，时间对于领导者尤其宝贵，往往直接影响到事业的成败。有的领导者一天忙到晚，一年忙到头，但业绩平平，其重要原因之一就是不懂得合理地利用时间，缺乏运用时间的艺术。德鲁克在《有效的管理者》中指出，“不能管理时间，便什么都不能管理”“根据我的观察，有效的管理者不是从他们的任务开始，而是从掌握时间开始”。因此，正确地管理时间，以最少的时间获得最大的效益，应该成为每一位领导者都必须掌握的技巧。

首先，掌握 80/20 原则，科学安排好时间。

80/20 黄金原则，起源于意大利人巴累托对人口问题的研究，又称巴累托分析法，自 1897 年形成其基本法则后，广泛应用于组织管理的各个方面。

领导工作的 80/20 黄金原则的具体内容是：如果工作项目以其价值序列排定，那么，一般地说，80％的价值只来自 20％的项目，剩下的 80％的项目只具有 20％的价值。因此，在你的 10 项工作中，完成了价值最大的 2 项，就取得了最大的价值和效率。

80/20 黄金原则在领导学中也叫 ABC 分类法。ABC 分类法的关键是区别事务的轻重缓急，根据每项工作的重要性和紧迫程度，排定 ABC 各类顺序。价值最大的工作属于 A 类，需要分配足够的时间和精力，实行重点管理；中等价值的工作属于 B 类，实行一般管理；较低价值的工作属于 C 类，没时间可以不做。一般地说，最迫切和最重要的工作项目至少应具有三个特征：第一，对目标成败有重大影响；第二，拖延时间会影响目标的实现；第三，必须亲自去做。某项工作具备这三个特征，就列为 A 类；具备其中一个或两个特征，就列为

B类；一个特征也不具备，列为C类。

那些眉毛胡子一把抓，成天忙碌的人，正是那种置A类工作于不顾，为BC两类工作忙得不可开交的人。而精明强干的领导者一般都是在一天或一周工作结束之后把次日或下周工作按ABC分类排定顺序，尔后集中主要精力完成A类工作，兼顾B类工作，把C类工作弃之不顾，或委派他人去办。当然，随着时间的推移，已经排定的ABC序列可能需要调整，但总的原则不变。这样，可以使领导者减少许多琐事，摆脱次要工作，把80%的精力用在价值最大的20%的事情上。

其次，掌握即时处理原则，有效节约时间。

"天下事以难而废者十之一，以惰而废者十之九"。效率学家把不拖拉、不怠惰，及早采取行动的法则称之为即时处理原则，管理工作者又称为"一次处理主义"。即时处理就是说凡决定要自己做的事情，不管有什么困难，立刻动手去做。这是以同等时间，花同等精力，做尽可能多的事情的最佳方法。立刻动手，不仅省时省力，还可以使你精神上为之轻快。要做而未做的事情压在心上，就像背上的石头，无异于一种精神折磨。

即时处理，省去了做同一件事情再花第二次、第三次工夫所费的时间，特别是省去了为再次做同一件事所需要的集中思想、进入角色的"温习"过程。如收到一封电子邮件，看完后没有立即回复而是去看下一封，这样想回复时又需要把原来的邮件打开重新看一遍。又如起草文件，写到一半中途打住，第二天再接着写，起码得调动记忆，重新回到原有的思路，把各种材料再看一遍。实践证明，集中精力连续工作一小时，顶得上断断续续地工作几小时。

当然，领导工作中不间断地连续工作是不可能的。为了效率，最好的办法是一件事一次做完，做完一件是一件，尽量不留"尾巴"。实在做不完，也应在告一段落时中止，以便下次接着做时更容易"进入状态"。

2）用人的艺术

"知人善任"是领导者的责任之一，领导者要履行好这一责任，就必须掌握善于用人的艺术。

首先，不求全责备。常言道："金无足赤，人无完人""尺有所短，寸有所长"。每个人都有自己的长处和短处，领导者的任务在于知人所长，用人所长；容人所短，避人所短。即"对有大略者不问其短"，不"以其小恶，忘其大美"，埋没人才。只有这样，领导者才能充分地发现人，正确地使用人才，把各种人才都吸引到自己周围，用之不竭。

其次，任人唯贤。任人唯贤是反对那些在用人问题上以个人好恶、亲疏为标准的庸俗恶劣的作风，坚持按照德才兼备的用人标准，把有真才实学的人才选拔到合适的岗位上，以确保组织人员素质的优化。

最后，用人不疑。领导必须具备充分放手让下属工作的胆识和气魄，要保证下属在其位，谋其政，负其责。在这一问题上中国的古人有许多名言，如"国有三患，一曰有贤不知；二曰智贤不用；三曰用贤不信""用之则信，信之则忠""用人不疑，疑人不用"等。领导者只有坚持用人不疑，才能使下属在其职权范围内充分发挥出积极性和创造性，并在此基础上使下属更好、更快地成长。

3）授权的艺术

随着组织的发展，由一个人来行使所有的决策权是不可能的，管理者能够进行有效监督而且自己可以直接下达命令的人员数量也是有限的，一旦超越这个数量，就必须把职权授予下属，使下属在他们的职责范围内作出决定。不善于授权的领导可能琐事缠身，而授权过度又可能大权旁落，失去控制。只有合理授权，才可能取得良好的效果。如何做到合理，就是授权的艺术。

首先，授权要适度。对下属的授权既不能过轻，也不能过重。过轻，达不到充分激发下属积极性的目的，不利于下属尽职尽责；过重，就会大权旁落，出现难以收拾的局面。管仲在《七法》中说："重在下，则令不行。"就是说下级的权力过大，超出了合理范围，那么国家的政策法规就不能顺利贯彻执行。例如，后周皇帝柴王授予赵匡胤过多的权力，结果赵匡胤发动"陈桥兵变""黄袍加身"，废帝称王，改国号为宋。这说明授权不能过重，否则下属权力过大，难以控制。对于涉及有关组织全局的重大事务，不可授权。另外，授权还要看下属的能力接受程度，不能超负荷授权。换句话说，授权者必须向被授权者明确所授事项的目标、任务、职责和范围。对被授权者所授的工作量不要超过被授权者的能力、体力所能承受的限度。若授权没有明确目标的职务，被授权者在工作中摸不着边际，无所适从，就可能造成混乱。授予的权力只能是上级职权的一部分，而不能是全部。不能把许许多多权力一股脑儿推给下属，弄得下属顾此失彼，手足无措。

其次，授权要可控。正确的授权，不是放任、撒手不管，而是保留某种控制权。通过这种可控性，把领导者与下属有机地联系起来。没有可控性的授权是弃权。这种可控性表现在两个方面。一方面，领导者握有主动性、灵活性，授权的范围、时间由领导者灵活掌握，且应相对稳定，但也可根据实际需要随时调整，做到能放能收，能扩大能缩小。另一方面，领导者要有检查、监督、修正权，即能有效地、及时地对下属进行指导、监督和修正。

再次，授权要权责一致。即授权的同时明确下属的责任。领导者若能明确地将权与责同时授予下属，不仅可以促使下属完成工作任务，而且还可以堵塞有权不负责或滥用权力的漏洞。权责一致，应向下属交代清楚权限和责任范围，这样做有利于下级正确行使自己的职权，更好地实现领导者授权的目的。领导者授权时要明确自己的职责范围，凡是属于自己职权范围的事、涉及有关组织的全局性问题，比如管理全局的集中指挥权，总的经济预算审批，决定组织的目标、任务和发展方向等，不可轻易授权。再比如说，就同一方面或系统的工作，向两个或两个以上下属授权，必须注意使后果责任落在一个人身上，让其中领受权力较高的那个人承担后果责任。这样可使下属各司其职，各守其位，各负其责，避免扯皮和争功诿过。

复习思考题

1. 何谓领导？领导的实质是什么？
2. 领导者权力的来源有哪些？
3. 领导者在管理中的作用具体表现在哪些方面？
4. 试述领导方格理论的主要内容。
5. 菲德勒权变理论的主要内容是什么？
6. 领导的生命周期理论的主要观点是什么？
7. 请你谈谈对领导方法和艺术的认识。

【案例分析】

谁的领导方式更有效

ABC公司是一家中等规模的汽车配件生产集团。最近，对该公司的三个重要部门经理：安西尔，鲍勃和查理，进行了一次有关领导类型的调查。

安西尔对他本部门的产出感到自豪。他总是强调对生产过程、出产量控制的必要性，坚持下属人员必须很好地了解生产指令以得到迅速、完整、准确的反馈。安西尔遇到小问题时，会放手交给下级去处理，当问题很严重时，他则委派几个有能力的下属人员去解决问题。通常情况下，他只是大致规定下属人员的工作方针、完成怎样的报告及完成期限。安西尔认为只有这样才能带来更好的合作，避免重复工作。

安西尔认为对下属人员采取敬而远之的态度对一个经理来说是最好的行为方式，所谓的“亲密无间”会松懈纪律。安西尔说，在管理中的最大问题是下级不愿意接受责任。他讲到，他的下属人员可以有机会做许多事情，但他们并不是很努力地去做。

他表示不能理解下属人员如何能与一个毫无能力的前任经理相处，他说，他的上司对他们现在的工作运转情况非常满意。

鲍勃认为每个员工都有人权，他偏重于管理者有义务和责任去满足员工需要的说法。他说，他常与他的员工做一些小事，如给员工两张下月在伽利略城举行的艺术展览的入场券。他认为，每张门票才15美元，但对员工和他的妻子来说却远远超过15美元。通过这种方式，也是对员工过去几个月工作的肯定。

鲍勃说，他每天都要到工厂去一趟，与至少25%的员工交谈。鲍勃不愿意为难别人，他认为安西尔的管理方式过于死板，安西尔的员工也许并不那么满意，但除了忍耐别无他法。

鲍勃说，他已经意识到在管理中有不利因素，但大都是由于生产压力造成的。他的想法是以一个友好、粗线条的管理方式对待员工。他承认尽管在生产率上不如其他单位，但他相信他的雇员有高度的忠诚与士气，并坚持他们会因他的开明领导而努力工作。

查里说他面临的基本问题是与其他部门的职责分工不清。他认为不论是否属于他们的任务都安排在他的部门，似乎上级并不清楚这些工作应该谁做。

查里承认他没有提出异议，他说这样做会使其他部门的经理产生反感。他们把查里看成是朋友，而查里却不这样认为。

查里说过去在不平等的分工会议上，他感到很窘迫，但现在适应了，其他部门的领导也不以为然了。

查里认为纪律就是使每个员工不停地工作，预测各种问题的发生。他认为作为一个好的管理者，没有时间像鲍勃那样握紧每一个员工的手，告诉他们正在从事一项伟大的工作。他相信如果一个经理声称为了决定将来的提薪与晋职而对员工的工作进行考核，那么，员工则会更多地考虑他们自己，由此而产生很多问题。

他主张，一旦给一个员工分配了工作，就让他以自己的方式去做，取消工作检查。他相信大多数员工知道自己工作做得怎么样。

如果说存在问题，那就是他的工作范围和职责在生产过程中发生的混淆。查理的确想过，希望公司领导叫他到办公室听听他对某些工作的意见。然而，他并不能保证这样做不会引起风波而使情况有所改变。他说他正在考虑这些问题。

思考与讨论

1. 这三个部门经理分别属于哪一种领导类型？

2. 根据领导方格理论，这三个部门经理分别采用了哪一种领导方式，为什么？

3. 根据领导生命周期理论，这三个部门经理分别属于哪一种领导风，分别适用于哪一种情境？

第10章 激　励

【本章要点】

- 激励的含义及功能；
- 关于人性假设的理论；
- 需求层次论的主要内容；
- 双因素理论的内容及启示；
- 成就需要理论的主要观点；
- 期望理论、公平理论和强化理论；
- 激励的实务与建议。

10.1 激励的原理

管理的核心是对人的管理，管理者面临的首要任务是引导和促使员工为实现组织的共同目标作出贡献。然而，员工加入组织的个人目的往往与组织目标不尽一致，因此，管理者的一个重要任务就是如何控制或引导人的行为，以使其产生组织所希望的行为。为此，管理者必须研究人的行为以及激励的原理。

10.1.1 激励的含义及功能

组织的生命力来自于组织中每一个成员的热忱。如何才能让员工把组织的目标任务变成自己的目标任务？怎样才能使他们为实现这种目标作出最大程度的努力？如何激发和鼓励员工的创造性和积极性，是每一个管理者都关心的问题。

1. 激励的含义

所谓激励，是指人类的一种心理状态，它具有加强、激发动机，推动并引导行为指向目标的作用。通常认为，一切内心要争取的条件，如欲望、需要、希望、动力等，都构成对人的激励。

激励作为一种内在的心理活动过程和状态，不具有我们可以观察的外部状态。但是，由于激励对人的行为具有驱动和导向作用，因此，可以通过人的行为表现及效果来对激励的程度加以推断和测定。而且，人的行为表现和行为效果在很大程度上取决于他所受到的激励程度或水平。激励水平越高，行为表现越积极，行为效果也就越大，二者呈正相关关系。

2. 激励的功能

激励是现代管理的主要职能之一。一个管理者如果不懂得怎样激励员工，是无法胜任管理工作的。激励在管理中具有多方面的功能，大量的管理实践已经证实了这一点。

1）有助于激发和调动员工的工作积极性

积极性是员工在完成工作任务时一种能动的、自觉的心理和行为状态，这种状态可以促进员工智力和体力能量的充分释放，并导致一系列积极的行为后果，如提高劳动效率，超额完成任务，表现出精湛的工作技能、良好的服务态度等。实验表明，未受激励的员工，其积极性只能发挥 20％～30％；而受到激励的员工，由于思想和情绪处于高度激发状态，积极性的发挥程度可以达到 80％～90％，并在工作中始终保持高昂的士气和热情。

2）有助于将员工的个人目标导向组织目标的轨道

个人目标及个人利益是员工行动的基本动力，它们与组织的目标和总体利益之间既有一致性，又存在着诸多差异。当二者发生背离时，个人往往会干扰组织目标的实现。激励的功能就在于以个人利益和需要的满足为基本作用力，引导员工把个人目标统一于组织的整体目标，推动员工为完成工作任务作出贡献，促进个人目标与组织目标共同实现。

3）有助于增强组织凝聚力

组织是由若干员工个体、工作群体及各种非正式群体组成的有机体。为保证组织整体的协调运转，除用严密的组织结构和严格的规章制度加以规范外，还需要运用激励的方法满足员工被尊重、社交等多方面的心理需要。激励可以鼓舞士气，协调人际关系，进而增强组织的凝聚力和向心力，促进各个部门、群体、人员之间的密切协作。

10.1.2 激励的心理机制

心理学的研究表明，人的行为具有目的性，而目的源于一定的动机，动机又产生于需要。由需要引发动机，动机支配行为并指向预定目标，是人类行为的一般模式，也是激励得以发挥作用的心理机制。

1. 需要

需要是指人类或有机体缺乏某种东西时的状态，管理中的需要特指人对某事物的渴求和欲望。当人们缺乏所需事物而引起生理或心理紧张时，就会产生需要，并为满足需要而采取行动。它是一切行为的最初原动力。但是需要并非纯主观的现象，而是客观事物在人脑中的主观反映，即需要的形式和内容主要取决于所需对象物的存在。当给予、改变或剥夺对象物时，需要会发生相应变化，或因满足而消失，或因缺乏而增强。在管理中运用激励，正是利用需要对行为的原动力作用，通过提供外部诱因，满足员工需要，进而引发员工积极性行为。

2. 动机

动机是在需要的基础上产生的，引起和维持人的行为，并将其导向一定目标的心理机制。

在人的行为过程中，需要具有动力作用。但是，需要作为一种潜在的心理状态，并不能直接引起行为，只有当需要指向特定目标，并与某种客观事物建立起具体的心理联系时，才能由潜在状态转为激发状态，成为引发人们采取行动的内在力量。

在需要与目标对象衔接的基础上形成的、直接驱动行为的内在力量就是动机。由此可见，动机是引发行为的更为直接的原因和现实动力，它体现着客观事物对行为的激励作用，并把行为引向能满足需要的具体对象。动机的产生依赖于两个条件，一是个体的生理或心理需要，二是能够满足需要的客观事物，又称外部诱因。一般情况下，前者处于既定状态，后者则能够人为地予以改变，引起期望的行为。

3. 目标

目标是行为所要实现的结果。人们采取的一切行为，总是指向特定的目标。目标在行为过程中具有双重意义：一方面，目标表现为行为的结果，目标达到，需要得到满足，行为即结束；另一方面，目标又表现为行为的诱因，构成目标内容的是能够满足的各种对象性事物，如职位、金钱、荣誉等。它们在行为过程中推动着动机的产生，引导和调节着行为的方式与方向，从而成为诱导行为的主动因素。

在管理实践中利用目标对行为的诱导作用，通过合理选择和设置目标，可以有效地激励和改善员工的行为。

由于需要及动机指向的复杂性，员工的行为体系中存在着多种目标追求。某些较为复杂的行为包括一系列相互联系的目标。对目标进行合理选择和设置，是有效运用目标诱因进行激励的重要环节。

除上述方面外，个性特征如兴趣、价值观、性格等也是激励赖以发挥作用的重要心理因素。同一外部诱因会因员工的个性差异而导致完全不同的激励效果。

10.1.3 激励过程

需要、动机和目标作为激励的主要心理机制分别处于行为的不同阶段，三者既彼此独立，又相互依存，并按照所处阶段密切连接，顺次对行为发挥激励作用，由此构成一个完整的激励过程，如图 10-1 所示。

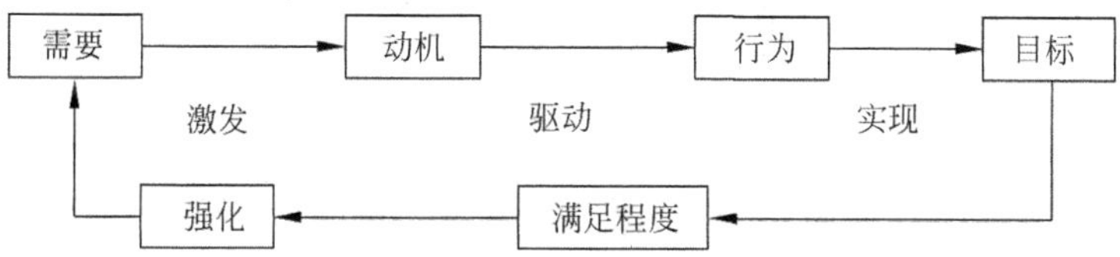

图 10-1 激励过程

处于过程起点的是人的各种需要。当需要萌发而未得到满足时，会引起生理或心理紧张，从而激发寻求满足的动机。在动机的驱使下人们采取行动，行动的结果达到预定目标，使需要得到满足，进而进一步强化原有需要，或促进生成新的需要。新的需要导致新的激励过程的开始。

可见，激励实质上是以满足需要为基础，利用各种目标诱因激发动机，驱动和诱导行为，促进实现目标，提高需要满足程度的连续的心理和行为过程。

10.1.4 人性假设理论

人究竟是为了什么样的利益而采取行动呢？领导者要实现对下级的有效激励，必须首先正确地认识下属，也就是认识人。领导者需要了解员工心里在想什么？需要什么？他们的工作动机是什么？在此基础上再有针对性地采取激励措施，这样才能取得预期的效果。因此，所有领导者都必须要回答一个共同的问题：人性的本质是什么？关于这一问题，不同时期的管理学者和组织行为研究者们都提出了各自的见解，从而形成了不同的人性假设。

1. "经济人"假设

"经济人"意思为理性人，这一假设起源于英国古典经济学家亚当·斯密的关于劳动交换的理论。亚当·斯密认为：人的本性是懒惰的，必须加以鞭策；人的行为动机源于经济和权力。"经济人"就是以完全追求物质利益为目的而进行经济活动的主体，人都希望以尽可能少的付出，获得最大限度的收获，并为此可以不择手段。

这就是古典管理理论对人的看法，即把人当作"经济动物"来看待，认为人的一切行为都是为了最大限度满足自己的私利，工作目的只是为了获得经济报酬。由此得出的结论就是管理者要用金钱来刺激工人的工作积极性，同时对消极怠工者采用严厉的惩罚措施，即"胡萝卜加大棒"的政策。

2. "社会人"假设

"社会人"假设的理论基础是人际关系学说，这一学说是由霍桑实验的主持者梅奥提出来的，之后又经英国塔维斯托克学院煤矿研究所再度验证。这两项研究的共同结论是，人除了物质需求外，还有社会需要，人们要从社会关系中得到安慰。

"社会人"假设认为在社会上活动的员工不是各自孤立存在的，而是作为某一个群体的一员而有所归属的"社会人"，是社会存在。人具有社会性的需求，人与人之间的关系和组织的归属感比经济报酬更能激励人的行为。因此，"社会人"不仅有追求物质收入的动机和需求，他在生活、工作中还需要得到友谊、安全、尊重等。"社会人"的假定为管理实践开辟了新的方向。管理者不应只强调监督和控制，而应重视员工之间的关系，培养和形成员工的归属感和认同感；不应只重视物质奖励，更应重视员工社会性需求的满足。

3. X 理论和 Y 理论

美国心理学家道格拉斯·麦格雷戈(Douglas McGregor)提出了有关人性的两种截然不同的观点：一种是基本上消极的 X 理论；另一种是积极的 Y 理论。通过观察管理者处理员工关系的方式，麦格雷戈发现，管理者关于人性的观点是建立在一些假设基础之上的，而管理者又根据这些假设来塑造他们自己对下属的行为方式。

X 理论以如下四种假设为前提：

(1) 员工天生不喜欢工作，只要可能，他们就会逃避工作。

(2) 由于员工不喜欢工作，因此必须采取强制措施或惩罚办法，迫使他们实现组织目标。

(3) 员工只要有可能就会逃避责任，安于现状。

(4) 大多数员工喜欢安逸，没有雄心壮志。

与这些消极的人性观点相对照，麦格雷戈还提出了 Y 理论，它基于这样的假设：

（1）员工视工作如休息、娱乐一般自然。

（2）控制和惩罚并非促使人朝向组织目标的唯一方法。如果员工对某项工作作出承诺，他们会进行自我指导和自我控制，以完成任务。

（3）一般而言，每个人不仅能够承担责任，而且会主动寻求承担责任。

（4）绝大多数人都具备作出正确决策的能力，而不仅仅管理者才具备这一能力。

麦格雷戈本人认为，Y理论的假设相比X理论更实际有效，因此他建议让员工参与决策，为员工提供富有挑战性和责任感的工作，建立良好的群体关系，这都会极大地调动员工的工作积极性。

遗憾的是，并无证据证实某一种假设更为有效，也无证据表明采用Y理论的假设并相应改变个体行为的做法，更有效地调动了员工的积极性。

小资料

拿破仑救落水人

拿破仑在一次打猎的时候，看到一个落水男孩，一边拼命挣扎，一边高呼救命。这河面并不宽，拿破仑不但没有跳水救人，反而端起猎枪，对准落水者，大声喊道："你若不自己爬上来，我就把你打死在水中。"那男孩子见求救无用，反而增添了一层危险，便更加拼命地奋力自救，终于游上岸。

可见，人的潜力是很大的，而人性也是十分复杂的，对人的激励也应有多种方法。

4. 超Y理论

20世纪60年代末70年代初，沙因又提出了"复杂人"假设。他认为，上述三种假设各自反映出当时的时代背景，并适合于某些人和某些场合。但是，人有着复杂的动机，不能简单地把人归结为某一种，而且也不能把所有人都归结为同一类人。人的动机是由生理的、心理的、社会的、经济的等多方面因素与不同的情境因素和时间因素相结合而形成的，因而较为复杂。

超Y理论就是根据"复杂人"假定提出的。超Y理论在对X理论和Y理论进行实验分析比较后，提出一种既结合X理论和Y理论，又不同于是X理论和Y理论，主张权宜应变的激励理论。实质上是要求将工作、组织、个人、环境等因素作最佳的配合。超Y理论的主要观点有：

（1）人的需求是多种多样的，而且这些需求随着人的发展和生活条件的变化而改变，每个人的需求各不相同，需求的层次也因人而异。

（2）在某一时期，人同时会有各种需求，这些需求相互作用为错综复杂的需求动机模式。

（3）人在组织中的工作和生活条件是不断变化的，因而会产生新的需求和动机，工作岗位的不同会产生不同的需求动机。

（4）一个人是否感到心满意足，肯为组织努力工作，取决于他本身的动机构造，他同组织之间的关系、工作的性质，他本人的工作能力和技术水平，动机的强弱以及同事间的关系情况。

根据复杂人的假设，由于人在需求方面的差异，管理者不能应用统一、僵化的激励模式，而应该因人而异，灵活地采取不同的激励措施。

10.2 激励理论

自1924年的霍桑实验开创了人类行为研究的先河，行为管理理论盛行一时。行为研究的发展也引起了以研究人的行为为主的激励理论的发展。从20世纪50年代以来，有代表性的激励理论主要有：需求层次论、双因素理论、成就需要理论、期望理论、公平理论和强化理论。这些理论都从不同角度研究了人的行为，并对激励的有效性进行了积极的探索。

10.2.1 需求层次论

需求层次理论是由美国心理学家亚伯拉罕·马斯洛(Abraham H. Maslow)于1943年在《人类激励理论》一文中所提出的。

马斯洛认为，人的需求由低到高可以分为五个基本层次，即生理需求、安全需求、情感和归属的需求、尊重的需求和自我实现的需求。

1. 生理需求

生理需求是人类维持自身生存的最基本的要求，包括对水、食物、睡眠等的需求。如果这些需要的任何一项得不到满足，人类个人的生理机能就无法正常运转。换而言之，人类的生命就会因此受到威胁。

2. 安全需求

安全需求是指对人身安全、健康保障、家庭安全等的需求。马斯洛认为，整个有机体是一个追求安全的机制，人的感觉器官、智能主要是寻求安全的工具，甚至可以把科学和人生观都看成是满足安全需要的一部分。

3. 情感和归属的需求

这种需求是指人对于友情、爱情及接纳、认可等方面的需求。该理论认为人人都希望得到关心和照顾，感情上的需要比生理上的需要更细致，它和一个人的生理特性、经历、教育、宗教信仰等都有关系。

4. 尊重的需求

尊重的需求包括自我尊重和被他人尊重两个方面。人人都希望自己有稳定的社会地位，希望个人的能力和成就得到社会的承认。尊重的需要又可分为内部尊重和外部尊重。内部尊重是指一个人希望在各种不同情境中有实力、能胜任、充满信心、能独立自主。总之，内部尊重就是人的自尊。外部尊重是指一个人希望有地位、有威信，受到别人的尊重、信赖和高度评价。马斯洛认为，尊重需要得到满足，能使人对自己充满信心，对社会满腔热情，体验到自己活着的用处和价值。

5. 自我实现的需求

自我实现的需求是最高层次的需求，它是指实现个人的理想、抱负，发挥个人的能力到最大程度。达到自我实现境界的人，接受自己也接受他人，解决问题能力增强，自觉性提高，善于独立处事，要求不受打扰地独处，完成与自己的能力相称的一切事情。马斯洛提出，为满足自我实现需求所采取的途径是因人而异的。自我实现的需求是努力实现自己的潜力，使自己越来越成为自己所期望的人物。

马斯洛认为，这五种需求是由低到高的层级结构，生理需求和安全需求属于较低层次的需要，人们首先追求较低层次需求，低层次需求未满足以前，较高层次的需求不会出现。只有这些最基本的需要满足到维持生存所必需的程度后，其他的需要才能成为新的激励因素，而这些已相对满足的需要也就不再成为激励因素了。

归属的需求、尊重的需求和自我实现的需求是高级需求，它们是通过内部因素才能满足的，而且一个人对尊重和自我实现的需求是无止境的。同一时期，一个人可能有几种需要，但每一时期总有一种需要占支配地位，对行为起决定作用。任何一种需要都不会因为更高层次需要的发展而消失。各层次的需要相互依赖和重叠，高层次的需要发展后，低层次的需要仍然存在，只是对行为影响的程度大大减小。

马斯洛的需求层次理论，在一定程度上反映了人类行为和心理活动的共同规律。马斯洛从人的需要出发探索人的激励和研究人的行为，抓住了问题的关键；他指出了人的需要是由低级向高级不断发展的，这一趋势基本上符合需求的发展规律。因此，需要层次理论对企业管理者如何有效地调动人的积极性有启发作用。但是，马斯洛是离开社会条件、离开人的历史发展以及人的社会实践来考察人的需要及其结构的。其理论基础是存在主义的人本主义学说，即人的本质是超越社会历史的，抽象的“自然人”，同时也带有典型的美国的个人主义的文化色彩，由此得出的一些观点就难以适应其他国家的情况。

10.2.2 双因素理论

双因素理论也叫“保健—激励理论”，是由美国管理学家雷德里克·赫茨伯格(Fredrick Herzberg)提出来的。自1959年年始，赫茨伯格先后出版了《工作的激励因素》《工作与人性》等著作，后来又在哈佛的《商业评论》上发表了《再一次：你怎样激励雇员》及《事实工作内容大有好处》等文章。在这一系列著作中，赫茨伯格建立起了双因素理论。

赫茨伯格认为，令员工产生满意和不满意的因素是完全不同的：造成员工不满意的因素主要与外界环境和工作条件相关，如公司政策和行政管理、工资水平、人际关系、工作条件等，赫茨伯格称这些导致工作不满意感的因素为保健因素；而使员工感到满意的因素则主要与工作本身相关，如成就、认可、工作本身的吸引力、责任、成长和发展等，与满意相关的因素被称为激励因素，见表10-1。

表10-1 激励和保健因素

激励因素	保健因素
成就	监督
承认	公司政策
工作本身的吸引力	工资
责任	同事关系
成长与发展	工作条件

与传统观点不同，赫茨伯格还提出，满意与不满意不是相互对立的，满意的对立面不是不满意，而是没有满意；而与不满意对立的也不是满意，而是没有不满意。

赫茨伯格指出，保健因素搞得不好，那么职工的满意度和工作积极性都会下降。当它们得到充分改善时，人们就没有不满意感了。但是，管理者消除了工作中的不满意因素只能带来平和，而不一定对员工有激励作用。保健因素只能安抚员工，而不能激励员工。换句话说，保健因素搞得再好，员工也不会因此而积极性大增。管理者要想真正激励员工努力工作，必须注意激励因素，这些因素才会增加员工的工作满意感。激励因素的本质为注重工作本身的内容，借以提高工作效率，促进人们的进取心，激发人们作出最好的表现。赫茨伯格认为，只有激励因素可以导致人们满意度的提高。

赫茨伯格双因素理论的核心在于强调保健因素与激励因素不可相互替代，各自的作用不同。它给管理者提供了重要启示：单纯依靠提高工资、增加福利等外在因素难以有效激励员工，为使员工的积极性得到充分发挥，必须重视激励因素的作用，为员工提供感到有价值和有意义的工作，丰富工作内容，赋予更重要的责任，使员工从工作中获得成就感。

自20世纪60年代以来，双因素理论在管理界越来越为人们所重视。但是，对该理论的研究方法和研究结论也存在一些争议。比如，有人认为赫茨伯格所采用的研究方法具有一定的局限性。人们容易把满意的原因归因于他们自己，而把不满意的原因归因于外部因素。而其研究方法的可靠性也令人怀疑。评估者必须对人们的回答进行解释，但他们有可能会对两种相似的回答作出不同的解释，因而使调查结果掺杂偏见。最重要的，赫茨伯格认为满意度与生产率之间存在一定的关系，但他所使用的研究方法只考察了满意度，而没有涉及生产率。

从实践来看，赫茨伯格的理论是以美国的企业为实验基础的。这种实验基础的特点之一是当时美国企业工人的收入水平已有很大提高，因此，工人们对工作的内容越来越关注，甚至超过对工资和福利的关注。如美国民意研究中心1973—1974年调查表明，过半数的男士认为工作的首要条件是能够提供成就感。此外，把有意义的工作列为首位的人，要比把缩短工作时间列为首位的人数多7倍。而这样的研究基础在大部分国家不存在，因此得出的结论也不能广泛适用。

10.2.3 成就需要理论

成就需要论是由美国管理学家大卫·麦克莱兰(David McClelland)等提出的，他们认为个体在工作情境中有三种主要的动机或需要：成就需要、权力需要和归属需要。

麦克莱兰重点研究了成就需要。他指出，一些人有强烈的内驱力要将事情做得更为完美，使工作更有效率，以获得更大的成功，但他们追求的是个人的成就感而不是成功之后所带来的奖励。他将这种内驱力称为成就需要。麦克莱兰发现高成就需要者的不同之处在于：他们渴望把事情做得更完美；他们寻求那种能发挥其独立处理问题能力的工作环境；他们希望得到有关工作绩效的及时明确的反馈信息，从而了解自己是否有所进步；他们喜欢设立具有适度挑战性的目标。高成就需要者不是赌徒，他们不喜欢凭运气而获得的成功。他们愿意接受困难的挑战，并能承担成功与失败的责任，但他们不愿使结果受运气或他人的左右。也就是说，他们不喜欢接受那些在他们看来特别容易或者特别困难的工作任务。

高成就需要者对于自己感到成败机会各半的工作，表现得最为出色。他们不喜欢成功的可能性非常低的工作，这种工作碰运气的成分非常大，并且，那种带有偶然性的成功机会无法满足他们的成就需要；同样，他们也不喜欢成功可能性很高的工作，因为这对于他们的自身能力不具有挑战性。他们喜欢设定通过自身的努力才可达到的奋斗目标。对他们而言，当成败可能性均等时，才是一种能从自身的奋斗中体验成功的喜悦与满足的最佳机会。

权力需要是指影响和控制别人的一种愿望或驱动力。高权力需要者喜欢"承担责任"，喜欢竞争性和地位取向的工作环境。

麦克莱兰分离出的第三种需要是归属需要，也就是寻求被他人喜爱和接纳的一种愿望，这种需要一直未能引起研究人员的足够重视。高归属需要者渴望友谊，喜欢合作而不是竞争的环境，希望彼此之间的沟通与理解。

在大量研究的基础上，麦克莱兰对成就需要与工作绩效的关系进行了十分有说服力的推断。虽然他对于权力需要和归属需要的研究相对较少，但其结果是较为一致的。

首先，高成就需要者喜欢能独立负责、可以获得信息反馈和中度冒险的工作环境。在这种环境下，他们可以被高度激励。不少证据表明高成就需要者在企业中颇有建树，如在经营自己的企业、管理大公司中的一个独立部门及处理销售业务等方面。

其次，高成就需要者不一定是一个优秀的管理者，尤其是对规模较大的组织而言。有强烈的成就需要，但没有强烈的权力需要的人，容易登上职业生涯的顶峰，但是组织层次较低。原因在于，成就的需要可以通过任务本身得到满足，而权力的需要，只能通过上升到某种具有高于他人的权力层次才能得到满足。

第三，归属需要与权力需要和管理的成功密切相关。最优秀的管理者是权力需要很高而归属需要很低的人。麦克莱兰对美国电信电话公司的管理跟踪研究了16年，结果发现，那些有着强烈权力需要的人更有可能随着时间的推移而逐步晋升。

最后，可以通过训练来激发员工的成就需要。如果某项工作要求高成就需要者，那么管理者可以通过直接选拔的方式找到一名高成就需要者，或者通过培训的方式培养自己原有的下属。

10.2.4 期望理论

期望理论是由美国心理学家弗洛姆(V. H. Vroom)在20世纪60年代提出并形成的，它可以称得上是对激励问题最全面的解释。

期望理论认为，个人的行为方式由个人的需要和实现这种需要的可能性决定。当人们预期到某一行为能给个人带来既定结果，且这种结果对个体具有吸引力时，个人才会采取这一特定行为。这一理论认为，对人的激励涉及以下三项变量或三种联系。

(1) 努力-绩效的联系。个体感觉到通过一定程度的努力而达到工作绩效的可能性。我必须付出多大努力以实现某一工作绩效水平？我真的能达到这一绩效水平吗？

(2) 绩效-奖赏的联系。个体对于达到一定工作绩效后即能获得理想的奖赏结果的信任程度。当我达到这一绩效水平后会得到什么奖赏？一定能获得吗？

(3) 奖赏-个人目标满足的联系。如果工作完成，个体所获得的潜在结果或奖赏对个体的重要程度，与个人的目标和需要有关。这种奖赏是我想要的吗？它是否有助于我实现自己的目标？

一个人从事工作的动机强度取决于他认为自己能够实现理想的工作绩效的信念程度。如果这一目标得以实现(达到了一定的绩效水平)，他是否会获得组织所给予的充分奖赏？如果组织给予了奖励，这种奖励能否满足他的个人目标？具体来看，期望理论分析了激励到行为的四个步骤：

(1) 员工感到这份工作能提供什么样的结果？这些结果可以是积极的，如工资、人身安全、同事友谊、信任、额外福利、发挥自身潜能或才干的机会等；也可以是消极的，如疲劳、厌倦、挫折、焦虑、严格的监督与约束、失业威胁等。也许实际情况并非如此，但这里强调的是员工感知到的结果，无论他的感知是否正确。

(2) 这些结果对员工的吸引力有多大？他们的评价是积极的、消极的还是中性的？这显然是一个内部的问题，与员工的态度、个性及需要有关。如果员工发现某一结果对他有特别的吸引力，也就是说，他的评价是积极的，那么他将努力实现它，而不是放弃工作。对于相同的工作，有些人可能对其评价消极，从而放弃这一工作，但也有人的看法可能是中性的。

(3) 为得到这一结果，员工需采取什么样的行动？只有员工清楚、明确地知道为达到这一结果必须做些什么时，这一结果才会对员工的工作绩效产生影响。比如，员工需要明确了解在绩效评估中“干得出色”是什么意思？使用什么样的标准来评价他的工作绩效？

(4) 员工是怎样看待这次工作机会的？在员工衡量了自己可以控制的决定成功的各项能力后，他认为工作成功的可能性有多大？

根据期望理论，一个人在行动之前，会对某一种需要进行估计，即实现这种需要对自己具有多高的价值，值不值得去努力；其次，在现实条件下，自己要经过多大努力才能实现这一需要。所以，激励的力量与受激励者对目标价值和实现的概率估计相关，用公式表述为：

激励力＝效价×期望值

激励力是指一个人受到激励的强度；效价指个人对某种结果的偏好程度，也即个人对工作目标有用性的评价；期望值是指个人对自己能够完成工作并取得预期结果的概率的估计。

由此可见，工作结果实现的概率越大，所带来的结果效价越高，所产生的激励力量也就越大。反之，如果工作结果实现的可能力较小，而且对受激励者来说缺乏价值，就不会产生出激励力量。如果员工对某种结果漠不关心，效价为零，则激励力也为零。同样，如果某种工作实现的可能性为零，那么效价再高，激励力也等于零。

这表明，管理过程中的激励工作，既要设定出人们确认其有较高价值的目标，同时又要创造出较大的实现概率的客观条件，这样才能充分调动广大员工的工作积极性。管理者的重要任务之一就是要准确地把握员工对需要的价值评价，采取合适的激励方式。

期望理论的基础是自我利益，它认为每一员工都在寻求获得最大的自我满足。期望理论指明，员工判断的依据是知觉，而与实际情况不相关。个体对工作绩效、奖赏、目标满足的知觉决定了他们的努力程度，而不是客观情况本身。不管实际情况如何，只要员工以自己的感觉确认自己经过努力工作就能达到所要求的绩效，达到绩效后就能得到具有吸引力的奖赏，他就会努力工作。

期望理论对管理者的启示是，管理人员的责任是了解员工的需要，帮助员工满足需要，同时实现组织目标。管理者必须尽力发现员工在技能和能力方面与工作任务之间的符合度。为了提高激励效力，管理者要明确员工个体的需要，界定组织可以提供的结果，并确保每个员工有能力和条件得到这些结果。但是现实中确实存在各种无奈和局限使组织的奖励与个人需要难以相吻合。这是该理论在实践中的局限性。

10.2.5 公平理论

员工不是在真空环境中工作的，他们生活在人群中间，所以难免要进行比较。如果你大学刚毕业就有人提供给你一份月薪 8000 元的工作，你可能会很乐意接受，并且工作努力，你对自己的收入也十分满意。可是，假如你工作了一两个月后，发现另一位最近毕业的，与你年龄、教育经历相当的同事，月收入为 10 000 元时，你有何反应呢？通常情况下，人们会失望和不满。虽然对于一个刚毕业的大学生来说，8000 元的绝对收入已相当可观（你自己也知道这一点），但问题的关键在于相对的收入和你本人的公平观念。大量事实表明员工经常将自己的付出与所得和他人进行比较，而由此产生的不公平感将影响到此人以后付出的努力。这就是公平理论的主要内容。

公平理论是由美国心理学家约翰·斯塔希·亚当斯(John Stacey Adams)首先提出的。1963 年，亚当斯发表了他的论文《对于公平的理解》，1965 年亚当斯又发表了《在社会交换中的不公平》一文，从而提出了公平理论。

亚当斯的公平理论，主要研究分配过程中的公平程度对员工积极性的影响。公平理论认为，人们总是要将自己所做的贡献和所得的报酬与他人进行比较，因此，每个人不仅关心由于自己的工作努力所得到的绝对报酬，而且还关心自己的工作努力所得到的相对报酬。他们对自己的付出与所得和他人的付出与所得之间的关系作出判断。他们以对工作的付出，如努力程度、工作经验、教育程度及能力水平等为根据，比较其所得，如薪金、晋升、认可等因素。在比较的基础上，感受自己是否享受公平的待遇。如果一个人的内心感受是公平的，其工作积极性即激励水平就高。如果发现自己的付出一所得比和其他人相比不公平，就会产生紧张感，这种紧张又会成为他们追求公平和平等的动机基础。

亚当斯提出了著名的公平关系方程式：

$$Q_P/I_P = Q_O/I_O$$

式中：Q_P——比较者获得的报酬；I_P——比较者作出的贡献；Q_O——被比较对象获得的报酬；I_O——被比较对象作出的贡献。

如果等式没有得到满足，比较者就会产生一种不公平感，认为自己的贡献没有得到公平的报酬。由此可知，一个人对工作的报酬是否满意，不仅受报酬绝对值 Q_P 的影响，而且还受到报酬相对值的影响，更会受到这个相对值与可比较的范围内的相对值的影响。只有当报酬是公平时，组织结构才能保持稳定，如果不公平，矛盾就会产生。

亚当斯发现，一旦感到不公平，人们一般会采取行为调整措施：第一，要求增加自己的报酬；第二，要求降低他人的报酬；第三，主动减少自己的贡献；第四，要求提高他人的贡献。在这四种调整措施中，第一、二、四种措施都只有在得到管理者的认可之后才能实现。并且，管理者在进行调整时，会改变原有的报酬格局，因此一般实现起来都比较困难。只有第三种行为调整方式可以不需征得他人的同意而自主地进行。如果比较者的名义贡献，比如劳动时间不能减少，他可能通过磨洋工的方式减少实际贡献。因此说，不公平的分配，必然降低人们的劳动积极性。

公平理论揭示了公平分配对激励的重要作用。它对管理者的实践意义就是激励制度必须包含公平分配的制度。大量研究支持了公平理论的观点：员工的积极性不仅受其绝对收入的影响，而且受其相对收入的影响。一旦员工感知到不公平，他们会采取行动纠正这种处境，其结果可能会提高或降低生产率，改善或降低产出质量，缺勤率或自动离职率提高或降低。因此，主管人员的主要职责就是运用各种方法和手段，使下属员工处于感觉公平的心理状态。当员工提出加薪的要求时，说明组织对他至少还有一定的吸引力；但是当员工的离职率普遍上升时，说明组织已经使员工产生了强烈的不公平感，这需要管理人员引起高度重视。

公平理论在实践中有一定的困难，因为员工本身对公平的判断是极其主观的，这种主观判断对于管理者而言，会产生比较大的压力。因为人们总是倾向于过高估计自我的付出，而过低估计自己所得到的报酬，对他人的估计则刚好相反。因此，管理者在应用该理论时既要采取有效措施，减少不公平现象，保证实际工作绩效与报酬之间的合理性；同时也应教育员工，树立合理的公平观，保持正常的心态，绝对的公平是不存在的。尽管存在诸多问题，公平理论仍不失为一个颇具影响力的理论。

10.2.6 强化理论

强化理论是由美国心理学家斯金纳(Burrhus Frederic Skinner)在20世纪50年代提出的，他最初是把它应用于动物训练上，继而用于人的学习上，后来才被广泛应用于激励人和改造人的行为上。

与其他激励理论不同，斯金纳的强化理论忽略了诸如目标、需要和期望等个体要素，只关注人的行为与外界刺激的关系。他提出，人的行为是其所获刺激的函数。斯金纳认为，当人们因采取某种行为而受到奖励时，这种外界的刺激使他们极有可能重复这种行为。当这种奖励紧跟在理想行为之后，则奖励最为有效；当某种行为没有受到奖励或者是受到惩罚时，其重复的可能性则非常小。

斯金纳将强化分为两种类型：正强化和负强化。正强化就是奖励那些组织上需要的行为，从而加强这种行为；负强化就是惩罚那些与组织不相容的行为，从而削弱这种行为。

正强化的方法包括奖金、对成绩的认可、表扬、改善工作条件和人际关系、提升、安排担任挑战性的工作、给予学习和成长的机会等。正强化可以是连续的、固定的，如对每一次正确的行为都给予奖励或每隔一段时间给予奖励。但久而久之，这种连续、固定的强化的激励作用必然降低。因此，正强化宜采取间断性的、时间和数量上不固定的方式，其效果才比较好。

负强化的方法包括批评、处分、降级等，有时不给予奖励或少给奖励也是一种负强化。与正强化相反，负强化应采取连续方式，即对每个不符合组织要求的行为及时进行惩罚，以限制这种行为的发展。负强化是力图使组织所不希望的行为逐渐削弱，甚至完全消失。

按照强化理论，管理者可以通过奖励和惩罚等方式来影响员工的行为和活动。通过表扬和奖励使动机得到加强，行为得到鼓励；通过批评、惩罚可以否定某种行为，使不好的行为得到控制。

小资料

哈姆纳（Hammer）六项行为强化规则

（1）不能以同样的方式奖励所有的人，绩效大小不同，奖励应该不同。如果管理者给每个人以同样的奖励，其结果是惩罚了完成工作最好的，奖励了工作最差的。当这种情况发生时，前者会改变他们的积极行为，后者则会固化自己的消极行为。

（2）无反应本身具有强化的效果。管理者常通过他们不做某些事和实际做某些事来塑造下属的行为。例如，不纠正一个员工上班迟到，就可能被认为迟到是对的。

（3）一定要告诉下属，他们怎么做才能得到奖励。

（4）告诉下属他们正在做的哪些事是错误的。这个信息能帮助下属懂得如何改变不良工作习惯。

（5）不要在下属的同事面前惩罚下属。

（6）使结果和行为相一致，即管理者要公正地对待下属。

在运用强化理论时，要注意以下几点。

1. 以正强化为主

根据心理学分析，表扬能使人产生一种积极的情绪体验，使人受到鼓舞，而批评会引起忧虑甚至敌意。因此在实际工作中，领导者应该把着眼点放在人们的长处上，重视发现人们的优点和长处，贯彻表扬与批评相结合，以表扬为主的原则。

2. 及时准确

无论表扬还是批评，都要注意及时性和准确性，这是其发挥激励作用的前提和基础。这就要求表扬和批评都必须实事求是，表扬时不夸大其词，批评时也不要上纲上线。及时表扬，否则好的行为可能会逐渐消退；批评也要及时，不要等到酿成大错或群情激奋时再处理。

3. 方式因人而异

每个人都有自己复杂的内心世界，有各自的性格、脾气，因此运用奖惩这一强化激励方式，要注意从不同对象的心理特点出发，采取不同的方式方法。有的人爱面子，口头表扬就有作用，有的人讲实惠，希望得到物质奖励；有的人脸皮薄，公开批评受不了，而有的人若不狠狠惩罚他，就满不在乎。因此，正负强化必须因人而异，讲究方式方法。

强化理论固然对管理者影响和调动员工的积极性具有不可忽视的意义，但是其弱点也很明显。强化理论只讨论刺激和行为的关系，忽视了诸如目标、期望、需要等个体要素。很显然，强化并不是员工工作积极性存在差异的唯一解释，诸如工作目标、成就需要、工资的不同级别、目标期望等因素都会对员工的工作积极性产生影响。

10.3 激励的实务与建议

前述激励的各种理论，关注了激励的不同环节。在管理实践中，孤立地看待和应用它们都是错误的。实践中激励和绩效之间并不是简单的因果关系。要使激励能产生预期的效果，就必须考虑奖励内容、奖励制度、组织分工、目标设置、公平考核等一系列的综合因素，并注重个人满意程度在努力中的反馈。

10.3.1 激励的实务

所有的激励理论都是就一般状况而言的，但是现实中每个人都有自己的特性，个体的需求、期望、目标和偏好等各不相同。因此，在管理实践中，广大管理者针对员工的不同特点采用不同的激励方法，产生了多样化的激励办法。

1. 工作设计

工作设计的要领是将各种任务组合起来构成全部工作。在组织中人们承担的工作不应该是随意产生的，管理者应该仔细考虑对工作的设计，反映出环境变化、组织技术、技术能力及员工偏好的要求等。如果在工作设计时能够牢记这些因素，则会激发员工充分发挥其工作潜能。

1）合并任务

管理者把现有的任务碎块重新组合起来，构成新的、更大的工作模块（工作内容扩大化）以增加技能多样性和任务完整性。

2）形成自然的工作单元

管理者把工作设计成为完整的、具有意义的整体，以提高员工对工作的"拥有感"，鼓励员工感觉到自己的工作意义重大，而不是无关紧要的和枯燥乏味的。

3）建立客户关系

客户是员工提供产品或服务的外在或内在使用者。管理者让员工与客户建立直接联系，以提高技能多样性、工作自主性，并增加反馈信息。例如，在许多服务性企业中，都有顾客对员工进行评价或打分的项目设定，以提高服务水平及作为对员工的激励考核方式。

4）纵向拓展工作

工作的垂直拓展（工作丰富化）把过去只有管理者才有的责任与控制权交给了员工。它缩小了工作中"做"与"控制"方面的差距，增强了员工的自主性。

2. 员工持股计划和股票期权

员工持股计划是指公司给予员工购买公司股票的权利，允许他们分享改善的利润绩效。员工行使股权是在公司确立一段时间期限之后，通常不超过五年。相对而言，员工持股计划在小企业的管理中比较流行，但也有像宝洁公司这样的大企业采用这种激励计划。员工持股计划实际上是公司以放弃股权的代价来提高生产率水平，绝大多数主管发现这种激励形式的效果很不错。员工持股计划使得员工们更加努力工作，因为他们是所有者，要分担企业的盈亏。但要使这种激励计划有效进行，管理人员必须向员工提供全面的公司财务资料，赋予他们参加主要决策的权力，以及给予他们包括选举董事会成员在内的投票权。

股票期权是规定经营者在与企业所有者约定的期限内，享有以某一预先确定的价格购买一定数量本企业股票的权利。股票期权具有较强的长期激励与约束作用。通过对美国150家大公司总裁薪酬构成的分析表明，在总裁的总薪酬中，48%为股票期权，其他股票薪酬形式占11%，业绩奖金占23%，基本工资占18%。可见，股票期权作为一种长期的激励与约束机制是较普遍、较重要的形式。一般地讲，期权计划仅限于那些对公司未来成功非常重要的成员，主要是一些高层管理人员。

小资料

格力电器的股权激励

截至2016年12月31日，格力电器董事长兼总裁董明珠持有格力电器4431.85万股股票，是格力电器的前十大股东。事实上，在1996年格力上市之初，董明珠以员工身份仅持有格力500股。董明珠个人持有的股份，大部分来自2006年格力推出的股权激励。通过股权激励，董明珠于2006年、2007年、2009年分别获得150万股、250万股、226万股股权激励，认购价格分别为5.07元、3.87元、4.49元，共耗资2743.64万元。格力称董明珠认购资金来自自筹。格力电器的股权激励计划于2009年实施完毕。

3. 多样化的薪酬模式

获得薪酬是大部分员工参与组织活动的基本目的。薪酬制度的建立和完善是管理激励的基本工作内容之一。除与基本工作相应的基本工资外，员工的薪酬制度还应注意以下几个方面的内容。

1）绩效工资

企业突出绩效工资意味着员工是根据他的绩效贡献而得到奖励的，因此这种工资一般又称为奖励工资。它实际上是激励的期望理论和强化理论的逻辑结果，因为增加工资是和工作行为挂钩的。通用汽车公司就曾大力推行这种激励计划。公司管理层在取消员工的年度生活补贴后，建立了一种绩效工资制度，通过涨工资刺激员工努力工作。公司管理层分别对10%优秀的、25%良好的、55%一般的和10%较差的员工强化工资差别。

2）分红

这是员工和管理人员在特定的单位中，当单位绩效超过预先确定的绩效目标时，接受奖金的一项激励计划。这些绩效目标可以是细化了的劳动生产率、成本、质量、顾客服务或者利润。和绩效工资不同的是，分红鼓励协调和团队工作，因为全体员工都对经营单位的利益在做贡献。绝大多数公司都采用了某种精确指定的绩效目标和奖金的核算方法。

3）知识工资

知识工资是指一个员工的工资随着他能够完成的任务的数量增加而增加。知识工资增加了公司的灵活性和效率，因为公司需要做工作的人会越来越少。但要贯彻这项计划，公司必须有一套高度发达的员工评估程序，必须明确工作岗位，这样工资才可能随着新工作的增加而增加。

4. 灵活的工作日程

灵活的工作日程安排主要包括以下几种形式。

1) 压缩工作周

压缩工作周是员工每周的工作日较少,但每天的工作时间相对较长,最典型的是每天10小时4个工作日的方式(4-40方案)。如果组织想适应员工的需要也可以设计其他各种时间安排。例如,雪佛龙-德士古石油公司在总部工作的员工,可以周一至周四每天工作9小时,接下来一周五工作8小时,另一周不必工作。这种压缩工作周的方式使员工有更多灵活时间办自己的事情,享受自己的业余爱好,或照顾自己的家庭。

2) 弹性工作制

这种时间安排系统要求员工每周工作一定的时间,并且要遵守一些限制条件,至于什么时候工作可以自己灵活安排。在弹性工作制中,有一些时间为公共核心时间,这一时间要求所有员工必须工作。至于工作什么时候开始、什么时候结束以及午餐时间等都可以灵活掌握。弹性工作制是员工最希望从老板那里得到的福利之一。

3) 工作分担

即由两名或多名员工共同承担一个全日制的工作任务。对于还在上学的年轻人或退休的老人来说,这种工作安排会很诱人,因为他们很想工作,但又不想受到全日制岗位的要求和限制。

4) 远距离办公

员工可以待在家里,通过电脑与工作单位保持联系。很多工作都可以在家中完成,并且这种做法与很多人的理想工作十分接近。这样做没有上下班的交通问题,工作时间灵活掌握,穿着自由随便,不受或几乎不受同事的打扰。当然,不是所有员工都热衷于这种工作方式,也不是所有工作都适用这种方式。

上述激励实务都有一个重要的优点,即增加了组织对员工的吸引力,从而有效降低了员工的市场搜寻成本和培训成本。

10.3.2 激励应注意的问题

如前所述,任何激励理论或激励方式都有某些局限性,在管理实践中,不能仅仅依赖一种激励理论和方式,而应当把各种激励理论综合起来,创造性地加以应用。

1. 激励要因人而异

人们有不同的需要、不同的价值观与奋斗目标,因此激励手段的应用要因人而异。美国明尼苏达大学曾对汽车工人与医生的需要进行调查对比,发现汽车工人在安全感、独立自主、上级关系及才能、符合愿望的公司政策、报酬等方面的需要明显高于医生,而医生在发挥创造性、自由度、道德、成就感、为社会服务等方面的需要明显高于汽车工人。基于上述规律,组织要对员工的需要进行调查,分析不同年龄、性别、职务、地位、受教育程度的员工最迫切的需要,实行"弹性报酬制度"。如对有突出贡献及表现优良的员工分别奖励休假、公司股票、加薪、培训等,从而在总的奖励费用保持不变的前提下,获得了更好的激励效果。

2. 激励要引导组织期望的行为

美国管理学家米切尔·拉伯夫是最早对这方面作出系统研究的学者。他认为组织中许多不合理的行为是由于奖励不当造成的。组织期望某种正确的行为,而实际却奖励错误的行为,结果正确的行为不能出现。拉伯夫总结了组织在激励方面常犯的错误,提出应当特别注意奖励以下十种行为以避免相反的情况出现:①奖励彻底解决问题,而不是奖励只图眼前见效的行为,以确保组织的长期利益;②奖励承担风险而不是回避风险的行为;③奖励善用创造力而不是愚蠢的盲从行为;④奖励果断的行动而不是光说不练的行为;⑤奖励多动脑筋而不是一味苦干;⑥奖励使事情简化而不是不必要地复杂化;⑦奖励沉默而有效率的人而不是饶舌的人;⑧奖励有质量的工作而不是匆忙草率的工作;⑨奖励忠诚而不是跳槽;⑩奖励团结合作而不是互相对抗。

3. 掌握好激励的时间和力度

激励要掌握好时机。一般来说,好人好事应及时表扬,下属做了错事,为防止扩大损失,也应及时制止。对于反复出现的积极行为,不能反复表扬,而应当出其不意,使人们有所期待和有所争取。

激励要注意适度。奖励、惩罚都有一个最低限度,心理学上称为阈值。低于这个阈值的激励,如轻描淡写的批评、漫不经心的表扬,是不起作用的。拉伯夫指出:美国犯罪率高,与美国社会对罪犯的惩处不力有关。但是,激励力度也不能过分,过度奖励与过度惩罚都会产生不良后果。

4. 有效利用差别

组织激励的一个重要原理就是利用利益的差别,向组织成员传递组织期望的行为信息。奖惩分明是自古至今人们所信奉的一个管理原则。利益的差别可以推动竞争,而心理学的实验显示,竞争可以增加50%甚至更多的心理创造力。利益差别也是体现公平的一个方面。管理者必须通过考核发现员工在行为及绩效方面的差别,奖优罚劣,切忌搞平均主义。

在利用利益差别激励下属时,必须明确指出下属的贡献或不足,使之心服口服。为了避免造成员工间矛盾,应尽量用预先规定的工作标准衡量员工的实际表现,避免直接进行人与人的对比。

复习思考题

1. 什么是激励?激励的作用过程如何?
2. 简述马斯洛的需求层次理论。
3. 简述双因素理论的基本要点及其对管理工作的启示。
4. 简述成就需要理论的基本观点。
5. 简述公平理论的基本观点及其对管理者的启示。
6. 简述期望理论的主要观点。
7. 对于管理岗位,具有高成就需要者是一个好的候选人吗?试说明之。
8. 根据强化理论,谈谈为什么管理者对待员工应以奖为主?
9. 实践中常用的激励方式有哪些?

【案例分析】

黄大佑辞职

助理工程师黄大佑，一个名牌大学高才生，毕业后工作已有八年，于四年前应聘调到一家国有大厂工程部负责技术工作，工作诚恳负责，技术能力强，很快就成为厂里有口皆碑的“四大金刚”之一。然而，工资却同仓管人员不相上下，夫妻及小孩三口尚住在来时分配的一间平房里。对此，他心中时常有些不平。

李厂长，一个有名的识才的老厂长，“人能尽其才，物能尽其用，货能畅其流”的孙中山先生名言，在各种公开场合不知被他引述了多少遍，实际上他也是这样做的。四年前，黄大佑调来报到时，门口用红纸写的“热烈欢迎黄大佑工程师到我厂工作”几个大字，是李厂长亲自吩咐厂办主任落实的，并且交代要把“助理工程师”的“助理”两字去掉。这确实使黄大佑当时工作更卖劲。

两年前，厂里有申报工程师的指标，黄大佑属于有条件申报之列，但名额却给了一个没有文凭、工作平平的同志。他想问一下厂长，谁知，他未去找厂长，厂长却先来找他了：“黄工，你年轻，机会有的是”。去年，他想反映一下工资问题。这问题确实重要，来这里其中一个目的不就是想得到高一点工资，提高一下生活待遇吗？但是几次想开口，都没有勇气讲出来。因为厂长不仅在生产会上大夸他的成绩，而且，曾记得，有几次外地人来厂取经，李厂长当着客人的面赞扬他：“黄工是我们厂的技术骨干，是一个有创新的……”。哪怕厂长再忙，路上相见时，总会拍拍黄工的肩膀说两句，诸如“黄工，干得不错”“黄工，你很有前途”。这的确让黄大佑兴奋，“李厂长确实是一个伯乐”。此言不假，前段时间，他还把一项开发新产品的重任交给他呢，大胆起用年轻人，然而……

最近，厂里新建好了一批职工宿舍，听说数量比较多，黄大佑决心要反映一下住房问题，谁知这次李厂长又先找他了，还是像以前一样，笑着拍拍他的肩膀：“黄工，厂里有意培养你入党，我当你的介绍人。”他又不好开口了，结果家没有搬成。

深夜，黄大佑对着一张报纸的招聘栏出神。第二天一早，李厂长办公桌上放着一张小纸条：

李厂长：

您是一个知人识人的好领导，我十分敬佩您，但我决定走了。

黄大佑

思考与讨论

1. 根据马斯洛的理论，住房、评职称、提高工资和入党对于黄工来说分别属于什么需要？

2. 根据公平理论，黄工的工资和仓管员的不相上下，是否合理？

3. 根据期望理论分析黄工辞职的主要原因。

第11章 沟　通

【本章要点】

- 沟通的含义与作用；
- 沟通的主要方式；
- 正式沟通与非正式沟通的不同；
- 组织间沟通的主要形式；
- 如何实现有效沟通；
- 冲突管理与有效谈判。

11.1 沟通的原理

人与人之间的信息交流，个人与组织之间的交流以及组织与组织之间的信息交流，都是沟通的表现形式。

11.1.1 沟通及其过程

1. 沟通的含义

所谓沟通，是人与人之间的思想和信息的交换，是将信息由一个人传达给另一个人，逐渐广泛传播的过程。严格地说，完整意义上的沟通包括两层含义：

(1) 意义或情感的传递，即信息的交流。这种信息交流的内容十分丰富，上自世界与国家大事，下至个人生活琐事，组织自身的事情，都是人与人之间沟通的主要内容。如果信息或想法没有被传送到，则意味着沟通没有发生。也就是说，说话者没有听众，写作者没有读者，都不能构成沟通。因此，哲学问题"丛林中的一棵树倒了却无人听到，它是否发出了声响?"在沟通的背景下，其答案是否定的。

(2) 理解，即各种信息的交流必须使沟通双方完全理解。一方没有让另一方理解信息交流的内容，就没能实现沟通，更不是有效沟通。完美的沟通，如果其存在的话，应是经过传递之后被接受者感知到的信息与发送者发出的信息完全一致。

另外需要澄清的是关于沟通的误解，良好的沟通并不是双方达成协议。良好的沟通是信息的传递与准确理解，而不是观点的一致。"我明白你的意思，但是我不同意你的看法"，意味着有效的沟通已经完成了。

2. 沟通的作用

在现代社会,沟通不仅是人际交流的基础,而且是个人在社会成功的基本前提。与社会环境,特别是社会人文环境的相互接受,在很大程度上取决于个人能否与环境或环境中的其他社会成员有效地沟通。美国著名的普林斯顿大学曾对1万份人事档案进行分析,发现"智慧""专业技术"和"知识"在个人的社会成功中只起25%的作用,影响个人成功的其余75%的因素与良好的个体间沟通有关。哈佛大学就业指导小组在1995年对500名被解雇者的调查结果也表明,82%的被调查对象失去工作岗位与个体间沟通不良有关。

小资料

数学天才迦罗瓦

迦罗瓦是法国的一位天才数学家。他一共参加了两次巴黎理工大学的考试,第一次,由于口试的时候不愿意做解释,并且显得很无礼,结果被拒了。当时他大概十七八岁,年轻气盛,大部分东西的论证都是马马虎虎走过场,懒得写清楚,并且拒绝采取考官给的建议。第二次参加考试,他在面试时逻辑上的跳跃使考官感到困惑,受到考官的嘲笑,迦罗瓦感觉很不好,一怒之下,他把黑板擦掷向考官,并且直接命中。于是他又一次落选。1832年,年轻气盛的迦罗瓦死于一场决斗,年仅20岁。后人对他的评价是,他的手稿研究150年都研究不完,可惜他死得太早。

个人事业的成功有赖于有效的沟通,企业的成功更是如此。日本松下电器的创始人松下幸之助曾告诫世人,"伟大的事业需要一颗真诚的心与人沟通"。松下本人也正是凭借真诚的心与卓越的沟通技巧,与供应商、客户以及内部的员工建立了广泛的人际关系网络,赢得了企业内外的普遍信赖与尊重,从而引领松下电器成为世界一流企业。

在组织管理中,沟通的作用表现在信息传递、情感表达、激励、协调和控制等多个方面。

1) 传递信息

沟通可以实现上情下达和下情上传,为个体和群体提供了决策所必需的信息,使决策者能够依据沟通获得的信息作出正确的决策。

2) 情感表达

对员工来说,组织工作群体也是主要的社交场所,员工通过群体间的沟通来表达自己的满足感和挫折感,因此,沟通为员工提供了情感表达机制,并满足了员工的社交需要。沟通也有利于改善人际关系,稳定员工的思想情绪,增强组织的凝聚力。

3) 激励

沟通有利于领导者激励下属,建立良好的人际关系和组织氛围,提高员工的士气。除了技术性和协调性的信息外,组织员工还需要鼓励性的信息。它可以使领导者了解员工的需要,关心员工的疾苦,在决策中就会考虑员工的要求,以提高他们的工作热情。人一般都会要求对自己的工作能力有一个恰当的评价。如果领导的表扬、认可或者满意能够通过各种渠道及时传递给员工,就会形成某种工作激励。同时,组织内部良好的人际关系更离不开沟通。思想上和感情上的沟通可以增进彼此的了解,消除误解、隔阂和猜忌,即使不能达到完全理解,至少也可取得谅解,创造和谐的组织氛围。所谓"大家心往一处想,劲往一处使"就是有效沟通的结果。

4) 协调

沟通促使组织员工协调有效地工作。组织中各个部门和各个职务是相互依存的,依存性越大,对协调的需要越高,而协调只有通过沟通才能实现。没有适当的沟通,管理者对下属的了解不会充分,下属就可能对分配给他们的任务和要求他们完成的工作有错误的理解,使工作任务不能正确圆满地完成,导致企业在效益方面的损失。

5) 控制

沟通可以通过多种方式来控制员工的行为,使之必须遵守组织中的权力等级和正式的指导方针。

3. 沟通的过程

管理学意义上的沟通是一个复杂的过程。这种沟通过程如图 11-1 所示,在这个过程中至少存在着一个发送者和一个接收者,即信息的发送方和信息接收方。其中,沟通的载体成为沟通渠道,编码和解码分别是沟通双方对信息进行的信号加工方式。

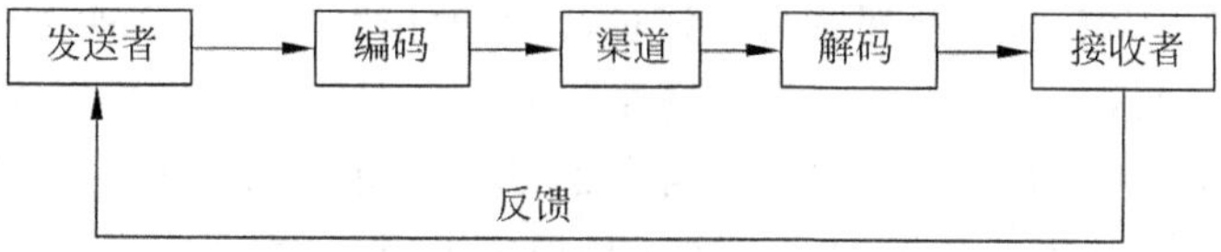

图 11-1 沟通过程

信息在发送者和接收者之间的传递是通过以下几个步骤完成的:

(1) 发送者需要向接收者传送信息或需要接收者提供信息。

(2) 发送者将这些信息译成接收者能够了解的一系列符号,符号即声音、文字、图表或照片等。

(3) 将上述符号传递给接收者。由于选择的符号种类不同,传递的方式也不同,可以是书面的,也可以是口头的,甚至是形体动作的。

(4) 接收者接受这些符号。接收者根据这些符号传递的方式,选择相对应的接受方式。

(5) 接收者将这些符号译为具有特定含义的信息。由于发送者翻译和传递能力的差异,以及接收者接受和翻译水平的不同,信息的内容和含义可能被曲解。

(6) 接收者理解信息的内容。

(7) 发送者通过反馈来了解他想传递的信息是否被对方准确无误地接受。有反馈的沟通形成了双向沟通。

11.1.2 沟通的方式

采用不同的信息媒介,就构成了不同的沟通方式。沟通的主要方式不外乎两种,即言语沟通和非言语沟通。言语沟通是我们最熟悉的沟通方式,大量的人际沟通是通过语言、文字的运用来实现的。言语沟通可以分为口头沟通和书面沟通两种。非言语沟通是相对于言语沟通而言的另一种沟通方式。它通过身体动作、面部表情、说话的语调和重音以及信息的发送者和接收者之间的身体距离来传递信息。

概括地讲，组织中最普遍使用的沟通方式有口头沟通、书面沟通、非言语沟通及电子媒介沟通四种方式。

1. 口头沟通

人们之间最常见的交流方式是交谈，也就是口头沟通。常见的口头沟通包括演说，正式的一对一谈话或小组讨论，非正式的讨论以及传闻或小道消息的传播等。口头沟通的优点是速度快、反馈及时。在这种方式下，信息可以在最短的时间里被传送，并在最短的时间里得到对方的回复。如果接收者对信息有疑问，迅速的反馈可使发送者及时检查其中不够明确的地方并进行改正。但是，当信息经过多人传送时，口头沟通的主要缺点便会暴露出来。在此过程中涉及的人越多，信息失真的潜在可能性就越大。每个人都以自己的方式解释信息，当信息到达终点时，其内容常常与最初大相径庭。如果组织中的重要信息通过口头方式在权力金字塔中上下传送，则信息失真的可能性相当大。

2. 书面沟通

书面沟通包括备忘录、信件、文件、组织内发行的期刊、布告栏及其他任何传递书面文字或符号的手段。为什么信息的发送者会选择书面沟通？因为它持久、有形、可以核实。一般情况下，发送者与接收者双方都拥有沟通记录，沟通的信息可以无限期地保存下去。如果对信息的内容有所疑问，那么过后的查询是完全可能的。对于复杂或长期的沟通来说，这尤为重要。大多数情况下，书面语言比口头语言考虑得更为周全，把东西写出来促使人们对自己要表达的东西更认真地思考。因此书面沟通显得更为周密，逻辑性强，条理清楚。

当然，书面沟通也有自己的缺陷。书面方式更为精确，但耗费了更多的时间，一般情况下，用十到十五分钟能口头表达清楚的事情用书面方式表达则需要用一小时。书面沟通的另一个主要缺点是缺乏反馈。口头沟通能使接收者对其所听到的东西提出自己的看法，而书面沟通则不具备这种内在的反馈机制。其结果是无法确保所发出的信息能被接收到；即使被接收到，也无法保证接收者对信息的解释正好是发送者的本意。

3. 非言语沟通

许多有意义的信息并不是通过语言文字进行沟通的，而是通过非言语的沟通途径。当人们传递口头信息给某人时，常常也传递一些非言语信息，如一个微笑，一个皱眉，一次挥手等。这些无言的信号强化了所表述的意义。美国传播学家艾伯特·梅拉比安研究指出，在面对面的交流和沟通中，信息有55%是通过肢体语言表达的，38%是通过声音和语调表达的，而只有7%是通过语言表达的。可见，最常用的非言语沟通是身体语言和语调。

身体语言包括目光、手势、面部表情和其他身体动作。目光接触，是人际间最能传神的非言语交往。“眉目传情”“暗送秋波”等成语形象地说明了目光在人们情感交流中的重要作用。沟通双方的目光交流可能表明双方的友好、喜悦、兴趣，当然也可能表现出轻蔑、指责等相反内容。面部表情会表达出兴奋、悲伤、恐惧、愤怒和厌恶等感情。沟通者双方的身体姿态可以表明双方的地位、态度和情绪。

语调是指个体对词汇或短语的强调。轻柔、平稳的声调与刺耳尖利、重音放在不同的词上所产生的意义完全不同。对同一句话，一种语调表明某人在寻求更清楚的解释，另一种语调则表明了此人的攻击性或防卫性。

任何口头沟通都包含有非言语信息，非言语要素有可能传递更全面、更真实的信息。对信息的接收者来说，注意信息发送者非语言方面的表现非常重要。有时，当语言沟通与非语言沟通同时存在而且出现矛盾现象时，人们倾向于认为，非语言沟通所表达的意义是真实的。例如，两人在谈话时一连几次看表，嘴里却说让对方多坐一会，这时，应该注意到语言表达是不真实的，非语言表达才是真实的。

非言语沟通的作用是不应被忽视的，它在加强语言沟通的效果方面的作用是巨大的。管理者需要注意沟通中非言语要素的重要影响，“重要的不是你说什么，而是你怎么说”。

小资料

非言语沟通

有一次，意大利著名悲剧影星罗西应邀参加一个欢迎外宾的宴会。席间，许多客人要求他表演一段悲剧，于是他用意大利语念了一段“台词”，尽管客人听不懂他的“台词”内容，然而他那动情的声调和表情，凄凉悲怆，不由使大家流下同情的泪水。可一位意大利人却忍俊不禁，跑出会场大笑不止。原来，这位悲剧明星念的根本不是什么台词，而是宴席上的菜单。

4. 电子媒介沟通

当今时代我们依赖于各种各样复杂的电子媒介传递信息。除了极为常见的媒介(电话及公共邮寄系统)之外，我们还拥有传真机、计算机、手机等一系列电子设备。将这些设备与言语和纸张结合起来就产生了更有效的沟通方式。其中发展最快的应该算是电子邮件和一些新兴通信工具。只要有网络，个体便可通过计算机迅速传递书面信息。储存在终端的信息可供接收者随时阅读。电子邮件和微信、微博等迅速而廉价，并可同时将一份信息传递给多人，甚至全世界。其优点比普通的书面沟通更明显：通过键盘输入，可以快速书写，也可以编辑和储存；实现无纸化，节约纸张，也更环保；单击鼠标，就可以把信息分发到一个人、一个群体甚至全世界，与传统的书面沟通相比，效率大大提高，而成本大大降低。

表 11-1 列举了以上四种沟通方式的优缺点。

表 11-1　各种沟通方式比较

沟通方式	举　例	优　点	缺　点
口头沟通	交谈、讲座、讨论、电话、手机语音、视频聊天	快速传递、快速反馈、信息量很大	传递中经过层次愈多，失真愈严重、核实越困难
书面沟通	报告、备忘录、信件、文件、内部期刊、布告	持久、有形、可以核实	效率低、缺乏反馈
非言语沟通	声音、体态、手势、语调	信息意义十分明确、内涵丰富、含蓄、灵活	传递距离有限、界限模糊，只能意会、不能言传
电子媒介沟通	传真、电视、微信、微博、电子邮件、短信	传递快速、信息容量大、一份信息可同时传递多人、廉价	单向传递。电子邮件可以交流，但是看不见表情

11.2 人际沟通

人际沟通是指两个或两个以上的人之间的信息沟通。管理者在一个组织中充当着各种不同的角色，而这些角色都要求管理者掌握人际沟通的技能。人际沟通技能对所有管理者而言，都是同等重要的。

为了提高人际沟通技能，管理人员有必要深入地了解和研究影响人际沟通的各种障碍，从而探索和掌握进行有效沟通的方法。

11.2.1 人际沟通的障碍

沟通障碍，是指信息在传递过程中的失真或中断。总的来讲，沟通障碍包括三个方面，即主观障碍、客观障碍和沟通方式的障碍。

1. 主观障碍

由于一切沟通最终都必须通过人们对信息的认识和理解才能完成，所以人们的认识和理解在沟通中是非常关键的一环。人不是一个抽象的、机械的工具，而是有理性、情感和文化的人。因此，沟通双方的文化背景、行为动机、心理情绪、个人偏见、处世态度等等都可能成为沟通的障碍。

1）个性因素所引起的障碍

信息沟通在很大程度上受个人心理因素的制约。个体的性格、气质、情绪、见解等的差别，都会成为信息沟通的障碍。例如情绪，不同的情绪感受会使个体对同一信息的解释截然不同。极端的情绪体验，如狂喜或气愤，都可能阻碍有效的沟通。这种状态常常使我们无法进行客观而理性的思维活动，代之以情绪性的判断。因此最好避免在很沮丧、兴奋或愤怒的时候作决策，因为此时我们无法清楚地思考问题。

2）知识、经验水平的差距所导致的障碍

在信息沟通中，如果双方经验水平和知识水平差距过大，就会产生沟通障碍。此外，个体经验差异对信息沟通也有影响。在现实生活中，人们往往会凭经验办事。一个经验丰富的人往往会对信息沟通做通盘考虑，谨慎细心；而初出茅庐者往往会贸然接受或反对。特别是信息沟通的双方往往依据经验上的大体理解去处理信息，使彼此理解的差距拉大，形成沟通的障碍。

3）对信息的态度不同所造成的障碍

这又可分为不同的层次来考虑。一是认识差异。在管理活动中，不少员工和管理者忽视信息作用的现象还很普遍，这就为正常的信息沟通造成了很大的障碍。二是利益观念。在团体中，不同的成员对信息有不同的看法，所选择的侧重点也不相同。很多员工只关心与他们的物质利益有关的信息，而不关心组织目标、管理决策等方面的信息，这也形成了信息沟通的障碍。

4）沟通双方缺乏信任所产生的障碍

有效的信息沟通要以相互信任为前提，这样，才能使向上反映的情况得到重视，向下传达的决策迅速实施。管理者在进行信息沟通时，应该不带成见地听取意见，鼓励下级充分阐明自己的见解，这样才能做到思想和感情上的真正交流，才能接收到全面可靠的情报，才能作出明智的判断与决策。

5）沟通者双方的地位的差距所造成的障碍

在管理实践中，信息沟通的成败主要取决于上级与下级、领导与员工之间全面有效的合作。但在很多情况下，这些合作往往会因下属的恐惧心理以及沟通双方的个人心理特点而形成障碍。如果主管过分威严，给人造成难以接近的印象，或者管理人员缺乏必要的同情心，不愿体恤下情，都容易造成下级人员的恐惧心理，影响信息沟通的正常进行。

6）感知偏差所造成的障碍

接收和发送信息也是一种感知形式。但是，接收者往往会根据自己的需要、动机、经验、背景及其个人特点有选择地去看、去听信息，从而接收一部分信息，而摒弃另一部分信息，这就是感知的选择性。主观方面，感知的选择性也与个人心理品质有关。在接收或转述一个信息时，符合自己需要的、与自己有切身利害关系的，很容易听进去，而对自己不利的、有可能损害自身利益的，则不容易听进去。凡此种种，都会导致信息歪曲，影响信息沟通的顺利进行。

2. 客观障碍

选择性感知所造成的障碍也有客观方面的因素，客观因素如组成信息的各个部分的强度不同，对受讯人的价值大小不同等，都会致使一部分信息容易引人注意而为人接受，另一部分则被忽视。环境、沟通媒介等客观因素也可能成为人们日常沟通的障碍。

1）空间距离的障碍

信息的发送者和接收者如果空间距离太远，接触机会少，会造成沟通障碍。信息沟通总是在两个机构或个人之间进行的，这里存在一个空间距离的问题。如果沟通距离太远，沟通渠道就会延长，层次就会繁多，影响信息质量。另一方面，信息远道而来，因缺乏切身感受或与自身少有利害关系，就难以引起接收者的共鸣，不能引起足够的重视和注意。

2）环境干扰

环境干扰是导致人际沟通受阻的重要原因之一。嘈杂的环境会使信息接受者难以全面、准确地接收信息发送者所发出的信息。诸如交谈时的场合、当时的情绪、电话等传递媒介的质量等都会对信息的传递产生影响。环境的干扰往往造成信息在传递过程中的损失或遗漏，甚至歪曲变形，从而造成错误或不完整的信息传递或理解。

3. 沟通方式的障碍

沟通方式的不同，也会影响有效沟通，形成沟通的障碍。

1）语言所造成的障碍

同样的词汇对不同的人来说含义是不一样的。年龄、教育和文化背景是三个最明显的影响因素，它们影响着一个人的语言风格以及他对词汇的界定。而在一个组织中，员工常常有着不同的背景。另外，横向的分化使得专业人员发展出了各自的行话和技术用语。在大型组织中，成员分布的地域十分分散(有些人甚至在不同国家工作)，而每个地区的员工都使用该地特有的术语或习惯用语。纵向的差异同样造成了语言问题。比如，像刺激和定额这样的词汇，对不同的管理层有着不同的含义。高层管理者常常把它们作为需要，而下级管理者则把这些词汇理解为操纵和控制，并由此而产生不满。你我可能同说一种语言，但我们在语言的使用习惯上却并不一致。了解每个人如何使用语言，将会极大地减少沟通障碍。问题在于，组织中的成员常常不知道他所接触的其他人与自己的语言风格不同，他们自认为自己的词汇或术语能够被其他人恰当地理解。但这往往是不正确的，由此导致了不少沟通问题。

2）非言语沟通所造成的模糊性

非言语沟通几乎总是与口头沟通相伴，如果二者协调一致，则会彼此强化。但是，非言语沟通由于其自身固有的特点也可能成为沟通中的一大障碍。比如，上司的言语告诉我他很生气，他的语调和身体动作也表明很愤怒，于是我推断出他很恼火，这极可能是个正确的判断。但当非言语线索与口头信息不一致时，不但会使接收者感到迷茫，而且信息的清晰度也会受到影响。非言语沟通的这种特点可以称为模糊性。非言语的模糊性是指沟通中用于传递信息、沟通意见的各种非语言符号（如表情、手势、腔调等）的意义缺乏精确的限定，没有一致的认识，容易造成信息混乱。这一方面是因为各种非语言符号的丰富内涵远非每一个人都能全面和彻底领会到；另一方面由于人们的教育水平、思想态度、文化背景不同，人们对相同的符号所持的观念可能大相径庭。

11.2.2 改善人际沟通的方法

组织中的沟通，不仅是管理人员发出信息，其他人接收信息；也不仅是下级发出信息，上级管理人员听取信息。事实上，每个组织成员既是信息的发出者，又是信息的接收者。这就意味着，组织中的每个成员都必须具有良好的沟通技能。组织中任何人都需要知道传递什么信息、向谁传递、何时传递，以及传递信息的有效方法。为此，组织必须经常培训管理人员及其下属掌握必要的沟通技巧。

1. 提高表达能力，准确传递信息

改善人际沟通，首先要准确传递信息。因此无论是口头交谈还是采用书面的形式，都要力求准确表达自己的意思。为此，要致力于提高表达能力，做到条理清楚，层次分明，使信息接收者易于理解；选择准确的词汇、语气；了解信息接收者的态度、个性特点、文化水平和接受能力，根据对方的具体情况来确定自己表达的方式和用词等；借助手势、动作和表情等来帮助思想和感情上的沟通，以加深对方的理解。

2. 利用反馈

由于信息接收者容易从自己的角度来理解信息而导致误解，因此信息发送者要注重反馈，提倡双向沟通。对于接收者而言，及时反馈，可以验证你是否已理解对方的意图，并对他人的言行作出反应，提升沟通效果。利用反馈需注意以下几点：第一，反馈应具体而不模糊，比如要避免这样的陈述，“你的工作态度很不好。”或“你的出色工作留给我深刻印象。”而应该说，“你这个月的任务只完成了80％。”第二，反馈，尤其是消极反馈，应针对工作而不是针对人。无论你如何失望，都应使反馈针对工作，而永远不要因为一个不恰当的活动而指责个人。当你进行批评时，记住你指责的是工作相关行为，而不是个人。第三，要把握反馈的良机。接受者的行为与获得对该行为的反馈相隔时间非常短时，反馈最有意义。比如，当新员工犯了一个错误时，主管最好紧接在错误之后或在一天工作结束时就给出改进的建议，而不是要等到几个月后的绩效评估阶段才给出。

3. 积极倾听

接收者要了解真实情况,获取完整信息,就要学会倾听。当别人说话时,我们在听,但很多情况下我们并不是在倾听。倾听是对信息进行积极主动的搜寻,而单纯地听则是被动的。在倾听时,接收者和发送者双方都在思考。

实现积极倾听,也要掌握一些技巧:第一,目光要接触。当你在说话时对方却不看你,你的感觉如何?大多数人将其解释为冷漠和不感兴趣。与说话的人进行目光接触可以使你集中精力,减少分心的可能性,也鼓励了说话的人并表明了你的诚意、直率和坦白的胸怀。第二,表情要专注。机警而兴趣盎然的表情会激发对方坦诚而深入地表达自己的思想,相反,如果你只是装出关心的样子,或者心不在焉,说话者会觉得你缺乏热情,而不愿与你开诚布公地交谈。第三,避免分心的举动或手势。在倾听时,应避免以下这些活动:看表、心不在焉地翻阅文件、拿着笔乱写乱画等。这会使说话者感觉到你很厌烦或不感兴趣。另外,这也表明你并未集中精力,因而很可能会遗漏一些说话者想传递的信息。可以在适当的时候点头或应答,以表示在专心地听。第四,复述。用自己的语言复述说话者所说的内容并将其反馈给说话的人,可以检验自己理解的准确性。另外,它也是核查你是否认真倾听的最佳监控手段。第五,要听懂弦外之音。不仅要听他说了什么,还要听他是怎么说的,要注意对方的情绪、语气和表情,这样才能获得更多的信息。

4. 利用非语言沟通

非言语信息在沟通中占据很大比重,因此,有效的沟通者十分注意自己的非言语提示,保证它们也同样传达了所期望的信息。有效的倾听者会对所听到的信息表现出兴趣。如何表示?通过非言语信号。赞许地点头、恰当的面部表情与积极的目光接触相配合,向说话人表明你在认真聆听。另外,与对方保持适当的身体距离,也可以拉近双方的感情,从而使交谈更友好,更具建设性。

小资料

微笑的力量

富兰克林·贝特格是美国最成功的保险推销员之一。他经过细心研究发现,爱微笑的人永远都会受到欢迎。所以,每当他走进别人的办公室前,总是先停下来,想想许多他应该感谢的事,然后从内心激发出真诚的微笑来。他认为,正是因为这种简单的方法,使他在业务上取得了特殊的成功。

5. 避免情绪化

生气的人常常容易误解对方的意思,情绪能使信息的传递严重受阻或失真。当沟通的一方对某件事十分失望时,很可能会对所接收的信息产生误解,并在表述自己信息时不够清晰和准确。那么应该如何行事呢?最简单的办法是暂停进一步的沟通,控制自己的情绪,恢复平静后再沟通。

11.3 组织沟通

著名组织管理学家巴纳德认为“沟通是把一个组织中的成员联系在一起，以实现共同目标的手段”。没有沟通，就没有管理。几乎每个组织都或多或少地存在沟通不良的问题。组织的机构越是复杂，其沟通越是困难。管理的过程，也就是沟通的过程。如果把组织看作一个有机体，沟通则是有机体内的血管，通过流动来给组织系统提供养分，实现机体的良性循环。因此，沟通管理是管理的核心内容。

领导者要管理的沟通根据其沟通渠道或途径的不同，可分为正式沟通与非正式沟通。正式沟通是以正式组织系统为渠道的信息传递。而非正式沟通是通过正式系统以外的途径(主要是个人渠道)来进行。管理内部沟通就是通过正式渠道与非正式渠道建立组织内部顺畅的沟通机制，使信息传递的更快捷、更准确，保证组织的高效能。

11.3.1 正式沟通

正式沟通一般指在组织系统内，依据正式的行政组织程序和结构所进行的信息传递和交流。主要内容包括：组织正式发布的命令、指示、正式召集的会议，正式发布的通告、布告、公告，行政机构颁布的法令、规章、规则、章程等；上级机关因工作需要与下级进行的正式会谈和接触，下级向上级通过正式途径传递的请示、建议、申请、报告等。正式沟通渠道是管理沟通的主渠道，大量的沟通工作有赖于正式沟通渠道。

正式沟通的特点是正式、严肃、约束力强、信息可靠、易于保密。正式沟通因其所沟通的内容均依法办事，有章可循，因此有一定的连续性、稳定性，沟通效果较好。但正式沟通渠道的缺点也很明显，信息必须依靠组织系统层层传递，方式和过程非常刻板，因此沟通速度较慢、缺乏灵活性，如果传递层级过多，也存在着信息失真的可能性。

1. 正式沟通的形式

正式沟通渠道根据信息流向的不同可分为下行沟通、上行沟通和平行沟通。

1) 下行沟通

下行沟通是指按组织内部层级结构体系自上而下的信息传递，是传统的纵向组织结构中最常见、最主要的沟通方式。例如，以命令方式传达上级组织或其上级所决定的政策、计划或规定，颁发某些资料供下属使用，以文件方式使下级明确组织目标等等。管理者可以通过多种方式与员工进行下行沟通，其中最为常见的方式有讲话、电子邮件、公告信息、程序手册等。

为确保沟通的有效性，管理者应该善于选择下行沟通的内容。管理者不可能与下级员工沟通组织中的所有问题，而是必须选择其中重要的又需要下级反馈意见的信息进行沟通。

下行沟通的主要问题是信息的扭曲或丢失。如果下行信息从其来源到最后的接收者之间需要经历多个传播链条和相当漫长的过程，信息被扭曲的可能性就会增加。另外，在使用下行沟通渠道时，还要注意不能死板机械地居高临下，以免影响士气。

2) 上行沟通

上行沟通是指组织机构中自下而上的信息传递，是指下级向上级反映意见和情况，其目的是实现“下情上传”。上行沟通和下行沟通的有机结合,可以保证员工与管理者之间的沟通形成完善的循环系统。许多组织尝试建立有效的上行沟通渠道,并采取各种措施以鼓励上行沟通,例如意见箱、建议制度、组织举办的征求意见座谈会、民主评议等。

尽管如此,进行准确有效的上行沟通仍然非常困难。管理者可能会拒绝员工反映的问题,员工对管理者愿意实施上行沟通的不信任也是一个主要障碍。某些具有创新意识的企业组织一直不断努力寻求确保信息准确无误地传递到最高管理层的方式。例如,IBM公司实施了一项“勇敢表达”的计划,将员工的匿名信件和电子邮件定时送达管理层,以便管理层能够根据这些信息采取行动。

3) 平行沟通

平行沟通亦即横向的沟通,是组织内同级部门或成员之间的信息交流。平行沟通可在部门内部进行,也可以是不同业务部门之间的沟通,其目的不仅是交流信息,而且包括寻求组织内的支持或协作。因此,平行沟通带有相互支持、相互促进、协调合作的性质。

由于平行沟通是脱离组织的指挥链发生的,因此在正式的、严格的沟通系统内,发生的机会并不多。如果采用委员会和举行会议的方式进行,往往所费时间人力甚多,却不一定能取得良好的沟通效果。因此,为了确保平行沟通的顺利进行,组织往往必须在正式沟通外,辅以非正式沟通以弥补其不足。

在平行沟通的各种形式中,团队沟通是一种特殊的类型。在当今的许多企业和组织中,团队已成为组织的基本组成单位,团队之间也只有通过有效的沟通才能实现相互间在理解基础上的合作,以整合各自在组织活动中不同时空的贡献,从而促进组织目标的有效实现。因此,团队沟通不仅会影响单个团队的绩效,也会影响到员工满意度和整个组织的绩效。

2. 正式沟通网络

管理不但要选择合适的沟通渠道进行有效的信息沟通,还要善于将各种沟通渠道有效地组织起来,建立一个信息沟通网络,以提高整个的沟通效果。如图11-2所示,按照信息沟通渠道的组织方式不同,正式沟通具有五种常见的形态。

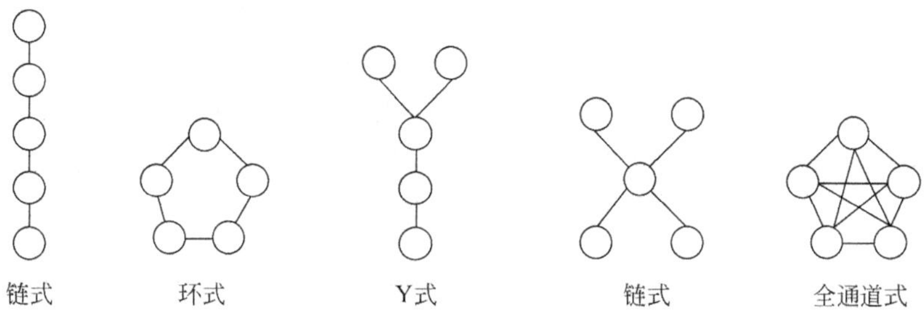

图 11-2 五种正式沟通形态

1) 链式沟通

这是一个平行网络,其中居于两端的人只能与内侧的一个成员联系,居中的人则可分别与两人沟通信息。在一个公司系统中,它相当于一个纵向沟通系统,代表一个等级层次,逐渐传递,信息可自上而下或自下而上进行传递。在这个网络中,信息经层层传递,容易失真,各个信息传递者所接受的信息差异很大,平均满意程度有较大差距。

2）环式沟通

此形态可以看成是链式形态的一个封闭控制结构，表示五个人之间依次联络和沟通。其中，每个人都可以同时与两个人沟通信息。在这个网络中，组织的集中化程度较低，组织中成员具有比较一致的满意度，组织士气高昂。如果在组织中需要创造出一种高昂的士气来实现组织目标，环式沟通是一种行之有效的措施。但是在环式沟通中，畅通渠道不多，信息沟通速度较慢。

3）Y 式沟通

这是一个纵向沟通网络，其中，只有一个成员位于沟通内的中心，成为沟通的媒介。在组织中，这一网络大体相当于组织领导、秘书班子再到下级主管人员或一般成员之间的纵向关系。这种网络集中化程度高，解决问题速度快。除中心人员外，组织成员的平均满意程度较低。当主管人员的工作任务十分繁重，需要有人代为选择信息、提供决策依据的时候，Y 式网络可以帮助他们节省时间，同时保证对组织实行有效的控制。但此网络易于导致信息曲解或失真，影响组织中成员的士气，妨碍组织工作效率的提高。

4）轮式沟通

轮式沟通属于控制型网络，其中只有一个成员是各种信息的汇集点与传递中心。在组织中，大体相当于一个主管领导直接管理几个部门的权威控制系统。组织的集中化程度高，解决问题的速度快。轮式网络是加强组织控制、争时间、抢速度的有效方法，如果组织接受紧急攻关任务，要求进行严密控制，则可采取这种沟通网络。但是，此种网络沟通的渠道很少，组织成员的满意程度低，士气低落。

5）全通道式沟通

这是一个开放式的网络系统，特别是在网络应用日益广泛的今天，其中每个成员之间都有一定的联系，彼此了解。此网络中组织的集中化程度很低。由于沟通渠道很多，组织成员的平均满意程度高且差异小，所以士气高昂，合作气氛浓厚。这对于解决复杂问题，增强组织合作精神，提高士气均有很大作用。但是，由于这种网络沟通渠道太多，易造成混乱，且又费时，影响工作效率。

掌握了各种沟通网络的优缺点，在实际的沟通过程中就要根据不同的需要来选择不同的沟通网络：如果组织强调沟通速度快与容易控制，采用轮型沟通网络比较有效；如果强调组织成员的士气，重视调动组织成员的积极性，则采用环型沟通网络较为理想；如果强调组织需要分级授权管理，则采用链型沟通网络；如果强调管理的民主气氛，就要采用全通道型沟通网络。

11.3.2 非正式沟通

在组织内部，除正式沟通外，还存在着大量的非正式沟通。所谓非正式沟通是指通过正式组织途径以外的渠道进行的信息传递与交流。与正式沟通不同，非正式沟通的沟通对象、时间及内容等等，都是未经计划而且难以辨别的，其传播途径众多且无定型。一般来讲，非正式沟通包括：员工之间的私人往来、日常社交、个人友谊；非正式的聚会和闲谈；组织内的各种谣言的传播等。非正式沟通的主要功能是传播组织成员所关心的以及和他们有关的信息，它提供了正式沟通所不能提供的信息。

1. 非正式沟通的特点

组织中的非正式沟通是不可避免的。它的优点是沟通形式不拘，直接明了，速度很快，但是，其缺陷也很明显，即信息被歪曲或发生错误的可能性相当大，而且无从查证。

总的来看，与正式沟通相比，非正式沟通有以下几方面特点：

(1) 非正式沟通信息传播速度快。由于非正式沟通是以人际关系为基础的，没有正式组织的各种限制，因此在沟通中缩短了正式组织的垂直和水平交往路线，信息传递十分迅速。而且信息越新鲜，传播速度越快。

(2) 非正式沟通的信息并非都是无中生有，而是有相当高的真实度。据国外学者研究，其准确率可高达 90%。当然，信息失真的情况也不少见。一般说来，非正式沟通中信息的失真主要来源于形式上的不完整，并非是人们无中生有的谣言所致。

(3) 非正式沟通能满足人们对信息的各种需求。非正式沟通的信息常常可以满足人们好奇的需要，可以满足人们对自身某种安全的需要，满足人们的社会需求，因而具有较强的生命力。

(4) 非正式沟通有一定的片面性和消极性。由于非正式沟通不固定，加之所传递的又是传递者自身所关心的信息，因此，传递者往往按自己的主观愿望进行取舍，从而使信息失真、零碎，也容易随意地增加、补充自己的意见，使信息的可靠程度降低。该类信息可能导致小集团、小帮派，造成组织的分裂，破坏组织的凝聚力。

2. 非正式沟通的网络

非正式沟通一般是由于动机上的需要而形成的，其沟通渠道是通过组织内的各种关系，这些关系往往超越了部门、单位以及管理层次。如图 11-3 所示，非正式沟通一般有四种形态。

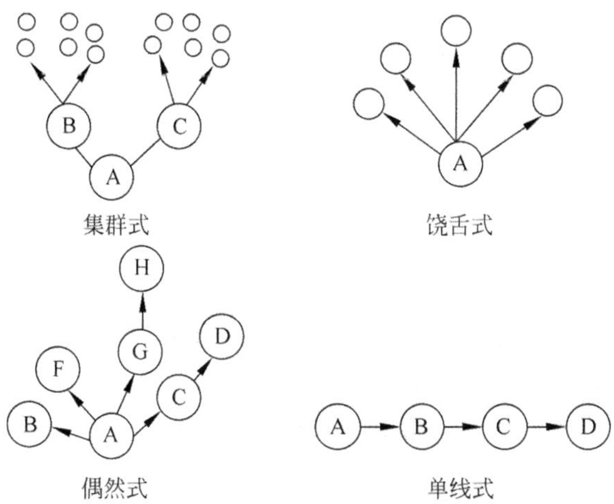

图 11-3　非正式沟通的形态

1) 集群式

即在沟通过程中，可能有几个中心人物，如 A、B、C 三人，信息由 A 传递到 B 和 C，由他们再转告若干人，而且有某种程度的弹性。

2) 饶舌式

由一人告知所有其他人。如信息由 A 传播给其他人,A 是非正式渠道的中心人物。

3) 偶然式

信息在个人之间随机传送,没有什么规则,碰到什么人就告诉什么人,并无一定中心人物或选择性。

4) 单线式

即由一个人转告另一人,他也只再转告一个人,信息的传递始终保持单线形式,这种情况在现实中比较少见。

3. 非正式沟通在管理中的意义

传统管理及组织理念否认非正式沟通的存在,即使承认这种现象的存在,也主张要将其降低到最低程度。但事实上,非正式沟通是与正式沟通相伴而且无法消除的社会现象和组织现象,管理者无法消除它,只能限制它。而且非正式沟通的影响也不尽是消极的负面影响,也有弥补正式沟通不足的积极作用,因此,管理者应注意如下几点,从而积极利用非正式沟通,提高组织内部沟通的有效性。

1) 研究和利用非正式沟通,弥补正式沟通的不足

非正式沟通可传递正式沟通无法传递的信息,使领导者了解到在正式场合无法获得的重要情况。因此,领导者应该有效地引导非正式沟通,使之为正式沟通服务。为此,领导者要设法识别非正式沟通中的核心人物或广播员,如果领导者对作出某种决策对下属将产生什么影响没有充分把握,可以通过"广播员"把信息透露出去,了解下属的反应,再决定是否作出决策。另外,领导者也可以从非正式沟通中了解组织的某些情况,如员工的满意度、部门间关系等等。但领导者不能把从非正式沟通中获取信息作为主要的信息来源,因为它可能导致组织正式沟通的背后出现"谍报网",纵容打小报告者,导致下属间的猜忌和矛盾,对组织目标和任务的实现产生不利影响。

2) 采取适当措施澄清和消除非正式沟通中的虚假信息

领导者对非正式沟通中出现的虚假信息必须采取适当的措施加以澄清。一般来说,有三种办法:一是不理睬,相信纸包不住火,事实总能澄清;二是针锋相对,指出信息的虚假之处,并告知大家;三是用事实说明一切。这三种办法中,前两种可能使局势出现失控,最后一种比较有效,因为事实说明一切,谣言不攻自破。因此,领导者应该尽可能用事实说话,使谣言自消自灭。

3) 领导者应该注意消除虚假信息产生的土壤和温床

一般来说,工作的闲散和单调是谣言和小道消息滋生的温床,因此,领导者要合理安排下属的工作,不要使下属经常处于闲散和单调的工作之中。

11.3.3 组织沟通的主要障碍

在沟通的过程中,由于存在着外界干扰以及其他种种原因,信息可能失真,使得沟通不能达到预期的效果。在组织信息沟通过程中,除了会发生人际沟通过程中发生的同样问题,还会遇到一些组织沟通所特有的问题。影响组织良好沟通的特殊障碍主要表现在以下几个方面。

1. 地位的影响

由于组织中有等级分明的权力体系，不同地位的人拥有不同的权力，这就使得组织中的人们在信息传递过程中，经常首先关注的是信息的来源，即“是谁讲的”，其次才是信息内容。同样的信息，由不同地位的人来发布，效果会大不一样。这种等级观念的影响，常使得地位较低的人传递的重要信息不被重视，而地位较高的人发布的不重要信息却会得到不必要的过分重视。

2. 组织结构的影响

在管理中，合理的组织机构有利于信息沟通。但是，如果组织机构过于庞大，中间层次太多，那么，信息从最高决策层传递到下属单位不仅容易产生信息的失真，而且还会浪费大量时间，影响信息的及时性。同时，自上而下的信息沟通，如果中间层次过多，同样也浪费时间，影响效率。据统计，如果一个信息在高层管理者那里的正确性是100%，到了信息的接收者手里可能只剩下20%的正确性。这是因为，在进行信息沟通时，各级主管部门都会花时间把接收到的信息自己甄别，一层一层地过滤，然后有可能将断章取义的信息传递下去。此外，在甄选过程中，还掺杂了大量的主观因素，尤其是当发送的信息涉及传递者本身时，往往会出于利己的考虑，造成信息失真。因此，如果组织机构臃肿，各部门之间职责不清，就会给沟通双方造成一定的心理压力，影响沟通的进行。

3. 信息的超负荷

现代组织中的信息传递一是快，二是多。在高节奏的工作环境中，信息传递的任何延误都会造成很大的损失；而信息大量地增加，会使人觉得难以抉择，无所适从。比如召开会议，内部信息网络本是使组织准确而迅速地传递信息的好形式，但若在组织设计中不好好地确定哪些人应通过哪些渠道获得哪些信息，就会由于混杂而出现信息超负荷。信息的超负荷不仅造成了“文山会海”，而且导致了人们对所传递信息的麻木不仁——当人们面对着众多信息时，可能会无视某些信息或将其束之高阁。

11.3.4 有效沟通的实现

组织的沟通必须克服上述障碍，才能达到有效沟通。所谓有效沟通，简单地说就是传递和交流信息的可靠性、准确性和及时性高，实际上还表示组织对内外噪音的抵抗能力强，组织的内部管理水平高。

1. 明确沟通的重要性，正确对待沟通

管理者对计划、组织和控制工作都很重视，但却有人不理解沟通也是领导工作的重要职能，忽视沟通；也有人认为信息的上传下达通过正式组织系统就行了，对非正式沟通采取压制政策。这些都表明管理者没有真正认识到沟通在管理中的重要意义。随着时代的发展，管理的人文意义日益受到重视，管理的重点越来越从传统的计划、组织、控制等方面转向“人本管理”，领导者负有与下属建立有意义的沟通的责任。美国沃尔玛公司总裁萨姆·沃尔顿曾说过：“如果你必须将沃尔玛管理体制浓缩成一种思想，那可能就是沟通。因为它是我们成功的真正关键之一。”

对领导者与沟通的关系，美国学者戴维·平卡斯和尼克·德波尼斯曾经提出一个公式：

领导＝建立关系＝沟通，对领导与沟通的关系作出了深刻的阐述。他们指出，领导是建立承诺的关系，因此，领导者要了解沟通的基本技巧，提高沟通能力。

2. 优化沟通渠道，缩短信息的传递链

要缩短信息传递链，拓宽沟通渠道，保证信息的畅通无阻和完整性，可以精简组织、减少组织层次等，还可通过建立特别委员会和非管理工作组，定期加强上下级的沟通。委员会一般由各个层次的人构成，信息在委员会内部的沟通速度快，可以减少管理层次过多造成的沟通迟缓和沟通过滤问题，保证信息的准确性。

在利用正式沟通的同时，开辟高层管理人员至基层管理人员的非正式的沟通渠道，以便于信息的传递。如领导者可以通过召开大会，举办茶话会、午餐会等活动与下属沟通，把正式沟通与非正式沟通相结合，促进有效沟通的实现。

还要注意加强平行沟通，促进横向交流。通常，组织内部的沟通以与指挥命令链相一致的纵向沟通居多，部门间、工作小组间和团队间的横向交流较少。而平行沟通有利于加强组织内部横向的合作，协调部门间关系，对组织间沟通尤其重要。

3. 避免信息传递过程中的噪声干扰

组织沟通中，无论是信息的发送者还是接收者，都要为沟通创造良好的环境。信息发送者要用充足的时间做好准备，信息接收者也应该用足够的时间去收集、消化所得到的信息，保证沟通的准确、高效。

11.4 冲突与谈判

冲突在组织中是经常存在的现象。凡是人们共同活动的领域，总会产生不同意见、不同需求和不同利益的碰撞，或在个人之间，或在小团体之间，或在大组织之间。绝大多数冲突无须多费口舌便会自然平息下去，有的冲突也可能在加深了解，促进改革，提高组织绩效方面有积极作用。但是也有时事情会突然莫名其妙地变成另外一副样子。好好的对话变成了争吵，再由争吵变成各持己见而互不相让。诸如恼怒、仇恨和蔑视等情绪更使冲突升温，对立的双方开始攻击和反击，甚至造成伤害，其结局要么一胜一负，要么两败俱伤。所以，及时识别冲突状况，将冲突损失控制到最小，是当今管理者必须具备的能力之一。

本节内容在介绍冲突的含义及有关冲突的几种观点的基础上，也说明了并非所有冲突都是坏事。冲突有积极的也有消极的，它也可以为管理者所用。此外，还要介绍与冲突相关的另一问题——谈判。

11.4.1 什么是冲突

有关冲突的定义很多，虽然在具体描述上有不同，但都包含了一些共同的要点。冲突必须是双方感知到的，是否存在冲突是一个感知问题，如果人们没有意识到冲突，则常常会认为冲突不存在。冲突是意见的对立或不一致，以及一定程度的相互作用。

本书中的冲突是指组织中的冲突，是组织内部成员之间、成员个人与组织之间、组织中不同团体之间，由于利益上的矛盾或认识上的不一致而造成的彼此抵触、争执或攻击的组织行为，是一个从感知到情绪，再到行为的心理演变过程。

它包括了在组织中人们经历的各种各样的冲突，如目标不一致，对事实的解释存在分歧，在行为期望方面的不一致等等。另外，这一定义还非常灵活，它可以涵盖所有的冲突水平：从公开、暴力的活动到微妙、意见不一致的形式。

11.4.2 关于冲突的不同观点

随着管理学的发展，人们对冲突的认识也发生了较大变化。至目前为止，形成了三种不同的观点。

1. 冲突的传统观点

传统观点认为冲突都是不良的、消极的、有害的，会给组织造成不利影响。冲突成为组织机能失调、非理性、暴力和破坏的同义词。因此，传统观点强调管理者应尽可能避免和清除冲突。

2. 冲突的人际关系观点

人际关系观点认为冲突是任何组织无法避免的自然现象，冲突不可能被彻底消除，有时它还会对群体的工作绩效有益。既然冲突是不可避免的，管理者就应该接纳冲突，承认冲突在组织中存在的必然性和合理性。

3. 冲突的相互作用观点

与人际关系观点只是被动地接纳冲突不同，相互作用观点强调管理者要鼓励有益的冲突。这种观点认为融洽、和平、安宁、合作的组织容易对变革和革新的需要表现为静止、冷漠和迟钝，一定水平的有益的冲突会使组织保持旺盛的生命力，善于自我批评和不断创新。

11.4.3 冲突的管理

根据相互作用的观点，认为冲突都是好的或都是坏的看法显然并不恰当也不符合实际情况。管理者要对冲突有正确的理解和认识，分析冲突产生的原因，全面认识冲突的作用，从而有效管理冲突。

1. 冲突产生的原因

要了解冲突，首先要了解冲突产生的原因。在组织情境中，下列因素可能是冲突的起因或来源。

1）沟通不当

人们缺乏有效沟通的机会、能力或动机，是导致冲突的重要原因。

首先，若双方缺少沟通机会，则各自容易根据已有的心理定势来解释和预期对方的行为，而心理定势是一种先入为主，带有主观性，并伴有一定的情绪色彩，因此容易造成误解，引起冲突。此外，缺乏直接接触和交流机会还会导致双方难以形成心理上的认同和移情。

其次，缺乏沟通的技巧和能力也是引发冲突的重要因素。当一方以过激的方式表达不同意见时，对方很可能会同样报以不合作态度。如此一来，冤冤相报、恶性循环，会导致冲突升级。

第三，交流上的不顺畅会削弱双方做进一步沟通的动机。情绪性冲突所带来的强烈的负面情绪使人们回避沟通，而更少的交流则会进一步强化已有的心理定势，加剧冲突。

2）目标差异

当组织中不同个人或部门的目标互不兼容、相互干扰时，就会引起冲突。目标对各自来说越是重要(特别是能带来经济利益时)，引起的冲突就会越大。

3）个体差异

当组织中的个体由于各自独特的背景和经历而持有不同的信念和态度时，差异就产生了。差异是冲突的重要来源。不同的教育背景、价值观念以及文化差异等都是导致冲突的重要因素。

4）资源匮乏

资源匮乏会使人们通过和那些也需要这些资源的人竞争来获得资源。因此，当资源匮乏到不能同时满足所有工作部门的需要时，就可能引发冲突。

2. 冲突的作用

冲突的作用或影响，并不完全都是消极的，有时也会带来一些积极的影响。

1）冲突的积极作用

首先，解决冲突的过程有可能激发组织中的积极变革。人们为了消除冲突，就要寻求改变现有方式和方法的途径。寻求解决冲突的途径，不仅可以导致革新和变革，而且可能使得变革更容易为下属所接受，甚至为员工所期望。

北京开关厂曾经提供了一个案例，说明一个组织有效地解决了冲突而得到的好处。20世纪90年代初，厂行政处发生了一件事，一名事业部员工到行政处要求给计算器换电池，因具体负责该项工作的人员不在而多次扑空，引发了冲突。这名员工和行政处的冲突引起了行政处领导的重视，在解决冲突的同时，提出“99＋1＝0”的观念，意思是说九十九项工作做好了，只有一项工作没做好，其工作效果就等于零。在此公式的基础上，厂方根据市场经济的要求和北京开关厂的实际对“99＋1＝0”的内涵给予了新的界定：“企业的一切工作以市场为导向，九十九项工作做好了，没有市场等于零；九十九项工作做好了，顾客不满意等于零；九十九项工作做好了，要抓住市场，要争取用户满意，必须从零开始。”现在，“99＋1＝0”已成为北京开关厂的管理理念，成为指导企业各项工作的指导思想。

其次，在决策的过程中有意地激发冲突，可提高决策的有效性。在群体决策过程中，由于从众压力或由于某个权威控制局面，或凝聚力强的群体为了取得内部一致，而不愿考虑更多的备选方案，就可能因未能充分列举多种方案而造成决策失误。如果以提出反对意见或提出多种不同看法的方式来激发冲突，就可能提出更多的创意，提高决策的正确性和有效性。

再次，冲突可能形成积极的竞争气氛，促使员工振奋精神、更加努力。引起一个或多个目标发生冲突的竞争，也有一定好处，如果员工觉得在工作绩效方面存在着一种竞争气氛，就可能振奋精神，以求在竞争中名列前茅。

2）冲突的消极作用

当然，冲突也可能带来一些消极后果。

首先，冲突可能分散资源。冲突可能分散人们为实现目标而作出的努力，组织的资源不是被主要用来实现既定目标，而是消耗在解决冲突上，时间和金钱就是常被分散到消除冲突上去的两种重要资源。

其次，冲突有损组织凝聚力。有一些研究表明，置身于对立的意见中，会造成“敌意”、紧张和焦虑。随着时间的推移,冲突的存在可能使相互支持、相互信任的组织内部关系难以建立和维持。

第三,由内部竞争而引发的冲突,可能对群体效率产生不良影响。

内部竞争可能引发冲突,如当两个销售团队为了扩大销售额以赢得公司的奖励,就可能因追求局部利益,在争夺资金、人员等方面产生冲突,如果处理不当,就可能对公司整体业绩产生影响。如果企业制订一定的产量目标,鼓励员工增加产量,人们就可能重视产品数量,而牺牲产品质量。

3. 冲突的管理技巧

由此可见,冲突管理实际上包括两个方面。一方面管理者要善于利用和扩大冲突给组织带来的积极影响,以促进组织目标的实现;另一方面,管理者要设法消除冲突产生的消极作用,避免冲突阻碍组织目标的实现。

管理者要利用冲突,可以采用激发冲突的技巧,主要包括:

1) 引进外人

在群体中补充一些在背景、价值观、态度和管理风格方面均与当前群体成员不同的个体,必然可以带来观念及行为方式等的碰撞。

2) 重新建构组织

调整工作群体,改变规章制度,以及其他类似的结构变革以打破现状。

3) 任命一名吹毛求疵者

任命一名批评家,他总是有意与组织中大多数人的观点不一致,既可以引发冲突,也可以发现问题。

管理者面对功能失调的冲突,就需要运用解决冲突的技巧,主要包括:

回避:用暂时冷却或其他方式,暂时避开冲突,以避免过度激化的僵局。

缓和:通过强调冲突双方的共同利益而减弱它们之间的差异性。

强制:管理层运用正式权威解决冲突,然后向卷入冲突的各方传递它的希望。

妥协:冲突的双方各让一步,来取得协议。

协同:透过彼此公开而具诚意的沟通,来了解彼此双方的差异所在,并努力找出可能的双赢方案,使双方都获得最大的可能利益。

11.4.4 有效谈判的实现

谈判几乎渗透到组织和群体中每一个人与他人的相互作用之中。有一些谈判是很明显的,如领导者与客户的商业谈判;有一些谈判不那么明显,如管理者与上下级、同事之间的谈判。无论是哪一种,谈判都是一种实现目标的调剂手段,尤其在组织内部,谈判更是冲突管理的重要内容。

谈判是双方或多方为实现某种目标就有关条件达成协议的过程。谈判之所以能够进行,并能够最终达成协议,取决于以下几个方面:一是双方各有尚未满足的需要;二是双方有共同的利益,又有分歧之处;三是双方都有解决问题和分歧的愿望;四是双方能彼此信任到某一程度,愿意采取行动达成协议;五是最后结果能使双方各有收益。以上条件为谈判的进行确立了基础,也为双方的合作提供了前提。

1. 谈判的特征

因此，谈判作为人们为满足各自的某种需要而进行的一种交往活动，在它的发生和发展过程中具有以下几个一般特征。

第一，谈判是一个通过不断调整各自需求，最终使各谈判方的需求相互调和、互相接近从而达成一致意见的过程。

第二，谈判具有"合作"与"冲突"的二重性，是"合作"与"冲突"的对立统一。

谈判的合作性表现在，通过谈判而达成的协议对双方都有利，各方利益的获得是互为前提的；而谈判的冲突性则表现在，谈判各方希望自己在谈判中获得尽可能多的利益，为此要进行积极地讨价还价。

第三，谈判是为达到"互惠"的目的，但并非绝对均等。

正常情况下，互利互惠、皆大欢喜是谈判的一般结局。那种企图造成所谓一方全赢或全输的谈判，势必导致谈判的失败以至今后交往的中断。大量实践表明，这不是谈判发展的趋势。谈判的结果应是互惠的，但是这种互惠又不是绝对均等的，有可能一方获利多一些，另一方获利少一些。造成这种谈判结果的主要原因在于：双方的需求有差异，对利益的认识、分析、评价标准也不一致。同时，谈判双方所拥有的实力、所处地位和局面以及谈判技能也各不相同，因而不可能达到谈判利益的绝对均等。

第四，谈判是"公平"的。

尽管谈判的结果不是绝对均等的，而且不论这个结果是多么不均等，但是，谈判作为一种商务活动，在智力的较量，策略、技巧的运用上，双方是各具自由度的。同时，谈判的双方对谈判结果均具有否决权，因此，从这个角度可以说谈判是公平的。

2. 谈判的类型

一般而言，谈判可以分为三种类型，即竞争型谈判、合作型谈判和"双赢"谈判。

1）竞争型谈判

大部分谈判都属于竞争型谈判。现代社会竞争越来越激烈，企业之间的竞争、同类产品之间的竞争、人才之间的竞争都已经达到白热化程度，如果不竞争或者竞争能力不强，就会被淘汰，因此，在日常生活中，人们面临着越来越多的竞争型谈判。竞争型谈判的技巧旨在削弱对方评估谈判实力的信心。因此，谈判者对谈判对手的最初方案作出明显的反应是极为重要的，即不管谈判者对对方提出的方案如何满意，都必须明确表示反对这一方案，声明它完全不合适，使谈判对手相信，他的方案是完全令人讨厌的，不能接受的。

2）合作型谈判

尽管谈判中有各种各样的矛盾和冲突，但谈判双方还是存在合作与交流的。谈判双方不是你死我活，你争我抢，而是为着一个共同的目标探讨相应的解决方案。如果对方的报价有利于当事人，当事人又希望同对方保持良好的业务关系或迅速结束谈判，作出合作型反应则是恰当的。合作型反应一般是赞许性的。承认和欣赏对方实事求是地对待谈判的态度，但还必须强调进一步谈判的必要性。这种有必要进一步谈判的预先表示，可以降低对方认为自己低估了案情从而转入防御的可能性。

3）"双赢"谈判

"双赢"谈判是把谈判当作一个合作的过程，能和对手像伙伴一样，共同去找到满足双方需要的方案，使费用更合理，风险更小。

“双赢”谈判强调的是：通过谈判，不仅是要找到最好的方法去满足双方的需要，而是要解决责任和任务的分配，如成本、风险和利润的分配。“双赢”谈判的结果是：你赢了，但我也没有输。从倡导和发展趋势的角度说，“双赢”谈判无疑是有巨大的发展空间的。但是，在实际工作中，推广“双赢”谈判不是那么容易的事。

复习思考题

1. 什么是沟通？沟通有何功能？
2. 比较不同沟通方式的优缺点。
3. 个体间沟通有哪些障碍？应如何克服这些障碍实现个体间的有效沟通？
4. 什么是正式沟通？正式沟通主要包括哪些形式？
5. 什么是非正式沟通？管理者应如何对待非正式沟通？
6. 组织的经营管理是组织的内部事务，不应向媒体公布，特别是不利消息。这种观点是否正确？为什么？
7. 你是否遇到过信息超负荷？对此你是如何处理的？
8. 冲突产生的原因是什么？如何管理不同种类的冲突？

【案例分析】

最愚蠢的银行

2008年9月15日上午10：00，拥有158年历史的美国第四大投资银行雷曼兄弟公司向法院申请破产保护，消息转瞬间通过电视、广播和网络传遍地球的各个角落。令人匪夷所思的是，在如此明朗的情况下，10：10，德国国家发展银行居然按照外汇掉期协议，通过计算机自动付款系统，向雷曼兄弟公司即将冻结的银行账户转入了3亿欧元。毫无疑问，3亿欧元将有去无回。转账风波曝光后，德国社会各界大为震惊，舆论哗然，普遍认为，这笔损失本不应该发生，因为此前一天，有关雷曼兄弟公司破产的消息已经满天飞，德国国家发展银行应该知道交易存在巨大的风险，并应事先做好防范措施才对。德国销量最大的《图片报》，在9月18日头版的标题中，指责德国国家发展银行是迄今“德国最愚蠢的银行”。此事惊动了德国财政部，财政部长佩尔·施泰因布吕克发誓，一定要查个水落石出并严厉惩罚相关责任人。法律事务所的调查员先后询问了德国国家发展银行各个部门的数十名职员。几天后，调查员向国会和财政部递交了一份调查报告，调查报告并不复杂深奥，只是一一记载了被询问人员这10分钟忙了些什么。然而，答案就在这里面。看看他们都忙了些什么？

首席执行官乌尔里奇·施罗德：我知道今天要按照协议预先的约定转账，至于是否撤销这笔巨额交易，应该让董事会开会讨论决定。

董事长保卢斯：我们还没有得到风险评估报告，无法及时作出正确的决策。

董事会秘书史里芬：我打电话给国际业务部催要风险评估报告，可那里总是占线，我想还是隔一会儿再打吧。

国际业务部经理克鲁克：星期五晚上准备带上全家人去听音乐会，我得提前打电话预订门票。

国际业务部副经理伊梅尔曼：忙于其他事情，没有时间去关心雷曼兄弟公司的消息。

负责处理与雷曼兄弟公司业务的高级经理希特霍芬：我让文员上网浏览新闻，一旦有雷曼兄弟公司的消息就立即报告，现在我要去休息室喝杯咖啡了。

文员施特鲁克：10：03，我在网上看到了雷曼兄弟公司向法院申请破产保护的新闻，马上就跑到希特霍芬经理的办公室，可是他不在，我就写了张便条放在办公桌上，他回来后会看的。

结算部经理德尔布吕克：今天是协议规定的交易日子，我没有接到停止交易的指令，那就按照原计划转账吧。

结算部自动付款系统操作员曼斯坦因：德尔布吕克让我执行转账操作，我什么也没问就照做了。

信贷部经理莫德尔：我在走廊里碰到了施特鲁克，他告诉我雷曼兄弟公司的破产消息，但是我相信希特霍芬和其他职员的专业素养，一定不会犯低级错误，因此也没必要提醒他们。

公关部经理贝克：雷曼兄弟公司破产已发生，我想跟乌尔里奇·施罗德谈谈这件事，但上午要会见几个克罗地亚客人，等下午再找他也不迟，反正不差这几小时。

德国财政部长施泰因布吕克出席银行监管董事会会议后感叹："我一辈子都没经历过这样的事。"

演绎一场悲剧，短短10分钟就已足够。在这家银行，上到董事长，下到操作员，没有一个人是愚蠢的，却创造出了"德国最愚蠢的银行"。

思考与讨论

1. 德国国家发展银行为什么会成为"德国最愚蠢的银行"？
2. 德国国家发展银行在沟通中出现了哪些问题？
3. 联系案例谈谈沟通的重要性。

第12章

控制与有效控制

【本章要点】

- 控制的含义和类型；
- 控制过程；
- 有效控制。

在管理过程中，即便管理者能制订合理的计划、调整有效的组织结构、充分地调动员工积极性，也不能保证管理者追求的目标一定能实现。控制是管理过程的最后一步，是管理者对计划过程中所制订的目标是否有效完成的一种监督。缺少控制，管理者无法发现和纠正组织活动中的偏差，无法保证组织目标的实现。现实中，往往是失控事件发生之后，管理者才真正认识到控制作为管理职能最后一步的重要性，但是事件本身已经给企业带来无可挽回的巨额损失，也可能给利益相关者造成了巨大伤害。

12.1 控制活动

12.1.1 控制的含义

从管理过程来看，控制是对计划执行情况的监督活动。实际中，管理者可能面临许多控制问题，例如控制工作进度、调整员工行为、建立分配财务资源的基本制度、分析财务表现、全面评估生产效率和产品质量等。因此，可以把控制概括为：根据计划的目标和规定的标准，监督检查各项活动及其结果的偏差，纠正明显的偏差或不适当的标准，确保组织目标顺利实现的管理过程。

理解控制的含义需要掌握以下几点：

第一，控制是组织不可缺少的管理活动。一个组织为了生存和发展，需要管理，管理活动主要由计划、组织、领导和控制等构成。没有控制，管理者不知道组织实际活动与计划目标是否偏离，无法知道工作团队是否正确运作。只有进行控制，才能确保计划顺利完成。

第二，控制是一个“纠偏”的过程。由于管理环境和条件的不断变化，管理活动可能与目标和标准出现各种偏差。对管理者来说，要对计划执行过程进行监控，及时发现偏差，分析偏差产生的原因，以及标准是否适当，并采取有效措施解决问题。因此，控制是纠正计划执行偏差和选择适当标准的过程。

第三，控制具有明确的目的性。控制的目的是要保证组织目标的顺利实现。具体来说，控制的目标是：防止偏差的产生和扩大化，增强组织适应环境的能力。

在管理活动中，控制既是一次管理活动的终点，是保证计划得以实现和组织按既定的路线发展管理的职能，同时又是新一轮管理活动的起点。

12.1.2 控制的必要性

人们常说："计划没有变化快"。无论管理者制订如何周密的计划，实际执行中总会出现与计划不一致的情况。控制作为管理过程的重要职能，其必要性由以下原因决定。

1. 内外环境的变化

现在的企业面对的是一种动态复杂环境。企业无论身处何地，都直接或间接地受到全球市场的影响。企业内部各种要素变革的速度和频率都明显加快。技术进步、产业结构升级、政府政策的调整、员工维权意识的增强、消费者偏好的变化等因素都能影响企业目标的实现。毕竟人的理性是有限的，管理者们无法预知未来。原先制订的计划无论如何周密，也不可能考虑到所有因素和突如其来的变化。当这些变化发生的时候，企业为了实现既定目标，控制和调整就是必要的了。

2. 管理授权的监督

企业作为分工合作组织，必然存在授权的问题。为了提高劳动效率，企业最高管理者必然要把一部分权力授予下一层次管理者或是员工。当然拥有权力的同时也会赋予他们相应的责任，但是权力是否正确使用和责任是否完全履行都必须在监督之下。如果没有与授权相应的控制系统，掌握权力的管理人员就可能滥用权力，企业实际的经营活动就可能偏离既定的目标，无法发现偏差，也得不到及时的纠正。

3. 执行者的个体差异

个体的素质和能力在组织中的分布并非均匀的，存在个体差异。计划的执行人员受到其本身的素质、知识、经验、技能的限制，在计划的执行过程中可能会出现偏差。同样的计划，不同的执行人员的认知能力可能不同，对计划目标以及相关措施的理解存在差异，执行时自然会产生偏差。即便执行人员的认知能力完全相同，由于工作能力上差异，所能完成目标的程度和效率也会不同。当偏差明显时，需要寻找原因，调整执行人员的行为或是更改控制标准。

12.1.3 控制的类型

根据企业管理中的不同需要，按照不同的分类标准，控制可以划分为不同的类型。由于控制活动并非相互独立，一项控制活动也可能同时属于几种类型。下面是几种比较典型的控制类型。

1. 事前控制、过程控制和事后控制

依据控制活动切入的时机，控制可以分为事前控制、过程控制、事后控制，这是控制的最基本类型。

1）事前控制

事前控制，也称为前馈控制，是一种在工作开始之前进行的控制。其特点是能在偏差发生之前就告知管理者，使他们一开始就采取各种预先防范措施，预防或尽可能地减少偏差的出现，从而把偏差带来的损失降到最低程度。事前控制的目的是在开始之前就将问题的隐患排除掉，做到"防患于未然"。做好事前控制，是做好控制工作，提高控制效率的重要内容。

事前控制的主要方法有：①原材料的检查。经加工制成成品的原材料必须符合质量标准，同时必须保持充足的库存，以保证供应。原材料的质量检查一般可通过随机抽样来进行，对未达到质量要求的予以退货。②资本预算。为更新现有设备和扩大组织发展的需要，必须筹集资本，因而要清楚地算出获得未来的收益所需付出的投资额。③财务预算。有充足的财务资源才能保证组织活动的正常运转，因此要通过预算，特别是现金和流动资金预算来控制财务资源的来源与支出，确保组织正常活动的有效进行。

事前控制的中心问题是防止组织中所使用的资源在质和量上产生偏差，其重点是预先对组织中的人、财、物、信息、时间等进行控制和检查，合理配置，使其符合预期的标准，从而保证计划的实现。事前控制是期望防止问题的发生而不是当出现问题时再补救。这种控制需要及时和准确的信息，但不幸的是这些常常是很难办到的。因此管理者是不得不借助于另外两种类型的控制。

2）过程控制

过程控制也称为同期控制、现场控制，是一种在工作进行之中同步进行的控制。其特点是在工作进行过程中，一旦发生偏差，马上予以纠正。过程控制的目的是及时纠正工作中发生的偏差，改进本次而非下次工作活动的质量。过程控制是一种主要为基层管理人员所采用的控制方法。

最常见的过程控制方式是直接视察。当管理者直接视察下属的行动时，管理者可以同时监督雇员的实际工作，并在发生问题时马上进行纠正。虽然在实际行动与管理者作出反应之间肯定会有一段延迟时间，但这种延迟是非常小的。技术设备可以设计成具有同期控制的功能，如许多计算机系统在程序中就设置了当出现错误时操作人员应该采取的行动。当你输入一个错误的命令时，程序的同期控制会拒绝你的要求，有时甚至会告诉你为什么错了。

过程控制要求控制人员有较高的素质，特别是要有敏锐的观察力、快速的反应能力和灵活多变的控制手段。

小资料

工业企业过程控制

过程控制在石油、化工、电力、冶金等部门有广泛的应用。20世纪50年代，过程控制主要用于使生产过程中的一些参量保持不变，从而保证产量和质量稳定。20世纪60年代，随着各种组合仪表和巡回检测装置的出现，过程控制已开始过渡到集中监视、操作和控制。随着工业生产规模走向大型化、复杂化、精细化、批量化，靠仪表控制系统已很难达到生产和管理要求，转而使用近几十年发展起来的计算机过程控制系统已是大势所趋。

3）事后控制

事后控制，也叫反馈控制，是一种在计划执行之后进行的控制。事后控制的特点是把注意力集中在工作的结果之上，通过对前一阶段工作的总结，对比标准进行测量、比较、分析和评价，发现存在的问题，并以此作为改进下一次工作的依据。事后控制的目的是防止已经发生或即将发生的偏差今后再度发生或扩大，另外，能够为未来计划的制订提供借鉴。

事后控制的方法主要有：①财务报告分析。管理人员可定期通过组织的财务报告来评估组织发展情况，这是企业中常用的方法。财务报告通常包括资产负债表、收入报告、资金来源和使用报告。管理人员通过对财务报告中包含的资料进行分析，及时掌握利润、流动性和偿付能力的指标变化，弄清组织的发展状态。②标准成本分析。企业发展事先都要有预定成本，这可作为企业的标准成本。会计制度向管理人员提供了能将实际成本与标准成本进行比较的信息，以便及时对超标准的成本分析原因，进行控制。③质量控制分析。即根据有关产品的属性和特性的资料来检查产品质量，以确定生产过程是否在控制之中。④绩效评估。员工的工作绩效评估是事后控制最不好把握的方法，因为任何组织中最关键也最复杂的因素是人。员工绩效评估面临的困难很多，比如，标准难以客观明确，评估者的偏好不一，多数工作不能由一个评估标准或尺度来衡量等等。这些因素使员工绩效评估实行起来有一定的难度，但这项工作又是重要和必须要进行的。现场考察是对员工绩效评估的主要信息来源，因为对管理人员来说首要的管理责任就是对下属的工作绩效有客观的考察。此外，增加考核评估的次数也有益于提高评估的准确性。

事后控制的主要缺点在于：管理者获得信息时，偏差已经产生，损失已经造成了。但是在许多情况下，反馈控制是唯一可用的控制手段。与前馈控制和同期控制相比，事后控制也有明显的优点：首先，事后控制为管理者提供了关于计划的效果究竟如何的真实信息。如果反馈显示标准与现实之间只有很少的偏差，说明计划的目标是达到了；如果偏差很大，管理者就应该利用这一信息使新计划制订得更有效。其次，事后控制可以增强员工的积极性，促进员工工作绩效的提高。因为人们希望获得评价他们绩效的信息，而反馈正好提供了这样的信息。

以上三种控制方式各有优点和缺点，在实际应用中往往配合使用。三种控制方法互相补充，协调得好，可以大大提高控制的效率。

下面以工作场所暴力为例，比较三种控制的区别。工作场所暴力是指发生在工作或与工作相关场所的，针对人实施的身体侵害或心理威胁行为。据国际劳工组织 2006 年 6 月公布的研究报告，工作场所的暴力正在全世界蔓延。该研究称，从恃强凌弱、聚众滋事、遭到精神状态不稳定的同事的威胁到性骚扰和他杀，工作场所暴力在全球出现增加趋势。表 12-1 是对相关三种控制类别建议的归纳。

表 12-1 控制工作场所暴力

事前控制	过程控制	事后控制
确保管理者致力于营造起作用的、而非机能紊乱的工作环境； 提供员工帮助计划，帮助员工解决行为问题； 执行不允许任何工作场所出现情绪失控、侵略或暴力的组织政策； 进行仔细的聘用前甄选； 永远不要忽视威胁； 培训员工，让其了解在问题出现时如何避免危险； 清楚地与员工沟通	通过走动式管理，确定可能的问题，观察员工如何相互交往和对待他人； 在重大的组织变化期间，允许员工或工作团队"感到伤心"； 在如何对待他人问题上，做一个好的行为榜样； 利用公司热线或一些其他的机制，报告并调查事件； 进行快速而果断的干预； 在发生暴力时寻求专家的专业帮助； 提供必要的设备或程序(手机、报警系统、代号或暗号)，处理暴力情况	就已发事件和正在做的事公开沟通； 对事件进行调查并采取恰当的行动； 检查组织政策，并在必要时作出改变

2. 等级式控制和分权式控制

根据组织文化对授权态度的不同，可以分为等级控制和分权控制。

1) 等级式控制

等级式控制是通过大量使用规章制度、政策方针、等级权力、书面文件、奖励制度，以及其他正式的机制来监督和影响员工的行为。等级式控制基本假设是：人是不会自我约束的，也是不能信任的，他们需要给予严密的监督和控制。

等级式控制特点是使用详细的规章制度和工作程序，以及正式的控制系统；使用由上到下的集中的权力、正式的等级关系、职位赋予的权力、严密的监督；岗位工作说明书根据任务来制订，通常十分具体；对于什么是可以接受的员工表现，由管理者制定出最低的标准，达到标准就能获得相应的回报；强调外在的奖励(工资、福利和地位)；员工很少参与控制过程，除非是诸如"申诉"之类的规定程序。

等级式控制能提高组织的工作效率，增强管理的有效性。许多员工喜欢这样的控制方式，因为它清楚地规定了希望他们如何做事。目标富有挑战性，可以激发干劲。但是组织文化会变得僵硬，员工按照指令工作，只做要他们做的事情。员工们对工作抱有冷淡的态度，缺勤率和流失率都很高。员工讨厌被过分地监督，他们会设法抵制这种控制系统。

2) 分权式控制

分权式控制是更多地依赖于文化价值观、传统、共同的信仰、信任，以此来促使员工的行为与组织的目标保持一致。分权式控制假设基础是：只有当人对组织具有充分的献身精神时，他们才能工作得最好。

分权式控制的特点是：只在有限的范围内使用规章制度，主要依赖价值观；赖集体和个人的自我管理、具有合作精神的员工；依赖灵活的授权，扁平型组织结构，权力尽可能地建立在知识和经验的基础上；依靠以结果为导向的岗位工作说明书，强调的是需要实现的目标；管理者不仅使用工资这样外在奖励，而且使用一些内在的奖励方法，如有意义的工作，以及提供升迁的机会。除个人表现外，员工还会因为团队或组织的成功而得到奖励。分权式控制要求组织文化必须具有很强的适应性。管理者需要认识到，在统一个人、团队和组织目标，实现全面控制方面，文化所具有的重要性。

3. 直接控制和间接控制

从控制主体的角度来看，控制可以分为直接控制和间接控制。

1）直接控制

直接控制又称内在控制，它是一种自我控制，作业人员不仅检测和发现问题，还要制定标准并纠正偏差，这需要组织成员具有相当的积极性和主动性。如，在企业中从事生产作业的工人，一边观察机械运行状态和产品质量变化，一边调整作业计划就属于这种类型的控制。这种控制是通过采取行动与环境取得平衡来决定工作的成果，是一边观察成果的反馈，一边采取恰当修正行动的控制方式。

为了使作业人员能够较好地实现控制，管理者可以直接改变作业人员计划，也可以下令调整，由作业人员自己按照命令的要求修改计划。管理者的这种行为，本质上属于直接控制。直接控制具有明显的优点：①直接控制特别重视对主管和作业成员的素质要求，能迅速而准确地向成员分派任务。②直接控制可以促使作业人员主动发现偏差，采取纠正措施，从而使控制更有效，实质是倡导自我控制。③由于管理者和作业人员的素质提高，自然减少了偏差发生的概率，有可能节约控制的成本。

直接控制在现实中的例子是很多的，例如，新教师的岗前培训，各级国家机关公务人员的廉政教育等都是直接控制的例子。

2）间接控制

间接控制又称外在控制、影响控制，它由他人和单位承担控制工作，从而保证目标和标准得以顺利实现。作业人员只负责检测，发现问题和报告偏差。间接控制的主体是作业人员的上级管理者和其他监督者。它是基于这样一些事实，即人们常常会犯错误或没有预见到那些将要出现的问题，因而也就不能采取适当的纠正或预防措施。

在实际工作中，产生偏差的原因很多。对于因作业人员缺乏知识、经验和判断力所造成的管理失误和工作上的偏差，可以运用间接控制帮助纠正，这对比较规范、程序化的工作尤其有效。同时，间接控制还可以帮助主管人员总结经验，提高管理水平。

间接控制最明显的缺点是滞后性，即它是在出现了偏差、造成了损失后，才采取措施，因此其控制成本较高。此外，有效的间接控制还取决于以下假设同时存在：①工作绩效可以准确衡量。②人们对工作绩效具有责任感。③有充分的时间衡量工作绩效，发现偏差。④偏差能够及时被发现。⑤有关部门能够及时出台纠正措施。然而，上述五项假设在实际管理活动中难以同时满足，从而使间接控制容易失效。因此，人们便更多地借助直接控制方法来实现管理的有效控制。

12.2 控制过程

控制是一个不断的往复循环的管理过程，尽管控制的对象各不相同，但控制工作的基本程序是一致的，都包括三个步骤：制定控制目标，确立控制标准；衡量实际工作绩效，获取偏差信息；分析偏差原因，采取纠偏措施，如图 12-1 所示。

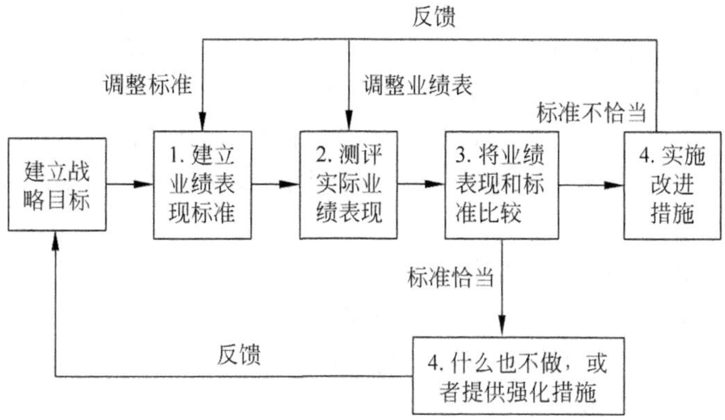

图 12-1　控制过程

12.2.1　确立控制标准

控制必须有标准，否则就不可能发现组织活动中是否存在着偏差。计划是控制的基本标准，但仅有计划是不够的。计划往往只是一个概略的、总括性的标准。对于员工的绩效如何、组织的效率应当如何改进、要求达到什么样的水准等，管理者还必须在计划的指导下，建立起明确的、具体的控制标准。

1. 控制标准的特点

为保证控制的有效性，控制标准应满足如下几个方面的特点：

(1) 控制标准应源于目标，并与目标保持一致。控制的标准是衡量实际业绩的尺度，目的是为了实现组织的目标，因此，控制标准不仅要带有目标的诸多特征，而且要与组织目标保持一致。

(2) 控制标准应尽可能量化，具有可操作性，这样控制过程中，施控者和受控者心中都有明确的行动界线和标准，有助于发现行动中出现的偏差。

(3) 当某项业绩无法量化时，管理者应寻找并使用主观的衡量指标。主观指标存在很大的局限性，但是总比根本没有标准，并因此忽略控制职能部门要好。

(4) 控制标准应尽量简洁明了，不仅能便于控制者了解和掌握，更要便于全体执行人员掌握和了解。

(5) 控制标准体系应协调一致。一个组织内的活动是多种多样的，各职能管理部门都会制定出各自的控制标准，这些标准应该协调一致，形成一个有机整体，否则会使计划执行者陷入两难困境。

(6) 控制标准要有一定的弹性，要能够适应组织环境条件的意外变化，使组织管理者在遭遇突发事件时不致束手无策。

2. 选择控制重点和标准类型

控制首先要明确组织的哪些事务、哪些环节需要加以控制。一般情况下，组织的活动的最终成果是重点控制对象。但是企业没有能力，也没有必要对企业所有活动的结果进行控制，必须在影响企业经营的众多因素中选择关键因素作为重点控制对象。重点往往不易把握，需要管理者细心捕捉。选择关键点不仅是一种管理观念，也是一种管理技术，因为有效控制取决于重点。不同时期，不同组织控制重点并不相同。例如，通用电气公司认为，获利能力、市场地位、生产率、产品领导地位、人员发展、员工态度、公共责任、短期目标与长期目标的平衡等八个方面对企业经营的成败起决定作用，把它们作为控制重点。在选择、确定了控制对象和关键点之后，还要对它们进行深入地观察，以保证控制标准的具体内容与控制对象和关键点的特性相符合。

经常使用的控制标准有以下几种类型。

(1) 时间标准，是指完成一项工作所需花费的时间限度。

(2) 生产率标准，是指在规定时间里所完成的工作量。

(3) 消耗标准，是指完成一定的工作的有关消耗。

(4) 质量标准，是指工作应达到的要求，或是产品或劳务所应达到的品质标准。

(5) 行为标准，是指对员工规定的行为准则。

当然，标准的运用可以根据组织的特点、控制环节的差别采用不同的标准或是标准组合。

小资料

国际标准化组织

国际标准化组织ISO(International Organization for Standardization)，成立于1946年，是一个全球性的非政府组织，是国际标准化领域中一个十分重要的组织，中国是ISO的正式成员。ISO的宗旨是：在世界上促进标准化及其相关活动的发展，以便于商品和服务的国际交换，在智力、科学、技术和经济领域开展合作。ISO的主要任务是：制定国际标准，协调世界范围内的标准化工作，与其他国际性组织合作研究有关标准化问题。

3. 制定标准的具体方法

控制的对象和关键点不同，控制的标准和方法也不一样，由此导致多种标准的制定方法。一般来说，常用的制定标准的方法有统计方法、经验评估法、工程标准法三种。

1) 统计方法

这是利用统计方法来确定预期结果的方法。由统计方法获得的标准称为统计标准，也称为历史性标准。它是以组织在各个历史时期活动的数据、记录为基础，或者依据同类组织的统计数据，为未来活动设立的标准。最常用的有统计平均值、极大(或极小)值和指数等。一般来说，利用组织自身的统计数据制定的统计性标准优点是简便易行，切合组织实际情况；缺点是视野狭窄，只局限于组织内部情况，不了解同类组织的发展状况，容易出现闭门造车的弊病，对于组织的未来发展有不利的影响。适当的做法应当在制定统计性标准时充分参照外部同类组织的数据资料，以便制定出兼顾行业平均水平和长远发展的统计标准。

2) 经验评估法

经验评估法是指根据专家的经验和判断确定控制标准的方法。在实际工作中，由于有些组织及活动没有统计数据和资料可资利用,有些活动还因为其是新生事物,组织没有这方面的实践,因而只能根据经验分析和判断制定控制标准。这种方法的优点是可以打破统计方法的局限性,在资料和数据缺乏的情况下仍然能够制定出控制的标准,使控制有章可循。其缺点也很明显,这就是它只能是粗略性质的,而非精确的。这种方法可以作为统计方法和即将提到的工程标准方法的补充,尤其适合于组织从事的活动是新生事物时控制标准的制定。利用经验评估法来制定控制标准时,要注意充分吸引组织内外各方面专家、学者和组织成员的意见,以便集思广益,制定出一个对组织发展合理、有利的标准。

3)工程标准法

工程标准法是在对工作情况进行客观定量分析的基础上制定标准的方法,也称为工作标准法,它是以较为精确的技术参数和实测数据为基础的。工程标准法主要应用于测量生产过程中生产者个人或群体的产出数额,这种测量企业中又称为时间研究和动作研究。通过动作研究和时间研究,企业的管理者为职工制定出标准生产定额。这种方法有利于基层管理人员恰当地安排工作,合理地评估职工的绩效,准确地预测企业生产经营活动所需的人工和成本等。这种方法的优点是标准的制定具有客观的依据和合理性,准确性高,但也存在着成本高,耗时长的缺点。

12.2.2 衡量实际工作绩效

衡量实际工作就是对计划执行的实际情况进行实地检查,并作出考核判断。这是控制的中间环节,也是工作量最大的一个环节。在这个阶段,施控者可发现计划执行中所存在的缺陷,有什么样的以及程度多大的偏差,它们是由什么原因引起的,应采取什么样的纠正措施。控制的核心是按照预先确定标准监督实际活动并对偏差调整,而控制的基础就是管理者手中掌握的信息。衡量实际工作绩效的主要内容就是通过采集实际工作的信息,了解和掌握工作的实际情况。

在衡量实际执行时,有四种常用的信息来源:亲自观察、统计报告、口头报告和书面报告。每种信息来源都有各自的优点和缺点,综合利用各种信息来源,既可以增加获取信息的渠道,又能提高获得可靠信息的可能性。

1. 亲自观察

亲自观察提供了关于实际工作的第一手详尽信息,这些信息未经二手转述直接呈现给了管理者,避免了信息被转述过程中的遗漏、过滤和歪曲。亲自观察无论是重要的还是次要的行为都能被观察到,因此该种方法能提供密集的信息量。管理者应该走进工作场所,直接与基层员工接触,交流工作进展的信息。亲自观察可以收集到其他方法容易遗漏的信息,也可以收集到如面部表情和语气、语调等展现内心活动的信息,可以体会到员工的言外之意。然而,亲自观察收集到的信息可能存在感性偏差,不同的管理者获取的信息可能存在差异,甚至情况相反。另外,亲自观察会耗费管理者大量的时间,而且可能不受员工的欢迎,员工把公开观察视为对他们缺乏信心和信任的信号。

2. 统计报告

统计报告就是将实际工作中采集到的数据以一定的统计方法进行加工处理后得到的报告。计算机的广泛应用使统计信息很容易形象化而且能有效地说明事物之间的关系,这使得经理们越来越依赖统计报告来衡量实际情况。但是统计报告受到两个因素的制约：一是真实性，统计报告采集的原始数据是否正确，统计方法是否科学，管理者往往难以判断；二是全面性，统计报告所能提供的实际活动的信息有限，统计的内容仅限于少数关键领域，往往会忽略一些重要的主观信息。

3. 口头报告

管理者也可以通过口头报告，如会议、一对一面谈或电话会谈来获取信息。

有的企业要求管理者在一段时间内必须与每位员工做一次一对一的会谈。口头报告虽然信息经过转述，但信息传递速度快，允许反馈，同样能够获取员工的言外之意。口头报告的一个最大缺陷是信息的不易保留和存档，留作日后的参考。当然现在也可以通过技术手段将口头报告录制下来，永久保存。

4. 书面报告

书面报告像统计报告一样，比第一手或第二手的口头衡量更正式，比口头报告传递信息更全面和准确，报告的质量更容易控制。书面报告形成的速度慢一些，但是易于归类和查阅。

12.2.3 纠正偏差

在企业所有活动中，都可预料到会存在一定的偏差，确定偏差的范围是至关重要的，如果发现计划执行过程中已经出现的偏差超过了一定范围，必须马上召集有关管理人员分析偏差产生的原因，并采取相应的措施纠正偏差(见图 12-2)。

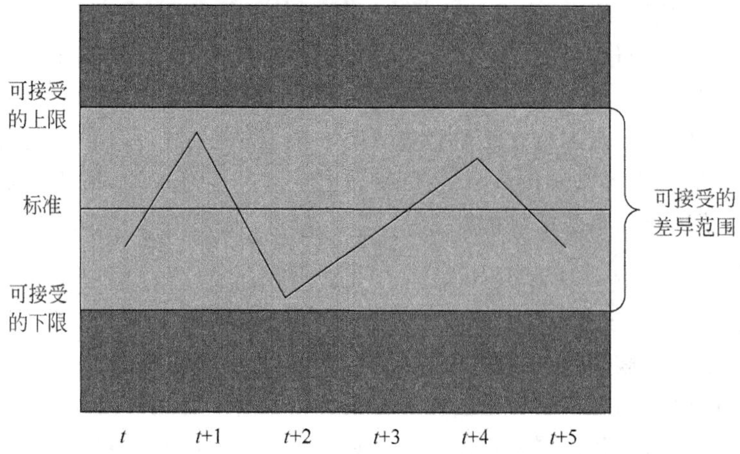

图 12-2 可接受的差异范围

偏差产生的原因可归纳为三大类，相应地也应该采取不同的纠正措施。

1. 计划脱离实际，使执行者无法执行

这种偏差产生的原因是计划制订得不合理，计划标准过高或是过低。经过实践的检验，证明这两种情况下都需要调整计划。

2. 执行人员执行不到位

执行者由于自身的原因，如工作不认真，缺乏责任心，玩忽职守；或能力不足，不能胜任工作等原因造成计划执行产生偏差。这种情况下，就需要坚持标准，同时分析员工努力不够的原因，排除消极情绪，督促其完成计划。

3. 外部环境的重大变化

当组织的外部环境发生突变时，如战争的爆发、国内经济形势发生重大变化或重大自然灾害等，使组织原定目标和计划不能实现。对于这类因素，管理者一般无法控制，只能在认真分析的基础上采取一些补救措施，调整组织的战略，应对挑战，以消除不利影响。

纠正偏差是控制的最后的一个环节，也是控制的目的之所在。纠偏措施的选择和实施过程中要注意以下几个重要问题：

首先，实施对象的选择。是要纠正企业的实际活动，还是原来的计划，或者是衡量活动的标准？

其次，纠偏方案的双重优化。第一重优化是考虑采取矫正措施带来的效果是否大于不纠偏的损失。如果矫正措施的实施条件不成熟，即使产生了偏差，但最好的方案也许是不采取任何行动。第二重优化是在此基础上，通过各种经济方案的可行性比较，找出其中追加投入最少、解决偏差效果最好的方案来组织实施。

最后，注意消除人们对矫正措施的疑虑。矫正措施可能会在不同程度上引起组织结构、工作关系、工作流程等的调整，不可避免地涉及组织成员的利益重新分配。管理者应考虑员工对矫正措施所持的不同态度，特别注意消除执行者的疑虑，争取更多人的理解、赞同和支持，避免方案在付诸实施的时候出现人为的障碍。

12.3 有效控制

控制的目的是保证组织的活动符合计划的要求，以有效地实现预定目标。尽管所有的组织和计划各不相同，所采用的控制系统也有差别，但是，一般认为，有效的控制应当具备适时、适度、客观和保持弹性的特征。

12.3.1 适时控制

适时控制是指一个控制系统实施控制时，一旦发生偏差，系统能够迅速检测并作出反应。适时控制有以下几方面的要求。

1. 控制系统必须能够提供偏差产生及其严重程度的准确信息

如果控制系统提供的信息不准确，可能会导致管理者在应该采取行动时而没有行动，不存在问题时却大动干戈。

2. 控制系统必须提供及时的信息

如果控制系统提供的信息不及时，直到偏差已经非常严重，给组织带来了无法挽回的影响时，才显示偏差产生的信息，那么即使这种信息非常具体、准确，对纠正偏差也没有任何意义。

3. 控制系统要能够提示管理者纠正偏差的措施

即控制系统不仅能够指出偏差产生的信息，而且还能够建议如何纠正这种偏差，以使管理者能及时采取措施予以纠正，防止偏差造成的不利影响继续扩大，甚至未出现偏差时，就能未雨绸缪，预警可能出现的偏差，防患于未然。

总之，适时控制强调控制系统提供及时、准确的信息，并能够提示管理者采取什么手段予以纠正，以使管理者能及时出台纠正措施。只有如此，才可以使得各方面的损失降到最小，控制最有成效。

12.3.2 适度控制

适度控制是指控制系统在控制的范围、程度和频度等几方面要做到恰到好处，也就是要适度。适度控制要注意以下几方面问题。

1. 防止过度控制或控制不足

控制会使组织中的被控制对象感到不舒服，但是组织目标的实现又离不开控制，因为缺乏控制可能会导致组织活动混乱无序，影响组织目标的实现。因此，有效的控制系统应该权衡控制的利弊，既保证对组织活动进行监督和检查，以实现目标，又要防止引发组织成员的不满和敌对情绪。这就要求控制要适度。一方面，防止过度控制，以避免对组织的员工造成伤害，使员工产生对抗情绪，影响员工积极性、主动性和创造性的发挥；另一方面，也要防止控制不足。控制不足可能导致组织活动无法有序进行，组织各个部门无法协调工作，造成资源使用的低效和浪费。此外，控制不足还可能造成组织中的成员漠视组织规定和要求，不仅不为组织积极工作，反而利用组织赋予的权力谋取个人私利，破坏组织的正常秩序，甚至危及组织的生存，导致组织破产。

控制的程度和频度要考虑多种因素，包括被控制对象的特点、控制活动的特性、组织结构特性等。一般来说，对体力劳动、技术熟练程度低的人员的控制和频度应高于对脑力劳动、技术熟练程度高的人员的控制；对现场作业人员的控制程度和频度要大于对机关科室人员的控制；对受过严格训练、能力较强的管理人员或执行者的控制程度和频度要低于那些缺乏经验的新上任的管理人员或执行者。此外，组织的外部环境及发展前景也可能成为影响控制程度和频度的变数，如在组织面临来自政府或上级主管部门的严格检查时，组织成员一般能够接受较为严格的控制。

2. 坚持重点控制与全面控制相结合的原则

重点控制指在计划的实施过程中，应对关系全局的重点部门、重点工作环节进行的特别控制；全面控制指对计划实施过程中的诸多方面进行的一般控制。控制必须做到重点控制与一般控制相结合，以重点控制来带动一般控制，以一般控制来保证重点控制。重点控制在控制过程中是十分重要的。因为一项计划，无论多么简单，也会涉及多个部门的工作协调，也要经过多个环节。不同部门、不同环节在计划实施中的地位和作用是不同的，有的事关全局，有的则仅起配套辅助作用。控制首先必须抓住这些事关全局的部门和环节。这样控制才最有效率。

同时，在控制系统中，全面控制也是十分必要的。如果只抓重点控制，放弃全面控制，一些部门就会放任自流；一些非关键性的环节，在失去控制之后也会影响计划的完成。所以说，全面控制与重点控制相辅相成，缺一不可。

3. 控制要保证收益大于成本

任何控制的实施都是有成本的，无论是控制系统的各组成部分，还是控制过程的各个环节，都需要耗费一定的费用，这就是控制的成本。由于控制在一定范围内、一定程度上纠正了组织活动的偏差，也会给组织带来一定的收益。只有当一项控制所带来的收益大于其实施的成本时，才具有经济上的合理性。因此，一项具体控制方案的实施必须基于其预期收益大于控制成本的原则。

控制成本与控制的关系较为单纯。一般来说，控制成本基本上随着控制程度的提高而增加。控制收益的变化则比较复杂，当控制较少时，由于管理者不能及时发现偏差并加以纠正，从而使控制系统处于不经济状态，控制的收益可能低于所支付的成本。当控制适度时，控制的效率逐步提高，控制程度的增强使管理者能纠正一些较为严重的偏差，从而使控制的收益增加，导致控制收益高于成本的较好效果。当控制过度时，控制成本一定大大增加，而且过度控制还可能损害员工的积极性和创造性，使得控制成本超过收益。因此，从成本与收益的角度看，控制也必须适度。

12.3.3 客观控制

客观控制是指控制工作应该切合组织的实际情况，即要求控制标准合理、检测技术和手段符合实际，纠偏措施切实可行，避免主观臆断。控制的标准至关重要，它既不应该过高，也不应该过低，否则会限制激励作用的发挥。客观的标准应该是一套富有挑战性，能激励员工努力工作的标准，而且是合理的并且能够达到的标准。此外，为避免使用过多的主观因素对管理者实施控制，控制标准还应该明确，尽可能予以量化，以便于把握。例如，银行等服务系统，过去的服务标准是“热情欢迎，周到服务”，这是个定性的标准，在实施的过程往往不易衡量，顾客也没有体验到银行服务的热情和周到。后来，由于竞争的需要，有的银行推出了“限时服务”的新举措，规定每项业务处理时间不得超越3分钟。这项要求对银行工作人员的业务熟练程度和服务质量有了明确的量化标准，既便于银行的控制，也有利于工作人员技能的提高，同时也提高了服务质量。这说明控制标准明确、量化十分重要。作为管理控制过程中衡量绩效的标准，检测技术和手段能否客观地反映组织在时空上的变化程度与分布状况，能否准确地评价和衡量组织各部门、各环节的工作与计划要求相符合或偏离的程度至关重要。只有在依据客观、准确和适用的控制标准能够衡量和检测工作成效的情况下，才能产生客观的纠正措施，实现控制的客观化。

12.3.4 弹性控制

控制是按一定标准进行的管理活动，目的是为了保证计划完成。受控者在控制过程中必须严格执行施控者的命令和决策，施控者对要完成的计划、要达到的标准，不能有丝毫动摇。控制是一项十分严肃的管理工作。控制需坚持原则，必须严格按计划、按标准办事。计划中存在的问题，必须及时反馈；对计划执行中存在的重大消极因素，必须坚决排除。但是，控制又是针对未来进行的管理，有效的控制系统应具有灵活性以适应各种不利的变化，尤其是当组织遇到突发的、无力抗拒的变化时，控制系统仍能发挥作用，维持组织的正常运营。要使控制系统在突变的情况下仍能发挥作用,必须实行弹性的计划和弹性的标准。

复习思考题

1. 什么是控制?为什么说管理控制是必需的?
2. 简单阐述控制的基本过程。
3. 事前控制、过程控制和事后控制各自的优缺点是什么?
4. 衡量实际工作绩效的各种信息来源的优缺点各是什么?
5. 有效控制应具备哪些特征?

【案例分析】

质量控制是华晨宝马公司的重中之重

J. D. Power公司开发并维护着现存最大、最全面的历史用户满意度数据库,该公司的研究以独立性和客观性著称于世。2014年4月宝马X1荣获J. D. Power 2013年中国新车质量研究大奖。宝马X1此次获奖源于华晨宝马汽车有限公司拥有全面、多层次的质量管理体系,这一体系确保所有生产环节、配件及材料的质量,最终,确保每一台宝马汽车的卓越品质。

华晨宝马公关部副总裁孙玮介绍,华晨宝马质量管理体系的出发点就是致力于满足消费者需求,提供最完美的产品。"宝马制造"的基础是华晨宝马公司优秀的员工队伍。"以客户需求作为思考的出发点并付诸行动"是公司发展的指导原则,在这一纲领下,我们所有的生产环节都能实现最佳的产品质量。华晨宝马全体员工都视提高产品品质为己任,从生产过程的开始一直贯穿整个流程,同时也在持续努力提升产品品质,当然还有全力杜绝质量问题的发生。宝马集团总部的质量管理专家也会在宝马全球的生产工厂进行巡回检查和评估。

本次宝马X1荣获J. D. Power质量大奖,可谓实至名归,汽车行业权威研究机构是华晨宝马卓越产品质量的见证者,也体现了终端用户对华晨宝马产品质量的高度认可。据孙玮副总裁介绍,为了确保每一台交付用户的X1都能具备最佳的产品质量,公司的四大工艺车间都有完备的质量检测工序,所有生产环节均严格执行包含线上检查、专门质检和各生产段部门质量审计在内的质检流程,确保交付到客户手中的宝马X1不留任何细微问题。

在X1生产过程的起点——冲压车间里,每个冲压件都随流水线接受电脑扫描检查平整度。冲压件下线后,会由生产人员检查瑕疵点、变形和毛刺等,再经专门的质检员做检验。除每50个冲压件要抽取1个进行更细致的全面检测外,检测人员还会抽取一定数量的冲压件到实验室里进行光学几何测量,确保冲压件的弧度、精度和平整度都能达到宝马集团全球统一的高质量标准。

车身车间是对X1白车身进行焊接的地方,多达5715个焊点都是在这里完成的。为了确保每个焊点的精准和牢固,车身车间里拥有多项线上和线下质量检测。生产线上,专门的机器人手臂会对所有产品进行拍照对比检测;生产线下,质检人员会利用便携式超声波仪器抽检焊点的质量。如发现问题,所涉及的白车身必须全面返工。为保持质量稳定,三坐标实验室还会抽检X1白车身,精确测量近800个坐标点。三坐标实验室使用导向性更好的红宝石探头，结合顶尖的蔡司光学仪器，并保持恒温、恒湿来最大程度避免热胀冷缩造成的误差。由于测量过程十分精细，测一台车平均耗时要4小时以上。更为苛刻的是，每两个月，车间将进行一次破坏性试验，刨开X1白车身成品的所有焊点，重新检验焊接质量和坚固程度，以求获得没有瑕疵的车身。

涂装车间是X1完美车身颜色的诞生地，全球领先的喷漆工艺让X1外观炫丽、光泽持久、更耐腐蚀并且更抗碎石撞击。缜密的质量检测工序也让每一台X1的漆面不留任何瑕疵。生产线上车辆100%要经过机器人的膜厚检测，中间要抽取10%的车辆进行全面检测。抽检产品需通过专门的检测间和两个6轴机器人用色差仪、红外线反射波、超声波等多种途径对漆面色差、平滑度和膜厚进行的分别检查。

总装车间里，一台台宝马X1整车相继下线。交付用户前，还有多项质量检测需要进行，包括灯管调试、转毂测试、实路测试和静态检测等。转毂测试使用目前行业中最先进的整车消音室四轮驱动转毂实验台，结合丹麦BK声学公司的传声器、加速度计和校准器，检测车辆的动态行驶性能和制动性能，并找到可能的振动源和噪声源。实验室的操作人员都是拥有6年以上工作经验的专业人员。通过转毂实验室后，车辆100%需要经过淋雨测试和实路测试。路试需要检验动态性能、旋钮及按键的各种功能以及车内外是否有异常噪音。路试完成后车辆还要接受严格的静态检测，常人肉眼难以察觉的细小瑕疵都逃不过质检人员的检测。

华晨宝马同样重视对车身部件供应商的产品质量的控制。随着华晨宝马生产规模的扩大，公司的车身部件采购量也会随之增长，这个过程中的质量控制对公司来说也非常重要。针对部件供应商的产品质量，公司拥有非常严格的评估体系。每一种部件在进入华晨宝马的采购系统之前，都必须经过多轮质量检测。不能达到宝马集团质量标准的部件，一律不能进入宝马集团的供应商名单。以车漆为例，每一种车漆在被使用前，都需要经过数周的检测，包括强光照射、耐腐蚀、浸水等检测，达到标准，才能被使用。华晨宝马的质量管理部门亦会对部件不断进行抽查，以确保部件的质量始终能够达到宝马集团的质量标准。

除此以外，华晨宝马还对部件供应商有一项特别的要求，就是供货地点要尽可能靠近生产工厂，这也是宝马集团的四大供应商都在工厂现场供货的原因。这样做的目的是让供应商的物流能够融入工厂生产的整体物流体系当中，即零部件能够在正确的时间按照正确的顺序到达正确的地点。如果部件出现问题，也能在第一时间解决问题。这样做即能提升生产效率，又能保证产品质量。

思考与讨论

1. 你如何理解“优秀的员工队伍是‘宝马制造’的基础”这句话？
2. 华晨宝马公司的宝马X1的四大工艺车间是如何进行质量控制的？
3. 华晨宝马对部件供应商采取了哪些措施来保证产品质量？

第13章

控制方法

【本章要点】

- 预算控制；
- 生产控制；
- 质量控制；
- 财务控制；
- 平衡记分卡。

管理者仅仅了解控制过程是不够的，当面临实际控制问题时，一些具体、有效的方法就十分重要了。正如孔子所说"工欲善其事，必先利其器。"控制方法是对那些能够衡量和纠正组织行为偏差一般方法的统称。组织是一个分工协作的整体，既需要关于各个职能部门的控制方法，又需要跨部门的综合控制方法。在管理实践中，管理人员积累了大量的控制方法。比较常用的控制方法有预算控制、生产控制、质量控制、财务控制、平衡记分卡等。前四种控制方法侧重于专门控制，后一种控制方法侧重于综合控制。方法本身没有优劣之分，组织需要根据自身的实际情况选择适合组织的方法。

13.1 预算控制

预算控制是管理控制中使用最广泛的一种控制方法。预算是计划的数量表现，预算的编制是作为计划过程的一部分开始的，而预算本身又是计划过程的终点，是转化为控制标准的计划。因此，预算控制最清楚地表明了计划与控制的紧密联系。这种紧密关系是建立在对组织调查研究后的科学分析基础上的，管理人员不能把预算编制工作简单地理解为一种在过去基础上的外推和追加的过程，不能以主观想象为根据任意削减预算，否则会使得预算失去应有的控制作用，偏离了其基本目的。

13.1.1 预算的性质和作用

预算就是用数字编制未来某一个时期的计划，也就是用财务数字或非财务数字来表明预期的结果。通常管理人员把预算理解为组织在一定期间内的收支预计。但是管理中的预算不仅仅局限于计划的金额上的反映，更侧重于计划的数量说明。

预算的性质和作用体现在以下几个方面。

1. 预算是一种计划形式,有利于战略计划的落实

预算是以企业战略目标为导向,围绕企业的经营计划,预测并设定资产、负责、收入、成本、费用、利润、投资、筹资等核心指标的目标。预算既要规定实现计划目标的各种要素的投入与产出的数量,又要说明为什么必须投入或支出这么多数量,以及对实现投入与产出的时间估计。管理者通过预算可以了解组织状况的变化方向,落实战略计划。

2. 预算以人、财、物等资源要素为基础,有利于资源的优化配置

预算编制的内容涉及企业各种资源要素如何使用,通过预算可以对企业全部资源要素进行合理、有效的配置,旨在提高企业资源的使用效率和效果。

3. 预算以业务活动环节及部门为依托,有利于企业内部协调

预算必须结合企业的业务活动,落实到企业业务活动的各个环节和各个部门,作为各个环节和部门的工作目标和考核标准。企业各个环节和部门只有协调沟通才能合理地编制预算和高效地执行预算。

4. 预算是一种重要的控制手段

编制预算实际上就是控制过程的第一步——拟定标准。由于预算是以数量化的方式来表明管理工作的标准,其本身就具有可考核性,因而有利于根据标准来评定工作成效,这是控制过程的第二步——衡量实际业绩。找出偏差,并采取纠正措施,这是控制过程的第三步——采取措施,纠正偏差。预算能改进企业的计划工作,更容易发现、查明和评定实际业绩与预期结果之间的偏差,为采取纠正措施奠定了基础。

13.1.2 预算的种类

预算在形式上是一整套预计的财务报表和其他附表。按照不同的内容可以将预算分为由经营预算、投资预算和财务预算三大类及各种不同的个别预算组成的预算体系。

1. 经营预算

经营预算是指组织日常发生的各项基本活动的预算,属于短期预算。它主要包括销售预算、生产预算、直接材料采购预算、直接人工预算、制造费用预算、单位生产成本预算、推销及管理费用预算等。其中最基本和最关键的是销售预算,它是销售预测正式的、详细的说明。由于销售预测是计划的基础,加之组织主要是靠销售产品和劳务所提供的收入维持经营费用的支出和获利的,因而销售预算也就成为预算控制的基础。生产预算是根据销售预算中的预计销售量,按产品品种、数量分别编制的。生产预算编好后,还应根据分季度的预计销售量,经过对生产能力的平衡排出分季度的生产进度日程表,或称为生产计划大纲,在生产预算和生产进度日程表的基础上,可以编制直接材料采购预算、直接人工预算和制造费用预算。这三项预算构成对组织生产成本的统计。而推销及管理费用预算,包括制造业务范围以外预计发生的各种费用明细项目,例如销售费用、广告费、运输费等。对于实行标准成本控制的组织,还需要编制单位生产成本预算。图 13-1 所示为预算体系间的相互关系。

2. 投资预算

投资预算是对企业的固定资产的购置、扩建、改造、更新等,在可行性研究的基础上编制

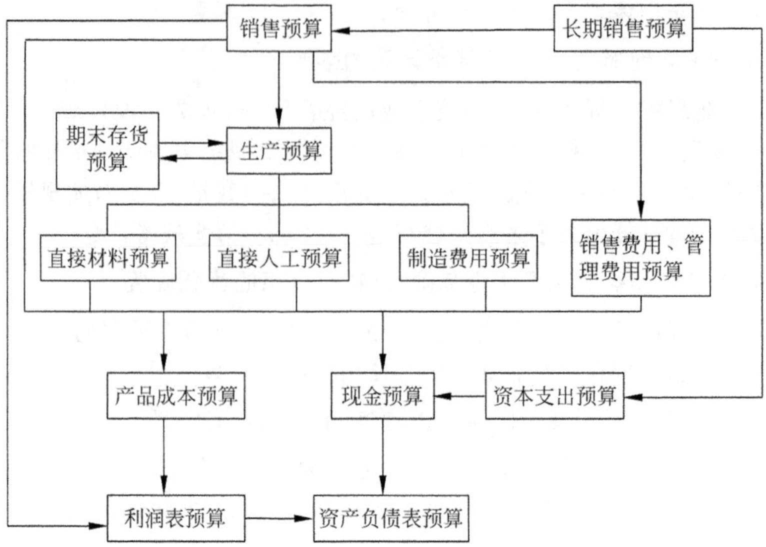

图 13-1 预算体系的相互关系图

的预算。它具体反映在何时进行投资、投资多少、资金从何处取得、何时可获得收益、每年的现金流量为多少、需要多少时间回收全部投资等。由于投资的资金来源往往是组织的限定因素之一，而对厂房和设备等固定资产的投资又往往需要很长时间才能回收。因此，投资预算应当力求和组织的战略以及长期计划紧密联系在一起。

3. 财务预算

财务预算是指组织在计划期内反映预计现金收支、经营成果和财务状况的预算。它主要包括现金预算、利润表预算和资产负债表预算。必须指出的是，前述的各种经营预算、投资预算中的资料，都可以折算成金额反映在财务预算内。这样，财务预算就成为各项经营业务和投资的整体计划，故亦称为“总预算”。

(1) 现金预算主要反映计划期间预计的现金收支的详细情况。在完成了初步的现金预算后，就可以知道组织在计划期间需要多少资金，财务主管人就可以预先安排和筹措，以满足资金的需求。为了有计划地安排和筹措资金，现金预算的编制期应越短越好。西方国家有不少组织以周为单位，逐周编预算，甚至还有按天编制的。我国最常见的是按季和按月进行编制。

(2) 利润表预算是用来综合反映组织在计划期内生产经营的财务情况，并作为预计组织经营活动最终成果的重要依据，是业财务预算中最主要的预算表之一。

(3) 资产负债表预算主要用来反映组织在计划期末那一天预计的财务状况。它的编制需以计划期间开始日的资产负债表为基础，然后根据计划期各项预算的有关资料进行必要的调整。

总之，企业应根据长期市场预测和生产能力编制长期销售预算。以长期销售预算为基础，确定年度的销售预算，并根据企业财力确定资本支出预算。销售预算是年度预算的编制的起点，按照“以销定产”的原则编制生产预算，同时编制销售费用预算。生产预算的编制，除了考虑计划销售量外，还要考虑现有存货和年末存货。根据生产预算来确定直接材料费用、直接人工费用和制造费用预算以及采购预算。产品成本预算和现金流预算是有关预算的汇总。利润预算和财务状况预算(或资产负债表预算)是全部预算的汇总。

13.1.3 预算的不足之处

尽管预算是一种普遍使用的、行之有效的计划和控制方法,但它也存在着一些不足之处,甚至有使预算控制失效的危险倾向。

1. 预算过于烦琐,影响部门管理自主权

预算只能帮助组织控制那些可以计量的,特别是可以用货币单位计量的业务活动;如果预算过于烦琐,会导致控制过严,管理者失去管理本部门的自主权。

2. 奖惩过度,发生目标置换

所谓的目标置换是指预算目标取代了组织目标。管理者只考虑如何使本部门的费用不超过预算的规定,而忘记了实现企业目标才是自己首要职责。导致目标置换的原因可能来自两个方面:一方面,编制预算标准时,没能很好地体现计划要求,标准的设定与企业的总目标缺乏直接、明确的联系;另一方面,没有恰当掌握预算控制奖惩的度,制订了过于严厉的制裁措施,或是有较大吸引力的节约激励措施。

3. 缺乏灵活性,效能低下

预算的最大缺陷是缺乏灵活性。预算获得批准后具有很强的约束力,而组织面对的环境是动态的,一旦情况发生改变,编制出来的预算变得不适用了,管理者却仍然受到预算的约束,预算的有效性很难保证。另外,管理者在编制预算时为了应对层层审批中预算被削减,通常会有意扩大预算费用的申请金额,以便削减后,最终仍能得到较充裕的预算,这常导致预算额度远远超过实际需要,预算的效能大大降低。

13.1.4 改进的方法

为了克服预算的上述不足之处,管理者采用了更有效的预算方法,即可变预算和零基预算。

1. 可变预算

可变预算主要应用于企业管理费用和销售费用预算的编制。费用通常是随着销售量的变化而变化的,单位可变费用(成本)不变时,可变费用总额随着销售量的变化而变化。可变预算此时主要是用来控制固定费用(成本)。在一定的产量范围内,固定费用保持不变。但是随着产量(或销售量)的变化固定费用会呈现出一种阶梯状的变化。可变预算确定一个产量幅度,在这个幅度内,各种固定费用要素不变,低于这个幅度则采用较低的固定费用,例如压缩行政人员、处理闲置设备等;高于这个幅度则采用较高的固定费用,例如增加设备、扩大厂房面积等。

2. 零基预算

零基预算 ZBB(Zero-Base Budgeting)是指在编制成本费用预算时,不考虑以往会计期间所发生的费用项目或费用数额,所有的管理活动都看作重新开始,预算支出以零作为出发点。放弃外推法,一切从实际需要与可能出发,逐项审查各项管理活动对实现组织目标的意义和效果，对项目进行费用—效益分析，然后重新排除各项管理活动的优先次序，根据优先次序，分配资金和其他资源。

零基预算是1970年美国德州仪器公司提出的，随后一些企业组织也相应采用。在美国，零基预算被一些政府部门，特别是州政府称为“日落法”。每年年终，现有的各个部门，特别是一些临时部门像太阳落山一样将宣告结束。当新的一年开始时，各部门必须向专门的审议机构证明自己确有存在的必要，才能“旭日东升”。

零基预算法要求在编制预算之前回答以下四个问题：

(1) 组织的目标是什么？活动要达到的目标又是什么？

(2) 组织能从此项活动中获得什么收益？这项活动为什么是必要的？不开展这项活动不行吗？

(3) 可选择的方案有哪些？目前的方案是不是最好的？有没有更好的方案？

(4) 各项活动的重要次序是什么？从实现目标的角度看，到底需要多少资金？

零基预算法的程序一般包括以下四个步骤：

(1) 建立可考核的目标体系。在审查预算前，管理者首先应明确组织的目标，包括：长远目标、近期目标、定量目标和定性目标，并厘清各类目标之间的关系和重要次序，形成一个目标体系。

(2) 一切活动重新开始。在审查预算时，下一年度继续进行的活动或项目需要提交计划完成情况的报告，新增的项目需要提交可行性分析报告，所有继续进行的项目和活动必须证明自己存在的必要性，所有申请预算的项目和部门必须提交下一年度的计划，说明各项开支要达到的目标和效益。

(3) 重新排序。把确定为真正必要的项目作为备选项目池，根据已定出的目标体系重新排出各项活动的优先次序。

(4) 资金按照重新排出的优先次序分配，尽可能满足排在前面的项目或活动的需要，如果分配到最后，对于一些可进行但不是必须进行的活动，已无多少剩余资金可供分配，那么最好将这些活动暂时放弃。

零基预算的核心是预算工作不因循守旧，一切依据组织目标重新考虑。像任何一种方法一样，零基预算法也有其优点和缺点。

其优点是有利于对整个组织作全面的审核、克服机构臃肿、克服组织内部各种随意性支出；组织可以把资源集中分配于战略性重大计划项目；有利于管理者实现组织的目标体系与实现的效益的结合。

其缺点是每年审查一次，工作繁重，耗费人力、物力和财力；排列项目的优先次序时难免存在较强的主观性；适合于政府机构等，对于投入产出关系明显的活动不太适合。

13.2 生产控制

如果我们把企业看作一个投入产出装置，企业首先获得原材料、零部件、劳动力等投入，经过内部系统的转化，生产出产品或是服务。这个过程是循环往复的，为了实现企业的既定目标，必须对这个过程进行控制。生产控制是指为保证生产计划目标的实现，对企业生产活动全过程进行的检查、监督和调节，是生产管理的一项重要职能。生产控制的内容很广泛，涉及生产过程的人、财、物等各项资源,包括库存控制、敏捷制造、精益生产方式等内容。

13.2.1 库存控制

库存控制的目标是为了在保证生产经营活动正常进行的前提下,降低各种与库存有关的成本耗费,提高经济效益。

经济订货批量模型 EOQ(Economic Order Quantity Model)是一个采用数学方式推导最优订货数量的著名方法。该模型有以下假设条件:

(1) 对某产品的需求率恒定(例如,每天 100 个)。

(2) 产品以批量生产或采购,整批到货,批量的大小无限制。

(3) 存在两种相关的成本:一是保管成本,它可以用某一时期的单件库存成本乘以库存量来得到;二是每批订货成本,是指准备订单所花费的时间、人力和物力等成本,它不随批量的大小而变化。假定产品的采购价格不受批量的影响,即不考虑未来的折扣和价格上涨。

(4) 各个产品的决策相互独立。不考虑同时向一个供应商订购几种产品的可能优惠,不考虑同时生产几种产品可能带来的效益的提高。

(5) 不存在需求、订货周期或供应的不确定性。

基于上面的假定,管理者库存控制的目的就是要确定合适的订货批量 Q 与订货点 R,最终降低库存总成本。由于不考虑缺货现象,且物资采购单价不变,所以仅考虑订货成本和保管成本对总库存成本的影响。这种影响关系是增大每次订货批量,有利于减少订货次数,降低订货成本,但是订货批量的增加通常会导致平均库存量的增加,引起保管成本的上升,此时的总库存成本与订货量的变化关系如图 13-2 所示。要使库存总成本最低,关键是兼顾订货成本和保管成本,寻求最佳的订货批量,即经济订货批量(EOQ)。

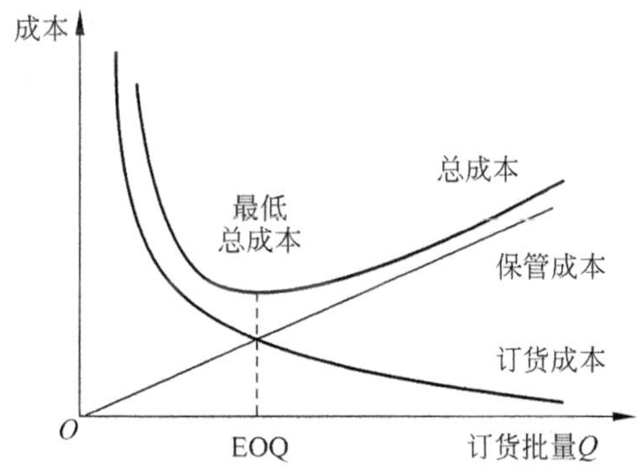

图 13-2 经济订货批量示意图

为确定经济订货批量,现暂定计划期为一年,年物品的预期需求量为 D,订货批量为 Q,每次订货成本为 C,单位产品的保管费用为 P。此时年订货次数等于 D/Q,平均库存量为 $Q/2$,可推导出标准的 EOQ 计算公式如下:

$$\text{EOQ} = \sqrt{\frac{2D \times C}{P}}$$

例如,生产企业每年需要用 10000 件某产品,现已知该零件的保管费用为 6 元,同时已知每次订货成本为 3 元，试求其经济订货批量、年订货总成本以及年保管总成本。

解：经济订货批量 Q^* 为

$$Q^* = \sqrt{\frac{2 \times 10000 \times 3}{6}} = 100$$

年订货总成本为

$$C \times \frac{D}{Q^*} = 3 \times \frac{10000}{100} = 300$$

年保管总成本为

$$\frac{Q^*}{2} \times P = \frac{100}{2} \times 6 = 300$$

计算结果发现，以经济订货批量订货时，年订货总成本等于年保管总成本。像图 13-2 中描述的那样，最优经济订货批量位于总成本曲线的最低点，在这一点也是订货成本曲线和保管成本曲线的交叉点。

13.2.2 敏捷制造

1. 敏捷制造的起源

20 世纪初，美国创建的大规模生产方式得到迅速发展。这种生产模式以大量生产标准化产品取得规模经济效益为特点，曾经使得美国制造业一度辉煌。然而到了 20 世纪 80 年代，日本生产的高质量的产品大量推向美国市场，迫使美国的制造策略由注重成本转向产品质量。进入 90 年代，产品更新换代加快，市场竞争加剧。仅仅依靠降低成本、提高产品质量已难以赢得市场竞争，还必须缩短产品开发周期。

为重新夺回美国制造业的世界领先地位，1991 年美国通用汽车公司(GM)和里海(Leigh)大学的李·雅柯卡(Lee Iacocca)研究所在美国国防部的资助下，组织了百余家公司，共同撰写了《21 世纪制造企业战略》的报告。该报告的结论性意见是：全球性的竞争使得市场变化太快，单个企业依靠自己的资源进行自我调整的速度赶不上市场变化的速度。为解决这个影响企业生存和发展的世界性问题，报告提出了以虚拟企业(virtual enterprise)或动态联盟为基础的敏捷制造(agile manufacturing)。

2. 敏捷制造的内涵

因敏捷制造正处于发展之中，目前大家对其内涵还没有一个统一的认识，但学术界及企业界对于敏捷制造在以下几个方面取得了共识。

(1) 敏捷制造强调制造系统要快速满足多元化和个人化的市场需求，要具有足够的柔性，即能迅速实现自我调整以适应不断的变化。

(2) 敏捷制造强调高素质的员工，即要造就一支高度灵活、训练有素、能力强且具有高度责任感的员工队伍，并充分发挥其作用。

(3) 敏捷制造的实现需要多个相关企业的协同工作，最终目标是使企业能在无法预测、持续变化的市场环境中保持不断提高其竞争力，因此敏捷制造要借助动态联盟或虚拟企业实现。

(4) 虚拟制造技术是敏捷制造重要的支持技术，它通过在计算机上完成产品从概念设计到最终实现的整个过程,从而加快制造系统对市场的响应速度。

3. 敏捷制造企业的基本特征

根据里海大学雅柯卡研究所的研究,敏捷制造企业具有 18 条企业特征。概括这 18 条企业特征,学者们认为敏捷制造企业的基本特征如下:

(1) 产品批量大小与成本关系不大。未来的市场中,产品需求的多样化和个性化将越来越突出,敏捷制造企业敏捷性的一个突出表现就是可以灵活多变地满足多样化的产品需求,这一点通过可重组、重用和扩充的柔性加工设备、动态多变的组织方式等措施来保证。

(2) 新产品快速上市。制造企业除了能按照用户要求生产出新产品外,还必须快速地占领市场。敏捷制造企业的敏捷性的一个重要含义就是快速响应能力。通过并行工作方式、快速原型制造、虚拟产品制造、动态联盟、创新的技术等措施来达到这一目标。

(3) 全生命周期的顾客满意度。敏捷制造企业的质量概念强调整个产品生命周期内使顾客满意。通过并行设计、质量功能配置、价值分析、仿真等手段在产品的设计、制造、销售、服务、维修、回收等整个生命周期内的各个环节使顾客满意。

4. 实现敏捷制造的主要措施

为实现制造企业敏捷、快速响应的目标,敏捷制造企业通常采取如下措施。

1) 快速重组生产技术

对于离散型生产的企业,必须发展由柔性可编程组成的、可重组的模块化单元。对于连续型生产企业,必须发展智能型的过程控制器和过程检测器,以及能和实际生产过程并行运行的复杂过程的仿真系统,以测定不可测的中间变量,进一步对其实现有效的控制。

2) 快速响应的组织方式

敏捷制造要求企业组织结构减少层次、扁平化,权力下放;根据市场需求设置组织机构和分配任务,如人员职能、各部门之间的关系、新的合作团队配置和合作方式。把雇员的知识和创造性看作企业的宝贵财富。企业的竞争力很大程度上依赖于雇员的知识和技能,因此企业通过奖励和创造良好工作环境等各种方式来保护这一宝贵财富。

3) 技术的创新

为了缩短新产品的上市时间,必须掌握最新的技术信息,并拥有自己独有的高新技术。这一点可通过及时掌握新的技术信息、培养具有广阔知识和创造性的人才、组成强有力的产品开发小组等方式来实现。

4) 组织、人和技术的集成

通过将动态多变的组织、高素质的人才以及高新技术集成起来,组成一个有机的、充满活力的制作系统,才能使整个企业具有敏捷的特性,实现敏捷的最终目标。

13.2.3 精益生产方式

1. 精益生产方式的起源

精益生产 LP(Lean Production)方式起源于日本的丰田公司。丰田公司创立之初,创始人丰田喜一郎曾经率领代表团造访当时最有名的美国福特和通用汽车公司,学习大规模生产方式。丰田的管理者认识到丰田公司根本不可能采用这种大规模生产方式,原因主要有:

第一，丰田公司面临的主要是国内市场，需求是多样而且复杂的，生产过程需要频繁变更；第二，丰田公司必须在同一工厂生产多种产品，而不能像福特公司那样在一个工厂长期只生产一种“T”型车；第三，丰田公司没有足够的资金扩建厂房、仓库和购买更精密的加工设备；第四，日本工会的强大压力，不允许公司随便解雇工人；第五，大规模生产方式事实上是不经济和低效率的。

1985年麻省理工学院的一个研究小组，开始一项名为“国际汽车计划”的研究项目，将日本与美国的大量生产方式进行了比较研究，发现丰田生产方式是如此的高效率，于是用精益(lean)的概念，以示其与传统生产方式的显著区别。Lean，原意为“瘦”，即不存在多余的或浪费的，因而是精干的、核心的，有精益求精之意。1990年詹姆斯·P.沃麦科等的研究著作《改造世界的机器——精益生产的故事》中，第一次将丰田公司的生产模式概括为“精益生产”。

2. 精益生产的理念和核心

丰田生产方式始终秉承“为顾客和社会创造和提高价值”这一经营理念。丰田公司坚持认为：“企业应该有一个优先于任何短期决策的目的的理念，使整个企业的运作与发展能配合着朝向比赚钱更重要的共同目标。所做的一切都是为了顾客、社会和创造价值。”

精益生产的核心是杜绝浪费，全面提高生产效率。浪费是最终造成产品高成本、高价格的直接原因。顾客对于产品的判定，直接决定了公司为生产产品而获得收益的可能程度。如何消除浪费，进而降低成本，是精益生产方式的本质。

丰田公司辨识了企业流程中七大类未能创造价值的浪费：

(1) 过量生产或是过早生产。生产出未订购的产品，造成过多库存和资源的过多使用，从而导致库存与运输成本的浪费，并对需求的生产过程产生影响，以至延期交货或失去客户。

(2) 在现场等待时间。员工在一旁监看设备、等待下一处理过程、机械停工等，都会造成员工无事可做的浪费。

(3) 不必要的运输。长距离搬运在制品，进出仓库或在流程之间搬运原材料、零配件等都会造成浪费。

(4) 不正确或过度的处理。采取不必要的步骤处理零部件，因工具和产品设计不良，提供超过必要的较高品质的产品等都会造成浪费。

(5) 过量的库存。过多的原材料、在制品或成品，导致较长的前置期、陈旧过时品、损毁、运输与存储成本增加和生产的延迟。

(6) 不必要的移动或搬运(动作)。员工在操作过程中，任何不必要的或多余的动作，都是浪费。

(7) 瑕疵(缺陷)。生产任何有缺陷的产品都将导致返工、修理、报废以及重复生产、检验等，势必增加人力、财力、物力和时间等成本，并导致延期交货。

3. 丰田生产方式架构屋

丰田公司在近六十年的时间里，在工厂里顺利地应用并改进丰田生产方式，但自身并没有把这一系统理论化。1979年大野耐一在《丰田生产方式》中较早介绍了丰田生产方式的思想、特征和基本构造。而后，日本波筑大学教授门田安弘在《丰田生产方式的新发展》中，系统地阐述了丰田生产方式的具体构成，包括管理思想和技术特征。丰田汽车公司总裁张富士夫提出了一个简单的表达方式，即“丰田生产方式架构屋”，简称“丰田屋”（见图 13-3）。这一结构日趋成为现代制造业中最广为人知的标志之一。

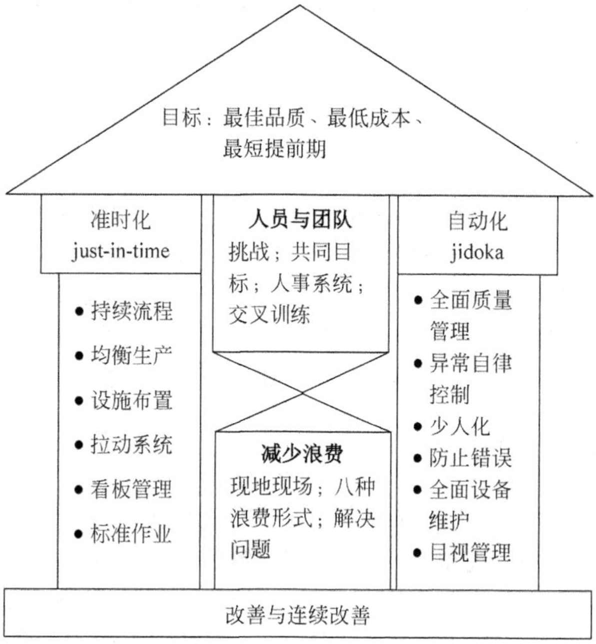

图 13-3 丰田生产方式架构屋

“丰田屋”的核心体系是围绕“一大目标”“两大支柱”和“一大基础”展开的。“一大目标”是“丰田屋”的屋顶，代表这一方式的最高行动纲领；“两大支柱”即准时化（JIT）和自动化（Automation），是“丰田屋”得以建立和存在的支撑。

所谓准时化，是指在必要的时候，生产必要数量的产品或零部件。如果生产系统能具有足够的柔性，能够适应市场需求的不断变化，即“市场需要什么型号的产品，就生产什么型号的产品；需要多少，就生产多少；什么时候需要，就什么时候生产”，就不会有多余的库存产品。如果生产人员的能力方面具有足够的柔性，当然也就没有多余的闲杂人员了。这种持续而流畅的生产，或对市场需求数量与品种两个方面变化的迅速适应，是凭借“准时制造”这一主要手段来实现的。准时化是丰田方式的核心，杜绝过量生产以及由此而产生的在制品库存、原材料库存和人员过剩等各种直接浪费和间接浪费。

自动化包括用机器代替人工的技术，如计算机控制技术和机器人技术、柔性制造系统等，但是丰田公司更强调的是具有发现异常并且纠正产生异常问题的自动化技术。更确切地说，丰田的自动化是一种发现异常和发现质量缺陷的技术手段，是一种当异常或质量缺陷发生时，能使生产线或者机器自动停止工作的技术装置。丰田公司认为统计抽样是不合适的，百分之一甚至千分之一的不合格品，对于客户而言就是百分之百，应该实行自我全数检验。

“一大基础”即“丰田屋”得以发展的地基，是遵照丰田管理模式指导的、由一套完整的技术体系构成的、不断循环进行的改进过程。这四大结构在“丰田屋”中缺一不可，相互之间密切关联、彼此强化。“丰田屋”的目标经常被展示为成本、利润或准时交货等。实际上，丰田方式更关注 QCDSME，即品质（quality）、成本（cost）、交货（delivery）、安全（safety）、士气（morale）、环境（environment）。

“丰田屋”的中心是“人”。人及其活动将两大支柱联系在一起，并在稳定的“地基”上实现组织的目标。

13.3 质量控制

质量有狭义和广义之分。狭义的质量指产品的质量，广义的质量还包括服务质量和工作质量。产品质量主要指产品的使用价值，即满足消费者需要的功能和性质，它可以用产品的质量特性去描述，包括性能、寿命、安全性、可靠性和经济性。服务质量是指服务业各项活动或工业产品的销售和售后服务活动满足明确或隐含需要特性和特征的总和。工作质量主要指在生产过程中，围绕保障产品质量而进行的质量管理工作的水平。

13.3.1 质量控制概述

质量控制是指以监控质量来确保质量满足预先制定的标准。监控内容包括：重量、强度、密度、色泽、味道、可靠性、完整性或其他一些特征。质量控制从收到原材料的加工单之日就开始，持续地贯穿整个加工过程直到最终产品生产出来。在转换过程的中间阶段进行评估是质量控制典型的工作部分。早期就察觉有缺陷的部件或过程可以节省继续在其上耗费的加工成本。

质量控制的目的在于控制产品和服务产生、形成或实现过程中的各个环节，进行测量和监控，发现问题，及时采取纠正措施，把质量问题控制在其形成的早期并加以消除。

在实施质量控制的过程中，管理者首先应明确是100%地检测产品还是采用抽样的方法。如果连续检测的成本很低或者统计结果表明出错率很高，逐个检查每一件是十分有意义的。统计抽样通常花费较少，有时甚至是唯一可供选择的方法。例如，如果质量检测会破坏产品，如炸弹或闪光灯就不得不利用抽样的方法查。统计抽样质量控制分为两类：接受抽样和过程控制。接受抽样是指对已经存在的或外购的材料或产品进行评估，通过抽取一定数量的样本，计算抽样风险，决定接受还是拒绝总体。过程控制是指在转换过程中对物品进行抽样，观察转换过程是否被有效地控制。

迄今为止，质量管理和控制已经经历了三个阶段，即质量检查阶段、统计质量管理阶段和全面质量管理 TQM（Total Quality Management）阶段。20世纪30年代以前为质量检验阶段，仅能对产品的质量实行事后把关。但质量并不是检验出来的，所以，质量检验并不能提高产品质量，只能剔除次品和废品。20世纪40年代，质量控制从检验阶段发展到统计过程控制阶段，利用休哈特工序质量控制图进行质量控制。休哈特认为，产品质量不是检验出来的，而是生产制造出来的，质量控制的重点应放在制造阶段，从而将质量控制从事后把关提前到制造阶段。1961年全面质量管理理论的提出，将质量控制扩展到产品寿命循环的全过程，强调全体员工都参与质量控制。

小资料

爱德华兹·戴明

爱德华兹·戴明(W. Edwards. Deming)博士是世界著名的质量管理专家,他因对世界质量管理发展做出的卓越贡献而享誉全球。以戴明命名的“戴明品质奖”,至今仍是日本品质管理的最高荣誉。戴明博士最早提出了PDCA循环的概念,P(Plan)是计划,D(Do)是执行、C(Check)是检查、A(Act)是行动,PDCA循环又称为戴明环。PDCA循环是能使任何一项活动有效进行的一种合乎逻辑的工作程序,特别是在质量管理中得到了广泛的应用。戴明的许多研究成果成为全面质量管理(TQM)的重要理论基础。

13.3.2 全面质量管理

全面质量管理是一种全面的,面向用户的,用来不断提高组织过程、产品、服务质量的计划。全面质量管理在统计质量管理的基础上考虑全部因素,不仅强调预防为主的思想,把产品的质量问题消除在设计、制造及使用过程中;而且还着重于提高工作质量,着眼于产品质量形成全过程的工作质量。

全面质量管理的内容可以概括为“三全”管理,即“全面的质量管理、全过程的质量管理、全员参加的质量管理”。

1. 全面的质量管理

全面的质量管理通常是指广义的质量管理。它不仅要求对产品质量进行管理,也要对工作质量、服务质量等进行管理;不仅要对产品性能的质量进行管理,也要对产品的可靠性、安全性、适应性等进行管理;不仅对物要进行管理,而且也要对人进行管理。总之,它是对各个方面的质量进行管理。

2. 全过程的质量管理

产品的质量有一个产生、形成和实现的过程。全过程的质量管理要求对产品生命周期全过程进行质量管理,即从市场调查开始到产品设计、生产、销售和服务,直到产品使用寿命为止的全过程进行质量管理。包括产品的设计质量、制造质量及使用中的质量进行管理。

3. 全员参加的质量管理

全面质量管理不仅是质量管理部门或质量检验部门的工作,也不仅是设计、生产、供应、销售、服务等环节人员的工作,而且是企业中各个部门所有人员的工作。企业各个部门的人员都直接或间接地影响着产品质量和服务质量,上至厂长(经理)、下至工人都应该立足于本岗位参与到质量管理活动之中,每个员工都要树立“质量第一”的思想,保证和提高产品质量和服务质量。

如今,全面质量管理已经形成了一整套管理理念,并风靡全球。20世纪80年代以后,电子计算机被应用到质量管理中,出现了在计算机集成制造系统CIMS(Computer Integrated

Manufacturing System)环境下的质量信息系统 QIS(Quality Information System)。借助于先进的信息技术,质量控制与管理又上了一个新台阶,因为信息技术可以实现以往所无法实现的很多质量控制与管理功能。

13.3.3 六西格玛

20 世纪 80 年代中期,摩托罗拉公司开始推行六西格玛,1987—1989 年,质量水平提高了 10 倍,并于 1988 年获得了首届美国国家质量奖"马尔科姆·鲍德里奇质量奖"。1989—1991 年,质量水平又提高了 10 倍,并在 4 年的时间内节约了 22 亿美元。20 世纪 90 年代美国通用电气公司(GE)总裁杰克·韦尔奇大力推行六西格玛,也取得了显著成果。

1. 六西格玛的统计解释

"σ"是希腊字母,统计学上表示标准差,用以度量质量特性总体相对于目标的偏离程度,"σ"值越小,反映参数的数据越集中,离散程度越小,这说明过程中产生缺陷的可能性越小。σ 的数量是一种表示质量的统计尺度。以正态分布曲线为例,控制在 3σ 水平表示抽检一百万次有 66803 次产品不合格机会,控制在 6σ 水平表示抽检一百万次有 3.4 次产品不合格机会,产品质量接近于零缺陷水平。

六西格玛管理的基本内涵是提高顾客满意度和降低组织的资源成本。强调从整个经营的角度出发,而不是强调单一产品、服务或过程的质量,强调组织要站在顾客的立场上考虑质量问题,采用科学的方法,追求"无缺陷"产品,降低成本,提高组织竞争力。

2. 六西格玛改进模式

六西格玛已经成为企业改进质量、提高绩效的有效管理方法。实施六西格玛的具体模式是 DMAIC 模型,它代表界定、测评、分析、改进和控制共计五个阶段(见图 13-4)。

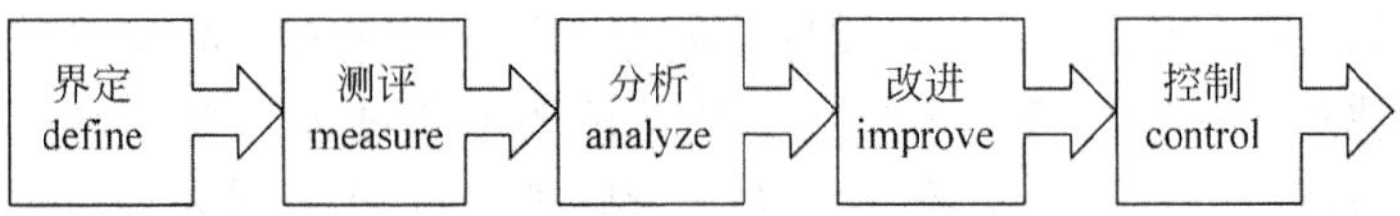

图 13-4 六西格玛改进的五阶段

(1) 界定阶段。首先是识别顾客需求,识别并确定顾客的关键需求。本阶段的主要活动有:找出并确定业务机会,制定团队宪章,明确过程并绘制过程图,明确快速取胜的过程并整理过程,将顾客的需求和期望转化为顾客关键需求,起草团队准则。

(2) 测评阶段。测量和评估现有过程。本阶段的主要活动有:确定输入、过程、输出等具体指标,起草操作定义和测量计划,采集并分析数据,确定特殊原因存在与否,确定当前达到几个西格玛水平,收集其他基准业绩数据。

(3) 分析阶段。本阶段的主要活动有:整理过程、数据,找到存在的具体问题并起草问题陈述报告,找出引发问题的根本原因并进行确认分析、比较分析,进行波动源研究,失效模式与效应分析,相关分析与回归分析等。

(4) 改进阶段。通过建立模型找出可控的输入因子与可测量的输出响应之间的因果关系,优化设计方案,确定最优方案,改进过程。本阶段的主要活动有:通过实验设计构思解决方案及其将产生的有益作用,评估确定解决方案,起草过程图,起草并讲解纲要,与所有利益相关方沟通解决方案。

(5) 控制阶段。项目团队通过制度化、标准化来保护已经取得的成效的重要步骤。本阶段的主要活动有：起草运行计划和试运行解决方案，确认由于解决方案触及的根本原因而产生的西格玛水平的改进，确定实现目标是否必需其他方案，找出类似情况，对确认机会的过程进行标准化处理，将解决方案融入日常工作过程并对其进行管理，集中学到的经验，明确团队的下一步行动以及针对其余机会的制订计划。

3. 实施六西格玛的组织保障

在美国通用电气公司推广下，逐渐形成了独特的六西格玛组织体系。它们由推进委员会、推广者/经理、过程负责人/资助者、资深黑带等组成。

(1) 六西格玛推进委员会。一般由公司的CEO和高层领导组成，高层领导的支持与承诺将决定六西格玛项目的成功与否。领导层的介入将参与前沿的决策，如职位的位置、项目的选择。

(2) 六西格玛推广者/经理。一般由公司的部门领导或经理组成，负责运用DMAIC方法评审项目，定期评审已取得的成绩、存在的障碍及正在进行的主要活动。

(3) 过程负责人/资助者。负责为六西格玛项目提供各种资源，根据DMAIC方法评审项目，清除项目实施中的各种障碍，推进项目进展。

(4) 资深黑带MBB(Master Black Belt)、黑带BB(Black Belt)、绿带GB(Green Belt)。

资深黑带：来自高层的管理人员或技术人员，作为六西格玛项目管理人员，协调六西格玛项目选择与项目组成员培训，推进、协调项目实施，对黑带提供技术支持。

黑带：来自中层的管理人员或技术人员，是专职六西格玛项目的管理人员，负责具体实施及推广六西格玛管理，指导绿带及项目组成员。黑带拥有领导团队的技能、项目管理的经验、协调沟通能力、拥有统计知识基础和相关分析方法和软件。

绿带：来自基层的员工，如一线工人、工程师等，可以来自不同部门，是兼职的六西格玛项目管理人员，负责具体实施六西格玛管理，对普通的项目组成员进行培训与指导。

13.4　财务控制

除预算控制、生产控制外，还有一些财务控制方法，主要包括比率分析、审计控制等。

13.4.1　比率分析

比率分析法是以同一期财务报表上若干重要项目的相关数据相互比较，求出比率，用以分析和评价公司的经营成果和财务状况的一种方法，是财务分析最基本的工具。因此，也是评价财务状况，实行财务控制的一种重要方法。比率分析的基本内容包括偿债能力比率、获利能力比率、运营能力比率、成长能力比率四个方面。

1. 偿债能力比率

企业的偿债能力包括短期偿债能力和长期偿债能力。反映短期偿债能力的比率，即将企业资产转变为现金用以偿还短期债务能力的比率，主要有流动比率、速动比率以及流动资产构成比率等。反映长期偿债能力的比率主要有股东权益对负债比率、负债比率、举债经营比率、产权比率、固定资产对长期负债比率等。最常用的就是流动比率、速动比率和负债比率。

1）流动比率

流动比率也称营运资金比率，是组织的流动资产与流动负债之比。它是衡量公司短期偿债能力最通用的指标。这一比率越大，表明公司短期偿债能力越强，并表明公司有充足的营运资金；反之，说明公司的短期偿债能力不强，营运资金不充足。一般财务健全的公司，其流动资产应远高于流动负债，起码不得低于1∶1，一般认为大于2∶1较为合适。但是，对于公司和股东而言，并不是这一比率越高越好。比率过高，意味着财务资源的闲置，一般认为这一比率超过5∶1，则意味着公司的资产未得到充分利用。

2）速动比率

速动比率是流动资产和存货之差与流动负债之比。它是用以衡量企业到期清算能力的指标。通过分析速动比率，可以测知企业在极短时间内取得现金偿还短期债务的能力。一般认为，速动比率最低限为0.5∶1，如果保持在1∶1，则流动负债的安全性较有保障。因为，当此比率达到1∶1时，即使公司资金周转发生困难，亦不致影响即时的偿债能力。

3）负债比率

负债比率也叫资产负债比率，是指企业负债总额与资产总额的比率。一般情况下，资产负债率越小，表明企业长期偿债能力越强。但是，也并非该指标越小越好。保守的观点认为负债比不应高于50%，而国际上通常认为资产负债率等于60%时较为适当。

2. 获利能力比率

获利能力就是企业资金增值的能力，通常体现为企业利润与销售额或全部资金等相关因素的比例关系。它反映了企业在一定时期从事某种经营活动的盈利程度及其变化情况。常用的比率有销售利润率和资金利润率。

1）销售利润率

销售利润率指公司销售净利润与销售总额之间的比例关系。它反映企业从一定时期的产品销售中是否获得了足够的利润。将企业不同产品、不同经营单位在不同时期的销售利润率进行比较分析，能为经营控制提供更多的信息。

2）资金利润率

资金利润率是指企业在某个经营时期的净利润与该期占用的全部资金之比。它是衡量企业资金利用效果的一个重要指标，反映了企业是否从全部投入资金的利用中实现了足够的净利润。同销售利润率一样，资金利润率也要同其他经营单位和其他年度的情况进行比较。一般来说，要为企业的资金利润率规定一个最低的标准。同样一笔资金，投入到企业后的净利润收入，至少不应低于其他投资形式的收入。

3. 运营能力比率

运营能力比率是与资源利用有关的几种比例关系。它们反映了企业经营效率的高低和各种资源是否得到了充分利用的情况。反映运营能力的比率主要有存货周转率和固定资产周转率两种。

1）存货周转率

存货周转率是销售总额与库存平均价值的比率关系。存货的目的在于销售并实现利润，因而公司的存货与销货之间，必须保持合理的比率。存货周转率正是衡量公司销货能力强弱和存货是否过多或短缺的指标。其比率越高，说明存货周转速度越快。公司控制存货的能力越强，则利润率越大，营运资金投资于存货上的金额越小。反之，则表明存货过多，不仅使资金积压，影响资产的流动性，还增加仓储费用与产品损耗并有过时的风险。

2）固定资产周转率

固定资产周转率是销售总额与固定资产之比。它反映了单位固定资产能够提供的销售收入，表明了企业固定资产的利用程度。其比率越高，表明固定资产周转速度越快，固定资产的闲置越少。当然，这一比率也不是越高越好，太高则表明固定资产过分投资，会缩短固定资产的使用寿命。

4. 成长能力比率

成长能力比率可用来测知公司扩展经营的能力，通常可以用营业收入增长率、资本保值增值率、总资产增长率等来考察。

反映经营状况的这些比率也通常需要进行横向的或纵向的比较，才更有意义。

13.4.2 审计控制

审计是对反映组织资金运动过程及其结果的会计记录及财务报表进行审核、鉴定，以判断其真实性和准确性，从而为控制和决策提供依据。根据选派审计主体的不同，审计可以分为外部审计、内部审计和管理审计三种类型。

1. 外部审计

外部审计是由外部机构选派的审计人员对组织财务报表及其反映的财务状况进行独立的评估。其目的是为了检查财务报表及其反映的财务状况与组织的实际情况是否相符，防止组织的偷逃税款及个人腐败现象的发生。因此，审计人员需要抽查组织的基本财务记录本，分析和检查其真实性和准确性，并分析这些记录是否符合公认的会计原则和记账程序。

外部审计的作用是监督组织的财务往来、经营管理和有关的财务计划，报告是否符合国家的政策与法律，从而维护国家和人民的利益。

外部审计具有明显的优点，审计人员与组织不存在行政上的领导关系，不用看组织的主管人员的脸色行事，只需对国家、社会和法律负责，因而可以保证审计的独立性和公正性。当然，其也有一些缺点，因为外来的审计人员不了解组织内部的实际情况，在审计中发现问题有一定难度；被审计方可能存在抵触情绪，不愿配合，更增加了审计的难度。

2. 内部审计

内部审计是由组织内部的审计人员对组织的会计、财务和其他业务活动所做的定期和独立的评估。内部审计不仅兼有外部审计的内容和目的，而且还针对组织发展的政策，资源的利用效率，组织工作程序与计划的遵循程度进行评估，并提出改进建议。

内部审计的作用主要表现在以下三个方面：(1)内部审计为组织提供了检查组织现有控制系统运行状况，及该系统能否有效地保证实现既定目标和执行既定政策的手段。(2)根据对现有控制系统有效性的检查，内部审计人员可以为组织发展中出现的问题进行诊断，并提供有关改进组织政策、工作程序和方法的对策建议，从而保证组织更有效地实现组织目标。(3)内部审计有利于推行分权化管理。内部审计不仅评估了组织财务记录是否健全、正确，而且为检查和改进现有控制系统的效能提供了一种重要手段，因此有利于促进分权化管理的发展。

内部审计掌握大量的有用信息，但在使用中也存在不少局限性。内部审计往往成本较高，对审计人员的业务技能要求也比较高，并且容易使组织成员特别是主管人员产生抵触情绪。因此，内部审计不宜频繁地进行。

3. 管理审计

管理审计是利用公开记录的信息，从反映组织管理绩效及其影响因素的若干方面将组织与同行其他组织或其他行业的著名组织进行比较，以判断组织经营与管理的健康程度。

管理审计的对象和范围更广，是一种对企业所有管理工作及其绩效进行全面系统地评价和鉴定的方法。管理审计虽然也可由组织内部的有关部门进行，但为保证某些敏感领域得到客观的评价，企业通常聘请外部的专家来进行。

管理审计可以为企业在未来改进管理系统的结构、工作程序和结果提供有用的参考。但是管理审计在实践中也遇到了许多批评，因为这种审计过多地评价组织过去的努力和结果，而不致力于预测和指导未来的工作，以至于有些企业在获得了极好评价的管理审计后不久就遇到了严重的财务困难。

13.5 平衡记分卡

平衡记分卡 BSC(Balanced Score Card)是 1990 年以来美国的两位研究人员的成果。一位是哈佛大学的卡普兰，另一位是诺朗顿研究院的执行长诺顿。他们努力建立一种新的绩效评价体系，即“未来组织绩效衡量方法”。起初该计划的目的，在于找出超越传统以财务量度为主的绩效评价模式的新方法，以使组织的“策略”能够转变为“行动”。经过将近 20 年的发展，平衡记分卡已经发展为企业控制的工具，在企业战略规划与执行管理方面发挥非常重要的作用。

13.5.1 平衡记分卡控制指标

平衡记分卡的控制指标包括四个方面：财务方面、顾客方面、内部经营流程方面、学习和成长方面(见图 13-5)。这几个方面分别代表企业三个主要的利益群体——股东、顾客、员工。每个方面的重要性取决于其本身和指标的选择是否与公司战略相一致。其中每一个方面，都有其核心内容。

1. 财务方面

财务业绩指标可以显示企业的战略及其实施和执行是否对改善企业盈利作出贡献。财务目标通常与获利能力有关，其衡量指标有营业收入、资本报酬率、经济增加值等，也可能是销售额的迅速提高或创造现金流量。

2. 客户方面

在平衡记分卡的客户方面，管理者确立了其业务单位将竞争的客户和市场，以及业务单位在这些目标客户和市场中的衡量指标。客户方面指标通常包括客户满意度、客户保持率、客户获得率、客户盈利率，以及在目标市场中所占的份额。客户层面使业务单位的管理者能够阐明客户和市场战略，从而创造出出色的财务回报。

3. 内部经营流程方面

在这一方面上，管理者要确认组织擅长的关键内部流程，这些流程帮助业务单位提供价

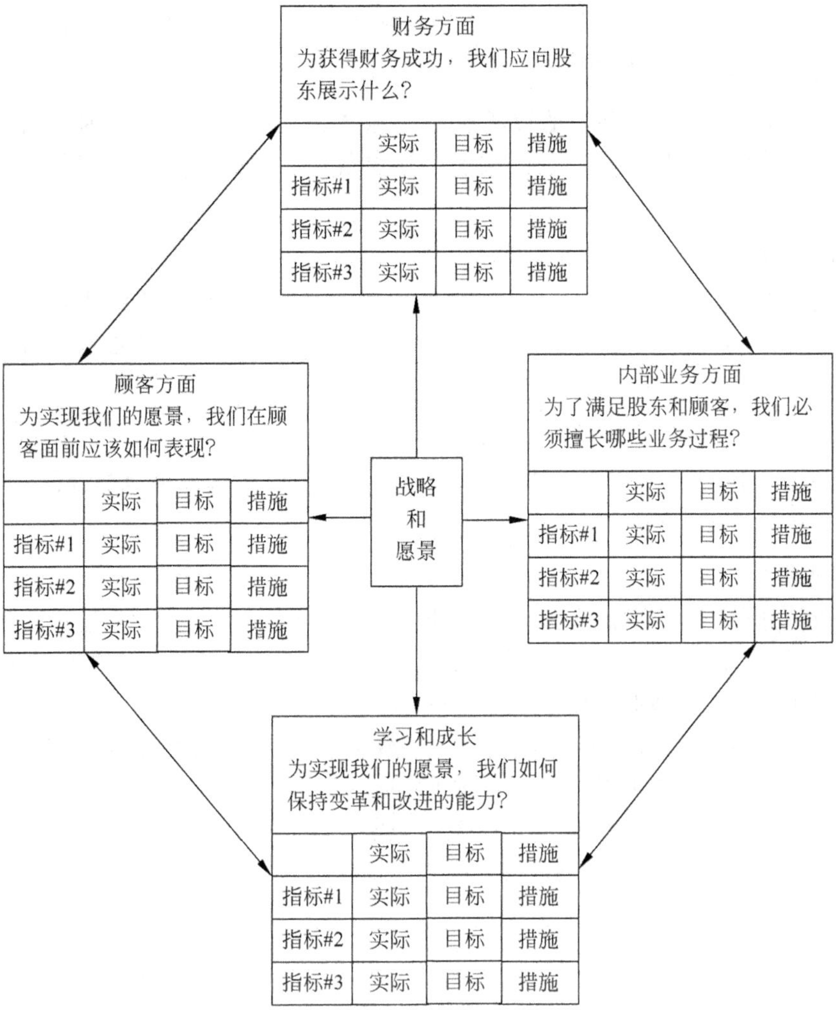

图 13-5 平衡记分卡示意图

值主张，以吸引和留住目标细分市场的客户，并满足股东对卓越财务回报的期望。

4. 学习与成长方面

它确立了企业要创造长期的成长和改善所必须建立的基础框架，确立了未来成功的关键因素。平衡记分卡的前三个方面一般会揭示企业的实际能力与实现突破性业绩所必需的能力之间的差距，为了弥补这个差距，企业必须投资于员工技术的再造、组织程序和日常工作的理顺，这些都是平衡记分卡学习与成长方面追求的目标。如员工满意度、员工保持率、员工培训和技能等，以及这些指标的驱动因素。

13.5.2 平衡记分卡的特点

1. 财务指标和非财务指标的平衡

企业考核的一般是财务指标，而对非财务指标的考核很少，即使有对非财务指标的考核，也只是定性的说明，缺乏量化的考核，缺乏系统性和全面性。平衡记分卡的四方面指标中，保留传统的财务指标，同时兼顾了非财务指标，如客户、内部流程、学习与成长。

2. 企业的长期目标和短期目标的平衡

平衡记分卡是一套战略执行的管理系统，着眼于企业发展的愿景，同时一系列具体指标和指标的层层分解，使平衡记分卡在实施过程中落地，实现企业长期目标和短期目标的平衡。

3. 结果性指标与动因性指标之间的平衡

平衡记分卡以有效完成战略为动因，以可衡量的指标为目标管理的结果。既考核结果指标(财务指标)，又寻找实现这些结果的动因(学习与成长)，完成结果性指标与动因性指标之间的平衡。

4. 企业组织内部群体与外部群体的平衡

平衡记分卡中，股东与客户为外部群体，员工和内部业务流程是内部群体，平衡记分卡可以平衡在有效执行战略的过程中这些群体间的利益。

5. 领先指标与滞后指标之间的平衡

在平衡记分卡的四个方面指标中，财务指标就是一个滞后指标，它只能反映公司上一年度发生的情况，不能告诉企业如何改善业绩和可持续发展。而对于后三项领先指标的关注，使企业达到了领先指标和滞后指标之间的平衡。

后期，卡普兰和诺顿编撰了《战略地图》和《战略中心组织》两本著作。《战略地图》是对平衡记分卡原先考核功能扩展，以几张简洁的图表将原本复杂的战略规划文件、企业集团战略、SBUs 战略、职能战略更直观地展现出来。《战略中心组织》指出企业可以通过平衡记分卡，依据公司的战略来建立企业内部的组织管理模式，让企业的核心流程聚焦于企业的战略实践。

复习思考题

1. 什么是预算控制？预算控制的方法有哪些？
2. 什么是经济订购批量？如何运用经济订购批量法进行库存控制？
3. 质量控制有哪些方法？
4. 什么是全面质量管理？
5. 企业如何利用平衡记分卡进行控制？

【案例分析】

“日本制造”的大公司面临信任危机

高田公司“杀人气囊”涉及的故障气囊安全发生器数以亿计，三菱持续 25 年燃效作弊，日本钢企十年造假，日产新车竟由无资质员工检测。日本企业的一系列不当做法，正破坏着消费者对它们的信任。

2017 年 10 月初，日本国土交通省发现，日产旗下六家工厂中五家违反日本《道路运输车辆法》，任由无认证资格的质检员工进行新车落线检测。紧接着，这家日本第二大汽车制造商同日发布召回通知，在本土市场召回2014年1月至2017年9月制造的“NOTE”和“赛瑞纳”等38款车型，约合116万辆汽车。这批召回车还包含向五十铃汽车、铃木、马自达和三菱汽车进行贴牌生产供货的车辆。

日产于2017年10月下旬开始向车主发送相关邮件，经销商召回后将对制动器等部件的安全性进行检查。NOTE车型召回数量最多，约为35万辆，其次为23万辆的赛瑞纳和17万辆的X-TRAIL。虽然日产称安全性没有问题，但是日本国土交通省大臣石井启一认为，“这是一件非常令人遗憾的事情，它将引发用户的焦虑情绪，动摇认证系统的根本。”

据《日经新闻》消息，日产汽车新任CEO西川广人2017年10月2日召开新闻发布会，向公众道歉。且他强调公司以客户安全为己任，“为召回检测准备了250亿日元(约合2.215亿美元)的资金。”

这是两年内日本车企的第二起不当行为，第一起是2016年4月震惊一时的燃效门。彼时三菱承认因内部设定的目标太具挑战性，加重了员工的压力，被迫采用不符合日本标准的测试，夸大了旗下车型的燃油经济性。燃效门曝光后，三菱股价骤降，且面临停售、赔偿和罚款，损失惨重，最终被日产收购34%的股权。

当时日产告发三菱燃效门，最后以“救星”身份出现，可从2017年10月份的事件来看，日产似乎并未从三菱燃效门中吸取教训。而日产一向被视为汽车行业管控的佼佼者，它的管控能力曾于2010年得到美国交通部部长RayLaHood的认可。在听取时任CEO和现任董事长卡洛斯·戈恩对日产在日本的质量保证体系的介绍后，RayLaHood赞许日产是召回决策制定者的模范。与之形成鲜明对比的是，当年丰田曾因“踏板门”召回不力被他严厉抨击对安全隐患“不管不顾”。然而，如今日产新车检测不符合国家要求使之淹没在客户和经销商的投诉之中，令人不得不怀疑其车辆的安全性，即使日产坚称“毫无问题”。

当日产CEO鞠躬道歉，召回车辆重新质检之时，日本另一家大型企业也面临着信任危机。

2017年10月8日，日本第三大钢铁企业神户制钢所承认违反合同篡改了质量数据，在2016年9月至2017年8月底期间伪造了强度和尺寸等质检数据。涉及其中的产品包括铝制零部件1.93万吨、铜制品2200吨、铝锻件1.94万件，约占铝和铜业务年销售额的4%。而且，过去10年中，部分数据也遭到篡改。经调查发现，包括管理人员在内的数十人参与其中，这说明神户制钢所造假案是一起长期的、集体性的行为。

神户制钢所副社长梅原尚人8日在东京召开记者会，致歉称“出于完成出货目标的压力，篡改数据，对此深表歉意，正在反省”。他解释称，“截至目前，尚未发现不合格零部件存在安全性问题”。据《日经新闻》报道，神户制钢称铝制品的客户涉及约200家企业，以汽车厂商等运输相关企业为主要客户。汽车行业中，丰田、马自达等确认旗下多款车型使用了不合格零部件，已在着手调查是否存在影响。例如丰田部分车型采用上述铝材作为引擎盖的制造材料。若存在问题，这些车企未来将不得不发布召回通知。

日产疏忽质检要求，神户制钢篡改数据，以次充好，为它们的做法买单的都是消费者对其的信任和认可。一直以来，“日本制造”在人们眼中就象征着高品质。“工匠精神”也成为诸多日企宣传时着重强调的特点。但日产和神户制钢的做法，与三菱燃效门和高田“杀人气囊”的做法一样，都对产品质量、安全性有所疏忽，更甚者隐瞒数十年，导致用户在使用过程中丧生。

尤其在汽车行业，一辆汽车由三万多个零部件组成，制造、调校过程中较易出现各种问题，暗藏安全隐患。这更需要汽车制造商和零部件供应商对产品质量的重视。但是接二连三的造假、召回问题，不得不使我们重新审视“日本制造”。

2010 年丰田发生踏板门时，日本媒体不禁担心，这件事将毁了“日本制造”这块金字招牌，因而它们愤怒地指责丰田处理危机不力，给日本制造蒙上浓浓的阴影。“日本制造”一贯在国际上以质量取胜，但不断涌现的质量信任危机则使其“品质神话”站上一个十字路口。当日本汽车制造商将高品质、匠心、安全打造成为卖点和优势之所在之时，一旦出现质量危机，所受到的打击后果不堪设想。而现在，高田、三菱、神户钢铁、日产正在动摇消费者对它们的信任。

思考与讨论

1. 这些日本企业都有严格的质量控制体系，为什么还会出现这样的事件？
2. 日本制造的信任危机对中国企业有哪些启示？

第14章

创新职能

【本章要点】

- 创新的含义及其作用；
- 创新的类型；
- 创新的特点；
- 创新的基本内容；
- 影响和推动组织创新的因素；
- 创新的基本条件；
- 创新的过程；
- 创新的策略。

任何社会系统都要及时根据内外变化的要求，适时进行局部或全局的调整，这种为适应系统内外变化而进行的局部和全局的调整，便是管理的创新职能。

从逻辑顺序上来考察，在特定时期内对某一社会经济系统（组织）的管理工作可以概述为：设计系统的目标、结构和运行规划，启动并监视系统的运行，使之符合预定的规则操作；分析系统运行过程中的变化并进行局部或全局的调整，使系统不断呈现新的状态。从概述可以明显看出，管理内容的核心就是：维持与创新。任何组织系统的任何管理工作无不包含在“维持”或“创新”中。维持和创新是管理的本质内容，有效的管理在于适度的维持与适度创新的组合。

维持与创新作为管理的两个基本职能对系统的生存和发展都是非常重要的，它们是相互联系、不可或缺的。创新是维持基础上的发展，而维持则是创新的逻辑延续；维持是为了实现创新的成果，而创新则是为更高层次的维持提供依托和框架。任何管理工作，都应围绕着系统运转的维持和创新而展开，卓越的管理是实现维持与创新最优组合的管理。

系统的生命力取决于社会对系统贡献的需要程度和系统本身的贡献能力；而系统的贡献能力又取决于系统从社会中获取资源的能力。系统不断改变或调整取得和组合资源的方式、方向和结果，向社会提供新的贡献，这正是创新的主要内涵和作用。

14.1 创新及创新内容

在现代管理活动中，创新是创造与革新的合称。所谓创新，是指新构想、新观念的产生；而革新则是指新构想、新观念的运用。从这个意义上讲创造是革新的前导，革新是创造的继续，创造与革新的整个过程及其成果则表现为创新。所以，创新是通过创造与革新达到更高目标的创造性活动，是管理的一项职能。

14.1.1 创新的含义及其作用

美国麻省理工学院教授舍恩提出：新思想只有落到真正相信它，对它着迷的人手里才能开花结果。美国电话电报公司前总经理卡贝提出：放弃是创新的钥匙。在未学会放弃之前，你将很难懂得什么是争取。世上没有十全十美的东西，所以任何东西都有改革的余地。只有不拘泥于常规，才能激发出创造力。

系统的创新理论最早源于经济学界。著名的美籍奥地利经济学家熊彼特(Joseph A. Schumpeter)在《经济发展理论》中，首次从学术角度提出创新的概念和理论，并运用创新理论解释了经济发展的问题。熊彼特认为，不是资本和劳动力，而是创新，才是资本主义发展的根本原因。

1. 创新的含义

1912年，熊彼特首次提出了“创新”的概念，他认为：“所谓创新是一种生产函数的转移”“生产要素和生产条件的一种组合”，并“引入生产体系使其技术体系发生变革，以获得企业利润”或者“潜在的超额利润”的过程。

他把创新的内容明确概括为五个方面：

(1) 生产一种新的产品。

(2) 采用一种新技术(生产方式、工艺流程)。

(3) 开辟新的市场。

(4) 开拓并利用原材料或半成品的新的供应来源。

(5) 采用新的生产组织形或管理方式。

显然，熊彼特是从经济学的角度来给创新下定义的。通过创造性的思维和行动，产生显著的效果，使人类在某一个方面发生无先例变化的行动。

熊彼特的重大功绩之一，就是把发明和创造相区别。发明是科技行为，创造是经济行为。创新与发现、发明有区别。发现是知识的新的增加，是发明和创造的重要知识来源；发明是一个新的人造装置或工序，发明可以取得专利，但不一定能为经济和社会带来效益；创新是创造或执行一种新方式，目的是为了获得更高的经济和社会效益。

从哲学的范畴看，创新是一种否定，是积极的、辩证的否定，是扬弃旧事物、生成新事物的过程。管理领域所说的创新，是指一种思想和原则，以及在这种思想和原则指导下，组织所从事不断适应环境变化的、满足社会需求的实践活动。管理创新则是指组织形成创造性思想并将其转换为有用的产品、服务或作业方法的过程。也即，富有创造力的组织能够不断地将创造性思想转变为某种有用的结果。当管理者说到要将组织变革成更富有创造性的时候,他们通常指的就是要激发创新。

《现代汉语词典》对创新的解释是"抛开旧的,创造新的",即创新就是创造新的东西或有新意的思想。需要说明的是,创新并不一定是全新的东西,旧的东西以新的形式出现或以新的方式结合也是创新。彼得·德鲁克在《革新与企业家精神》中曾以集装箱的产生为例,指出"把卡车车身从车轮上取下,放到货船上,在这个概念中并没有包含多少新技术,可这是一项创新""把远洋货船的生产率提高了三倍左右,或许还节省了运费"。管理创新是指企业把新的管理方法、新的管理手段、新的管理模式等管理要素或要素组合引入企业的管理系统,创造出不同于过去的新事物、新方法、新手段,以更有效地适应环境、实现组织目标的活动过程。管理创新包含以下基本含义。

(1) 管理者是管理创新的主体,管理创新贯穿于管理者的管理活动过程中。

(2) 管理创新包括创立新的管理方法、新的管理手段、新的管理模式,其实质是创立一种新的、更有效的资源整合和协调模式。只要新的资源整合和协调模式能够使管理活动更有效,就属于管理创新的内容。

(3) 管理创新的目的在于适应环境变化,实现组织目标,达到提高组织整体效率和效益的目的。企业要在动态多变的环境中成长,就要适应环境,管理创新是企业主动适应环境变化的途径。

创新是组织生命力的源泉,是组织获取持续竞争优势的重要保证。管理创新是企业应对新情况,实现企业可持续发展的客观要求。企业要想在市场竞争中脱颖而出,立于不败之地,必须保证管理方法的先进性。而随着竞争压力的增大,企业现有的经验模式会被竞争对手很快地学习、借鉴和模仿。所以,企业必须进行管理创新,以新的方法打造可持续的竞争优势。

对于企业或其他社会组织来说,计划、组织、领导和控制等职能是在现有环境状态和系统目标下,维持系统平衡的重要管理职能;而创新则是适应组织内外部环境条件的变化,打破系统原有平衡,创造系统新的目标、结构和功能状态,以实现新的系统平衡的管理职能。只有借助管理的创新职能,才能将计划、组织、领导、控制等职能推进到一个新的组织管理的均衡状态,从而使组织在更高层次上实现目标、结构与功能的有机整合,以创造性地适应环境变化,赢得竞争优势。只有不断创新,企业才能不断发展,永葆青春活力,在市场中立于不败之地。可以说创新是企业的生存之本,生命之源。

一般来说,创新源于企业内部和外部的一系列不同的机会。这些机会可能是企业刻意寻求的,也可能是企业无意中发现后立即有意识地加以利用的。彼得·德鲁克曾把诱发企业进行创新的不同因素归纳成七种,即意外的成功或失败、企业内外的不协调、过程改进的需要、产业和市场的改变、人口结构的变化、人们观念的改变以及新知识的生产等。了解和把握创新的诱因或来源,对于理解企业为什么要创新和如何实施创新,并能够适时而有效地进行技术创新和组织创新都是非常有帮助的。

2. 创新的作用

在现代社会,创新作为一项重要的管理职能,已成为组织发展的重要保证,是组织的灵魂。

(1) 创新是组织适应环境变化的基本过程。任何组织系统都要与外界环境不断地发生物质、信息和能量的交换,而系统与环境的这种联系,通常是处于不平衡的状态,组织系统要保持与环境的动态适应和平衡，就必须通过不断的创新去实现。

(2) 创新是保持组织活力，提高组织竞争力的保证。创新的重要功能是增强组织获取资源、利用资源的能力，增强组织对社会需要的认识能力，使组织的员工满意度、士气不断提高，组织也因此获得相对于竞争者的综合比较优势，增强其应对竞争的实力。

创新与维持相结合，才能实现组织最优化的存在状态。在管理实践中，整个管理活动的基本内容无非是维持与创新的矛盾统一。所谓有效的管理，就在于适度维持与适度创新的结合。维持是相对于创新的另一种组织活动状态。任何管理工作，都应围绕着系统运转的维持和创新而展开。只有创新没有维持，系统便会呈现无时无刻、无所不变的混乱状态；而只有维持没有创新，系统则会缺乏活力，最终将被环境所淘汰。

3. 创新的要素

创新的要素是指创新活动赖以开展的资源。对创新要素的识别、获取、筛选和运用能力，决定着组织的创新能力。创新的要素主要有资金、人才、技术水平、信息四个部分。

1) 资金

资金反映组织创新的经济实力，直接影响创新的规模和强度。创新资金包括研究开发活动所需的资金，也包括生产经营活动所需的资金。国外研究认为，在技术研究过程中，研究、开发(中试)、生产三个环节的资金投入比例大体为 1∶10∶100。企业在研究、开发上投入的经费总量及其在销售收入中的比重越大，创新能力就越强。他们认为，一个企业在技术研究、开发上的投资若占销售收入的 1%，企业则难以生存，占 2%才能勉强维持存，占 5%才具有较强的竞争能力。世界知名大企业的研发经费一般要占销售收入的 5%～10%，从事高新技术项目的企业，研发经费占销售收入的比重则更大。

2) 人才

人才资源是组织创新的基本保证，是创新的决定性因素。作为管理创新活动的主体，人才资源主要由企业家、内企业家和知识员工等构成，他们各自在管理创新中扮演不同的角色，承担不同的职责和功能。

(1) 企业家。这里的企业家是指从事企业管理实践的高级管理人员。企业家在管理创新中扮演着重要的角色，他既是管理创新的激励者和组织者，也是创新活动的具体设计者和实施者。作为管理创新的主体，企业家要有自己的创新理念，并能够设计实施方案。有研究表明，这样的创新型企业家具有共同的个性特征：自信、坚持、精力旺盛、勇于承担风险等。另外，他们一般处于拥有相当大决策权的职位，这使他们能够在组织中引入并推行所提倡的组织创新。

(2) 内企业家。内企业家是美国学者吉福德·平肖第三(Gifford PinchotⅢ)在其著作《创新者与企业革命》中首次提出的概念。内企业家，也翻译为内部创业者，是指那些在现行公司体制内，富有想象力，有胆识、敢冒个人风险来促成新事物出现的管理者。内企业家处于企业决策层与基层的中间接合部，是具有实际管理经验和业务专长的大量管理人员的集合。

内企业家和正统意义上的企业家的区别主要体现在三个方面。

第一，两者根本的不同在于，内企业家的活动局限于已建立的组织内部，其行动受到企业的规则、政策和制度以及其他因素的限制。内企业家不可能像企业家那样自主决策，选择自己认为有价值的机会。在进行任何创业实践和创新项目之前，内企业家必须征得企业的认同与许可。

第二，内企业家由于是企业内部的创业者和革新者，他们的行为经常会对现有组织的秩序和稳定性形成挑战，这很容易在组织内部制造一些摩擦，成为企业内部的不稳定因素，也会因此阻碍内企业家个人能力的施展。

第三，企业家成功后得到的回报是新的企业和丰厚的利润，而内企业家在企业内部创业获得成功之后得到的报偿是其职业生涯的提升和数量很少的报酬。有远见的企业家应该充分重视内企业家的作用，积极促使其成为管理创新的主体，只有造就一种内企业家不断追求、奋发向上的管理创新局面，才能使企业无往不胜。这就要求企业家从更广阔的角度和视野看待管理创新，即使自己不是管理创新的实际主体，也应该像重视技术和产品一样注意发掘和培养内企业家的管理创新能力。

(3) 知识员工。知识与智力是产生创意的源泉，而创意正是创新的开端，没有创意就不可能进行创新。拥有知识与智力的员工是管理创新的重要主体之一。知识员工作为一个群体而成为管理创新的主体是完全可能的。一方面，组织结构有扁平化的趋势，企业管理的重心逐渐下移，使知识员工有了更多机会接触企业管理的实际问题；另一方面，作为群体的知识员工，能够产生大量的管理创意，具有提炼、综合、实施的价值。

3) 技术水平

对于制造型企业而言，企业现有的技术水平是影响创新能力的重要因素。技术水平体现为企业现有的研究成果、物质技术水平和管理技术水平。企业现有的研究成果，包括应用性科技论文、技术专利、技术诀窍、图纸资料、样品样机等，这些成果的数量、种类、水平等影响着企业创新能力。在物质技术方面，投入研究、开发的物质技术手段的水平高，创新的水平也高，创新进程就可以缩短；生产装备水平优良，就能有效吸收和转化科技成果，迅速实现创新下的规模生产。在管理技术方面，水平越高，越有能力掌握市场动态，及时发现创新机会，也越有能力加快创新过程，提高创新水平，增强创新产出的市场实现能力。

4) 信息

信息是创新的资源和成果，创新过程是信息运动的过程。作为资源的信息，既有来自组织外部的，也有来自组织内部的。越能掌握外部信息、沟通内部信息，组织的创新能力就越强。

掌握外部信息，包括对外部信息的搜集整理、分析研究、消化吸收。只有灵敏地掌握外部信息，才能把握创新的外部机会和约束条件，以便形成正确的创新决策，并加快组织实施。随着创新的实施，内部信息(包括内部产生的信息和由外部信息转化成的内部信息)的作用影响力逐步增强。要通过各种沟通方式加强内部信息的流动，确保信息成为职工的共享资源，有效增强创新活动各环节的相互联系和整体协调，取得创新的最佳效果。

小资料

"互联网+"，腾讯该做什么，不该做什么

2016年6月16日，中国"互联网+"峰会在北京召开。在本次峰会中，腾讯公司董事会主席兼首席执行官马化腾发表了《"互联网+"时代的连接升级》主题演讲，对"互联

网+”工作落地一年多来连接形态的进化与演变进行了深度剖析。以下为马化腾先生演讲节选。

我相信“互联网+”其实在未来是有很多创新机会的。我们腾讯应该做什么,不应该做什么,在这种大环境下,腾讯的定位很清晰——我们是做连接器。我们希望提供一个连接器的基础功能,基础的组件能够把服务和用户连接起来,以及把政府拥有的庞大的数据开放出来,解决“最后一公里”,和用户对接起来。其实,各地政府在过去十几年做智慧城市已经储备了很强大的数据基础,就差最后一步的开发,这方面是大有可为的。

我们也在思考,如在合作伙伴的大会上我也在分享,腾讯应该更关注什么,做什么,而不该做什么。我思考了一下,大概有以下几方面。

第一,云服务。

腾讯在云方面一直非常强,但过去我们只是服务自己内部的产业和内部的系统,并没有把它开放出来。在今年会彻底地开放我们在云方面的能力,同时,把云方面的能力商业化,包装成好的产品,给社会、政府、合作伙伴。

第二,地理位置信息 LBS。

LBS 是在未来移动互联网时代和下一代的人工智能时代非常重要的一个环节。它是一个基础设施,但其本身不是一个业务,或者有很大收入的业务。腾讯在地图方面的投入,也包括我们的合作伙伴滴滴。滴滴每天有上千万的出行,实时的交通数据,数百万车辆实时地理位置信息的汇集;京东每天有数百万单的送货、物流,还有干路上的物流都有庞大的地理位置信息。他们既是 LBS 信息的消费者,又是 LBS 信息的生产者,更不用说像美团、58 这样拥有遍布全国数十万商家的企业,甚至那些外卖、快递等服务,深入小巷里鲜活的地理位置信息,都可以共建、共享以及共用这个基础设施。这是一个非常有未来的基础设施。

第三,我们还关注安全。

我们五年多来立志在安全领域不惜代价地长期投入。在移动互联时代,我们手机端的安全服务得到了业界的认可。就在两天前,苹果在 WWDC 大会上,对腾讯手机管家的骚扰拦截模块进行了官方唯一推荐。这是对中国及对腾讯安全团队的一个极大的认同。以后大家在苹果手机上就可以直接过滤掉一些垃圾短信和推销的电话营销,这些在以前是没法做到的。以后,我们还有很多领域都会关注基础设施,包括支付等。

今天我们的大会将会推出一个很重要的环节,就是我们“互联网+”指数。2015 年的时候我最后提到我们希望跟各地经信委合作,能够用更科学的方法编制“互联网+”指数,能从各行各业、各维度汇集各地的信息,能够给各省、各市,甚至各个区他们在各行业拥抱“互联网+”的指数方面能够有一个更加数字化的表现,这样在各地推动的时候会有一个抓手。

14.1.2　创新的类型

按不同的依据，从不同的角度，可以将创新分为不同的类型。

1. 局部创新和系统创新

从创新的规模以及对系统的影响程度来考察，可将其分为局部创新和系统创新。局部创新是指在系统性质和目标不变的前提下，系统活动的某些内容、某些要素的性质或其相互组合的方式、系统的社会贡献的形式或方式等发生变动。系统创新是指使整个组织系统发生质变或部分质变的创新。局部创新的结果表现为现有产品的不断完善，系统创新的结果表现为更新换代产品的推出。

局部创新具有风险小、见效快的特点，但其局限性也很明显，那就是它很难对组织的长足发展作出贡献。实践证明，几乎组织的每一次突破性进展都源于系统创新，如果一味强调局部创新，忽视对系统创新能力的培养，就极有可能陷入局部创新的战略盲点。

2. 防御型创新和进攻型创新

根据创新与环境的关系，可以将创新分为防御型创新和进攻型创新。

防御型创新是指由于外部环境的变化对系统的存在和运行造成了某种程度的威胁，为了避免威胁或由此造成系统损失的扩大，系统在内部展开的局部或全局性调整。

进攻型创新是在观察环境变化的过程中，敏锐地预测到未来环境可能提供某种有利机会，从而主动地调整系统的战略和技术，以积极地开发和利用这种机会，谋求系统发展。

3. 自发创新和有组织的创新

从创新是否有组织来看，可以分为自发的创新和有组织的创新。

自发的创新是指系统内部的各个子系统接收到环境变化的信号后，自发地调整其工作内容、工作方式、工作目标等，以应付变化或适应变化的要求。这种自发的调整也即自发的创新，它可以产生两种后果：一种是各子系统的调整都是正确的，从整体上说是相互协调的，从而给系统带来的效应是积极的，可使系统各部分的关系实现更高层次的平衡。但是这种情况一般很难出现。另一种是各子系统的调整有的是正确的，有的是错误的。因此从整体上说，调整后的各部分的关系不一定协调，带来的总效应也有可能为正，有可能为负。这是通常可能的情况。由此可见，自发创新的结果是不确定的。

与自发创新不同，有组织的创新是指系统的管理人员根据创新的要求和创新活动本身的客观规律，自觉地、有组织地研究外部环境状况和内部工作，寻求和利用创新机会，计划和组织创新活动，并且积极引导和利用各子系统的自发创新，使之与有计划的创新相互协调和配合，使整个系统内的创新活动有计划、有组织地展开。只有有组织的创新，才能给系统带来预期的、积极的、比较确定的结果。

当然，有组织的创新也有可能失败。例如，一个公司开发一种新产品，有可能成功，也有可能经过很多次失败才最终取得成功。创新是有风险的。但是，有计划、有组织的创新取得成功的机会无疑要远远大于自发创新。

4. 系统初建期的创新和运行中的创新

从创新发生的时期来看，可将其分为系统初建期的创新和运行中的创新。

系统的组建本身就是社会的一项创新活动。系统的创建者在一张白纸上绘制系统的目标、结构、运行规划等蓝图,这本身就要求有创新的思想和意识,创造一个全然不同于现有社会的新系统,寻找最满意的方案,获取最优秀的要素,并以最合理方式组合,使系统顺利、高效地运行。

创新活动更大量地存在于系统组建完毕开始运转以后。系统的管理者要不断在系统运行的过程中寻找、发现和利用新的创业机会,更新系统的活动内容,调整系统的结构,扩展系统的规模。

总之,创新渗透于各个领域,已成为一个不可逆转的大趋势。因此,创新二字的前面几乎可以冠以经济建设和社会发展每一个领域、内容和人群的名称。除了上述分析的创新类型以外,创新类型的划分还有以下一些:

从社会活动领域分类,有科技创新、教育创新、经济创新;

从意识形态方面分类,有思想(思路)创新、意识创新、观念创新;

从经济建设的构成分类,有农村经济创新、商业创新、国有和民营企业创新;

从社会功能的分工来分类,有教育创新、服务创新、工作创新、管理创新、职业创新;

从市场经济领域来分类,有市场创新、营销创新、品牌创新、产品创新、广告创新;

从改革内容分类,有体制创新、机制创新、机构创新、职称评定创新;

从人群分类,有领导创新、企业家创新、专业技术人员创新,等等。

小资料

天安公司的管理创新

天安公司是一家以生产微波炉为主的家电企业。2005 年该厂总资产 5 亿元,而 5 年前,该公司只不过还是一个人员不足 200 人,资产仅 300 万元且濒临倒闭的小厂。5 年间企业之所以有了如此大的发展,主要得益于公司内部的管理创新。

第一,生产管理创新。公司对产品的设计设立高起点,严格要求;依靠公司设置的关键质量控制点对产品的生产过程全程监控,同时,利用 PDCA 和 PAMS 方法,持续不断地提高产品的质量;加强了员工的生产质量教育和岗位培训。

第二,供应管理创新。天安公司把所需采购的原辅材料和外购零部件,根据性能、技术含量以及对成品质量的影响程度,划分为 A、B、C 三类,并设置了不同类别的原辅材料和零部件的具体质量控制标准,进而协助供应厂家达到质量控制要求。

第三,服务管理创新。公司通过大量的市场调研和市场分析活动制定了售前决策,进行了市场策划,树立了公司形象;与经销商携手寻找最佳点共同为消费者提供优质服务;公司建立了一支高素质的服务队伍,购置先进的维修设备,建立消费者投诉制度和用户档案制度,开展多种形式的售后服务工作,提高了消费者满意度。

14.1.3 创新的特点

管理创新不同于一般的创新,是一项长期的、持续的、动态的工作过程。其特点来自于创新和管理两个方面。管理创新具有新颖性、价值性、变革性、超前性、艰巨性和风险性。

1. 新颖性

以原有的管理思想、方法和理论为基础，充分结合实际工作环境与特点，积极地吸取外界的各种思想、知识和观念，在吸取合理内涵的同时，创造出新的管理思想、方法和理论。其重点在于突破原有的思维定式和框架，创造具有新属性的、增值的东西。创新是对现有的不合理事物的扬弃，革除过时的内容，确立新事物。新颖性包括3个层次：世界新颖性或绝对新颖性；局部新颖性；主观新颖性(即只是对创造者个人来说是前所未有的)。

2. 效益性

创新并不是为了创新而创新，而是为了更好地实现组织的目标，要取得效益和效率。通过技术创新提高产品技术含量，使其具有技术竞争优势，获取更高的利润。通过管理创新，建立新的管理制度，形成新的组织模式，实现新的资源整合，从而建立起企业效益增长的长效机制。创新过程中会产生大量的相对稳定的利润，而且从创新成果的社会效果看，一般都具有普遍的社会价值和经济价值。这个特点与新颖性密切相关；世界新颖性的价值层次最高，局部新颖性次之，主观新颖性更次之。创新无论大小，都能产生一定的价值，大的方面的创新如计算机的发明，直接推动了人类社会的进步；小的方面的创新，也能够创造价值。

亚马逊目前拥有3万个“委托机构”，这些“委托机构”在各自的网站上为亚马逊推出的书籍进行推荐工作。当上网的访客在它们的网站上以点选的方式购买推荐的书籍时，这些“委托机构”可以获取亚马逊15%的佣金。这个创意，现在已被广泛地效仿。而同时，贝索斯还协助定义了一个以购物网站为中心的互联网社区，这个社区的展示内容每天都会更新，同时还提供了“读者书评”和“续写小说”的服务。仅这两项小创新，至少为亚马逊增加了近40万名顾客。

3. 变革性

创新的实质就是改造旧事物，创造新事物。创新是对已有事物的改革和革新，是一种深刻的变革。破旧立新，推陈出新，革故鼎新，都是指对旧事物的变革，也就是进行创新的过程。如零售业中超级市场的诞生，就是对杂货店、百货商店等旧的业态进行变革的结果。通过开架售货代替旧的销售方式，并采用先进的电子技术和设备，超级市场对零售业的革新、发展以及对整个社会的变化带来了巨大的影响。

4. 超前性

创新以求新为灵魂，具有超前性。进行创新必须要有超前意识，要超前行动，这是从实际出发、实事求是的超前。思考问题和办事必须放眼未来，适应下一阶段发展的需要。例如由于地球上人口剧增，尤其是大城市人满为患，加上空气和水源污染，气候不断恶化等原因，科学家设想人类今后将逐步转移到地下、海洋，甚至到太空居住。美国航空航天局曾计划从2015年发射第一艘火星宇宙飞船把首批创业者送达火星，在未来分六步把火星改造成适宜人类居住的第二家园；日本科学家提出了人类移居海洋的设想；多国科学家也都描绘了从地面延引到地下的“入地式住宅”效果图。这些都是超前性的创新思维。

5. 艰巨性

管理创新因其综合性、前瞻性和变革性而颇为艰巨。人们的观念、知识、经验等因素及组织的目标、结构和制度等方面，影响着人的权力、地位、管理方式和资源配置等，这必然会牵涉各个层面的利益，使得管理创新在设计与实施中难免会遇到诸多阻碍。

6. 风险性

风险是无形的，自然对管理创新就带来了挑战。管理创新并不总能获得成功。创新作为一种具有创造性的过程，包含着许多可变因素、不可知因素和不可控因素，这种不确定性使得创新必然存在着许多风险，创新风险始终与创新相伴随，这也就是创新的代价之所在。但是存在风险并不意味着要一味地冒险，去做无谓的牺牲。要理性地看待风险，充分认识不确定因素，尽可能地规避风险，使成本付出最小化，成功概率最大化。根据美国创新经济学会统计，90%的企业创新归于失败，失败率始终居高不下。一向以创新引领潮流而著称的英特尔公司开发 anypoint，最后却不得不以失败告终。此外，西门子停产 Xelibri 系列手机是近年来创新失败的又一个典型案例，高达数亿美元的投入付诸东流。

14.1.4 创新的基本内容

在熊彼特看来，"创新"是一个经济范畴而非技术范畴，它不仅是指科学技术上的发明创造，而更是指把已发明的科学技术引入企业之中，形成一种新的生产能力。熊彼特认为，经济活动有两种类型：一种是经济循环，在这种状态下，企业的总收入等于总支出，整个生产循环往复，周而复始，企业没有发展；另一种是经济发展，它的基本动力便是创新。创新是企业家对生产要素的新组合。对现代企业来说，其基本问题是核心能力的形成、发展、维护、再创的问题。企业的核心能力是公司取得竞争优势的前提，而核心能力的形成、发展乃至维护和再创都要依赖于企业的创新活动。

在当代，随着创新理论的研究范围经一步拓展，人们将企业的创新领域分为相互联系的五个领域，即技术创新、制度创新、组织结构创新、市场创新和管理创新。

小资料

海尔的核心竞争力

企业的核心竞争力到底是什么？海尔的总裁张瑞敏面对记者的提问做出了如下的回答：现在这种争论多得不得了，但就海尔而言，核心竞争力就是获取客户和用户资源的超常能力。有人说核心竞争力是核心技术。但只有吸引到客户的技术才是有用的，如果吸引不到客户，再高新的技术又有什么用呢？海尔流程再造改变的不仅是组织结构，还改变了人际关系。企业内部不是上下级关系，而是市场关系，大家都对着外部市场，最大限度地获取用户的资源。具体说就是获取用户的订单。国际上一些一流企业的能力虽然比我们强，但通过创新和拼搏精神，只要我们在市场上的反应速度更快，我们就有可能把订单抢到手里，通过对用户资源的占有就可能实现超越。

在百强中，海尔的研发投入是最高的，在专利拥有量上也一枝独秀。张瑞敏认为，中国很多企业发展不起来的借口就是没有核心技术。海尔的专利在电子信息百强企业里高居榜首，但这不是海尔成功的驱动因素，相反，它是一个结果。所有的专利都是为了更好地满足用户需求。

1. 技术创新

技术创新是企业创新的主要内容。企业中大量创新活动是有关技术方面的，因此，有人甚至把技术创新视为企业创新的同义语。

技术水平是反映企业经营实力的一个重要标志，企业要在激烈的市场竞争中处于主动地位，就必须顺应甚至引导社会进步的方面，不断地进行技术创新。企业的技术创新体现在生产过程中的投入、转换和输出的各个环节，主要表现为材料创新、工艺创新和产品创新。

1）材料创新

材料是企业产品和生产手段的基础，也是生产工艺和加工方法作用的对象。材料费用在产品成本中占很大比重，材料的性能在很大程度上影响产品的质量。由此可以看出，材料创新在企业创新中的重要地位。材料创新的内容包括开辟新的材料来源、开发和利用成本更低的替代性材料、提高材料的质量、改进材料的性能。

从目前企业生产用的材料来看，一方面使用的是由大自然提供的原材料，如各种矿石、原油等，另一方面就是各种经过加工的半成品材料。由此，材料创新一方面是指寻找和发现现有材料的新用途，生产出新的产品以满足社会的需要，另一方面是指利用新技术与新知识制造新的合成材料，这种材料创新有着广泛的应用前景。如在制造业中广泛采用的各种高分子材料和新型合金就是材料创新的成功典范。现代材料科学的迅速发展，为企业的原材料创新提供了广阔的前景。可以预见，随着人类知识水平与技术水平的不断提高，材料创新必将出现一个崭新的局面，以满足人类日益增长的需要。

2）工艺创新

生产工艺是劳动者利用劳动手段加工劳动对象的方法，包括工艺过程、工艺配方、工艺参数等内容。工艺创新，又称过程创新，是指产品生产技术的重大变革，它包括根据新设备的要求，改变原料、半成品的加工方法，也包括在现有设备的前提下，不断研究和改进操作技术和生产方法，以求使现有设备得到更充分的利用，使现有材料得到更合理的加工。工艺创新可以为产品质量的提高提供更加可靠的保证，加强企业的特色优势。

3）产品创新

生产过程中各种要素组合的结果是形成企业向社会贡献的产品。企业是通过生产和提供产品来求得社会承认、证明其存在的价值，也是通过销售产品来补偿生产消耗、取得盈余，实现其社会存在的。产品创新包括许多内容，这里主要分析物质产品本身的创新，物质产品创新主要包括品种和结构的创新。

品种创新要求企业根据市场需要的变化，根据消费者偏好的转移，及时调整企业的生产方向和生产结构，不断开发出受用户欢迎的适销对路的产品。

产品结构的创新，是指在不改变原有品种的基本性能的基础上，对现在生产的各种产品进行改进和改选，找出更加合理的产品结构，使其生产成本更低、性能更完善、使用更安全，从而更具市场竞争力。

产品创新是企业技术创新的核心内容，它既受制于技术创新的其他方面，又影响其他技术创新效果的发挥：新的产品、产品的新结构，往往要求企业利用新的机器设备和新的工艺方法；而新的设备、新工艺的运用又为产品的创新提供了更优越的物质条件。产品创新可以为消费者带来一种全新的享受，而且可以降低产品的成本。所以不仅给企业带来的是特色的形成，而且可能是成本的优势。

工艺创新和产品创新都是为了提高企业的社会经济效益，但二者途径不同，方式也不一样。产品创新侧重于活动的结果，而工艺创新侧重于活动的过程；产品创新的成果主要体现在物质形态的产品上，而工艺创新的成果既可以渗透于劳动者、劳动资料和劳动对象之中，还可以渗透在各种生产力要素的结合方式上；产品创新的生产者主要是为用户提供新产品，而工艺创新的生产者也是创新的使用者。

我国的宗申和隆鑫等摩托车生产企业基于日本摩托车的整体式产品设计架构，进行了模块化结构设计的产品创新。这种模块化结构的产品设计，使得建立专业化的零部件供应商网络成为现实，非常有利于零部件成本的降低和质量的改进。借助于这种创新，中国的摩托车出口迅速增加，2005年产量份额约占全球生产量的50%左右。

2. 制度创新

制度是组织运行方式的原则性规定。制度创新是指社会、政治、经济和管理等制度的革新，是支配人们行为和相互关系的规则的变更，是组织与其外部环境相互关系的变更，其直接结果是激发人们的创造性和积极性，促使不断创造新的知识和社会资源的合理配置及社会财富源源不断的涌现，最终推动社会的进步。

企业的制度创新是指为了实现管理目的，将企业的生产方式、经营方式、分配方式、经营观念等规范化设计与安排的创新活动。制度创新把思维创新、技术创新和组织创新等活动制度化、规范化，同时又具有引导思维创新、技术创新和组织创新的功效。它是管理创新的最高层次，是管理创新实现的根本保证。

企业制度创新的目的是建立一种更优的制度安排，调整企业中所有者、经营者、劳动者的权力和利益关系，使企业具有更高的活动效率。

企业制度主要包括产权制度、经营制度和管理制度等三个方面的内容。

1）产权制度

产权制度是决定企业其他制度的根本性制度，它规定着企业最重要的生产要素的所有者对企业的权力、利益和责任。不同的时期，企业各种生产要素的相对重要性是不一样的。在主流经济学的分析中，生产资料是企业生产的首要因素，因此，产权制度主要指企业生产资料所有制。目前社会中存在两类生产资料所有制：私有制和公有制，这两种所有制在实践中都不是纯粹的。企业产权制度的创新也许应朝向寻求生产资料的社会成员“个人所有”与“共同所有”的最适度组合的方向发展。

2）经营制度

经营制度是有关经营权的归属及其行使条件、范围、限制等方面的原则规定。它表明企业的经营方式，确定谁是经营者，谁来组织企业生产资料的占有权、使用权和处置权的行使，谁来确定企业的生产方向、生产内容、生产形式，谁来保证企业生产资料的完整性及其增值，谁来向企业生产资料的所有者负责以及负何种责任。经营制度的创新方向应是不断寻求企业生产资料最有效利用的方式。

3）管理制度

管理也是现代生产力的一个重要构成要素。管理的基本任务是组织、协调生产力各要素，使其达到最优组合，取得最佳效益。在现代化生产中，专业分工细、生产环节复杂、配合密切，更需要有集中统一的管理和生产指挥。管理制度是行使经营权、组织企业日常经营的各种具体规则的总称，包括对材料、设备、人员及资金等各种要素的取得和使用的规定。在管理制度的众多内容中，分配制度是极重要的内容之一。分配制度涉及如何正确地衡量成员对组织的贡献并在此基础上如何提供足以维持这种贡献的报酬。由于劳动者是企业诸要素的利用效率的决定性因素，因此，提供合理的报酬以激发劳动者的工作热情对企业的经营就有着非常重要的意义。分配制度的创新在于不断地追求和实现报酬与贡献的更高层次上的平衡。

产权制度、经营制度、管理制度这三者之间的关系是错综复杂的（实践中相邻的两种制度之间的划分界限甚至很难界定）。一般来说，一定的产权制度决定相应的经营制度。但是，在产权制度不变的情况下，企业具体的经营方式可以不断进行调整；同样，在经营制度不变时，具体的管理规则和方法也可以不断改进。而管理制度的改进一旦发展到一定程度，则会要求经营制度作相应的调整；经营制度的不断调整，则必然会引起产权制度的革命。因此，反过来，管理制度的变化会反作用于经营制度；经营制度的变化会反作用于产权制度。

小资料

分 蛋 糕

老张和老李一人出100元买了一个大蛋糕，老张负责切这块蛋糕以便两人平分。老李担心切得不公平，就请了第三个人来拿主意。他们一共请了三个人。

第一个是搞政治思想的，他要求老张不能以权谋私，要提高自己的政治觉悟，要做到尽量公平。

第二个是搞技术的，他告诉老张：你得好好测量一下这块蛋糕的截面积，还要计算质量均匀度，因为有的地方可能厚，有的地方可能薄。测量好了之后再通过计算选择一个最佳切入面切下去，要尽量切得准。

第三个是制度经济学家，他说："老张，我跟你说，甭那么费事，你负责切，但是要让老李先挑，这就解决问题了。"

这就是说，分配权和优先选择权若都掌握在一个人的手中，事情就很难办，十有八九要出现腐败；两者分开了就可能可以做到公平。因为老张知道切不公平老李肯定把大块的拿走了，自己就吃亏了，所以他会尽量切得公平。

3. 组织结构创新

任何组织的结构都不是一成不变的。它们如同生物的机体一样，必须随着外部环境和内部条件的变化而不断地进行调整和变革，才能顺利地成长、发展，避免老化和死亡。所谓的组织结构创新是指根据组织目标来调整和变革组织结构及管理方式，使其能够适应外部环境及组织内部条件的变化，从而提高组织活动效益的过程。组织结构创新的目的在于更合理地组织管理人员的工作，提高管理劳动的效率。

1）组织结构创新的内容

组织结构创新的内容随着环境因素的变动与组织管理需求发展方向的不同而各不相同。组织结构创新的内容一般可涉及以下一些方面：

（1）功能体系的变动。即根据新的任务目标来划分组织的功能，对所有管理活动进行重新设计。

（2）管理结构的变动。对职位和部门设置进行调整，改进工作流程与内部信息联系。

（3）管理体制的变动。包括管理人员的重新安排、职责权限的重新划分等。

上述创新工作往往需要经历一定的时间，从旧结构到新结构也不是一个断然切换的简单过程，一般需较长的过渡、转型时期。所以，作为领导者要善于抓住时机，发现组织创新的征兆，及时地进行组织创新工作。以企业为例，企业组织结构老化的主要征兆有：企业经营业绩下降；企业生产经营缺乏创新；组织机构本身病症显露；职工士气低落，不满情绪增加等。当一个企业出现上述征兆时，应当及时进行组织诊断，以判断企业组织结构是否有改革、创新的需要。

2）企业组织创新的典型形式

为了创新工作的开展和顺利进行，企业可以在组织结构上进行创新，用新型的组织结构形式加以保障。目前，企业组织创新的典型形式有新产品委员会、新事业发展部、创新小组、技术中心与虚拟创新组织等。

（1）新产品委员会。组建企业新产品委员会是推动企业创新或完成一定的创新项目的可行办法之一。该委员会作为临时或常设机构，可以由企业高层管理者负责，由关键研究开发人员及各职能部门代表组成。新产品委员会负责企业产品创新的全程管理：负责企业产品创新策划；组织企业产品创新方案评价；协调新产品开发过程中的部门关系；组织新产品的鉴定和试销；组织企业相关部门向市场推荐企业新产品；负责协调企业产品创新与常规经营之间资源配置的矛盾。

企业建立新产品委员会的主要优点有：可以集中创新关键人员的想法和专长；创新方案较容易被企业高层管理者和各职能部门所接受；可以将产品创新的咨询过程与决策过程高度融合；有利于协调企业产品创新与常规经营的资源配置矛盾；协调创新过程中各职能部门之间的矛盾。

（2）新事业发展部。企业要进行技术创新，就要随时捕捉市场机会、技术机会和政策机会。一项对于企业生存与发展具有战略影响的技术创新，通常需要投入大量的人力、物力、财力，动用较多的职能部门。对于这类技术创新，企业需要建立新事业发展部。

新事业发展部由在企业中具有相当地位的人主要负责，从若干职能部门抽调专人组成。通常，新事业发展部拥有很多的决策权，只接受企业最高层主管的领导。一些国外学者甚至认为，新事业发展部是永久性独立于现有运行体系之外的分权组织，是企业进入新技术领域和产业领域的重要组织。由于重大的技术创新往往伴有很大的风险，建立新事业发展部是十分必要的。1980 年，美国 IBM 公司注意到个人计算机市场连续 5 年保持持续增长，决定进入个人计算机市场。公司高层讨论后决定在佛罗里达州建立一个立的分部，并赋予该分部主管极大的权力：负责个人计算机从研制到销售的全部过程，有权从公司任何部门挑选研发、制造、财务、销售等人员。一年后,IBM 成功推出较其他品牌性能更优越的个人计算机,并很快成为市场霸主。

新事业发展部的具体作用是：提出产品创新目标建议；制订获取新产品设想的调研计划；筛选新产品设想；拟订新产品设计的技术规格；提出有关新产品试销的建议,并组织试销；实施产品创新过程的全程控制和协调。

(3) 创新小组。如果企业所实施的技术创新规模居中,但创新任务较为繁杂,就可以通过建立创新小组来完成拟定的创新任务。通常,创新小组可以由企业研发、生产、营销和财务等职能部门人员组成,这些人在完成创新任务之前,都脱离原部门工作。创新小组具有制定新产品研发、产销政策的权力,有明确的创新目标和任务,自主决定工作方式。小组成员之间不应存在传统意义上的上下级关系,对小组的领导仅被视为一种管理职能,与其他职能是一种协作关系、处于同等地位。创新小组的这些特点,比较容易使小组所有成员都有与自身任务相适应的信息传递分工,容易使小组成员对实现小组目标负有共同责任。从某种意义上讲,创新小组成员更容易具有认同感、归属感和成就感,更能发挥每个成员的潜在能力,提高创新效率。

(4) 技术中心。通常,大企业为实施重大关键技术和新一代产品的研发,需要专门设立技术中心。目前,企业的技术中心常用矩阵式组织结构,组织由不同专业技术人员组成的跨部门的课题组,大部分研究项目实行项目经理负责制。为了保证研发成果最终容易转移到生产部门,在研发阶段要充分考虑工艺、装备和生产条件。企业技术中心的主要职能有：着眼于企业长期发展,对重大关键技术进行自主开发；参与企业技术发展战略的制定、重大技术引进和技术改造项目的论证,为企业产品和技术决策提供咨询；与有关高等院校及国内外同行建立长期稳定的技术交流与合作关系,促进产学研合作创新；吸引国内外科技人才以各种形式来企业工作,通过研究开发实践为企业培养和造就大批高素质的科技人才；对企业内其他技术机构提供系统的指导、咨询和服务；对企业所有的科技成果进行技术经济评估,促进科技成果在企业内外的推广应用。

在国外,企业技术中心的研究项目大体分为三类：核心技术研究,主要针对企业多种多样产品共用的核心技术,着眼于建立与保持企业的竞争优势；进攻型技术研究,主要针对市场需要,开发新技术与新产品,着眼于占领市场,获取现实的创新收益；防御型技术研究,主要是跟踪技术发展方向,着眼于企业未来发展需要。

(5) 虚拟创新组织。虚拟创新组织是指为响应已经出现或即将出现的市场机会而组成的虚拟公司或其联合体。虚拟创新组织通常不是一个法人实体,而是由一些独立的经济实体基于某种共同目标而组织起来的一种灵活的临时性联盟。联盟中的成员具有互补的资源和核心能力。当某个新的市场机会出现时,通常由最早意识到这一市场机会或者掌握某一关键技术的企业牵头,联合其他有关机构和企业形成一个一体化的临时组织,迅速动员各方的资源和能力,以对市场机会作出快速反应,共同完成新产品的开发和新市场的开拓。虚拟组织的成员共担创新风险,共享创新利益。当既定的创新目标实现时,特定的创新联盟就随之瓦解。

随着科学技术的日益进步,信息网络技术的飞速发展推动着经济全球化进程的日益加快,虚拟创新组织将获得更大的生命力。面对新的市场机会,虚拟创新组织的竞争优势主要体现在：可以通过成员企业能力和资源的集成,使加盟企业获得更多的市场机会,实现单一企业所不能实现的目标；可以充分利用成员企业的各种资源存量，减少用于研究开发和新项目建设的资源投入；可以迅速配置资源，对市场机会作出快速响应；企业参加虚拟创新组织，可以通过资源共享扩大其经营规模，改善企业形象，提高共同创新能力；同一组织内的合作创新，有利于成员企业相互学习，加速技术积累，进一步提高各个成员企业的创新能力。

4. 市场创新

人们一般把开辟一个新的市场和控制原材料的新供应来源归纳为市场创新。事实上，完整的市场创新是指企业从微观的角度促进市场构成的变动和市场机制的创造以及伴随新产品的开发对新市场的开拓、占领，从而满足新需求的活动。成功的企业经营不仅要适应消费者已经意识到的市场需求，而且要去开发和满足消费者自己可能还没有意识到的需求。新产品的开发往往被认为是企业创造市场需求的主要途径。实际上，市场创新还指企业在产品的材料、结构、性能不变的前提下，通过市场的地理转移或提示产品新的物理使用价值，来寻找新用户，或通过广告宣传等促销工作，来赋予产品以一定的心理使用价值，影响人们对某种消费行为的社会评价，从而诱发和强化消费者的购买动机，增加产品的销售量。

概括起来，市场创新至少包含两个方面的内容。

1）开拓新市场

开拓新市场包括三层意思：一是地域意义上的新市场，即企业产品以前不曾进入过的市场。它包括老产品进入新市场，如由国内向海外拓展，由城市向农村拓展。也包括新产品进入新市场。二是需求意义上的新市场，指现有的产品和服务都不能很好地满足潜在需求时，企业以新产品满足市场消费者已有的需求欲望。消费者的行为受其观念支配，企业可能通过改变消费者的观念来创造顾客的需求。例如，由于房产价值高昂，使用时间长，而普通工薪阶层收入水平不高，导致了房地产市场长期低迷，直到有人发明了按揭的消费方式，从而带动了整个房产市场的兴旺。三是产品意义上的新市场，即将市场上原有的产品，通过创新变为在价格、质量、性能等方面具有不同档次的、不同特色的产品，可以满足或创造不同消费层次、不同消费群体需求。如福特汽车公司变换汽车式样，向其顾客供应不同档次的汽车：向富豪供应卡迪拉克，向一般人供应雪弗兰，向中等富裕的人供应奥尔兹莫比尔。

2）创造市场“新组合”

市场创新又是市场各要素之间的新组合，它既包括产品创新和市场领域的创新，也包括营销手段的创新，还包括营销观念的创新。

市场营销组合是指综合运用企业可控制的因素，实行最优化组合，以达到企业经营的目标。市场营销组合观念是市场营销观念的重要组成部分。营销组合为实现销售目标提供了最优手段，即最佳综合性营销活动，也称整体市场营销。市场营销组合观念认为，企业可以控制的产品、定价、分销与促销诸因素，都是不断发展变化的变数。在营销过程中，任一因素的变化都会出现新的市场营销组合。

5. 管理创新

管理创新是指企业把新的管理要素（如新的管理方法、新的管理手段、新的管理模式等）或要素组合引入企业管理系统以更有效地实现组织目标的活动。

企业管理创新，最重要的是在组织高管层面有完善的计划与实施步骤以及对可能出现的障碍与阻力有清醒的认识，帮助企业主及 CEO 塑造此方面的领导能力，使创新与变革成为可能。

小资料

浙江花园集团的管理创新

任何一家成功企业都有其成功的管理经验。浙江花园集团的发展和成长是进行制度创新、强化管理的必然结果。具体表现在以下几个方面。

一、不断改革各项制度，促进企业稳步发展

花园集团的前身是个个体小作坊，裁缝之子邵钦祥、邵钦培兄弟俩以及老支书三人，带领 18 名职工自带缝纫机办起了制衣小厂。邵钦祥既是厂长，又是推销员。在没有任何办厂经验的情况下，凭着他顽强、好学的精神，硬是摸索出一套管理、营销的经验，学会了与各种人打交道，以及用人的管理技巧。随着市场的发展，邵钦祥一方面凭着他敏锐的观察力，认识到企业想要大发展，个体经济必将受到多种因素的制约，诸如资金、人才、土地以及环境等。另一方面，作为先富起来的一部分人之一，凭着他坦荡的胸怀和追求人生价值的理想，毅然决定将个体企业改制成村办企业，从企业产权制度改革入手，将企业托上了一个台阶。为了加快企业发展步伐，迅速改变花园村贫困落后的面貌，壮大集体经济，走共同致富路，他创建了"村企合一"的管理体制，利用企业的积累，统一村企规划，进行基础设施建设，对企业进行股份制改造，组建了拥有 18 家企业，共 34 家成员企业的浙江省首家村级企业集团，使花园集团在国家进行宏观调控，多数乡镇企业举步维艰的情况下，迈上了新的台阶。

二、完善内部管理，提高经济效益

改革是永无止境的。在企业大发展的同时，花园集团抓企业内部管理，先后引进和培训了一些中高级管理人才，建立健全各项经营管理的规章制度，加强和重视管理人员的业务培训工作，举办多期不同专题的业务培训班，对科室管理人员进行专业培训，以提高管理人员的业务水平，使企业管理走上了规范化、科学化的轨道。花园集团建立了企业内部银行，利用内部银行将暂时闲置、分散的资金集聚起来集中管理，解决了企业资金紧张的矛盾，提高了资金使用效率，降低了资金成本，获得了可观的经济效益。各成员企业也在抓管理、促效益上出成果。服装厂从提高管理效率着手，精简管理机构，裁减非生产人员，使产品以质量优、成本低、信誉好，赢得了市场竞争的优势。彩印厂、火腿厂在质量上乘的前提下创出了"花园"牌火腿王的品牌。

三、支持管理创新，采取灵活的经营机制

从 1990 年起，花园集团就推行了企业经营承包责任制。之后通过不断改革经营，形成了具有花园特色的"厂长风险责任承包制"。该制度采用了"厂长终身制，承包基数一年一包"的办法，很好地解决了厂长的短期行为。所谓"厂长终身制"并不是能上不能下，而是指厂长的相对稳定性，如果厂长管理不善，总经理随时有权解聘。"承包基数一年一定"，主要是根据花园集团具体情况实施的。花园集团近年来发展很快，新企业较多，而对新企业涉及的新行业，行情不太好把握准确，加之这几年市场变化快，中长期预测误差太大，短期预测较为容易、准确，因而承包基数一年一定，就比较合理、科学，容易调动承包者的积极性，给企业注入活力。

14.2 创新过程及策略

在管理实践中，各种组织既要牢固树立创新的思想，又要采取切实步骤进行创新活动；既要看到创新为组织发展提供了强大的动力，又要注意分析和防范创新的风险，没有无风险的创新；另外，还要将创新纳入组织制度的体系，使其有章可依，获得保障。也就是说，为了保证创新的实现，组织必须对创新实施有效的管理。

14.2.1 影响和推动组织创新的因素

有学者对影响和推动组织创新的因素进行了大量的研究与分析。归纳起来，影响和推动创新的因素可分为内部因素和外部因素两大类。

1. 组织内部因素

从企业组织自身的角度讲，有三类影响因素对于激发组织创新起着重要的作用，即组织结构与资源、组织文化和人才资源等。

1）组织结构与资源因素

根据大量的研究结果，组织结构因素对创新的作用很显著。灵活而柔性的组织结构对组织创新有着正面的影响。这是因为在有机式组织结构下，其专业化、正规化和集权化程度比较低，有利于提高组织的应变能力和跨职能工作能力，从而更易于发动和实施组织创新。另外，如果组织资源充裕，管理部门有能力开发创新成果，推动整体性组织创新。

2）组织文化因素

创新型组织通常具有独特的组织文化，例如，鼓励试验、容忍失败、注重奖励等。研究表明，创新型组织的文化以创新导向为核心，通常具有下列特征：第一，鼓励多样化思路。不强调专一性，鼓励多种工作思路，容忍不切实际的想法和主张。第二，鼓励承担风险。鼓励干部员工大胆试验，不用担心可能失败的后果。第三，强调开放系统。随时监控环境的变化并作出快速反应。第四，容忍冲突。组织鼓励群体中的不同意见，认为中等程度的群体冲突有利于调节群体气氛，从而实现更高的经营绩效。第五，外部控制少。组织将规则、条款、政策这类的控制减少到最低限度。

3）人才资源因素

人才资源是组织创新的基本保证。创新型组织积极地对其干部员工开展培训和发展，加快知识与技能的更新。同时，通过职业生涯设计，给员工提供高工作保障，鼓励员工成为创新能手。一旦产生新思想，创新者会主动而热情地将新思想深化、提高并克服阻力，以确保组织创新方案得到推行。有研究表明，创新型企业家具有共同的个性特征：自信、坚持、精力旺盛、甘冒风险等。另外，他们一般处于拥有相当大决策自主权的职位，这使他们能在组织中引入并推行所提倡的组织创新。

2. 组织外部因素

从组织的外部环境因素讲，市场的变化和组织所处的政治、经济及社会文化环境等都会影响组织创新的整个过程。

1）产品与服务市场的变化

市场变化是组织创新的首要外部因素，其中最重要的是需求变化。组织作为市场中的供给方是为满足需求而存在的。另一重要的市场变化是竞争变化。激烈的竞争往往使组织更倾向于成为适应市场的创新型组织，并通过更低成本和更高质量取得竞争优势。此外，资本与劳务市场变化也能激发创新。例如，许多工业发达国家的资本市场结构最适于激发创新，某些风险资本专门寻找有发展前途的小型创新公司，实行高风险、高回报率的投资策略。

2）政治、经济及社会文化因素

政治、经济与社会文化因素也是推动管理创新的重要外部因素。企业经营规模的不断扩大和技术层次的不断提高，使得管理理念与文化价值观的更新日趋急迫，成为组织创新的必要条件。而管理理念与文化价值观在很大程度上受到政治、经济与社会文化因素变化的制约。例如，政府的政策、法令、法律、规划、战略等，都直接对组织创新行为具有指导意义和约束力。

小资料

通用电气公司管理制度的变迁

20世纪50年代初，美国通用电气公司年销售额已超过20亿美元。公司规模大了，权力完全集中于美国纽约总部的状况已经不能适应公司的发展，需要改良组织结构。于是公司总裁卡迪纳先生决定实施分权制度。该分权制度由斯密迪一手策划。斯密迪行伍出身，非常强调纪律的作用，他认为，实施新的制度时，肯定有阻力，所以，必须由他说了算，基层人员要绝对服从，不能有异议。

斯密迪制度的内容有以下几个方面。

第一，一个经理自己所能管理的企业规模是有限的。

斯密迪认为，一个经理自己能胜任的经营规模，最大不能超过5000万美元一年，再大就管不了。按照他的观点，通用电气公司被拆成了150个部门，各部门的经营规模不超过5000万美元，每个部门的经营直接对总裁负责，这样，通用电气公司就等于分成了150个"小公司"。这就导致了一个很不好的格局：当某部门的经营业务超过5000万美元时，按照斯密迪的观点，必须分成两个相互独立的部门。

第二，对部门的经营好坏要有具体的量化指标。

斯密迪在测评一个部门经营好坏时，设计了8项指标，其中的两个较为典型：一个是利润，另一个是部门长期利益和短期利益的平衡。可实际工作中，利润是很容易测定的，是多少就是多少。而长期利益与短期利益的平衡怎么测定呢？当时无法测定。

第三，管理是一种职业，真正懂得管理的人，什么都能管好。

斯密迪认为，能管理好一个钢铁厂的人，也能管理好一个大菜市场。因此，作为一个管理人员，应特别注意流动能力的训练。一个管理人员应有多方面的技能，能做多方面的工作，要训练他做市场工作、工程工作、制造工作等。这样，通用电气公司的一个部门经理，这三年可能在做洗衣机生意，另外三年可能又去做核能的生意；让这些经理们流来流去，以训练他们的流动能力。

后来，斯密迪制度在公司的系统经营方面碰到了困难。1966 年通过竞争，通用电气获得了新加坡一发电厂的承建权。该业务要求电厂的设计、基建、设备和安装等所有业务全由承建方一家公司承包下来，搞系统经营。由于通用电气已经分成 150 多个相互独立的业务部门，其中的任何一个部门都不可能承包所有这些发电厂的业务，要参与这种国际竞争，公司不得不成立一个协调部门——通用电厂公司，来组织各个业务部门共同承接这种系统业务。但是，由于各业务部门已经有了自己的责权利，互相独立，开展工作的难度可想而知。当通用电厂公司到各部门去购买各种设备时，各部门为了最大限度地提高本部门的利润，就尽量提高设备的售价。最后，通用电厂公司发现，各部门提供设备的价格，往往比外公司的价格还高。

1970 年博希当上了通用电气的总裁，对这种情况进行了改进，分权制度才有了改善。

14.2.2 创新的基本条件

为使管理创新能有效地进行，管理者要努力为部属提供条件、创造环境。管理创新必须具备以下的基本条件。

1. 良好的心智模式

创新主体(企业家、管理者和企业员工)应具有良好的心智模式，这是实现管理创新的关键。心智模式是指由于过去的经历、习惯、知识素养、价值观等形成的基本固定的思维认识方式和行为习惯。经济学家熊彼特曾在《经济发展理论》中把创新定义为企业家的职能，并认为企业家之所以能成为企业家，并不是因为其拥有资本，而是因为他拥有创新精神并实际地组织创新。而正是由于某个或某些企业家的率先创新，众多企业家的迅速模仿，才推动了经济的发展。

2. 较强的能力结构

创新主体应具有较强的能力结构。管理创新主体必须具备一定的能力才可能完成管理创新。创新管理主体应具有核心能力、必要能力和增效能力。核心能力突出地表现为创新能力；必要能力包括将创新转化为实际操作方案的能力以及从事日常管理工作的各项能力；增效能力则是控制协调、加快进展的各项能力。

3. 较好的基础管理条件

企业应具备较好的基础管理条件。现代企业中的基础管理主要指一般的最基本的管理工作，如基础数据、技术档案、统计记录、信息收集归档、工作规则、岗位职责标准等。管理创新往往是在基础管理较好的基础上才有可能产生，因为基础管理好可提供许多准确的必要信息、资料、规则，这本身有助于管理创新的顺利进行。

4. 良好的创新氛围

企业应营造一个良好的促进创新氛围。创新主体能有创新意识，能有效发挥其创新能力，与拥有一个良好的创新氛围有关。在良好的工作氛围下，人们思想活跃，新点子产生得多而快，而不好的氛围则可能导致人们思想僵化，思路堵塞，头脑空白。因此，促进创新的最好方法是大张旗鼓地宣传创新，激发创新，树立“无功便是有过”的新观念，使每一个人都奋发向上，努力进取，跃跃欲试，大胆尝试。要造成一种人人谈创新、时时想创新、无处不创新的组织氛围。

5. 正确的得失态度

管理创新应正确地对待失败。创新的过程是一个充满着失败的过程。创新应该认识到这一点，创新的组织者更应该认识到这一点。只有认识到失败是正常的，甚至是必需的，管理人员才可能允许失败，支持失败，甚至鼓励失败。当然，支持尝试、允许失败，并不意味着鼓励组织成员盲目地工作，而是得在失败中取得有用的教训，学到一点东西，变得更加明白，从而使下次失败到创新成功的路程缩短。

6. 合理的奖酬制度

管理创新必须建立合理的奖酬制度。要激发每个人的创新热情，还必须建立合理的评价和奖惩制度。创新的原始动机也许是个人的成就感、自我实现的需要，但是如果创新的努力不能得到组织或社会的承认，不能得到公正的评价和合理的回报，继续创新的动力就会渐渐失去。促进创新的奖酬制度至少要符合下述三方面条件。

1）注意物质奖励与精神奖励的结合

奖励不一定是金钱至上的，精神上的奖励也许比物质报酬更能驱动人们创新的欲望。但是，当奖金的多少被视作衡量个人工作成果和努力程度的标准时，物质上的奖酬也是必不可少的。

2）奖励应是对特殊贡献，甚至是对希望作出特殊贡献的努力的报酬

奖励的对象不仅包括成功以后的创新者，而且应当包括那些成功以前，甚至是没有获得成功的努力者。就组织发展而言，也许重要的不是创新的结果，而是创新的过程。

3）奖励制度要有利于组织内部的竞争和合作

内部的竞争与合作对创新都是重要的。竞争能激发每个人的创新欲望，从而有利于创新机会的发现，创新构想的产生，而过度的竞争则会导致内部的各自为政、互相封锁。合作能综合各种不同的知识和能力，从而可以使每个创新构想都更加完善，但没有竞争的合作难以区别个人的贡献，从而会削弱个人的创新欲望。要保证竞争与协作的结合，在奖励项目的设置上，可考虑多设集体奖，少设个人奖；在奖金的数额上，应多设小奖，少设大奖，以给每一个人成功的希望，避免只有少数人能成功的情况，从而防止相互封锁和保密、破坏合作的现象。

小资料

截然不同的创新内容

在一次企业创新发展论坛上，来自全国各地的企业家齐聚一堂，各自谈到了自己的创业在创新方面所取得的成就，其中A、B、C三家企业的管理者进行了以下对话。

A企业刘总：我们企业主要是投入大量的人力、物力、财力，对企业的技术标准进行了提高。通过新技术的投入使用，企业的生产效率明显提高，产品质量也大幅提升，合格率基本达到100%。自从采用新技术，我们的产品市场占有率在同行中位居前列，也为企业创造了可观的利润。

B企业孙总：我们企业组织各部门管理者认真学习国内外优秀企业的管理思想和管理理念，并结合企业自身的实际特点，形成具有本企业特色的管理思想。在实际工作中，全体员工日常工作都能够按照企业的管理思想进行，为企业创造了可观的利润。

C企业赵总：随着经济环境的不断变化，企业规模的日益增长，在发展过程中我们发现企业各方面的制度都存在问题，因此主要针对企业的产权制度、组织制度和管理制度进行了完善。通过实施这些完善措施，整个企业面貌焕然一新，处处井井有条，员工的积极性也得到很大提高，企业走上了正常的发展轨道。

讨论题：这三家企业分别进行了怎样的创新？为什么要进行这样的创新？

14.2.3 创新的过程

组织创新过程是一个系统工程，不仅会受到组织内部个体创新特征、群体创新特征和组织特征的影响，还要受到整个社会经济环境的制约；组织创新行为又会直接影响组织绩效，包括市场绩效、竞争能力、盈利情况、员工的态度等。同时，组织创新是一个渐进过程，往往从技术与产品开发入手，逐步向生产、销售系统、人力资源、组织结构发展，进而进入战略与文化的创新，表现为一种渐进创新的过程。

一般来说，管理创新过程包含四个阶段。

1. 对现状的不满

在几乎所有的案例中，管理创新的动机都源于对公司现状的不满：或是公司遇到危机，或是商业环境变化以及新竞争者出现而形成战略型威胁，或是某些人对操作性问题产生抱怨。创新之所以要打破原有的秩序，是因为其内部存在或出现了某种不协调的现象。创新活动正是从发现和利用旧秩序内部的这些不协调现象开始的。

例如，Litton互联产品公司是一家为计算机组装主板系统的工厂。1991年，布莱克受命负责这家工厂的战略转型。他说："我们曾是一家前途黯淡的公司，与竞争对手相比，我们的组装工作毫无特色。唯一的解决办法就是采取新的工作方式，为客户提供新的服务。这是一种刻意的颠覆，也许有些冒险，但我们别无选择。"很快，布莱克推行了新的业务单元架构方案。每个业务单元中的员工都致力于满足某一个客户的所有需要。他们学习制造、销售、服务等一系列技能。这次创新使得客户体验获得极大改善，员工流动率也大大降低。

当然，不论出于哪一种原因，管理创新都在挑战组织的某种形式，它更容易产生于紧要关头。

2. 从其他来源寻找灵感

敏锐地观察到了旧秩序中的不协调现象之后，还要透过现象找到原因，并据此分析和预测不协调现象的未来变化趋势，估计它们可能给组织带来的积极或消极后果，并提出消除不协调和使系统在更高层次实现平衡的创新构想。

管理创新者的灵感可能来自其他社会体系的成功经验，也可能来自那些未经证实却非常有吸引力的新观念。

有些灵感源自管理思想家和管理宗师。1987 年，沃尔思出任了惠灵顿保险公司的 CEO，他读到了汤姆·彼得斯的新作《混沌中的繁荣》。他从书中获得灵感，将书中的高度分权原则转化为一个可操作的模式，这就是人们熟知的"惠灵顿革命"。沃尔思的新模式令公司的利润率大幅增长。

还有些灵感来自无关的组织和社会体系。20 世纪 90 年代初，总部位于丹麦哥本哈根的助听器公司奥迪康推行了一种激进的组织模型：没有正式的层级和汇报关系；资源分配是围绕项目小组展开的；组织是完全开放的。几年后，奥迪康的利润取得了大幅增长。而这个灵感却来源于公司 CEO 曾经参与过的美国童子军运动。他说："童子军有一种很强的志愿性。当他们集合起来，就能有效合作而不存在任何等级关系。这里也没有勾心斗角、尔虞我诈，大家目标一致。这段经历让我重视为员工设定一个明确的'意义'，这种意义远远超越了养家糊口。同时，建立一个鼓励志愿行为和自我激励的体系。"

这两个例子说明了一个简单的道理：管理创新的灵感很难从一个公司的内部产生。只有通过从不同的来源获得灵感，公司的管理创新者们才能够开创出真正全新的东西。

3. 实施创新方案

管理创新人员将各种不满的要素、灵感以及解决方案组合在一起，迅速展开行动，全面实施。实施通常并非一蹴而就，而是重复、渐进的。创新成功的秘密主要在于迅速行动。提出的构想可能还不完善，甚至可能很不完善，但这种并非完美的构想必须立即付诸行动才有意义。"没有行动的思想会自生自灭"，这句话对于创新思想的实践尤为重要。一味追求完美，就可能错失良机，把创新的机会白白地送给别人。创新的构想只有在不断地尝试中才能逐渐完善，企业只有迅速地行动才能有效地利用"不协调"提供的机会。

4. 争取内部和外部的认可

管理创新存在风险巨大、回报不确定的问题。很多人无法理解创新的潜在收益，或者担心创新失败会对公司产生负面影响，因而会竭力抵制创新。而且，在实施之前，我们很难准确判断创新的收益是否高于成本。因此对于管理创新人员来说，一个关键阶段就是争取他人对新创意的认可。

在管理创新的最初阶段，获得组织内部的接受比获得外部人士的支持更为关键。这个过程需要明确的拥护者。如果有一个威望高的高管参与创新的发起，就会大有裨益。另外，只有尽快取得成果才能证明创新的有效性，然而，许多管理创新往往在数年后才有结果。因此，创建一个支持同盟并将创新推广到组织中非常重要。

管理创新的另一个特征是需要获得“外部认可”,以说明这项创新获得了独立观察者的印证。在无法通过数据证明管理创新的有效性时,高层管理人员通常会寻求外部认可来促使内部变革。外部认可包括四种来源:

(1) 商学院的学者。他们密切关注各类管理创新,并整理总结企业碰到的实践问题,以应用于研究或教学。

(2) 咨询公司。他们通常对这些创新进行总结和存档,以便用于其他的情况和组织。

(3) 媒体机构。他们热衷于向更多的人宣传创新的成功故事。

(4) 行业协会。

外部认可具有双重性:一方面,它增加了其他公司复制创新成果的可能性;另一方面,它也增加了公司坚持创新的可能性。

14.2.4 创新的策略

1. 根据创新的程度不同,可以分为首创型、改创型和仿创型创新策略

(1) 首创型创新策略。首创型的创新是指观念上和结果上有根本突破的创新,通常是首次推出但对经济和社会发展产生重大影响的全新的产品、技术、管理方法和理论。这类创新本身要求全新的技术、工艺以及全新的组织结构和管理方法。首创型创新还常常引起产业结构发生变化,从而彻底改变组织的竞争环境和基础。

(2) 改创型创新策略。改创型创新是指在自己现有的特色管理或在别人先进的管理思想、方式、方法上进行顺应式或逆向式的进一步改进。现有的特色管理是自己所独有但尚未系统化或完全成型的管理方式。改创型创新就是在借鉴别人的先进管理的基础上进行大胆创新,探索出新的管理思路、方式、方法。简单地说,就是在别人已有的先进成果上进行有创意的提高。日本是采用这种管理创新策略的典型国家。日本的企业管理水平在第二次世界大战后是很落后的,20 世纪 50 年代日本派了大批人去美国学习企业管理技术,邀请许多美国的专家到日本讲学,并结合日本的传统文化和国民气质,创造出了全新的日本企业管理模式,最终使美国反过来向日本学习其某些管理方法。

(3) 仿创型创新策略。仿创型创新策略是创新度最低的一种创新活动,其基本特征在于模仿。在创新理论的创始人熊彼特看来,模仿不能算是创新,但是模仿是创新传播的重要方式,对于推动创新的扩散具有十分重要的意义。没有模仿的创新其传播可能十分缓慢,创新对社会经济发展和人类进步的影响也将大大减小。模仿可以分为创造性的模仿和简单性的模仿,创造性模仿就是我们上面介绍的改创型创新,而简单性模仿就是仿创型创新。

2. 根据创新的过程是量变还是质变,可分为渐进式和突变式创新策略

(1) 渐进式创新策略。渐进式创新是指通过不断的、渐进的、连续的小创新,最后实现管理创新的目的。这种创新策略从小的方面入手,不至于猛烈攻击既得利益者的利益,易于被这群人所接受。由于许多大创新需要与之相关的若干小创新的辅助才能发挥作用,而且小创新的渐进积累效应常常促进创新发生连锁反应,导致大创新的出现,所以,单个小创新虽然带来的变化是小的,但它的重要性不可低估。它说明企业的管理创新是从无数的小创新开始的,当大量的小创新不断地改善着企业的经营管理,并达到一定程度时就会产生导致质变的大创新。这种创新具有渐进性、模仿性，创新的周期一般较长，而创新的效果却不错。日本的企业多采用这种渐进式管理创新策略。日本政府在公务员改革过程中采用了这种策略，通过有计划地每年逐渐减少公务员数量的办法，加以编制法定化的配套措施，使日本的公务员改革取得了成功，值得我国在制订机构的方案时学习借鉴。

(2) 突变式管理创新。突变式管理创新是指企业的管理首先在前次管理创新的基础上运行，经过一段时间，直到创新的条件成熟或企业运行到无法再适应新情况时，就打破现状，实现管理创新质的飞跃。它具有突变性，创新的周期相对较短，而创新的效果相对较好。这种突变式管理创新的实现通常由专业管理人员、企业家来实现。欧美的企业和政府的管理创新多采用这种策略，如 20 世纪 80 年代初英国政府实现的“私有化运动”和 20 世纪 90 年代初由美国、英国、澳大利亚、新西兰等西方国家实行的“重塑政府”行动，在短时间内，政府的管理理论和管理实践都发生了重大变化。

3. 根据创新的独立程度，可以分为独立型、联合型和引进型创新策略

(1) 独立型创新策略。独立型创新的特点是依靠自己的力量自行研制并组织生产，同时独立型创新的成果往往具有首创性。国外大型企业大多拥有自己的研究开发机构，因而其研究工作，特别是涉及公司特色产品的核心技术，多以自身力量进行，这样可以做到技术保密，使自己处于行业竞争中的领先地位。其缺点是应用此策略的企业在投入了巨资且研究项目已经或将要取得成功时，有可能会发现同样的产品或发明已经被别人领先创新出来，不但失去了占领市场的先机，而且造成人力、物力、财力的巨大损失。

(2) 联合型创新策略。联合型创新策略是若干组织相互合作进行的创新活动。联合创新往往具有攻关性质，可以更好地发挥各方的优势。但是这种创新活动涉及面广，组织协调及管理控制工作比较复杂。然而，随着科学技术的发展和高新技术的兴起，许多重大的创新项目，无论从资金、技术力量以及该创新项目内容的复杂性，都并非一个企业或组织所能承担，因此，联合创新就变得日益重要。企业和企业之间，企业和科研机构以及高校间，甚至各国政府间都开始采取联合创新的策略，并且这种合作变得越来越普遍。

(3) 引进型创新策略。引进型创新策略是从事创新的组织从其他组织引进先进的技术、生产设备、管理方法等，并在此基础上进行的创新。这种创新的开发周期相对较短，创新的组织实施过程有一定的参照系，风险相对较低。但是这种创新策略需要对引进的技术进行认真的评估和消化。

复习思考题

1. 什么是创新？创新与维持在管理过程中的作用有何联系和区别？
2. 创新职能的基本内容包括哪些？
3. 影响和推动创新的因素是什么？
4. 创新的类型和特点有哪些？
5. 进行有效的创新必须具备哪些基本条件？
6. 管理创新过程一般包含哪几个阶段？
7. 创新策略有哪些类型？选择不同的创新策略类型时应考虑哪些因素？

【案例分析】

创新先锋3M公司

美国明尼苏达矿业制造公司，因其英文名称(Minnesota Mining and Manufacturing)头三个单词以M开头，所以简称为3M公司。3M公司以其为员工提供创新的环境而著称，视革新为其成长的方式，视新产品为生命。公司的目标是：每年销售量的30%从前4年研制的产品中取得。每年，3M公司都要开发200多种新产品。它那传奇般的注重创新的精神已使3M公司连续多年成为美国最受人羡慕的企业之一。在过去15年中，著名的《财富》杂志每年都出版一份美国企业排行榜，其中有10年3M公司均名列前10名。面对知识经济的挑战，3M公司的创新实践为企业提供了不可多得的范例。

3M公司的文化突出表现为鼓励创新的企业精神。3M公司的核心价值观是：坚持不懈，从失败中学习；好奇心；耐心；事必躬亲的管理风格；个人主观能动性；团队合作精神。

创新的机制

通过正确的人员安置、定位和发展提高员工的个人能力。公司发展既是员工的责任，也是各级主管的责任。提供公平的个人发展的机会，对表现优秀的员工给予公平合理的奖励。个人表现按照客观标准进行衡量，并给予适当的承认与补偿。3M公司鼓励每个人开发新产品，公司有名的“15%规则”允许每个技术人员至多可用15%的时间来“干私活”，即搞个人感兴趣的工作方案，不管这些方案是否直接有利于公司。当产生一个有希望的构思时，3M公司会组织一个由该构思的开发者以及来自生产、销售、营销和法律部门的志愿者组成的风险小组。该小组培育产品，并保护它免受公司苛刻的调查。小组成员始终和产品待在一起直到它成功或失败，然后回到各自原先的岗位上。每年，3M公司都会把“进步奖”授予那些新产品开发后3年内在美国销售额达200多万美元，或者在全世界销售达400万美元的风险小组。

3M公司在组织结构上上采取不断分化出新分部的分散经营形式，而不沿用一般的矩阵型组织结构。组织新事业开拓组或项目工作组，人员来自各个专业，且全是自愿。提供经营保证和按酬创新，只要谁有新主意，他就可以在公司的任何一个分部申请资金。新产品搞出来了，不仅要加薪，还包括晋升。例如，开始创新时的一位基础工程师，当他创造的产品进入市场，他就变成了一位产品工程师。当产品销售额达到100万美元，他的职务、薪金都会改变。当销售额达到2000万美元时，他已成了“产品系列工程经理”。在达到5000万美元时，就成立一个独立产品部门，他也成了部门的开发经理。

3M公司鼓励员工勇于革新。只要是发明新产品，就不会受到上级任何干预。同时，允许有失败，鼓励员工坚持到底。公司宗旨中明确提出：绝不可扼杀任何有关新产品的设想。公司上下已形成了以自主、革新、个人主动性和创造性为核心的价值观。这是因为3M公司知道为了获得最大的成功，它必须尝试成千上万种新产品构思，把错误和失败当作是创造和革新的正常组成部分。事实上，它的哲学似乎成了“如果你不犯错，你可能没做任何事情。”但正如后来的事实所表明的，许多“大错误”都成为3M公司最成功的一些产品。3M公司的老职员很爱讲一个化学家的故事——她偶尔把一种新化学混合物溅到网球鞋上，几天之后，她注意到溅有化学混合物的鞋面部分不会变脏，该化学混合物后来成为思高洁牌

(Scotchgard)织物保护剂。

创新的管理

在3M公司,人们时刻都可以感受到3M就是要成为"世界上最具有创新力的公司"。3M公司对创新的基本解释既醒目又简单。创新就是:新思想+能够带来改进或利润的行动。在他们看来,创新不仅仅是一种新的思想,而且是一种得到实施并产生实际效果的思想。创新不是刻意得来的,3M公司证明了一件事,那就是当公司越是刻意要创新时反而越是不如其他公司。易贴便条是在一连串意外中诞生的,并不是依循精密的计划而来。每次意外的发生都是因为某个人可以完全独立从事非公司指定的工作,但同时也履行了对公司的正式义务。发明者往往比管理者有更多的空间,可以表达自我。

3M公司极有威望的研究带头人科因称,公司的管理哲学是一种"逆向战略计划法"。3M公司并没有先将重点放在一个特定的工业部门、市场或产品应用上,然后再开发已经成熟的相关技术,而是先从一个核心技术的分支开始,然后再为这种技术寻找可以应用的市场,从而开创出一种新的产业。这是一种"先有解决问题的办法后有问题"的创新模式。研究人员通常都是先解决技术问题,然后再考虑这种技术可以用在什么地方。3M公司的首席执行官德西蒙说:创新给我们指示方向,而不是我们给创新指示方向。3M公司试图通过一种类似温室的、允许分支技术自己发展的公司文化来支持研究活动。3M公司有时在自然创新方面非常有耐心,明白一种新技术要想结出果实,可能会需要许多年的时间,因为过去公司研制最成功的技术也曾经走进过死胡同。

思考与讨论

1. 3M公司取得巨大成功主要原因是什么?
2. 3M公司的经营战略有哪些?
3. 易贴便条和斯可佳牌织物保护剂等产品的发明说明什么问题?
4. 结合本案例,谈谈如何发挥员工的创新精神。

第15章

企业创新与变革

【本章要点】

- 技术创新的含义及类型；
- 技术创新的战略；
- 企业制度创新；
- 企业层级结构创新；
- 企业文化创新；
- 企业变革的关键；
- 流程再造。

企业是创新和变革的主体，企业家是创新和变革的组织者，经济和社会效益是创新变革的出发点和归宿点，也是检验创新和变革是否实现以及实现程度的基本准则。企业只有在不断地创新和变革中，才能提高其市场应变能力和竞争能力，才能获得更多的利润和市场份额，才能推动社会进步和经济发展。所以说创新和变革是企业的生命所在，是企业获得竞争优势的决定因素，是企业谋求生存的灵魂，是企业实现持续发展的源泉，是企业提高经济效益的途径。

15.1 企业技术创新

人们对创新概念的理解最早主要就是从技术与经济相结合的角度去探讨技术创新在经济发展过程中的作用。技术创新的创新职能的最重要内容。任何企业都是利用一定的产品来表现市场存在、进行市场竞争的；任何产品都是一定的人借助一定的生产手段加工和组合一定种类的原材料生产出来的。无论是产品本身，还是生产这些产品的人和设备，或是被加工的原材料以及加工这些原材料的工艺，都以一定的技术水平为基础，或以相应的技术水平为标志。因此，技术创新是企业增强自己在市场竞争力的重要途径。

15.1.1 技术创新及其贡献

1. 技术创新的内涵

现代技术创新理论是在熊彼特创新理论的基础上衍生和发展起来的。在此后的技术创新研究热潮中，国内外专家、学者以及相关研究机构对技术创新的概念有着不同的理解和认识。

曼斯费尔德(M. Mansfield)对技术创新的定义常为后来学者认可并采用。但曼斯费尔德的研究对象主要侧重于产品创新，与此相对应，其定义也只限定在产品创新上。他认为，产品创新是从企业对新产品的构思开始，以新产品的销售和交货为终结的探索性活动。厄特巴克(J. M. Utterback)在他1974年发表的《产业创新与技术扩散》中认为，"与发明或技术发现相区别，创新就是技术的实际采用或首次应用"。弗里曼(C. Freeman)是技术创新方面的著名学者。他在1973年发表的《工业创新中的成功与失败研究》中认为，"技术创新是技术的、工艺的和商业化的全过程，其导致新产品的市场实现和新技术工艺与装备的商业化应用"。其后，弗里曼在1982年的《工业创新经济学》中又明确指出，技术创新就是指新产品、新过程、新系统和新装备的首次商业性转化。

广义而论，技术创新不仅包括一项技术创新成果的本身，而且包括涉及创新构思产生、研究开发、技术管理与组织、工程设计与制造、用户参与及市场营销等一系列活动。在创新过程中，这些活动相互联系，有时要循环交叉或并行进行。

综合各种对技术创新的解释，其含义应包括以下几点：①企业是技术创新的主体；②技术创新是以新的发明或引进新的技术为基础；③技术创新包含"硬件"创新，也包括"软件"创新；④技术创新的效果是增加效益或提高市场份额。

2. 技术创新的贡献

德鲁克认为，创新能改变资源的产出量，特别是优化资源的产出量。从对企业的贡献来看，不论何种内容的技术创新，最终都会在一定程度上促进产品竞争力的提高，从而提高企业的竞争力。

产品竞争力和企业竞争力的强弱从根本上来说取决于产品对消费者的吸引力。消费者对某种产品是否感兴趣，不仅要受到该产品的功能完整和完善程度的影响，还取决于这种或这些功能的实现所需的费用总和。功能的完整和完善程度决定着消费者能否从该种产品的使用中获得不同于其他产品的满足，功能实现的费用(包括产品的购买费用和使用、维修费用)则决定着消费者为获得此种产品而需付出的代价。因此，产品竞争力主要表现为产品的成本竞争力与产品的特色竞争力。

技术创新促进企业竞争力的提高便是通过影响产品的成本和特色而起作用的。材料的创新不仅为企业提供了以数量丰富、价格低廉的原材料去取代价格昂贵的稀缺资源的机会，而且有可能通过材质的改善而促进企业产品质量的提高；产品创新既可使企业为消费者带来背后的满足，亦可使企业原先生产的产品表现出新的吸引力；工艺创新既可为产品质量的形成提供更可靠的保证，亦可能降低产品的生产成本。

综合来看，技术创新一方面通过降低成本而使组织产品在市场上更具价格竞争优势，另一方面通过增加用途、完善功能、改进质量以及保证使用而使产品对消费者更具吸引力，从而在整体上推动着企业竞争力的不断提高。

15.1.2 技术创新的类型

几十年以来，国外在技术创新方面的研究大致分为四个阶段：20世纪50年代是熊彼特创新理论得到分解研究及技术创新理论的建立阶段；20 世纪 70 年代是当今技术创新理论开始规范化、科学化的发展阶段；20 世纪 80 年代是技术创新理论体系形成和扩展阶段；80 年代以后技术创新理论进入综合、实用和再拓展阶段。

随着对技术创新研究的深入，学者们对技术创新的分类也越来越细。依据不同的标准，可以将技术创新分为以下几种类型。

1. 产品创新和工艺创新

根据创新对象的不同，技术创新可分为产品创新和工艺创新。

1）产品创新

产品创新是指技术上有变化的产品的商业化。按照技术变化量的大小，产品创新可分成重大产品创新和改进产品创新。产品用途及其应用原理有显著变化者可称为重大产品创新。如美国贝尔公司发明的电话和半导体晶体管，美国无线电公司生产的电视机，德克萨斯仪器公司首先推出的集成电路，斯佩里兰德开发的电子计算机等，一步步地将人类带进了信息社会，对人类的生产和生活产生了重大影响。又如杜邦公司和法本公司首创的人造橡胶，杜邦公司推出的尼龙和帝国化学公司生产出的聚乙烯，这三项创新奠定了三大合成材料的基础。这些都是利用新的科学发现或原理，通过研究开发设计出全新产品的典型例子，这类产品创新就是重大产品创新。重大的产品创新往往与技术上的重大突破相联系。

2）工艺创新

工艺创新是指产品的生产技术的变革，它包括新工艺、新设备和新的组织管理方式。工艺创新同样也有重大和改进之分。如炼钢用的氧气顶吹转炉，钢铁生产中的连铸系统，早期福特公司采用的流水线作业生产方式以及现代的计算机集成制造系统等，都是重大的工艺创新。这些工艺创新往往伴有重大的技术变化，与采用新的技术原理相联系。

另外，也有很多改进的工艺创新，如对产品生产工艺的某些改进，提高生产效率的一些措施，或导致生产成本降低的一些方法等。工艺创新与提高产品质量，降低原材料和能源的消耗，提高生产效率有着密切的关系，是技术创新中不可忽视的内容。

技术创新的经济意义往往取决于它的应用范围，而不完全取决于是产品创新还是工艺创新。例如，集装箱这一产品的创新，可以说没有丝毫的新技术，但是它变散装运输为大箱集装运输，减少了船只在码头的停留时间，使海洋运输效率提高了好几倍。可以毫不夸张地讲，没有集装箱就没有现代海运事业，同时亦不可能有快速发展的世界贸易。再如，美国明尼苏达矿业制造公司(3M)开发生产的一种小型不干胶便笺，既可贴于书页上，又可不留痕迹地把它拆下来。就这样的小黄纸片，每年可给 3M 公司带来 3 亿美元以上的销售收入。

2. 渐进性创新和根本性创新

根据技术创新过程中技术变化强度的不同，可分为渐进性创新和根本性创新。

1）渐进性创新

渐进性创新，或称改进型创新，是指在技术原理没有重大变化的情况下，基于市场需要对现有产品所做的功能上的扩展和技术上的改进。如由火柴盒包装箱发展起来的集装箱，由收音机发展起来的组合音响等。像索尼公司每年上市近千种新产品，其中大部分是对原有产品的功能做了某些微小的变动或者不同产品功能的新组合，如品种繁多的“随身听”就是这样开发出来的。我们不能轻视渐进或改进式的创新，正是这类创新，不断地吸引大量的顾客，为企业产品开辟了广阔的市场前景。

这种创新的周期较长，每一次只产生微小的技术改进而无质的突破，但随着创新的日积月累，最终可能产生质的跃进。虽然这只是一些小创新，但小创新的不断累加最后常常发挥重要作用，因为一些大创新都需要同时进行许多持续的小创新不断完善，最后显现创新带来的巨大收益。

2）根本性创新

根本性创新，或称重大创新，是指技术上有重大突破、产生全新的产品和生产工艺的创新，它往往是企业、大学和科研院所潜心科研的结果。这类创新对经济系统的影响很大，但同时单个根本性创新对整个系统的影响还是局部的，除非是一系列根本性创新组合在一起促成全新的产业出现。它常常伴随着一系列渐进性的产品创新和工艺创新，并在一段时间内引起产业结构的变化。根本性创新的成功率是很低的，例如一个新药的成功获利，有时需要 3000 个原始设想才能成功。

3. 原始创新、跟随创新和集成创新

根据技术创新的基础不同，可以分为原始创新、跟随创新和集成创新三种基本类型。

1）原始创新

原始创新是指从一种发明开始，然后通过发明作出了最初的样品，然后再通过不断地完善、成熟，成为一种新产品或者一种新技术。原始创新当然是最困难的，但也是最有价值的。原始创新意味着在研究开发方面，特别是在基础研究和高技术研究领域取得独有的发现或发明。原始创新是最根本的创新，是最能体现智慧的创新，是一个民族对人类文明进步作出贡献的重要体现。

2）跟随创新

跟随创新是指在已有成熟技术的基础之上，沿着已经明确的技术道路进行技术创新，如在原有技术之上将技术加以完善，开发出新的功能等等。

比如手机，大家知道手机的第一代是模拟型，第二代是 GSM 型，第二代半是 CDMA 型，第三代就是 3G 了。CDMA 最初是美国和欧洲研究出来的，但是韩国的手机全是 CDMA。它引进的是美国的技术，但是它在引进美国技术的基础上，在技术的外围做了很多研究工作，所以它也形成了拥有自己知识产权的技术，这就属于一种跟随创新。这种创新也具有很重要的意义。尽管韩国 CDMA 现在的核心技术是美国的，但由于外围专利技术的树立，使得它的技术有自己的特色，也具备一定的先进性。

采用跟随创新战略时，仅仅停留在模仿的水平上是不够的，因为创新产品一旦在市场上被普遍模仿，那么就意味着模仿的收益将趋于零。跟随创新战略要求跟随进入者既要模仿领先创新者初期创新的技术和产品，更重要的是还要在学习和模仿的基础上积累其关键资源，不断进行扩展创新，以增强创新产品的适应性，减少消费冲突，这同时也会增加后续其他企业模仿的难度，可以有效地获取创新产品细分市场的较大份额。

3）集成创新

集成创新是利用各种信息技术、管理技术与工具等，对各个创新要素和创新内容进行选择、集成和优化，形成优势互补的有机整体的动态创新过程。集成创新强调灵活性，重视质量和产品多样化。

集成创新在日常生活里也有很多例子，一个例子就是复印机。创造出复印机以前，可以说单项技术都有了，但是把它组合起来成为一个复印机，这是创造复印机公司的功劳。集成创新的目的是有效集成各种要素，在主动寻求最佳匹配要素的优化组合中产生“1+1>2”的集成效应。

4. 自主创新、合作创新和技术引进

根据技术创新的主体不同，可以分为自主创新、合作创新和技术引进。

1）自主创新

自主创新是指依靠自身力量，通过拥有自主知识产权的独特的核心技术并在此基础上实现新产品的价值的过程。创新所需的核心技术完全来源于内部的技术突破，摆脱技术引进、技术模仿对外部技术的依赖，通过独立的研究开发活动而获得的，其本质就是牢牢把握创新核心环节的主动权，掌握核心技术的所有权。自主创新的成果，一般体现为新的科学发现以及拥有自主知识产权的技术、产品、品牌等。

2）合作创新

所谓合作创新，是指企业间或企业、科研机构、高等院校之间的联合创新行为。合作各方以共同利益为基础，共同投入、共同参与、共享成果、共担风险。合作创新一般集中在新兴技术和高新技术产业，以合作进行研究开发为主要形式。

合作创新有利于在不同的合作主体间实现资源共享，优势互补，因此成功率较高。合作各方还能够分摊创新成本，分散创新风险。

3）技术引进

技术引进是一个特定的概念，是指通过各种方式把发展本国国民经济和提高本国科学技术水平所需要的技术和技术装备，从国外技术供应方转让过来。

人们常把技术分为软件技术和硬件技术。软件技术就是指技术知识、经验和技艺，属纯技术；硬件技术是指机器设备之类的物化技术。只从国外购入机器设备而不买入软件技术，一般称之为设备进口。若只从国外购入软件技术或与此同时又附带购进一些设备，这种行为才能称为技术引进。

技术引进的目的是为提高引进国或企业的制造能力、技术水平和管理水平。国际经验表明，技术引进可以使引进方迅速取得成熟的先进技术成果，不必重复别人已做过的科学研究和试制工作。它是世界各国互相促进经济技术发展必不可少的重要途径。

小资料

能洗地瓜的洗衣机

1996年，一位四川农民投诉海尔洗衣机排水管老是被堵。服务人员上门维修时发现，这位农民居然用洗衣机洗地瓜(南方称为红薯)。地瓜泥土多，当然容易堵塞！但服务人员并没有指责顾客，依然帮顾客加粗了排水管。

海尔集团总裁张瑞敏听说后，第一反应与常人一样，感到很是吃惊。第二个反应是果断拍板：开发一种出水管子粗大的洗衣机，既可洗衣服，又可洗土豆和地瓜！

1997 年海尔为该洗衣机立项，1998 年 4 月投入批量生产。洗衣机型号为 XPB40-DS，不仅具有一般双桶洗衣机的全部功能，还可以洗地瓜、水果甚至蛤蜊，价格仅为 848 元。首次生产了 1 万台投放农村，很快即告售罄。

15.1.3 技术创新的源泉

创新源于企业内部和外部的一系列不同的机会，这些机会可能是企业刻意寻求的，也可能是企业无意中发现、但发现后立即有意识地加以利用的。美国学者德鲁克将诱发组织创新的不同因素归纳为七种不同的创新来源。

1. 意外的成功或失败

不治之症得以治愈，对百思不得其解的问题突然茅塞顿开，一些业务虽未给予关注、投入较少却悄无声息地迅速发展，这是意外的成功。企业苦苦追求基础业务的发展，并为此投入了大量的人力和物力，但结果却是这种业务令人遗憾地不断萎缩，这是意外的失败。不论是意外的成功，还是意外的失败，都有可能是向企业昭示着某种机会，企业必须对其加以仔细的分析和论证。

意外的成功通常能够为企业创新提供丰富的机会。这些机会的利用要求企业投入的代价以及承担的风险都相对较小。然而，在日常生活和经济生活中，人们通常只愿观察和发现那些自己所熟悉或自己所希望出现的结果，有时虽然也观察到了那些未曾预料或希望的结果的出现，但对其意义却常常难以有充分的认识。这样，意外的成功虽然为企业创新提供了大量的机会，但这些机会却不仅可能被企业领导人忽视，甚至被视为"异端"而遭到排斥。

然而，意外的失败是组织不得不面对的。一项计划——可能是新产品的技术开发，也可能是市场开发，不论企业在其设计、论证以及执行上是如何精心和努力，最终仍然失败了，那么这种失败必然隐含了某种变化，从而实际上向企业预示了某种机会的存在。比如，产品或市场设计的失败可能是这种设计所依据的假设不能够再成立。这既可能表现为居民的消费需要、消费习惯以及消费偏好已经改变，也可能表现为政府的政策倾向已然进行了调整。这种改变或调整纵然使计划的开发遭到失败，或使原先热门的产品不再好销，但却为一种或一些新的产品提供了机会。了解了这种变化，发现了这种机会，企业就可有针对性地进行有组织的创新。

不论意外的成功还是意外的失败，一经出现，企业就应正视其存在，并对之进行认真的分析，至少弄清如下问题：①究竟发现了什么变化？②为什么会发生这样的变化？③这种变化会将企业引向何方？④企业应采取何种应对策略才能充分地利用这种变化，以使之成为企业发展的机会？

2. 组织内外的不协调

当组织对外部环境或内部经营条件的假设与现实相冲突，或当组织经营的实际状况与理想状况不相一致时，便出现了不协调的状况。宏观或行业经济景气状况与组织经营绩效不符是经常出现的。假设和实际的不协调也是一种常见的不协调类型。这种不协调既可能是变化的结果，也可能是某种将要发生的变化的征兆。同意外事件一样，不论是已经发生的还是将要发生的变化，都可能为企业的技术创新提供一种机会。因此，企业必须仔细观察不协调的存在，分析出现不协调的原因，并以此为契机组织技术创新。

3. 过程改进的需要

过程改进的需要与企业内部的工作有关。由这种需要引发的创新是对现已存在的过程进行改善，把原来的某个薄弱环节去掉，代之以利用新知识、新技术重新设计的新工艺、新方法，以提高效率、保证质量、降低成本。由于这种创新的诱发原因通常存在已久，所以一旦采用，人们常会有一种理该如此的感觉，因而可能迅速被组织所接受，并很快成为一种通行的标准。

4. 行业和市场结构的变化

行业结构主要指行业中不同企业的相对规模和竞争力结构以及由此决定的行业集中或分散程度。市场结构主要与消费者的需求特点有关。这些结构既是行业内或市场内各参与企业的生产经营共同作用的结果，同时也制约着这些企业的活动。行业结构和市场结构一旦出现变化，组织必须迅速对之作出反应，在生产、营销以及管理等诸方面组织创新和调整，否则就有可能影响组织在行业中的相对地位，甚至导致事业经营上的灾难，引发组织的生存危机。如果组织及时应变，则这种结构的变化给组织带来的将是众多的创新机会。

企业一旦意识到产业或市场结构发生了某种变化，就要迅速分析这种变化对企业经营业务可能产生的影响，确定企业经营应该朝什么方向调整，从而迅速地组织创新的行动，至于创新努力的形式和方向则可以是多方面的。

5. 人口结构的变化

人口因素对企业经营的影响是多方面的。作为人力资源，人口结构的变化直接决定着劳动力市场的供给，从而影响企业的生产成本；作为企业产品的最终用户，人口的数量及其构成确定了市场的结构及其规模。

人口因素中的总量指标虽然在一定程度上反映人口变化的趋势，但是人口构成的变化对于企业经营提供的机会或造成的压力以及对企业创新的要求却更具体和直接。因此，人口变量的研究应着重在人口结构的分析。人口结构的变化更有可能成为企业技术创新的契机。

6. 消费观念的改变

消费观念决定着消费者的消费态度和消费行为，这种消费行为决定一种具体产品在市场上的受欢迎程度。因此，消费者观念上的改变影响着不同产品的市场销路，为企业提供着不同的创新机会。

以观念转变为基础的创新必须及时组织，才可能给企业带来发展和增长的机会。所谓及时，是指既不能过迟，也不能过早。滞后于竞争对手行动，等到许多企业都已利用消费观念的改变开发了某种产品后企业才采取措施，那么到企业措施产生效果、推出产品时，由于消费观念转变而新出现的市场可能早已饱和了。相反，如果消费者的观念尚未转变或刚刚开始转变，企业在敏锐地观察到这种机会后即迅速地行动，这样固然可以领先竞争者许多，但为了促成这种消费观念的转变，企业的前期投入的各种费用可能会很高，因而在成本上处于不利地位。

7. 新知识的产生

当今社会，新知识正以前所未有的速度涌现。新知识的出现，将为企业创新提供了异常丰富的机会。以新知识为基础的创新是最受组织重视和欢迎的。但无论在创新时间、失败的概率或成功的可能性预期及对组织家的挑战程度上，这种创新也是最为变化莫测、难以驾驭的。

首先，知识性创新具有最为漫长的前置期。从新知识的产生到应用技术的出现，最后到产品的市场化，这个过程通常需要非常长的时间。不仅在自然科学领域如此，以社会科学新知识为基础的创新也是这样。比如，早在19世纪初，圣西门就提出了有目的地利用资本去促进经济发展的商业银行理论，但只是到他去世20多年后，才有他的门徒雅各布和皮里兄弟俩在1852年创办了世界上第一家商业银行——“信贷公司”。

其次，知识性创新一般不是以某单一因素为基础的，而是以好多种不同类型的知识的组合为前提。纵然在这类创新的组织中首先需要领先一种或少数几种关键的技术以及相关的知识，但在所有其他必备知识尚未出现之前，创新是不可能实现的。这种对知识集合性的要求也是这类创新前置期较长的一个重要原因。飞机、计算机等的出现无不说明了这一点。

上述两个特点不仅决定了企业必须在早期投入大量的资金，而且由于即便投入许多资源，新知识也可能不会出现或难以齐全，因此与其他创新相比，以新知识为基础的创新需要承担更大的风险。

15.1.4 技术创新的战略

任何企业都在执行一套符合自己特点的技术创新战略。这种战略可能是有意制定的，也可能是在无意识中形成的。通常情况下，企业可以选择的创新战略主要有以下三种。

1. 领先型创新

领先型创新是以重大的发明创造成果或全新的经营管理观念为基础的创新。创新的结果通常是建立起一个全新的市场，创造一个全新的需求空间。如青霉素的发现和研制成功使全世界开始普遍使用新的抗生素；尼龙的发明则创造了一个全新的合成纤维产业。

领先型创新具有与其他类型创新全然不同的特点，它集高利润和高风险于一身，必须运用特殊的战略对策才能使创新成功。

领先型创新有四个显著特征：一是创新背景的综合复杂性，往往需要多种技术的综合才能成功；二是创新过程的长时期性，一项新药的研制往往需要几年甚至十几年的时间；三是创新过程中的高淘汰率，只有不到5%的设想能够成为现实；四是创新的市场接受性难以预测，可视电话早已出现，但至今仍没有得到市场的广泛认可。

所以，这种创新是财大气粗者的事业。实施领先型创新的战略要注意几个问题：

第一，创新前要细致地分析创新的条件。这些条件和因素既包括创新知识本身，也包括社会、经济及文化观念等因素。要通过分析明确哪些因素目前尚不具备，这些因素可不可以通过努力创造出来。若可能，就要全力以赴地投入，否则就要将创新向后推延。

第二，创新的成功需要全力以赴地投入。领先型创新必须是雄心勃勃的，否则注定要失败。全力以赴要求创新者要以在新产业或新市场中取得领导权或支配性地位为目标，并且一开始就要取得这种领先地位。只有这样，创新的行动才能得到极大的报偿。

第三，领先型创新要找准战略重点。领先型创新不偏爱第一个成功者，初期的成功稍有失误就会被别人超过。这就要求重点必须明确，决不能犹豫不定。战略重点主要有三种：一是与创新相关的整个市场。爱迪生和英国人斯旺都发明了电灯，但后者仅仅是个科学家。爱迪生则在发明的同时筹资取得了给电灯用户架线的权力，并建立了整个配电系统，创造出新的电力产业。二是以市场为导向。杜邦公司的成功并不是去卖尼龙，而是开辟了以尼龙为原料的女内衣消费品市场，并开发了使用尼龙的汽车轮胎市场等。三是生产制造中的关键环节。美国普菲策公司的成功关键是把重点放在青霉素生产中的发酵环节上。

2. 跟随型创新

跟随型创新是在别人的创新基础上所进行的创新。实施跟随型创新的企业总是把别人已经搞出来、但却没有充分认识其意义的创新项目拿来或买来，在其基础上加以完善、创新，并占领市场。

跟随型创新的特点：一是跟随型创新的思路与领先者不同。它注重技术，却以市场为导向。创新领导者必须要有较高的洞察力。二是跟随型创新是风险较小的创新。跟随型创新者往往是在别人刚刚完成"发明"时就进入了角色，这时新市场多半已初现端倪，新的风险投资已可以被人接受。而且市场需求量也往往比原发明者所能提供的要大，市场分割已经明显，或可以分析出来。这时，可以通过市场分析，了解顾客购买的内容、方式以及接受的价格等。原创新者的许多拿不准的问题都已经明朗了。但问题在于原创新者往往看不清真正的市场潜力和进一步开发的紧迫性，这就给跟随型创新者创造了条件。三是跟随型创新适用于一些较为重要且影响面大的产品、加工过程或服务，通常以较高的市场占有率为目标。

一般来说，跟随型创新最适用于高技术领域。在高技术领域，最初的创新者通常是技术专家，他们往往忽视以市场为中心这一点，而偏重于技术或产品本身。由于缺乏充分的市场调查和认识，经常不能正确认识创新的实际意义和进一步开发的方向，而跟随型创新者正好利用了这一点。

跟随型创新的实施要注意以下四点：

第一，跟随型创新者要善于分析别人的弱点。最先的创新者之所以常常败在跟随者手中，是由于他们往往有一些根深蒂固的观念，这些观念使他们在新的创新面前固守陈规，不知不觉地把优势让给了自己的竞争对手。跟随型创新者要熟知这样一些企业病：①盲目崇拜老产品，认为老的更成熟、技术更可靠、顾客更认账。美国电子管制造厂家就曾坚信他们花 30 年时间不断革新的电子管收音机是无可匹敌的，而晶体管这类的古怪东西则还要有很长一段路要走。②采取高价的"榨油"政策。瑞士的最初的豪华石英表，实际上是在鼓励他人竞争。③追求大而全。施乐公司研制的复印机总是倾向于多功能，以满足不同的市场需求；而日本与之竞争的公司则专门设计满足不同需求的专用复印机，追求最优化，结果抢占了许多复印机市场。

跟随型创新者如能认真分析如上的一些企业病，就能避实击虚，得到意想不到的收获。

第二，跟随型创新者要具备灵活的素质。跟随型创新者要转向快，策略灵活，愿意一切以市场需求为转移。IBM 尽管实力强大，但它却两次运用竞争对手的思路，改变产品设计适应市场需求，可谓是求实的创新者。

第三，跟随型创新的成功取决于必要的补充性创新。跟随型创新之所以是一种创新，是因为它不是对原有创新的照搬照用。最初的创新可能缺少什么东西，也可能在适应不同需求方面缺少具体、多样的设计等。跟随型创新要根据用户需求将其完善。

3. 依赖型创新

依赖型创新是在大市场中占领某个较小生存位置的创新。与领先型创新不同，实施依赖型创新的企业并不谋求产业的领导地位，它们默默无闻，不图扬名，但却具有别人所不能取代或与之竞争的地位。

依赖型创新的成功必须具备以下条件：

首先，创新对象必须是某个过程或系统中不可缺少的产品，如果不使用它就要付出极高的代价，使整个系统或过程归于失败。

其次，创新产品的市场必须是有限的，它能使捷足先登者全部占领，而且小得不足以吸引其他人来竞争。所以，许多小零部件的创新都具有这方面的特点。

依赖型创新既有其长处，也有一些致命的弱点，创新者对这两方面都必须有清醒的认识。它的优点是可以避免竞争和挑战，默默地获取可观的收益。而且，只要它所赖以生存的系统(如眼科手术程序、技术)没有解体，它就永远能使企业赢利。事实上，这类创新的有效期通常都很长。依赖型创新存在两方面缺点：第一，依赖型创新占据了某市场后，就进入一种“相对静止”状态，很难再有大的发展。企业无法扩大生产，因为无论该产品多么物美价廉，它只是某个系统或过程的附属物。“相对静止”的状态容易使企业家视野狭小，用“一孔之见”去看事物，而对新的创新机会麻木不仁。第二，依赖型创新产品的兴衰完全依赖于它所从事的产品系统。

依赖型创新需要对创新机会进行系统全面的分析。为了独占市场，依赖型创新必须在一个新产业、新习惯、新市场或新潮流刚露出苗头时就动手。另外，依赖型创新在成功之后，也要不断改进自身的技术或服务，以保持领先地位，使自己永远与众不同。

15.1.5 技术创新的过程

技术创新过程是一个将知识、技能和物质转化成顾客满意的产品的过程；是知识的产生、创造和应用的进化过程；是一个信息。交流、加工的过程；技是企业提高技术产品附加价值和增强竞争优势的过程。

1. 技术创新过程阶段

从技术决策的角度看，技术创新可被认为是一个多阶段的决策过程。美国学者E.罗伯茨把这一过程分为六个阶段，其中每个阶段都是根据不同的管理决策问题设计的。

第一阶段，确认机会，或者说是弄清市场需要的阶段。成功的创新从新的思想开始，这种思想必须把市场需求和技术上的可能性结合起来。技术的可能性是指当前存在的先进技术，或技术知识的储备。此外这个新思想必须基于对当前社会与经济环境的正确分析。

第二阶段，思想形成。这一阶段，所认识的市场需求和技术上的可能性结合在一起，这是一个创造性的活动。另外，还需要对所形成的创新思想进行评价，以决定该项技术创新是否值得继续投入资源，把创新项目推向下一阶段。

第三阶段，问题求解。新思想的形成和设计概念的产生，提出了需要解决的问题，需要投入人力、物力、财力寻求解决方案。在有些情况下，即解决问题的技术条件已经成熟，所需信息已经具备，问题较易得到解决；另一些情况恰恰相反，需要较大的投入，进行研究和开发,去不断寻找解决问题的办法,很可能遇到克服不了的困难,技术创新活动被迫中断。

第四阶段,问题得到解决。如果问题是通过发明解决的,则可能获得属于发明性质的专利,若是采用别人的发明或已有技术解决了问题,那么这种技术活动称为模仿或仿造。

第五阶段,批量生产的开发阶段。前几个阶段的成果还存在许多未解决的问题和缺点,特别是在批量生产中必须解决的问题。在这个阶段中,技术创新活动主要解决批量生产的工艺技术以及降低成本和满足市场需求等问题。

第六阶段,即最后阶段是技术的应用与扩散阶段。新技术、新产品首次得到应用并向市场扩散。并不是所有新产品都能在这一阶段中获得成功,往往只有半数的新产品能得到畅销和顺利回收投资。

2. 技术创新过程模式

自 20 世纪 60 年代以来,国际上先后出现了下述五代具有代表性的技术创新过程模式。

1) 技术推动的创新过程模式

这是"二战"后英国经济学家阿罗(Arrow)提出的线性模式(见图 15-1),它是指由于创新主体拥有新的技术发明或发现,并利用它而开展的技术创新活动。这种模式强调企业技术创新的主要来源是科技进步或研究开发,它们是技术创新与经济增长的主发动机。此类创新的周期通常都非常长,但是一旦获得成功,就会导致一场新的技术革命,从而淘汰一些旧的技术和产业,即实现一种"创造性的毁灭"。

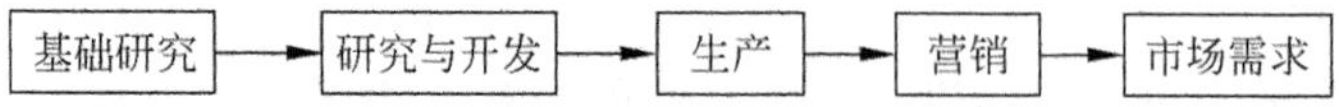

图 15-1 技术推动的技术创新模式

2) 市场需求拉动型的技术创新过程模

倡导这一模式的代表人物是施穆克勒(Schmookler),这一模式主要是指由客观存在的市场需求而引发创新主体开展技术研究,并应用技术成果来从事技术创新活动(见图 15-2)。他认为,用外部事件和外部需求来解释技术创新活动比技术推动的技术创新模式更有说服力。

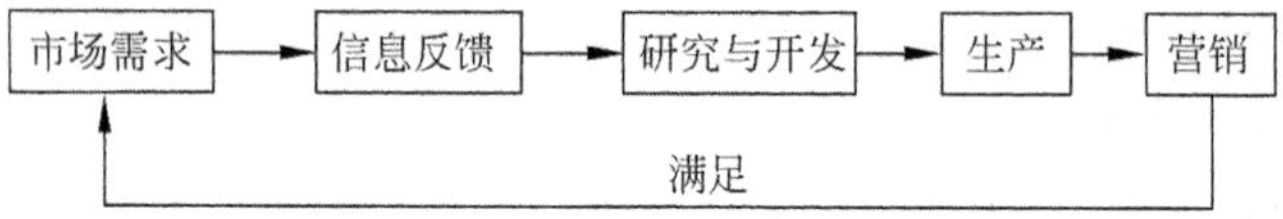

图 15-2 市场需求拉动型的技术创新模式

20 世纪 60 年代中期以后,研究者从大量的技术创新实证研究中发现,大多数的技术创新并不是由技术推动引起的,而是由社会和市场需求拉动的,技术创新成功的标志就是市场上的"首次商业化"。实际上,由市场和社会需求拉动的技术创新基本上都是渐进性的技术创新,而不像技术推动那样能引发根本性的技术创新。由于这种创新的成本低和风险小,因而受到许多基础研究实力不强的企业的偏爱,如我国的大多数企业的技术创新就是由市场需求拉动的。

3) 技术推动与市场需求相互作用的模式

进入 20 世纪 80 年代后,随着创新研究的不断深入,大量的实证研究表明,单一的技术推动和市场需求模式只是科学、技术和市场交互作用的特例，更一般的模式应该是技术推动和市场需求的相互作用而引发了企业的技术创新双重推动模式(见图 15-3)。它是指在技术创新时，创新主体在拥有或部分拥有技术发明或发现的条件下，在社会和市场需求的刺激下而开展的技术创新活动。事实上，由于技术与经济的相互渗透，以及技术创新过程越来越复杂，涉及的因素越来越多，完全像技术推动或市场需求拉动而引起的技术创新活动已越来越少，而由两种动力交互作用所引起的技术创新活动不断增加，由此，产生了技术创新的“双重推动模式”。

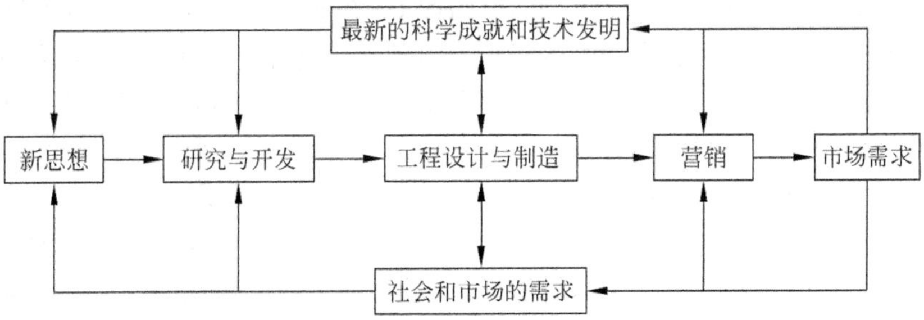

图 15-3 科技推动与市场拉动相互作用的技术创新模式

4) 一体化创新过程模式

一体化创新过程模式是 20 世纪 80 年代后期出现的第四代创新过程模式，它不再将创新过程看作序列式的从一个职能到另一个职能的线性发展过程，而是将创新看作同时涉及新思想产生、研究开发、工程设计与制造、营销等一系列职能的并行过程(见图 15-4)。它强调了不同的职能部门之间的界面联系，通过加强研究开发部门、生产部门和营销部门之间的界面管理来提高信息、知识的有效转移，使开发出的新产品与市场的需求相吻合。

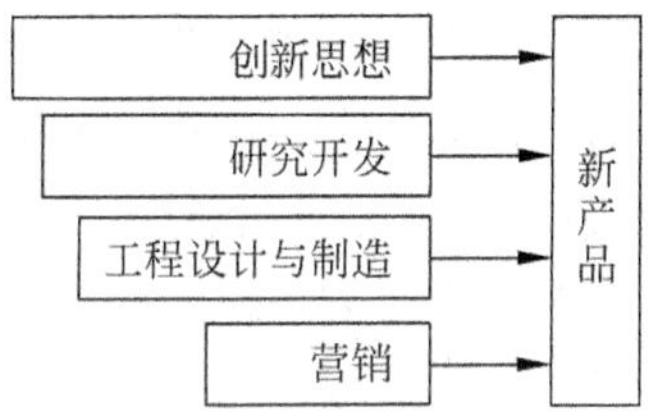

图 15-4 一体化的创新过程模式

5) 系统集成网络模式

20 世纪 90 年代以后，随着企业之间的竞争关系出现了新的特点，即在竞争的同时，又强调了企业间技术合作的重要性，因此，罗斯韦尔(Rothwell)等人又提出了系统集成网络的第五代创新过程模式，一方面，技术创新的过程在不断变化，研究开发和生产的组织也随之变化，创新过程也越来越多地使用技术战略和企业间的联系，包括纵向的客户和供应商，以及横向的合作伙伴联系，这就为技术创新的网络化奠定了基础；另一方面，由于整个技术创新过程中企业间的一体化和创新过程“电子化”，技术创新的线性模式基本上被改变了。它强调了企业之间更密切的战略联盟，是一体化模式的进一步发展。这种模式更多地借助于专家系统进行研究开发，利用仿真模型代替实物原型，普遍采用创新过程一体化的计算机辅助设计(CAD)与计算机集成制造系统(CIMS)。它不仅将创新看作交叉职能的联结过程，同时又是多机构合作的网络过程。这种创新模式强调了信息交换在创新中的重要性，因而提出，网络通信技术是一种提高企业创新能力的强有力的工具。

总之，企业技术创新过程模式从简单的线性模式向创新的战略集成与网络模式的演化过程说明，为了克服自身资源有限的约束，企业在技术创新过程中一方面非常重视内部各职能部门之间的联系与沟通；另一方面也越来越重视与外部组织的联系与合作，从而进一步提高企业的技术创新能力。

15.2 企业组织创新

企业组织创新可以分为制度、层级结构和文化创新三个部分。企业绩效及其生存与发展能力首先取决于其成员的努力，这些成员是在企业活动的不同时空提供这些努力的。要使这些努力转变为对企业有效的贡献，必须对他们在企业活动中的行为进行引导和整合，行为的可预测性是行为引导和整合的基本前提。企业是通过制度结构化、层级结构化以及文化结构化来使成员的行为具有一定程度的可预测性，从而实现对这些成员在企业活动过程的不同时空的努力进行引导与整合的。

制度结构化规范了作为类群的企业不同参与者之间的正式关系，层级结构化规范了作为个体的这些参与者之间的正式关系，而文化结构则规范了作为类群或个体的参与者在企业生产经营活动过程中的非正式关系。制度、层级与文化的结构化要受到企业经营的环境、企业在经营过程中所选择的技术以及企业活动的规模及内容特点等因素的影响。本节主要讨论知识经济背景对企业组织这个维度的影响。

15.2.1 企业组织与知识经济

知识经济正向我们悄然走来。知识在企业生产制造、市场营销、人事管理、财务控制等经营活动中的作用正日显重要，知识及其运用的产品化、产品及其生产过程的知识化是我们在愈来愈多的企业中可观察到的、正在发生的客观现象，不管人们是否已经认识到，也不管人们是否承认，知识经济正逐渐取代工业经济成为现代社会的主要特征。

但究竟何为知识经济，至今似乎尚无一致的认识。从企业组织分析的角度，我们认为知识经济可能表现出以下三个方面的基本特点：

第一，知识要素在企业生产经营活动中的相对重要性大大提高。资本的相对稀缺性、资本的货币形态的可转换性等特点决定了资本是工业社会的最为重要的生产要素。资本市场的发展、融资手段的不断完善以及与此同时企业生产过程的渐趋复杂，使得知识、特别是与协调有关的知识正逐渐取代资本成为企业生产经营的第一要素。

第二，生产者与最重要的生产要素的重新结合。产业革命的发展伴随着劳动生产者与物质生产条件的分离，由于某种原因被剥夺了物质生产条件的劳动者只能通过出卖自己的劳动力来谋求生存条件，从而为工业经济的发展提供了大量的廉价劳动力。被企业雇用后，他们只能根据雇主或其代表、代理的要求来表现符合其利益的行为。整个工业经济时代企业组织的构造都是以劳动者与其物质生产条件的分离为基本假设的。然而，当知识成为最重要的生产要素后，情况发生了变化：知识作为人脑的产物在本质上是不可能与其拥有者相分离的。知识经济时代企业的组织设计不能不考虑知识的这种特点以及由此决定的劳动者与其最重要的生产要素重新结合的现象。

第三，由于信息技术的广泛运用，知识创新和传播的速度大大加快。从某种意义上说，任何知识都是与人的活动有关的。与企业经营有关的知识是在企业经营过程中生成与发展的。知识形成、积累、创新的速度影响着企业生产过程的组织方式，影响着不同知识所有者的相对重要性，从而决定着企业参与者在这个过程中的相互关系。信息技术的广泛运用加速了知识的生成与发展进程，从而引导着企业组织的创新，影响着企业组织的结构化或再结构化。

下面我们根据上述特点，从制度结构、层级结构以及文化结构三个层面分析知识经济对企业组织创新可能产生的影响。

15.2.2 企业制度创新

1. 企业制度创新的含义

所谓企业制度创新，就是指随着生产力的发展，要不断对企业制度进行变革，因而通常也可以称之为企业制度再造。企业制度创新对企业来讲是极其重要的，因为企业本身就是一种生产要素的组合体，企业对各生产要素的组合，实际上就是依靠企业制度而组合起来的。正是因为如此，所以不少人在谈到企业的定义的时候，往往都认为企业就是一个将各种生产要素按一定制度而组合起来的经营主体。由此可见，企业制度对于企业来说，是极其重要的。

现代企业制度创新是为了实现管理目的，将企业的生产方式、经营方式、分配方式、经营观念等规范化设计与安排的创新活动。制度创新是把思维创新、技术创新和组织创新活动制度化、规范化，同时又具有引导思维创新、技术创新和组织创新的功效。它是管理创新的最高层次，是管理创新实现的根本保证。企业制度创新的目的是建立一种更优的制度安排，调整企业中所有者、经营者、劳动者的权力和利益关系，使企业具有更高的活动效率。

小资料

老字号的衰落

"北有王麻子，南有张小泉。"北京"王麻子"在长江以北地区几乎家喻户晓，"王麻子"剪刀以质量好、服务佳而远近闻名，赢得了美誉，不同地区的人们都慕名争相选购。经过几百年的发展，"王麻子"剪刀更是名扬四海。但是，2003 年年初，始创于 1651 年、已经有 300 多年历史的王麻子剪刀厂宣布破产。

有关资料显示，1997 年，该厂在岗职工 697 人，退休职工却已达 500 多人。企业机制、管理方式、产品开发及外部环境等方面的不足与制约，导致"王麻子"处境日趋艰险。而且，"王麻子"在宣传上投入较少，更多地依赖于一些老消费者的口碑传播，知名度已呈降低的迹象。1995 年，王麻子剪刀厂与北京市文教器材厂等毫不相干的十几个厂子合并成立王麻子工贸集团公司，并重新注册了王麻子商标，这应被视作"王麻子"品牌延伸和盲目扩张的一大败笔。"王麻子"的品牌联想在于刀剪产品，而合并后的新"王麻子"新、老商标使用紊乱，市场上的"王麻子"产品混乱无章，造成"王麻子"品牌资产严重分流和破坏，也削弱了消费者对"王麻子"品牌的忠诚维系，直接导致产品滞销，仅合并当年就亏损 100 多万元。

由于"王麻子"在经营中没能紧跟市场的变化、巩固住自己的品牌，产品创新跟不上，又盲目地进行品牌延伸，导致了最后以破产收场。

2. 企业制度的重要性

企业制度的重要性，主要表现在这样几个方面。

(1) 企业制度是企业赖以存在的体制基础。正如我们上面所讲的，企业作为各种生产要素的组合体，实际上就是通过制度安排来组织各种生产要素的，因而企业制度是对各种生产要素进行组合的核心纽带和基础。有人讲，企业就是出资人之间的合约，也就是出资人以契约方式规定出企业制度，然后按照所规定的企业制度来组建企业。因此，没有企业制度，就根本谈不到企业的存在，当然更谈不到企业的发展，因而企业存在和发展的体制基础，就是企业制度。

(2) 企业制度是企业及其构成机构的行为准则。因为企业本身的运行行为以及企业内部的各种组织机构的活动行为，都要受到企业制度的约束，所以企业制度决定了企业本身以及企业的构成机构的行为规则和行为规范。企业及企业中的各种组织机构，都必须遵守企业制度的安排，不能违反企业制度的任何一种安排。正是基于此，人们通常说，企业制度实际上是企业本身以及企业的构成机构的行为准则。

(3) 企业制度是企业员工的行为规范。企业员工作为企业的组成人员，无论是 CEO，还是一般的普通员工，其行为都必须遵守体现企业制度要求的各种规则，也就是要按照企业制度的要求对员工的行为进行规范，而规范员工的行为的准则，就是企业制度。正是基于此，人们通常把企业制度称之为员工的行为规范。

(4) 企业制度是企业高效发展的活力源泉。企业活力虽然来自于许多方面，但主要是来自于企业制度安排。如果企业制度的安排非常有利于调动企业中的各种生产要素的积极性，那么这个时候企业就是最有活力的。反之，如果企业制度的安排非常不利于调动企业中的各个生产要素的积极性，那么这个时候企业就是最没有活力的。就像中国原来的国有企业之所以没有活力，一个极其重要的原因，就是因为它们的企业制度安排有问题，它们的企业制度安排无法充分调动各种生产要素的积极性。因此，企业制度是企业活力的最重要的保证，没有良好的企业制度，就根本不可能有企业的活力。

(5) 企业制度是企业有序化运行的体制框架。企业要有序化运行，就必须要按照一定的程序运行，而要按照一定的程序运行，就必须要有一个运行的程序，程序要对企业运行有约束，那么约束企业运行的程序是什么？不是别的，就是企业制度。因此，企业制度实际上就是约束企业各种生产要素的行为以及企业本身行为的一种准则。

正是因为如此，所以企业的有序化发展，就必须有良好的企业制度。没有良好的企业制度，就没有企业的有序化运行。例如，我们有的民营企业之所以无法有序化地运行，就是因为缺乏一个良好的企业制度，因而有的民营企业虽然在一定时期内活力是很充足的，但是没过几年就消亡了，原因就在于它的企业制度设计不合理，企业制度设计也可能确实调动了各种生产要素的积极性及企业的活力，但是却没有形成一个良好的有效约束，因而很快就消亡了，成为短命的企业。由此可见，企业制度是企业有序化运行的一个极其重要的保障。

(6) 企业制度是企业经营活动的体制保证。企业的所有经营活动，无论是生产经营活动，还是资本经营活动，都必须要在一定的体制框架中进行，这种体制框架，就是企业制度。因此，可以说，没有一种合理的企业制度安排，就不可能有企业的高效经营活动，因为没有企业良好的企业制度，企业经营的活动就没有体制保障，从而企业的经营活动就根本无法高效地展开。正是基于此，所以人们通常说，高效的企业经营活动实际上是有赖于良好的企业制度的。

正因为企业制度有着上述这六个方面的重要性，所以讨论企业问题，首先要讨论的是企业制度创新问题。也就是说，所有要研究企业问题的人以及经营企业的人，都首先要考虑企业制度的创新问题。就经营企业的人来说，如果企业制度问题解决不好，就谈不到企业充满活力的问题，也就谈不到企业的有序化发展的问题，当然更谈不到企业高效益经营的问题；就研究企业问题的人来说，如果搞不清楚企业制度创新问题，就根本不可能深入地把握企业的实质性问题，从而就不可能正确地研究企业问题。由此可见，讨论企业问题，往往首先需要研究的，就是企业的制度创新问题。

3. 企业制度的结构特征

企业是通过规范作为类群的参与者在企业活动中权、利关系的制度来引导和整合这些成员的行为的：通过企业经营活动组织权力的分配，企业制度规范着参与者类群间的权力关系，从而影响着这些参与者在企业决策制定与执行中的行为表现；通过决定经营成果的分配，企业制度规范了参与者类群间的利益关系，从而影响着不同参与者在企业成果形成中的行为特点。权利关系及其相对地位的确定，使得参与者类群在不同模式的企业制度下有着不同的行为规律，从而使他们的行为具有一定程度的可预测性。这种可预测性使得企业对参与者行为的引导和整合成为可能。

不同参与者是通过提供企业经营所必需的某种要素来实现他们对企业的贡献的。这些要素的相对重要性决定了要素供应者在企业活动中的相对权利地位。决定了企业活动中权力与利益分配的格局，从而决定了企业制度结构的特点。要素的相对重要性既取决于要素本身在企业生产经营活动中的作用，也在很大程度上受到该种要素相对稀缺程度的影响。稀缺资源从资本转向知识，将导致知识参与者在企业权利关系中地位的提高。

在迄今为止的工业社会，相对于其他要素来说，资本是最为重要也是最为稀缺的。工业生产过程主要是资本与劳动结合的过程。在这个过程中，资本的所有者通过提供一定数量的资本形成一定的生产能力，集中一定的物质条件，雇用一定数量的劳动者加工和组合利用这些资源以形成一定产品。由于资本(以货币形式表现和计量的资本)具有一般等价物、可以很方便地换回其他形式的生产要素的特点，所以启动这个过程的是一定数量的资本的投入。过程源动力的特点决定了资本的所有者在过程开始之初就拥有着选择过程运行的方向、组织过程的推进、处理过程的结果的各种权力。

一般等价物使资本所具有的流动性特点，而与此同时由于工业生产中劳动分工不断发展导致具体工人的操作范围更加狭窄，作业技能更趋专门化，从而流动更加困难的特点，使资本相对于工人的地位进一步得到确认。在这种背景的企业中，“知识”，特别是“管理知识”虽也已开始居一席之地，但主要是作为资本的附属而存在的。

4. 知识经济条件下的企业制度创新

企业制度结构的上述特征正在受到知识经济的挑战。知识在现代企业经营中相对作用的加强，正使得权力的行使以及对成果分配的控制正在逐渐变成知识工作者的“专利”。

有人也许会强调，工业社会也是知识社会，工业社会的经济活动是与工业生产有关的知识的开发和利用的过程。实际上，任何人类经济活动，甚至在一般意义上任何人类社会活动的运行都是知识的发现与利用、积累与创新的过程。因此，知识社会不是突然而至，而是逐渐演变而来的。知识经济是在工业经济、甚至是在前工业经济中就已开始孕育的，是从工业经济中脱胎而来的。但是与工业经济相比，知识经济条件下人们所倚重的知识类型，以及相关知识的相对重要程度是不同的。

人们在企业中的活动可以分为两类：一类是人作用于物的活动（劳动者利用一定劳动工具借助一定方法对劳动对象进行加工转换，生产出符合要求的某种产品的劳动），另一类是一些人作用于另一些人的劳动（主要指管理人员对作用于物的劳动者的工作安排以及工作中的指挥与协调）。人们作用于物的劳动主要需要与操作有关的知识，而作用于其他人的劳动则主要需要与协调有关的知识。知识因此而可以分为两种类型：有关操作的知识与有关协调的知识。

工业社会是以操作知识的发展为基础的，工业社会的发展又不断促进着操作知识的进步。生产工具的改进导致了工业革命的产生，机器的发明和普遍运用促进了工厂制度的发展。工艺的更加先进和机器的普遍使用使得工业生产渐趋复杂，从而促进了劳动分工的不断细化。细致的劳动分工在促进劳动生产率提高的同时，使得每一个分工劳动者的操作技能和相关专业知识更加狭窄，更加专门化，从而使得工业生产中的每一个人的劳动高度相互依赖。这种相互依赖性使得对不同人在企业中分工劳动的协调变得至关重要。知识在生产中的普遍运用，单个劳动者操作技能的高度专门化，使得工业生产率的提高不仅取决于个人的操作技能和作业的熟练程度，而且更取决于对不同人的劳动的分工协调。正如哈耶克所分析的，分工使人们只知道与自己工作有关的那部分知识，没有人有能力获得这些知识的全部。在分工生产的条件下，“我们必须使用的背景知识不是以集中和整合的形式存在，而是以不完全的，经常是相互矛盾的知识片断分散地为分开的个人所占有”。因此，工业经济愈发展，分工劳动愈细致，劳动者的知识愈专门化，与协调不同劳动者的分工劳动有关的知识就愈加重要。这种重要性不仅是相对于其他知识（比如操作知识）而言的，而且是相对于其他生产要素而言的。正如杜拉克所指出的，知识，特别是有关协调的知识，正变为“关键的经济资源”，甚至是“今天唯一重要的资源”“传统的生产要素——土地（即自然资源），劳动和资本没有消失，但它们已变成第二位的。假如有知识，人们便可很容易地得到传统的生产要素”。

实际上，分工劳动在工业社会的发展不仅加剧了普通劳动知识和技能的专门化与狭窄化，而且决定了协调分工劳动所需的专门知识的供应的相对稀缺性。这种相对稀缺性进一步加强了协调知识拥有者的相对地位。在生产过程相对简单，从而要求工人所具有的操作技能也相对简单的情况下，只需对这些操作技能有一定了解便可完成协调的任务。所以在工业社会初期，协调工作是由资本所有者承担的。但是，随着工业经济的发展和工业生产过程的复杂化，资本所有者难以拥有这样的知识，只能委托拥有相关知识的经营管理人员去协调。后者在协调实践中，地位不断得到加强。所以，今天组织企业活动的协调知识是由企业经营管理人员所拥有的。管理人员的职能就是运用协调知识去组织和管理企业成员的分工劳动。管理人员通过其协调劳动不仅决定着自己所拥有的协调知识的运用效率，而且决定着作为其协调对象的企业生产者的知识利用效果。所以"经理是对知识的应用和知识的绩效负责的人"。

因此,在工业社会蜕变而来的知识社会中,知识正变为最重要的资源,企业内部的权利关系正朝向知识拥有者的方向变化,企业的制度结构正从"资本的逻辑"转向我们所称的"知识逻辑"。权力派生于知识(特别是协调知识)的供应,利益(经营成果的分配)由知识的拥有者所控制正逐渐成为后工业社会或知识社会的基本特征。

15.2.3　企业层级结构创新

1. 工业社会的企业层级结构及其特征

在利用制度结构规范参与者类群间权力与利益关系的同时,工业经济中的企业试图通过层级结构来规范作为单个成员的参与者在企业活动中的关系和行为。层级结构曾是人类组织结构的伟大创新,19世纪下半叶以后在工业企业中开始广泛运用,目前仍是企业的主要特征。

工业经济的发展首先表现为生产规模的不断扩大。当企业规模相对较小,活动内容相对简单的时候,业主借助个人的知识和能力便足以应付管理的需要了。但是,随着活动规模的扩大和内容的渐趋复杂,业主个人就难以应付了。在同一时空聚集了数万甚至数十万工人从事大规模生产的条件下,要使这些人的活动有序地进行,必须在对这些人的劳动进行合理分工的基础上进行指挥和协调。首先在政府组织中被运用的层级结构便是在这样的背景下被逐渐移植到工业经济中来的。

作为工业企业的主要组织形式,层级结构曾表现出如下主要特征:直线指挥,分层授权;分工细致,权责明确;标准统一,关系正式。

第一,直线指挥,分层授权。在层级结构中,从理论上来说,企业的最高行政长官(业主或其代理人)有权安排和指挥每一个企业成员的工作。但由于时间与精力的原因,他的有效管理幅度是有限的,因此必须把本应属于自己的部分工作及其相关的权力委托给一些部属去完成和行使。部属由于同样的原因必须将工作与权力再分解,再委托。这样,企业组织便成为一个等级结构的金字塔。金字塔中的每一个层次都根据直线上级的要求,组织完成相应的工作任务,并行使相关的权力,同时又将接收到的任务分解给下一个层次去完成,并利用受托行使的权力去命令下属的工作。层级组织的基本特征便是利用直线指挥与分层授权来规范成员间的关系,影响他们在企业活动中的行为表现。

第二,分工细致,权责明确。层级结构的工业企业实行细致的劳动分工。分工原则不仅体现在与产品制造过程相关的生产劳动中,而且体现在与生产过程协调有关的管理劳动中。分工劳动使得生产者与管理者的知识和技能不断完善。相关劳动的熟练程度不断提高,从而促进了组织劳动生产率的增长。分工劳动不仅严格规定了组织成员应该履行的职责,而且明确了相应职务的工作人员为履行职责而可以行使的权力。

第三,标准统一,关系正式。"标准统一"首先是作业方法的标准化。在泰罗理论的影响下,企业在生产过程组织合理化的同时,使作业方法标准化。在生产过程的不同环节和岗位上,生产者按照标准的方法来完成作业。这种标准化也逐渐被移植到管理劳动的组织中。不论是谁,在处理同类的管理业务时,都按照一套标准的程序和方法来操作。其次,标准统一还表现为企业政策的一致性。制约管理人员行动及其行为的政策和规则是由企业最高权力机构统一制定,统一推行的,层级结构中的工作人员必须严格依循这些政策和规则。政策和规则的这种一致性,不仅决定了企业组织能以整齐划一的方式表现其行为,而且使得组织中各部门、各层次的管理者之间的关系不具有个人感情的色彩:层级组织中成员之间的关系,是职务或岗位所规定的角色关系,而非个人关系。企业的“组织框架图”和“说明书”确定了每个成员应该扮演的角色,每个角色扮演者应该以理智而非以感情的方式来完成其职责。组织所倚重的是角色间的正式关系,而非个人间的非正式关系。

目前在许多企业中采用的事业部制实际上也是层级结构。事业部制企业可以被视为传统的直线组织的联盟,因为每一个事业部都是按照上述基本特点组织起来的。

层级结构的上述特征曾经促进了工业企业的成功:直线指挥,分层授权保证了企业行动的迅速;分工细致,权责明确促进了效率的提高;而标准统一,正式的角色关系则保证了企业活动的有序性。但是层级结构发挥作用并取得成功是以一定的环境条件和假设作为前提条件的。

层级结构在企业中的广泛运用是以市场环境为背景的:消费者的诸多需求尚未得到充分满足;这些需求基本是无差异的;消费需求以及影响企业经营的其他环境因素基本上稳定的,或虽有变化,但变化具有连续性的特征,从而基本上是可以预测的。诸多需求的未充分满足使得任何产品都存在极大的市场,因此企业可以组织大规模生产,消费需求的无差异性使得企业可以组织标准化生产;而需求与市场的相对稳定或后者变化的可预测性则使得企业内部生产及其管理的改善主要依赖于经验的累积和总结。经验的累积和总结过程主要是组织记忆的形成。在这种条件下,企业活动的组织调整主要是企业管理中枢的职责。在这样的背景中经营,不仅工人可以凭借主要以过去经验为基础形成的标准方法作业,而且管理中枢也主要利用组织记忆形成过程中不断累积和总结的经验,即有关过去的知识,借助细致的分工和统一指挥来比较集权地组织生产过程中工人的标准化作业及其调整。

2. 知识经济与企业层级结构的再造

在知识经济正在到来的今天,层级结构赖以成功的上述背景正在或已经发生变化:消费者日趋成熟,消费者有关消费知识的渐趋丰富使得消费需求愈来愈具有多样化和个性化的特点;影响企业经营的环境不仅日益复杂,而且愈来愈不稳定,其变化不仅无法控制,而且也愈来愈难以预测。多样化的个性需求使企业正在失去标准化生产和一致性政策的基础;市场变化的频繁要求企业活动的内容与方式及时调整。满足个性化的消费需求,要求企业生产组织更具弹性,活动内容与方式的适应性调整则要求相关的权力从管理中枢向下分散。实际上,只有与外部环境直接相连的那些部分有调整的权力,这种调整才可能是适时有效的。

弹性的、分权化的企业是不可能完全以组织记忆为基础来组织运行的。实际上,满足个性化需求的生产作业,应付环境变化的适时调整,是难以在已经累积的知识中找到现成答案的。这些工作必然要求相关的成员和部门在知识积累的基础上进行知识的创新。因此,新形势下的企业组织必须是有利于企业成员的学习和知识创新的组织。

有人认为,这种组织的基本雏形可能是目前已在一些高科技企业中出现的网络组织。这种组织将企业视为一组为完成特定任务而组成的横向工序流,而不是纵向的由各个职能部门组成的层级结构。网络结构主要表现出如下主要特征:

第一，它在构成上是由各工作单位组成的联盟，而非严格的等级排列。这些工作单位相互依赖，在关键技术和如何解决难题上相互帮助，它们的地位与核心机构平等。核心机构只选择与调整企业的战略方向，设计各部分共享的组织基础，创造促成向心力的企业文化，保证各部分的相互合作，而各项工作则由各工作单元来完成。

第二，企业成员在网络组织中的角色不是固定的，而是动态变化的。网络中的工作单元可能是稳定的，但单元之间的关系则是为了完成一定的项目而设计的。一旦项目完成，单元之间的关系则可能需要重组。由于企业活动的项目及其进展情况是在不断变化的，因此网络结构也需要不断地调整。

第三，企业成员在网络结构中的权力地位不是取决于其职位（因为职位大多是平行的，而非纵向排列的），而是来自他们拥有的不同知识。达尔·尼夫在《知识经济》书中提到"在层级组织中，你拥有的职位决定着你的权力。在分权的网络化的组织中，你的权力来源于你了解的知识和你认识的人"。

由于网络结构中的各个工作单元都是一个权力中心，因此可以及时进行应对市场变化的调整；由于每个工作单元都与其他单元保持广泛的联系，从而不仅促进了知识与经验的交流，而且使得各单元的适应性调整有充分的知识和信息的基础。因此，网络结构是适应型的、学习型的组织结构。

不过，我们认为，知识经济带来的变化可能是对现存的层级组织进行网络化的改造：用网络结构来补充层级结构，而不是将后者完全取代。实际上，管理任何由一定数量的成员参与的集体活动，一定程度的集权和统一指挥是必不可少的。没有这样的集权和统一指挥，组织成员的活动就无法协调，组织活动就无法在"有序的无序"或"无序的有序"状态下进行。因此未来的组织应该是"网络化的层级组织"：层级支持着组织活动的有序性，而网络则促进着组织的适应性。

网络化的层级组织应该是三个相互对立的特点的统一：

第一，集权和分权的统一。知识经济条件下的企业固然需要保持分散、差异和分权，以具有主动和迅速反应的创造能力，但同时也需要严格的集中管理，以保持战略的统一，行动的迅速，以及相互依存的各工作单元间相互关系的协调。因此网络化的层级组织应该是既集权又分权的。说它是集权的，是因为管理中枢在战略方向选择以及不同工作单元自主性劳动的范围与边界确定等问题上有着无法替代的作用；说它是分权的，是因为工作单元内的一线人员有权在企业战略参数的范围内自主地处理可能出现的紧急情况。

第二，稳定与变化的统一。在知识经济条件下，面对逐渐成熟的消费者的不断变化的个性化需求，企业如不能及时作出适应性调整，则可能被市场淘汰，而变化过于频繁则可能引起组织的混乱。网络化的层级结构在组织整体保持相对稳定的同时，使各个工作单元能迅速调整：层级结构以及组织框架及决定这个框架的经营领域是相对稳定的，而框架中的各个工作单元的工作内容和方式则经常进行适应性调整。

第三，一元性与多元性的统一。主要表现在三个方面：层级组织既保存了统一指挥的管理中枢，又允许相互依存的各工作单元相当自主地运行；既通过统一的基本政策规范着整体企业的战略经营，同时又允许各工作单元的活动标准与原则有一定的差异；既确定了明确的组织宗旨和使命，并倡导主导的价值观念，又允许甚至鼓励异质价值观念和行为准则的存在。

15.2.4 企业文化创新

利用制度结构和层级结构来规范和制约参与者在企业活动中的行为，要求对这些关系和行为的范围和形式做事先的界定。然而，企业活动的复杂性决定了并非所有的关系或行为的范围和形式都是可以事先预测的。在工业社会中，企业文化的功能便是在企业制度和层级结构不能触及的地方发挥作用，即用来调节不同成员在企业活动中的非正式关系。

1. 工业社会中企业文化的功能与特点

企业文化经常被定义为“企业成员广泛接受的价值观念以及由这种价值观念所决定的行为准则和行为方式”。这种价值观和行为准则可能未被明确宣布，但它们通常隐含于企业成员作为其行为前提的思维模式的假设中，是已经被企业成员无意识地普遍认可的。他们的行为会自觉地、甚至是会不自觉地受到这些价值观和行为准则的影响。这些影响主要表现在行为导向、行为激励以及行为协调等三个方面。企业文化会引导企业成员自觉地作出符合企业价值观的行为选择；特定的价值观会激励员工在特定的环境中表现出符合企业需要的行为；受同一价值观的影响，企业员工在不同时空的行为准则必然会趋向相互协调一致。

具有上述功能的企业文化在工业社会中表现出如下特征：

第一，企业文化是作为企业经营的一种副产品而出现的。企业文化的概念在管理研究中大概始于20世纪70年代末。在对日美企业经营方式以及美国不同企业经营方式比较研究的基础上，美日的一些学者得出了“凡成功的企业都有一个强有力的企业文化起支持作用”的结论。但这些成功的企业文化都不是企业刻意追求的结果，而是企业经营者，甚至是几代经营者在企业实践中通过自己的领导风格与行为方式对企业员工的行为产生了潜移默化，从而促成了一种价值观念和行为准则被企业员工广泛认同的结果。

第二，企业文化基本上反映了企业组织的记忆。文化是一个历史的概念，是在企业经营的过程中，经过岁月流逝逐渐积累而成的。在历史上形成的企业文化反映着企业经营过程中被实践证明是成功的行为方式，以及这种行为方式所体现的行为准则和价值观念。所以用企业文化来引导员工的行为，实际上是用过去的经验来指导员工今天的行动。

第三，企业文化是作为一种辅助手段而发挥作用的。在工业社会中，企业主要通过制度结构规范不同参与者类群间的权利关系，通过统一指挥、分层授权的层级结构来规范和制约员工在企业经营中的正式关系，通过设计赏罚分明的奖惩机制来制约和诱导员工的行为。而企业文化则是作为一种补充，主要在制度结构和层级结构不能触及的地方发挥作用。

第四，企业文化是一元的。在历史上形成的企业文化倡导一种被共同认可的价值观以及由这种价值观所决定的行为准则。具有异种价值观的员工是难以融入企业文化氛围的，其行为也通常难以被企业的其他员工所接受。工业社会的企业文化，根据定义是排斥异种价值观和行为准则的。企业文化的这种一元性与工业社会中层级组织的等级指挥、标准作业、规则一致的特点，以及影响这些特点的早期工业社会的消费需求的无差异性是相互呼应的。

2. 知识经济与企业文化创新

正在到来的知识经济将改变工业社会企业文化的基础，从而使企业文化带来以下四个方面的调整：

第一，企业文化将成为知识经济条件下企业管理重要的甚至是主要的手段。文化手段重要性的这种变化是与层级结构的网络化改造相关的。在层级结构中，管理中枢利用严格的等级制度统一指挥和控制着整个企业的活动，而在实行分权化管理的网络化层级结构中，各工作单元也是决策中心。管理中枢主要通过信息的提供去影响、引导和协调这些单元的决策以及决策的组织实施。在这种情况下，用被企业员工广泛认同的价值观和行为准则去影响各工作单元在不同时空的行为方向，内容及方式的选择就变得至关重要了。“文化”将成为保证和促进网络化层级结构条件下企业组织活动一体化的黏合剂。

第二，企业文化将是人们自觉创造的结果，而不是企业生产经营中的一种副产品。文化一旦成为企业管理重要的甚至主要的手段，共同认可的价值观一旦成为协调和统一人们行为的主要工具，人们便不能再消极地等待，让文化在经过漫长的岁月流逝后再缓慢形成。实际上，在网络化的层级结构中，当管理中枢无须直接利用权力去分配和协调下属单位的活动后，其重要的工作内容就不仅是组织信息的收集、处理与传播，而是要通过基本政策的制定，借助各种沟通渠道，去倡导某种适合企业特点的文化，大张旗鼓地宣传这种文化，总结和介绍这种文化影响下成功工作单元的事例，以促进这种文化所包含的价值观和行为准则被各工作单元迅速普遍地接受，并使之成为影响他们行为选择的基本规范。

第三，作为人们自觉行为结果的企业文化不仅是记忆型的，而且是学习型的，或者更准确地说，主要不是记忆型的，而是学习型的。传统工业社会的企业文化体现的主要是企业的“组织记忆”。这种记忆记录了企业过去成功的经验。假使环境参数不发生重要变化，人们依据昨天的经验和惯例还可以应付未来的变化。

然而，知识经济条件下的市场环境是急剧变化的，过去成功的经验在今天崭新的现实面前往往显得无力。知识经济条件下的企业在客观上需要行为准则和行为方式的不断创新。这种创新要求企业文化必须是学习型的。

实际上，在知识经济条件下，人们也没有足够的时间去等待组织记忆的形成。在管理中枢的倡导和推动下，人们必须迅速学习新的行为准则和行为方式。因此，网络化层级结构中的企业文化首先是自觉学习的结果，网络化的层级结构也将有利于组织文化的学习：各工作单元与外界的广泛接触将会使组织不断习得新的知识。而组织内纵横交错的沟通网络则会使得各单元习得的知识与经验在组织内迅速传播。知识的迅速习得与经验的迅速交流将促进网络化层级组织不断创新并推广新的行为准则和行为方式。

第四，企业文化将在强调主导价值观与行为准则的同时，允许异质价值观和行为准则的存在。学习型的企业文化必然是多元的。实际上，一定时期的主导价值观主要体现了组织的记忆。如果没有对不断出现的异质价值观的容忍，就不可能有企业文化的创新。此外，网络化层级组织的文化多元化与各工作单元并行中心的特点以及企业需要满足的个性化消费需求的特点也是相一致的。与等级明确的层级结构不同，网络化层级结构不可能要求企业以整齐划一的方式行事，具有决策权的自主工作单元必然会在企业经营中表现出各具特色的个性化行为方式。与此同时，个性化需求的满足也使得企业不能像传统方式下那样以单一的规则和一致性的标准去约束自主工作单元的行为。

文化的多元化必然会促进企业文化的不断创新，从而必然会不断促进知识经济条件下的企业不断走向繁荣。

15.3 企业变革

任何一个组织，无论过去如何成功，都必须随着环境的变化而不断调整自我并与之相适应，组织变革的根本目的就是为了提高组织的效能。由于内外环境随时都在发生变化，企业必须适时地进行变革才能应对未来的挑战。哈默和钱皮曾在《再造公司》一书中把三"C"力量，即顾客、竞争、变革看成是影响市场竞争最重要的三种力量，并认为三种力量中尤以变革最为重要，"变革不仅无所不在，而且还持续不断，这已成了常态。"

企业变革就是企业根据内外环境的变化，及时对组织中的要素及其关系进行调整，以适应组织未来发展的要求。

15.3.1 企业变革的原因

企业变革的原因可以归纳为以下几个方面：

1. 企业一般外部环境的变化

企业一般外部环境指企业面临的 PEST：政治法律(Political/legal)、经济(Economic)、社会文化(Social/cultural)和技术(Technological)等外部环境因素。企业外部环境的变化可能对企业经营活动形成制约，如日益加强的环保要求等；也可能放松原有的制约，如新技术的采用等；还有可能对企业的具体外部环境产生影响，如管制的放松，可能会降低进入壁垒，导致更加激烈的竞争。

2. 企业具体外部环境的变化

企业具体外部环境是指与实现企业目标直接相关的那部分外部环境。具体外部环境对每一个企业而言是不同的，并随着条件的改变而变化。一个企业具体外部环境的变化，取决于企业所提供的产品或服务的范围及其所服务的细分市场。波特(Michael E. Porter)教授的"五力模型"是常用的企业具体外部环境分析工具。企业具体外部环境的变化对企业的影响特别明显和强烈，也是企业变革外部动因的主要来源。

3. 顾客需求的变化

在"五力模型"中，其中之一就是顾客(消费者)，但是其含义非常狭窄，仅限于研究顾客的竞价能力，仅仅将顾客作为产品的购买者。实际上，顾客不仅是产品的购买者，满足他们的需求是企业经营活动的中心。随着顾客消费观念日益成熟以及市场上产品日益丰富，顾客的要求越来越高。顾客需求日益呈现多样化、个性化要求，这导致了需求的不确定性的提高，同时对产品的性能、质量、价格和交货期等的要求也日益提高，这都要求企业适应顾客需求的变化而变化，且源于这种推动力的变革会日益重要。

4. 企业内部环境的变化

企业内部环境也是处于变化之中的，有些变化对企业而言是有益的，而有些变化对企业而言是有害的，当后一种变化日益积累，成为企业发展的阻力时，变革便是必不可少的。常见的情况有：日益严重的官僚主义、业务流程不顺畅、部门之间冲突加剧、组织僵化、集体利益被严重忽视、缺乏创新和学习等。当这些情况在企业内部出现时，就必须进行变革，否则企业容易被市场淘汰。

5. 突发事件

突发事件具有突然和不可预知等特点，这要求企业能够迅速对突发事件进行反应。上述的变革动因，既有可能为企业发展带来威胁，也可能带来机遇。变革的实施，既可能是在动因显现后实施，这种变革是“后应式的变革”，也有可能是在这些动因尚未显现时实施，这种变革是基于对这些动因未来变化趋势的预测的，是一种“先进式的变革”。

15.3.2　企业变革的关键

企业变革是一个复杂的系统工程，涉及的因素很多，其中任何一个因素都可能影响到变革的成败。一般而言，企业变革的关键成功因素可以归纳为以下几点：

1. 变革的必要性

变革成败对企业关系重大，同时任何变革必定具有一定的风险，因此变革必须在确实需要的情况下进行，绝不能凭一时的热情或是赶时髦而盲目进行。约翰·科特(John P. Kotter)认为，人们在对企业实行调整中犯下的最大错误是：在公司各级管理人员和心目中还未形成高度紧迫感的时候，就大刀阔斧地实施改革举措。这个错误是致命的，因为企业在众人极度自负的情况下，历来无法使改革的目标实现。只有在变革确实需要时，才能产生足够的紧迫感。

2. 变革计划的可行性

企业变革是在一定的内外环境下进行的，必须分析进行变革的内外环境条件是否具备。有很多变革计划实际上很不错，但是就企业目前的情况而言，不一定具有可行性，造成这种状况的原因很多，可能源于企业外部环境的制约，也可能源于企业自身资源或能力的不足。如果仅仅追求变革计划本身的完美，而不注重计划的可行性，操之过急，在条件不成熟的时候就实施变革，极有可能适得其反。可以从两个方面应对这种情况：一方面，将变革计划细分成若干个子变革计划，从小做起；另一方面，关注制约变革的外部环境的变化，同时注意积蓄自身资源或能力，弥补不足。

3. 对变革的广泛认同

无论是自上而下的变革，还是自下而上的变革，都必须在企业内部得到广泛的认同。如果得不到企业大多数员工的支持，变革不可能取得成功。要使变革得到广泛的认同，必须在变革实施之前进行有效的沟通。首先，变革必须在最高领导层内部形成共识：其次，变革得到中层管理者的支持；最后，变革得到一般员工的支持。可以设想，最高领导层内部无法达成共识(甚至互相唱反调)的变革是不可能得到广泛支持的；如果不能得到中层管理者的支持，难以想象会得到他们的下属的支持。在就变革进行内部沟通时，不能仅仅局限于“推销变革计划”，还要就变革的目标、范围、方法等各方面的问题进行沟通，这样既有利于确保计划内容的科学性，也能够调动员工的广泛参与，而这本身就具有激励作用。

4. 妥善解决变革过程中的问题

变革源于存在问题，而同时，变革本身又会产生问题，变革的量和速度越大越快，遇到的问题也就越多越复杂。其中有些问题在变革之前能够预料到，有些则是不能事先预料的。这就要求企业能够根据企业的战略原则和变革的原则，妥善解决出现的问题。

5. 变革中阻力的化解

变革中的阻力来源于企业员工和企业本身等。企业员工出于担心失去既得利益或者不愿意打破原有习惯，从而拒绝变革。来自企业本身的阻力通常是因为企业内部不同利益集团对变革认识不统一。对于这些阻力必须区分对待，有些阻力出于对变革及其对自身的影响存在误解，这需要进行变革培训，加强沟通，强调广泛参与。当然，变革必然会触动一部分人的利益，因此一定的强制手段也是必不可少的。

6. 变革过程的管理

即使是非常优秀的变革计划，如果不能有效执行，必定难以成功。在变革计划比较完善的情况下，变革过程中的领导、协调、沟通和激励的效果直接决定了变革的成败。其中尤为重要的一点是，一定要建立一个强有力的、得到最高领导者支持的变革领导小组(团队)。关于这方面的研究很多，这里不作讨论。

7. 注重变革过程的文化因素

文化是企业成员共有的价值体系，它是企业成员行为的标准。变革实施过程中，可能遇到文化的强抵触力，重要的是进行有效的疏导，并利用变革的机会在企业中确立新型的文化。这种新型的文化既要适应企业当前发展的需要，也要具有一定的延展性。

8. 变革成果的巩固

变革取得初步成功后，人们容易犯的错误是"过早地庆祝成功"，这个时候也容易失去对"反对势力"应有的警惕，或是忽视变革之后的整合，最终导致变革成果不能得到的巩固，甚至出现反复，导致变革的最终失败。这时需要的是将变革成果及时形成制度，或者使变革成果融入企业文化中，指导企业以后的发展。

15.3.3 企业变革的内容

1. 企业变革的基本内容

企业中任何一个因素的改变，都会带来其他因素的变化，就某一阶段而言，由于环境情况各不相同，变革的内容和侧重点也有所不同。综合而言，企业变革过程的主要变量因素包括人员、结构、任何和技术，具体内容如下：

1）对人员的变革

人员的变革是指员工在态度、技能、期望、认知和行为上的改变。组织发展虽然包括各种变革，但是人是最主要的因素。组织变革的主要任务是组织成员之间在权力和利益等资源方面的重新分配。要想顺利实现这种分配，组织必须重视员工的参与，注重改善人际关系并提高实际沟通效果。

2）对结构的变革

结构的变革包括权力关系、协调机制、集权程度、职务与工作再设计等其他结构参数的变化。管理者的任务就是要对如何选择组织设计模式，如何制订工作计划，如何授予权力以及授权程度等一系列行动作出决策。

3）对技术与任务的变革

技术与任务的改变包括对作业流程与方法的重新设计、修正和组合，包括更新机器设备，采用新工艺、新技术和新方法等等。

2. 企业变革的核心内容

在企业变革的背景下，顾客、竞争、变化成为企业变革的外在压力，传统分工理论导致的低效率生产和服务显然已经不能适应现代社会快节奏、个性化的发展要求。企业必须快速不断地自我创新，自我变革来保持其优势的竞争力，流程再造，便是新世界、新市场、新思维的直接产物，是企业变革的核心内容。

美国麻省理工学院教授迈克尔·哈默与詹姆斯·钱皮两位学者指出，企业管理的核心是“流程”，即一套完整地贯彻始终的共同为顾客创造价值的活动。因此企业再造就是改造流程，随之而来的就是组织架构、人力、效率、成本、盈余的彻底改变。也就是说，要恢复企业的竞争力，症结并不在于要求员工更加卖力，而在于如何改变他们的工作方式，现有组织的缝缝补补并无法使组织脱胎换骨，即使效率有所增加，也只是治标不治本。工作的本身以及做事的人，都没有问题，唯一有问题的是流程的架构，需要改造的也是流程本身。

流程再造，也称业务流程重组 BPR (Business Process Reengineering)，彻底地改变了200 年来遵循亚当·斯密的劳动分工思想建立和管理企业的观念，倡导以“为顾客创造价值的流程”的视角来重新设计组织的结构，实现企业对外界环境的快速反应.提高企业市场竞争力。

流程再造的主要内容是企业再造，企业再造涉及哪些内容，人们对此有不同的观点和认识，但是比较权威的是迈克尔·哈默与詹姆斯·钱皮给企业再造下得定义。他们认为，必须改造企业，一切重新来过，其为改造企业下了一个定义：“适当的改造，应该是：根本重新思考，彻底翻新业务流程，以便在现今衡量表现的关键因素上，如成本、品质、服务和速度等，获得戏剧性的改善。”此定义中包含四个关键字：根本(fundamental)、彻底(radical)、戏剧性的(dramatic)、流程(processes)，其中流程是最重要的，也是在改造过程中最令人头疼的问题。

1) 从根本上重新思考

企业再造的第一步，就是要首先决定自己应该做什么以及怎样做，而不能在既定的思维框架中实施再造。因为传统思维定势往往会深深植根于企业内部，影响企业各种经营活动的展开，也影响企业业务流程的设计和执行。企业在准备进行再造时，必须对长期以来所遵循的分工思想、等级制度、规模经营、标准化生产和官僚体制等原有的、固定的基本信念进行重新思考，找出组织运行中的最根本的问题，产生创造性思维，从而促进基本信念的重大转变。

2) 彻底的变革

与采用局部改革的方式推动企业管理发展的思路不同，企业再造从一开始就要进行完全彻底的变革，用彻底的变革代替渐进式变革。也就是说，企业再造不是对组织进行的局部调整或者修修补补，而是要抛弃现有的业务流程和组织结构，努力开辟完成工作的崭新途径，进行脱胎换骨式的彻底改造。企业再造就是要重建企业的业务流程，对原有的事物进行彻底的改造。

3) 戏剧性的改善

企业再造是根治企业痼疾的一剂“猛药”，不是要在业绩上取得点滴的改善或逐渐提高，而是可望取得跨越式的进步、显著的成功和戏剧性的改善。即在周期缩短、成本、顾客满意度、企业收益、市场份额等方面实现全面提升，从而获得适应新经济时代的高效率和高效益。

4）重新设计业务流程

业务流程是以企业输入原料和顾客需求为起点，到企业创造出对顾客有价值的产品或服务为终点的一系列活动。企业再造是组织的再生策略，而业务流程决定组织的运行效率。原有业务流程是组织低效率的根源所在，因此企业再造要从重新设计业务流程着手。也就是说，将原本属于一个业务流程的若干个独立操作重新整合起来，将被分割得支离破碎的企业流程按照全新思路加以改造。

流程再造的风险不仅可能是实施的延误，并且严重影响组织上下对 BPR 的信心，进而带来组织的长期持续的恐慌和无序。其实，迈克尔·哈默在 1996 年的《超越重组》一书中写道："重组定义的关键是过程：一个完整的、从头到尾的活动集合，他们共同创造了客户的价值。"而不是"根本性"。在 BPR 实施中引入变革管理是近年来西方管理学的热点问题，特别是一些大型 ERP 软件提供商和管理咨询公司，其目的就是将过程管理应用到 BPR 中，以最小化 BPR 的实施风险，将所有变革的阻力转变为积极地参与。

15.3.4 企业变革的阻力及排除

1. 企业变革的阻力

使人反对变革的原因有三个：不确定性；关心个人得失；以及认为变革不是为了组织的最佳利益。

不确定性：变革使已知的东西变成模糊不清和不确定性的，人们不得不面临一种已知与未知相对换的风险。组织中的员工对不确定性有一种厌恶感。

关心个人得失：担心失去既得利益。变革会威胁到人们为取得现状所做的投资。人们对现有体制投入得越多，他们反对变革的阻力就越大。因为他们担心失去现有的地位、收入、权势、友谊、个人便利或其他看重的福利。

认为变革不是为了组织的最佳利益：有人认为变革并不符合组织的目标和最佳利益。要是一个员工相信变革推动者所提倡的新操作程序将造成生产率或产品质量下降，那他就极有可能反对这项变革。

2. 降低变革阻力的策略

教育与沟通：通过与员工们进行沟通，帮助他们了解变革的理由，会使阻力得到降低。这一策略的假定条件：阻力的根源在于信息失真，或者是由不良的沟通造成的，可以通过个别会谈、备忘录、小组讨论或报告会等方式解决。缺陷：所需投入的时间和精力应当对其优点作出权衡，特别是当变革触动到许多员工时。

参与：一个人要是参与了变革的决策，他就不容易形成阻力。缺陷：可能带来次等的决策，并耗费许多时间。

促进与支持：如果员工对变革的恐惧和忧虑很强，那么，提供员工心理咨询和治疗、新技能培训以及短期的付薪休假等可能有助于促进他们的调整。缺陷：消耗时间；推动花费较大，且没有成功的把握。

谈判：以某种有价值的东西来换取阻力减低。比如，如果阻力集中在少数有影响力的个人中，可以通过谈判形成某一奖酬方案使这些人的需要得到满足。谈判作为一种策略，尤其在阻力来自于某权力源时更为有用。缺陷：(1)其潜在的高成本是不可低估的。(2)一旦变革推动者为克服阻力而作出让步，他或她就可能面临其他有权势者的勒索。

操纵与合作：操纵是将努力转换到施加影响上。如有意扭曲事实而使变革显得更有吸引力，隐瞒具有破坏性的消息，制造不真实的谣言使员工接受变革等，这些都是操纵的实例。合作是介于操纵和参与之间的一种形式，它通过“收买”反对派领袖人物参与变革决策来降低阻力。所以征求这些领袖人物的意见，并不是为了达成更好的决策，而是为了取得他们的允诺。缺陷：尽管这两种方法的使用成本不高，也便于力争得到反对派的支持，但是其欺骗或利用的意图若被察觉，容易适得其反。一旦诡计被揭穿，变革推动者的威信也就可能一落千丈。

强制：直接对抵制者使用威胁力和控制力。包括调换工作、不予升职、负面绩效评估及不友善的推荐信等。缺点：强制通常是不合法的，即便是合法的强制也容易被看成是一种暴力，从而有损变革推动者的威信。

复习思考题

1. 什么是技术创新？其贡献是什么？
2. 技术创新有哪些类型？
3. 技术创新的源泉有哪些？
4. 技术创新的战略有哪些？联系实际，谈谈如何才能提高我国企业的技术创新能力。
5. 企业制度创新的含义？
6. 企业变革的内容？
7. 企业变革的阻力及降低变革阻力的策略有哪些？

【案例分析】

中国企业创新之道：领先的中国企业开始寻求真正适合自己的创新模式

2009年，百度的1000多名员工将搬进百度大厦，在那里畅所欲言、构思“非同平常”的点子。这座类似“目”型搜索框的大厦位于上地科技园，与联想毗邻而居。百度创业之初带有明显的学校文化色彩，百度大厦的设计者也希望在建筑中营造让员工快乐工作并充分交流的文化。在上下错层的LOFT，抬起头来隔窗可以看到庭院中的竹子。在一层的共享平台上，有免费的冰激凌和饮料。8万平方米的大厦中有一个篮球场。跟Google不一样的是，这里不允许带宠物上班。

百度的员工大都刚刚从学校毕业，他们经常在办公室一待就是几小时，建立了一种近乎理想化的价值观：创新中文搜索的奇迹，给世界带来惊喜。近年来，面对激烈的全球竞争，更多的中国公司为推动增长而开始真正对待创新的价值。从制造中国向创新中国也成为眼下商界最热门的话题。各家公司纷纷聘请“首席创意官”“首席设计官”，在办公区内建立创意中心并将墙壁涂成紫色，他们将产品设计的改良、品牌创意的产生和发现新的细分市场当作创造能力的明证。虽然这些努力距离培养真正的公司创新能力仍有差距，但无论如何，他们已经开始意识到创新的价值，并有意识地琢磨创新的法术。

创新梦想正在为更多的中国公司实现增长助一臂之力，但更多的领导人已经清楚地认识到，突破性的创新产品、商业模式的革新和构建新的治理流程并非一朝一夕就可以实现。他们深知，创新需要长期的投资、需要冒险并且建立创新治理的流程。“创新能力并不等于竞争力，只有创新与市场需求、公司策略结合起来，才有可能成为公司竞争力。”联想集团创新设计中心副总裁姚映佳说。

时至今日，虽然中国经济成为世界瞩目的新星，但为什么中国公司却没有培育出相匹配的创新竞争力呢？考虑到短期增长的压力，许多公司选择了走捷径的方式。它们并没有在创新方面进行真正的投资。来自《金融时报》的数据显示，中国的500强企业中，产品研发经费的投资额超过营业额2%的企业仅占到五分之一，这直接导致中国公司的产品附加价值远远低于全球竞争对手。中国在电子电信领域的研发增加值仅仅是美国的六分之一，而医药品领域的研发附加值还不及英国的1/20。

在全球加速创新、产品生命周期越来越短的情况下，越来越多的中国公司已经开始重新考虑如何创新。过去，低成本的中国制造商将外观设计作为创新的一剂灵丹妙药，铺天盖地的广告创意也让产品一炮走红，甚至创新的模拟者也会从中受益。但是，新兴互联网商业模式引发的创新经济正在改变中国的创新环境，中国政府倡导自主创新，目标是将研发经费占GDP的比例从当前的1.4%增加到2010年的2%。另一方面，诸如摩托罗拉、微软和IBM等跨国公司在中国建立了不同规模的研究中心。更重要的是，中国消费者的产品需求不断提升，这种需求将推动公司不得不进行创新实践。

不创新就死亡。令人振奋的消息是，中国公司已经开始集中资源营造创新环境并品尝创新成果。百度、当当、淘宝成功地复制了谷歌(Google)、亚马逊(Amazon)、eBay的商业模式，结合本土市场的需求，在不断完善原有产品的过程中培养了自己的创新文化。而更多试图在国际舞台上施展身手的中国制造业公司，如联想、海尔等，则找到了中国消费者的价值需求，在公司内部尝试建立了创新的流程和文化。它们的目标是生产让全世界消费者惊艳的突破性产品。现时对于国美、中国移动等更多的中国公司而言，则是借鉴国外先进的治理工具，在供应链治理、客户体验方面持续改进管理流程。

然而，成为创新领袖绝非易事。波音曾经成功地推出777型飞机，并且建立了21世纪的商用飞机标准。但是，在2004年，空中客车向波音的销售额发出挑战，拥有突破性创新成果的波音却无法坚守商业的胜利。无数的商业实践表明，创新无法保证企业成功，也许会面临投资失误的巨大风险，但只有在创新方面做得比竞争对手更好，才有可能使企业长盛不衰。对于更多的中国公司而言，他们必须从如何创新开始，对包括战略、流程、领导力在内的创新要素进行管理，并培育创新文化。这方面的努力将最终决定它们的创新成果。

“翻新”

2005年，从小留学美国的戴维·李(David Lee)在中国创办了批批吉服饰(上海)有限公司(简称PPG)，从事邮购和网络直销衬衫，采用呼叫中心和互联网结合的方式销售男式衬衫，没有工厂、仓库、销售门店的实体投入，完全利用先进的IT系统互联互通实现管理。

在创立PPG之前，戴维·李曾经在美国闻名的邮购和网络直销服装公司Lands'End工作，后来担任亚洲区总裁，负责开拓Lands'End在亚洲的业务以及组织货源采购，这些经验为PPG在中国的发展奠定了基础。其商业模式的价值在于，国内OEM低廉的制造成本，逐渐发展的电子商务环境，物流、质检和外包业务逐渐成熟，PPG完全可以利用信息平台将他们串联起来，维持高于中国传统服装制造商的利润。同时，PPG选择男式衬衫作为突破口，这类产品具有花色少、产品模式相对统一且销售量可观的特点。

像PPG这样的“翻新”公司并不少见，信息技术革命让更多中国互联网公司与全球一流公司站在了同一创新起跑线上。百度与谷歌、当当与亚马逊、eBay与淘宝，它们利用自己的快速模拟能力，迅速跟随创新企业，基于中国消费者的独特价值需求，创造了令竞争对手胆寒的中国市场竞争力。

“翻新”并不违反创新精神，更多的中国公司的“翻新”过程，也是在市场上创造和产生新的客户价值的过程。几年前，百度被认为是谷歌的模拟者，但现在，它以75%的市场份额成为中文搜索市场的绝对统治者。它向各个领域的专家发出邀请，不断完善产品。利用知道、贴吧、百科、空间四大社区化产品，百度希望打造其独特的社区化搜索概念增加客户黏度。

百度利用各种资源确定客户的需求，目的是提升创新的效率，用最快的方法把产品推向市场。它在成立之初，就建立了自己的客户体验计划。每周，百度都请用户来到其位于北京大学的体验中心，看草图、试验模型，面对面地观察并记录用户的感受。另一方面，每一个搜索框和IP地址背后的词都代表了一个用户的需求，这些需求反映了眼下中国人最热衷的潮流动机，百度将这些动机转化为现实的产品。两年前，百度发现，许多中文搜索的使用者不会“切”词，只会通过“问一句话”进行搜索。为此，百度推出了“知道”产品，为用户创建了一个类似于传统百科全书的网上问答平台。

其实，百度并非“知道”的首创者。此前，雅虎、新浪都已经推出了自己的互动问答平台。然而，依靠持续性的产品改进，百度后来居上。在百度，天天都至少有六个以上的升级，在得到用户的反馈后，工程师会马上进行有针对性的修改。在百度新闻频道刚刚建立时，机器经常无法识别新闻的分类，在体育新闻中会出现政治新闻。通过持续性的技术改进，帮助百度产品不断完善，新闻出错率从最初的超过80%减少到百分之几。“持续性的产品改进正成为百度创新文化的重要部分。”百度首席设计师郭宇说。

目前，百度正力图让创新转变成员工每天的工作流程，在公司内部努力培育、呵护创造性的企业文化，鼓励自下而上的创新过程。经常进行的头脑风暴，总裁李彦宏很少作出“一定”或者“必须”的决策，而是通常找到产品基层的员工，听取他们介绍客户体验后的事实或者数据的变化。这与传统的中国公司文化中下级服从上级、员工循规蹈矩的情形有很大不同。结果，在招聘优秀员工时，百度可以与谷歌、微软分庭抗礼。

利用极具创意的高效率市场营销方式，百度牢牢笼络住了大批习惯中文搜索的人群。在百度的中文海报上，38种中文“我”的不同表达方式，包括“阿拉”“洒家”“本人”等，围绕在英文“I”四周。百度希望传达这样的概念：中文是很复杂的，但中文搜索在百度是件很轻易的事情。2005年，利用中国最热门的选秀节目“超级女声”，百度成功将“贴吧”推向市场，李宇春的每日新帖数最高达到120万，每秒钟就有14个。

创新战略

长期以来，中国制造业在全球价值创新中扮演低成本运营和低创新价值的角色。但是凭借挖掘消费者价值需求和设计，更务实的公司已经开始在内部建立创新流程，培育自己的创新优势。计算机制造商联想公司还为员工提供管理方面的课程，内容涉及“如何创造性地解决问题”“如何进行创新管理”等。他们到处招兵买马，并且对员工的热情、行动能力和创造力提出新的要求。他们希望员工不要因需要创新而存在压力，而是真正去享受创新的过程。“创新不是只有在办公桌前面对电脑才能产生的灵感，而可能是洗脸或者走路时忽然产生的灵感。”姚映佳说。

联想不再满足于向客户提供质量上乘的服务和产品，而是为客户营造出布满喜悦和惊异的体验。为了实现这一目标，他们的技术专家不断学习如何应对客户需求的变化。在联想的设计中心，设计工程师、机电工程师以及具有社会学、心理学和统筹学知识的工程师相互配合，创造领导潮流趋势的产品。姚映佳说：“创新的架构，保证了我们对创新的产品和机会的把握。这绝不仅仅是视觉的东西，而是关系到消费者情感和商业利润的价值创新。”

最优秀的公司已经开始有意识地平衡创新风险。来自波士顿咨询集团的调查显示，有50%左右的高管对自己在创新方面的投资收益率感到不满。对于研发开支本已捉襟见肘的中国公司而言，提升创新效率就成为重中之重。联想曾经计划开发一款人机互动的游戏产品游戏玩家身穿非凡的衣服，手持游戏手柄，就可以感受到游戏场景中击打、搏斗的愉快感但在项目进入到第二阶段，联想请来了用户进行体验，并且辅助以成本、技术、产业竞争等数据进行调研，结果发现，这个产品距离真正的市场需求仍有差距。于是，联想果断地停止了这款产品的研发，将其作为未来机电互动产品的技术资源保留下来。

为了减少风险并牢牢保持领先，联想在新产品推出后，利用渐进式创新策略防止竞争对手的模拟。两三年前，联想就试图打造一款可以移动的家庭 PC 机。商务部门的市场调查发现，中国家庭希望让 PC 成为家庭陈设的一部分。研发部门的研究结果也证实，在原有 PC 基础上，这种移动 PC 的材料成本不会上升。短短几个月后，联想“天骄”上市。此后几年间，联想围绕天骄打造了多款系列产品，顺应家庭 PC 的潮流需求，不断挖掘消费者对 PC 性能、家庭视听娱乐、外观、材质的需求，成为联想最有竞争力的产品品牌之一。

不同于国外公司严谨而缜密的创新流程，高速成长的联想更强调创新策略的快速，这意味治理者需要有超乎平常的决策力。“在联想，可能创新的想法不需要九分熟，六七分的时候我们就要大胆往前试了。”姚映佳说。他鼓励员工们陈述创意时讲一个美妙的故事，从成本、材料的寿命、用户的需求等各个环节考察产品的可行性。在他看来，东方设计师具有将不相关的事情联系到一起的能力，而这正是最重要的创新能力。在讲故事的过程中，创新的头脑才有可能被培育出来。

事实上，更多的中国公司管理层在创新方面吸取到的重要经验是，创新不应该单枪匹马，而应将商业伙伴纳入到创新网络中，从而有助于集思广益。2006 年，爱国者推出了集抗攻击、抗压缩、不易损性和抗重复添加等最新信息隐藏技术于一体的 800 万超高像素数码相机，使华旗赢得了与索尼、三星、佳能同台竞争的筹码。在过去十年间，华旗资讯已在全国拥有 17 个平台机构，旗下设有中国香港、新加坡、法国、印度、加拿大等海外分公司，并建立了北京华旗数码影像技术研究院、深圳爱国者嵌入式系统研究院、上海爱国者数码研究院等研发机构。华旗创立者冯军意识到，假如源源不断的好点子从外部产生，自己能够与合作伙伴分担风险，真正的创新就会在更优化的成本下产生。

流程创新

事实上，创新绝不仅仅意味技术上的改进。戴尔绕过分销商，直接从消费者那里拿到订单，然后组装电脑：沃尔玛采用电脑技术将供应链与供应商高度整合在一起，创建了使其成本大大降低的商业模式。更多的中国公司希望抓住流程创新的机会,提升公司的竞争实力。

深圳宇龙是其中的佼佼者。这家通信公司把握了CDMA双模手机的机会,改变了过去中国手机制造商以采购组装为导向的商业模式,依靠自主开发基于Linux和微软的两大开发平台,成功推出了全球首款双模双待高端智能手机——“酷派”,同时实现CDMA和GSM网络同时在线的功能,在全球高端智能手机市场占有了一席之地。

从对手不经意的细分市场入手开发新的产品和服务或者延伸现有产品的价值主张,正成为中国公司创新的另一路径。雕牌洗衣粉利用其强有力的通路建设,加上大包装袋的设计,满足了消费者更经济实惠的价值需求:海尔空调向顾客传达满足称心的售后服务,让服务成为公司具有附加价值的业务:脑白金利用铺天盖地的广告营销在中国市场一炮走红。事实上,这些商业模式上的改进,也可以成为成熟市场竞争的利器。

一些更具开拓精神的公司已经在考虑供应链的创新。在它们的管理者看来,在创造和送达价值需求的过程中,供应链的创新是要害。仿照沃尔玛,国美将传统的供应商与零售商之间的对立关系转变为供应商分享零售商的成功和失败的合作关系。通过与350家核心供应商建立信息共享和参与到供应商的生产计划、产品设计等上游生产活动中,国美获得了低成本的优势。利用信息化,它在供应链中实现了新的协同价值,实现了网上对账、辅助结算等功能。

另外,一些中国公司还创造了高产出、低价位的商业模式——电信运营商将服务延伸到了那些原本不在常规赢利对象中的消费群体。中国移动通过在农村等偏远地区推出了“农信通”,找到了低价服务并且仍然赢利的办法。农民每月只需要花几元钱就可以接打电话,并且享受农产品资讯服务。假如能像这样以小单位计量、低价向特定人群提供产品或服务,更广阔的市场就会豁然开启。

中国移动脱胎于国有企业的移动运营商,它利用各种手段,有时甚至借助自行车和人力车,深入了解消费者的消费模式。它的经验再次表明:创新没有任何捷径可言,建立正确的流程和管理系统,持续性的创新投入,才会结出累累硕果。更重要的是,高层经理必须真正意识到创新的价值,才可能推动创新变革。

思考与讨论

1. 根据创新激励的因素,案例中百度的成功经验有哪些?

2. 案例中的“流程创新”,从内容来看,属于哪一种创新类型?说明你的理由。

3. 案例中的“翻新”,可以归于常见创新战略中的哪一种?从本例来看,后发国家企业利用该模式实现技术超越的关键在于什么?

参 考 文 献

[1] 占部都美. 现代管理论[M]. 北京: 新华出版社,1984.
[2] 法约尔. 工业管理与一般管理[M]. 北京: 中国社会科学出版社,1999.
[3] 罗宾斯,德森佐. 管理学原理与实践[M]. 北京: 机械工业出版社,2015.
[4] 郭跃进. 管理学[M]. 北京: 高等教育出版社,2005.
[5] 韩伯棠,张平淡. 战略管理[M]. 北京: 高等教育出版社,2004.
[6] 娄成武,魏淑艳. 现代管理学[M]. 北京: 中国人民大学出版社,2003.
[7] 明茨伯格. 经理工作的性质[M]. 北京: 中国社会科学出版社,1989.
[8] 周三多,陈传明. 管理学[M]. 北京: 高等教育出版社,2012.
[9] 马义飞. 管理学[M]. 北京: 北京大学出版社,2008.
[10] 巴纳德. 经理人员的职能[M]. 北京: 中国社会科学出版社,1997.
[11] 戴维. 战略管理[M]. 8 版. 北京: 经济科学出版社,2001.
[12] 孔茨,韦里克. 管理学[M]. 9 版. 北京: 经济科学出版社,1993.
[13] 陈传明,周小虎. 管理学原理[M]. 2 版. 北京: 机械工业出版社,2013.
[14] 科斯诺思. 财产权利与制度变迁——产权学派与新制度学派译文集[M]. 上海: 上海三联书店,2000.
[15] 波特. 竞争优势[M]. 北京: 华夏出版社,1997.
[16] 德鲁克. 有效管理者[M]. 北京: 中国财政经济出版社,1988.
[17] 德鲁克. 德鲁克思想全书[M]. 北京: 九州出版社,2001.
[18] 罗宾斯. 管理学[M]. 4 版. 北京: 中国人民大学出版社,1997.
[19] 波特. 经济发展理论[M]. 北京: 商务印书馆,1997.
[20] 王毅武,康星华. 现代管理学教程[M]. 北京: 清华大学出版社,2008.
[21] 王利平. 管理学原理[M]. 北京: 中国人民大学出版,2003.
[22] 达夫特. 管理学[M]. 北京: 清华大学出版社,2012.
[23] 王风彬,朱克强. 管理学教学案例精选[M]. 上海: 复旦大学出版社,1998.
[24] 徐二明. 管理学教学案例精选[M]. 上海: 复旦大学出版社,1998.
[25] 徐国良,王进,等. 企业管理案例精选精析[M]. 北京: 经济管理出版社,2000.
[26] 许庆瑞. 管理学[M]. 北京: 高等教育出版社,2001.
[27] 杨先举. 工商企业管理案例[M]. 北京: 中国人民大学出版社,1994.
[28] 杨士文,张雁. 管理学原理[M]. 北京: 中国人民大学出版社,2000.
[29] 朱祝霞,赵立颖. 沟通其实很容易[M]. 北京: 中国纺织出版社,2002.
[30] 周健临. 管理学教程[M]. 上海: 上海财经大学出版社,2002.
[31] 赵冰梅,刘伟力. 现代企业管理教程[M]. 北京: 航空工业出版社,2008.
[32] 芮明杰. 管理学——现代的观点[M]. 上海: 上海人民出版社,2002.
[33] 黄梯云,李一军. 管理信息系统[M]. 北京: 高等教育出版社,2005.
[34] 陈传明,周小虎. 管理学原理[M]. 北京: 机械工业出版社,2007.
[35] 杨士文,等. 管理学[M]. 3 版. 北京: 中国人民大学出版社,2009.
[36] 中国注册会计师协会. 财务成本管理[M]. 北京: 中国财政经济出版社,2009.
[37] 齐二石. 生产与运作管理教程[M]. 北京: 清华大学出版社,2007.
[38] 王小兵,石蕊. 管理学原理与实务[M]. 北京: 中国财政经济出版社,2014.
[39] 张德,王雪莉,张勉. 管理学[M]. 北京: 人民邮电出版社,2015.
[40] 苗雨君,赖胜才. 管理学——原理・方法・实践・案例[M]. 北京: 清华大学出版社,2009.
[41] 邢以群. 管理学[M]. 4 版. 杭州: 浙江大学出版社,2016.
[42] 肖祥伟. 企业管理理论与实务[M]. 广州: 中山大学出版社,2007.
[43] 潘连柏,曾自卫. 管理学原理[M]. 2 版. 北京: 人民邮电出版社,2017.
[44] 孙永正. 管理学[M]. 2 版. 北京: 清华大学出版社,2007.
[45] 陈维政,余凯成,程文文. 人力资源管理[M]. 4 版. 北京: 高等教育出版社,2015.

图书资源支持

感谢您一直以来对清华版图书的支持和爱护。为了配合本书的使用，本书提供配套的资源，有需求的读者请扫描下方的“书圈”微信公众号二维码，在图书专区下载，也可以拨打电话或发送电子邮件咨询。

如果您在使用本书的过程中遇到了什么问题，或者有相关图书出版计划，也请您发邮件告诉我们，以便我们更好地为您服务。

我们的联系方式：

地　　址：北京海淀区双清路学研大厦 A 座 707

邮　　编：100084

电　　话：010－62770175－4604

资源下载：http://www.tup.com.cn

电子邮件：weijj@tup.tsinghua.edu.cn

QQ：883604(请写明您的单位和姓名)

资源下载、样书申请

书圈

用微信扫一扫右边的二维码，即可关注清华大学出版社公众号“书圈”。

所为也具有英雄主义的特点。但是，主人公的结局总是以悲剧告终。在传统的悲剧中，导致悲剧的原因或是命运造化，或是主人公的性格缺陷，或是判断的错误；而在现代悲剧中，主人公通常是普通人，造成悲剧的原因可能是主人公道德或心理上的缺陷为社会中的丑恶所利用。

trochee 扬抑格

诗歌音步的一种。参见 **scansion**。

villanelle 维拉内拉诗

源于 16 世纪法国的一种诗歌形式，由几段三行诗节和一个收尾的四行诗组成。这类诗歌中第一诗节的第一行和第三行必须用作随后诗节的叠句及全诗最后收尾的两行诗。一首维拉内拉诗只允许使用两个韵脚。

wit 机智，风趣

在英国文学史上，17 世纪后半期和 18 世纪总是与“机智”(wit) 和“自然”(nature) 有着紧密联系。“自然”为世界 (宇宙) 提供种种“规则”，而“机智”则被认为是用来解释和表达这些“规则”的必不可少的工具。17 世纪后半期的玄学派诗人在创作中就特别重视“机智”的作用，而最能体现他们“机智”的莫过于他们最擅长使用的奇喻了。